선교학 개론

선교학 개론

편저 박현식

가리온

■ 서 문

박현식 목사

만시지탄! 진작에 선교학을 좀 더 면밀하고 깊이 있게 공부했더라면, "먼저 학자가 되어라."는 총신의 교훈을 깊이 새겼더라면 하는 아쉬움과 반성이 교차 됩니다. 기독교 선교의 뿌리가 이렇게 심오하고, 선교의 역사가 이처럼 굴곡진 사연으로 온 땅의 민족과 열방에 충만한지 미처 몰랐습니다. 그리고 오늘의 한국 교회가 이러한 하나님의 역사 섭리에 힘입어 부흥하여 이제는 선교와 원조를 받던 처지에서 복음을 전파하는 나라로 세계 선교의 일조를 감당하게 된 것은 전적으로 하나님의 은혜이며, 한국 교회의 성도들과 유무명의 선교사님들의 피와 땀과 눈물의 결과라고 고백하게 됩니다.

코로나19의 팬 데믹 기간 중에, 또한 은퇴를 앞두고 칩거하면서 5개월 동안 서책에 몸과 마음을 묻을 수 있었던 것은 큰 행운이었습니다. 애초에는 신학교 강의 교재로 정리하고 편집하였으나 점차 주마간산이 아니라 점입가경의 진미를 깨닫게 되면서 더욱 관련 자료를 열람하고 인용하며 근현대 선교역사에까지 이르게 되었습니다. 특히 한국 교회의 부흥사에 깊은 감동을 받았으며, 필자가 일생 선교하였던 인도와 주변 소수종족 선교의 토착화를 위하여 매진하였던 YMBB 리포트를 부록으로 첨부하게 되는 기쁨을 누리게 되었습니다.

본서는 성경적 근거에서 시작하여, 선교의 다양성을 일견하고, 기독교회 역사의 흐름 속에서 초대 교회와 중세, 그리고 개신교 선교의 꽃을 피우던 근대, 나아가 작금 진행 중인 선교의 실천 현장까지 소개하게 된 것은 스스로도 경사스럽고 감사할 따름입니다. 아직도 많이 부족하고, 인용과 편집에서 다소 충분하지 못한 여지도 있음을 고백하며, 앞으로 기회가 되면 더욱 전문화된 선교학위 논문으로의 완성에 도전하고 싶은 심정도 감출 수 없습니다.

부디 선교를 지향하고 역사적, 합리적으로 접근하기를 원하는 교회의 지도자들과 평신도, 신학생들에게 기본적인 교재와 참고서로 활용된다면 더 이상 바랄 것이 없겠습니다. 어려운 여건 하에서도 함께 동행해 주신 선교회 동역자 여러분들과 추천서를 써주신 선배 선교사님들에게 깊이 감사를 드리며, 대길교회 세계 선교회와 은퇴 준비위의 후원과 끝까지 교정하며 감수해 주신 윤 미영 사모와 가리온 양 우식 장로님의 수고에 사의를 표합니다. 앞으로 남은여생 복음선교를 위하여 모든 것을 올려 드릴 것을 소망합니다.

2020. 10.

목양실에서 저자

For the Youth Mission Band of Brothers (YMBB) and abroad missionaries.

As "Rome was not built in a day." history proved that the Christ Mission is much greater and longer than Rome. The beginning is very tiny like a mustard seed, but now fulfilled His will and is eternal on the earth. It's a dream and a miracle of the Kingdom of God to form a manger of Bethlehem to the Cross of Calvary, and all through the world and humankind's mind, He has been the last answer and the only key for Salvation. I feel sorry and even shameful not to realize the essence of the Evangelism of Jesus Christ and His Mission until the age of 70 when I am retiring.

Honestly, I have had a desire to continual and consistent growth for church and outreach movement for some purposes, also even for my own achievement as a pastor since 1989 when I came to Daegil Presbyterian Church. I have to confess that I have been an idle and evil servant to the Lord, for I was ignorant of the evangelism itself and the mission in its essence. Of course, I did my best and poured in my energy and youth, but it cannot be enough in front of God.

Nevertheless, I should thank God that I had a chance to study and write a book, titled "Mission Introduction" for 4 months, meditating on the most precious Evangelism and His Mission during COVID-19 situations. My original plan was to write a lecture handouts for teaching. However, as I researched and made some progress, I had another hope to write a book so that they could read and learn the core aspects of the mission in churches and seminaries and also individually. Of course, It's not my own works. I referenced many good textbooks, citing, summarizing, and adopting thoughts and ideas from them. All of them are listed in the bibliography. Also, I made efforts to introduce a diverse and decent amount of mission information in this book from the Bible and the world history of Christ's mission and several opinions of Missio Dei, and to utter the cultural problems and to deal with the topic of communication.

Last, I am proud of writing my experiences with the Native Mission of YMBB in Indian and Korean churches in a supplement at the end of this book. For twenty years, I prayed and served for the mission of Indian nearby minorities, collaborating with many people. Local church laymen and preachers devoted themselves to help people with endless needs and weaknesses by giving their hands. I dare to say that they are truly stars shining in the sky. Our YMBB brothers and sisters also are not only just volunteers but generals in their national histories. I am dreaming that they would be as Roman generals to conquer and to lead their people to the Kingdom of God.

It's my privilege to say thanks to my wife, Shinhwa Jang, my soulmate and sincere company in my spiritual journey, Deagil Church and the elders who encouraged me to publish this book, Mrs. Cha to edit the details of the book, and especially elder Yang, who is responsible for publishing this book. I hope that someday in the future I could write another edition more professionally and write an English version of the book. Please read this book easy and interesting from the cover to the last page. God bless you, all candidates for the mission world!

2020. 10.

D.Min Peter Hyun S. Park

선교학 개론과
토착화 선교의 YMBB리포트

박재형 선교사

먼저 존경하고 사랑하는 박현식 목사님께서 평생을 몸 바쳐 목회하시던 대길교회의 시무를 마치시고 원로목사로 은퇴하시게 됨을 축하드립니다. 주님의 인도하심을 따라 교육의 현장에서 교사로 시작하신 청년의 꿈을 접고 온 삶을 거룩한 산 제사로 주님께 바치시길 원하시어 대구 서문교회를 거쳐 대길교회에 오신지가 엊그제 같습니다. 이제 목회를 마무리하시고 정년을 맞이하시지만 아직도 저에게는 부임시의 젊은 모습이 생생합니다.

강단에 서서 말씀을 외치시며 당회를 이끄시고 교인들을 돌보시고 사회를 위하여 교회 부속 건물을 출연하시며 사회복지에도 세상에 빛이 되기를 원하셨던 목사님의 목회는 선교에 있어서 더욱 빛을 발하셨습니다. 목사님과 함께한 30년 동안 그 발걸음을 때로는 오해하기도 하고 먼발치로 따라가기도 하였지만 박 목사님의 판단은 지나고 보면 더 좋았고 그것은 교회를 위하여 그리고 주님의 나라를 먼저 구하는 그의 삶의 자세이기도 하였습니다.

이제 목회현장을 떠나시는 은퇴를 기념하여 목사님께서 몸으로 실천하며 우리 모두에게 보여주시고 발걸음을 옮기셨던 선교에 대하여 앞으로 그 길을 갈 후학들에게 전해줄 귀한 선교학 개론을 집필 발간하게 되어 다시 주님께 영광 돌리심을 믿어 의심치 않습니다. 구한말 어둠이 짙게 깔렸던 이 나라가 선교로 복음을 받아 주님의 몸 되신 오늘의 교회를 이루었고 이제는 세계 선교를 이끌고 나아가야할 막중한 책임을 지고 있습니다. 그런데 세계는 인본주의와 네오 막시즘과 진보를 가장한 무신론이 대세를 이루고 사탄의 전략인 코비드-19가 선교적 접근을 방해하고 있습니다. 새로운 전략과 전술로서 전에 입던 사울의 갑옷을 벗어버리고 골리앗을 대하는 다윗의 믿음과 용기와 물맷돌의 전략이 필요한 때라 할 것입니다. 이러한 중차대한 시점에 새로운 선교학 개론 저서를 집필하심은 시의적절한 목사님의 판단이라 생각됩니다.

자랑스러운 대길의 역사는 믿음이 있고 사랑이 있고 사회복지를 보는 눈이 있고 선교의 비전이 있습니다. 일찍부터 대길의 선교는 인도를 중심으로 이루어졌습니다. 로수길 선교사를 인도 콜카타로 파송하였고 시무장로였던 이기섭 선교사를 방갈로르에 파송하였습니다. 여기에 더하여 박목사님께서는 토착화 선교를 지양하는 Youth Mission Band of Brothers(YMBB)를 시작하였습니다. 선교지에서 우선 현지인 목회자와 선교사들을 돕는 작은 발걸음으로 시작한 선교이었지만 작은 물줄기는 시냇물을 이루고 이제는 큰 강물이 되어 인도의 여러 도시와 네팔과 부탄과 티벳과 미얀마를 비롯한 아시아 전 선교지를 적시며 열매를 거두고 있습니다.

토착화 선교는 현지인을 중심한 선교이며 지도자를 교육하며 양성하여 현지 교회에서 스스로 자치, 자급, 자전하는 우리나라 선교 역사를 이끈 네비우스의 정책과 맥을 같이 합니다. 이는 현지 지도자를 세우며 지원하며 공동으로 선교하는 일이라 협력 없이는 될 수 없습니다. 함께 하는 선교는 또한 주님의 사랑이 없이는 불가능한데 목사님의 사랑은 선교의 발걸음을 일으키고 인도하심을 따라 가는 곳마다 사랑의 손길이 연결 되어 주님의 선교 공동체, 지금의 YMBB를 이루었습니다. 목회를 하시면서 틈틈이 그리고 꾸준히 20여 차례 선교지를 돌보시고 가꾸며 실제의 경험을 쌓으시고 새로운 통찰로 집필하신 선교학 개론은 선교의 현장에 있는 모든 선교사들의 귀한 참고서가 될 뿐 아니라 선교지를 바라보며 몸과 마음을 준비하는 선교지망생들에게 좋은 지침서가 될 것입니다. 저 또한 시무장로 은퇴후 늦게나마 주님의 포도원으로 부르심을 받아 시니어 선교사로 일하는 지금 선교의 토착화에 깊이 공감하며 감히 추천의 글을 드립니다.

2020. 10.

현, 시니어의료선교사, 아프리카 에스와티니. 대길교회 원로장로

■ 추천사

아프리카는 아프리카인이!

강병훈 선교사

　문화권이 유사한 종족을 위한 선교 방법인 "유사문화권선교"가 선교적 효율성이 훨씬 높다. 그래서 아프리카 선교적 부흥을 위해서 언어적, 외형적, 체질적, 경제적인 장점에 현지의 거부감까지 적은 장점까지 가진 아프리카인이 아프리카 선교를 담당해야 한다는 뜻으로 만들었던 선교 표어이다. 다만 이 사실을 아프리카에서 20여년을 보내면서 깨닫게 되었다는 것이 못내 아쉽다.

　"아시아는 아시아인이!"

　1979년, 아시아복음선교회(GFA :Gospel for Asia)를 설립하여 인도와 주변국을 중심으로 엄청난 선교적 돌풍을 일으키고 있는 케이피 요하나(K.P Yohanna)박사가 외쳤던 구호이다. GFA선교회는 유사 문화권 선교를 일찍부터 실천해서 많은 선교적 결실을 맺고 있으며, 또 기존 많은 선교회에도 큰 도전과 신선한 바람을 불러일으키고 있다.

　YMBB(Youth Mission Band of Brothers), '청소년 선교를 위한 형제들의 모임'은 인도뿐 아니라 네팔, 미얀마, 부탄의 현지 사역자를 통하여 유사문화권 선교를 실천하고 선도하는 또 다른 선교단체이다. 현재 대부분의 한국에서의 선교 형태는 특정한 선교정책이나 이념을 위한 선교회가 아니라, 교단중심의 선교회가 주를 이루고 있다. 그래서 대부분 교단 선교회는 종합적 선교형태를 띠고 있는 경향이 많다.

　이런 상황에 YMBB선교회를 설립하여 30여년동안 현지인을 중심으로 유사 문화권 선교사역을 감당해 오신 박현식 목사님은 국내의 선구자격 이라 할 수 있을 것 같다. 오랜 기간동안 YMBB선교사역을 통하여 얻은 많은 실례와 귀한 선교적 결실들을 이번에 책으로 발간하게 되어 진심으로 축하를 드린다. 보내는 선교를 감당하는 많은 선교 동역자들에게는 새로운 선교적 방향성을 발견하는 기회가 될 수 있을 것이고, 또 앞으로 직접 선교를 감당할 많은 예비선교사들에게는 훌륭한 선교 지침서이자 선교 자료집으로서의 역할을 할 수 있으리라 여겨진다.

　다시 한번 귀한 선교자료집이 세상에 나올 수 있게 되어 선교에 몸담 고 있는 한 사람으로서 감사드리고 또 크게 축하드리고 싶다.

2020. 10.

남아프리카 공화국 더반에서

■ 추천사

이재선, 신미선 선교사

금번에 대길교회 원로 박현식 목사님께서 은퇴에 즈음하여, 그리고 코로나의 시대 중임에도 선교학 개론 저서를 출간하게 되신 점에 먼저 축하와 파송 선교사로서 배우고 도전이 되는 매우 고무적인 일이라 생각합니다.

제가 곁에서 보고 느낀 박현식 목사님은 예수님의 사랑하심과 긍휼하심을 품으신 따뜻하시고 사랑이 많으신 목회자와 선교사이심을 느낄 수 있었습니다.

저희 부부가 본 교단 총회 선교회 GMS.의 장기선교사 훈련(GMTI)을 마친 후 약 10개월이 되도록 파송 교회가 없었으며 당시 제가 속한 노회에 참석을 잘 하지 않아서 별명부에 기재되어 있는 상황이었는데, 박현식 목사님께서 먼저 연락을 해주시고 오랜 시간 사역을 함께 하였던 현지 사역자와 인도네시아 수마트라의 남부 벙꿀루라는 인도네시아인들도 잘 모르는 사람이 많았던 지역도 소개해 주시고, 노회도 파송 교회의 남서울노회로 옮길 수 있도록 인도해 주신 저희의 은사이신 목사님이십니다.

그리고 인도네시아 수마트라 벙꿀루의 선교사역을 위해서 2011년 12월에 대길교회 파송을 받을 수 있도록 주선해 주시고, 마치 목사님께서 친히 선교지로 나가시는 것과 같이 앞장서서 인도해 주시고 저희 가정을 인도네시아 선교사로 파송 하여 지금까지 선교사역을 위해 기도와 후원을 해 주시고 있습니다.

그리고 오랜 시간 YMBB 북인도 접경지역의 현지 선교 이외에도 많은 지역의 선교를 담당하시고 있습니다. 2019년 미주대회에 아내와 막내 아들이 참석하여 선교사 수련회를 통하여 다양한 경험을 체득 하였습니다. 이를 통해서 볼 때에 본서는 선교에 대한 이론과 선교 현장이 증명이 된 저서이며, 선교사들의 선교의 바른 방향과 나침반 같은 길로 늘 인도해 주는 저서라고 생각합니다.

따라서 본서를 보는 분들마다 성경적인 선교의 바른 이해와 도움이 될 것이라고 확신하며 추천을 드립니다.

2020. 10.

대길교회 인도네시아 파송선교사

이빌립 선교사

하나님 나라의 역사는 선교와 연결되어 있습니다. 그리고 하나님 나라의 선교역사는 하나님의 마음과 뜻에 순종하고자 하는 사람, 선교전략을 성경에서 발견하고 그 전략에 따르고자 하는 사람을 통해 이루어져 왔습니다. 하나님께서는 사도행전 13장 22절을 통하여 어떠한 상황에서도 하나님 아버지의 뜻이 무엇인지를 구하고 그 뜻 가운데 살고자 몸부림쳤던 다윗을 "내 마음에 맞는 사람"이라고 칭찬하셨습니다.

나는 이 책의 저자인 박현식 목사님이 바로 그러한 분이라고 생각합니다. 목사님을 처음 뵈옵게 된 것은 2012년 가을로 기억하고 있습니다. 당시 목사님은 예장합동 남서울노회 영등포 시찰장으로 제가 섬기는 열방샘교회 임시 당회장으로 섬기게 되셨습니다. 그때 목사님은 전도사로 탈북민 목회를 하는 저에게 많은 위로와 격려를 해주시고 저와 아내가 북한선교사로 설 수 있도록 GMS 선교사 훈련에 추천을 해주셨습니다. 그리고 선교사 훈련이 끝난 후에는 대길교회 세계선교위원회와 성도님들과 함께 그리스도의 사랑으로 저희 가정을 선교사로 파송해주셨습니다. 그러한 목사님의 사랑을 입어 저는 현재 GMS 북한지부 선교사로, 통일소망선교회 대표 선교사로, 수많은 탈북동포들을 그리스도께로 인도하는 목회자로 주님 앞에서 살아가고 있습니다.

현재 전 세계가 코로나19로 인하여 몸살을 앓고 변화를 경험하고 있는 가운데 세계선교 현장에도 많은 변화가 일어나고 있습니다. 이러한 때에 목사님께서 집필하신 이 책은 과거 인도 선교와 한국 초기 선교역사에 비추어 실제적인 선교전략과 정신이 무엇인지 독자들이 잘 알 수 있도록 훌륭하게 안내하고 있습니다.

선교에서 중요한 것은 성경적인 선교전략과 상황화에 맞는 선교 방법론입니다. 목사님께서 쓰신 이번 책에는 인도와 한국선교에서 있어서 커다란 영향력을 끼친 윌리엄 케리의 선교정책과 네비우스 선교정책에 대하여 인도 선교역사와 한국 선교역사와 잘 비교 서술하셨습니다. 그리고 중국 선교의 아버지라고 하는 허드슨 테일러 선교사님의 선교전략과 정책의 중요성이 앞으로 선교에서 얼마나 중요한지를 잘 말씀해주셨습니다. 저는 북한선교 전문가의 한 사람으로써 목사님의 책을 읽으면서 하나님께서 행하실 북한선교 전략의 영감을 얻었습니다.

이 책에서 또 중요한 것이 있는데 그것은 YMBB(청소년 선교를 위한 형제들의 연대) 선교단체의 발전과 그 동역자들의 삶과 사역에 대하여 일목요연하게 기록한 것입니다. 그것은 바울이 자신의 서신서들에서 하나님 나라 복음을 위해 함께 수고하는 동역자들에 대하여 잘 서술한 것과 같은 것입니다. 그러므로 이 책은 하나님 앞에서 선교 동역자들을 끝까지 사랑해 오신 박현식 목사님과 대길교회 성도들의 사랑의 마음이 담겨져 있는 책입니다. 지난날을 돌아볼 때 감사한 것은 주님의 몸 된 대길교회가 어떤 상황에서도 박 목사님과 성도님들은 주님의 마음으로 파송한 선교사님들의 지원을 끊거나 줄이지 않고 그대로 섬겨주신 것입니다.

이 책 출간이 하나님께 영광이 되고, 또 동남아시아 선교와 북한선교와 함께 전 세계선교 발전에 귀한 영향력이 되기를 기도합니다.

2020. 10.

목 차

II. 세계 선교의 역사

I. 서론

제1부

선교학의 입문

제1장 선교란 무엇인가?

1. 선교의 정의

개관

선교는 일견 거대하고 다양한 숲이며 심연을 헤아리기 어려운 바다이다. 그러나 그것은 하늘에 닿아 있는 천지간을 관통하는 사닥다리와 같은 교량이라고도 할 수 있다. 어떻게 하면 선교의 분야를 탐방 할 수 있을까? 우선은 선교의 정의를 통하여 그 관문과 타이틀을 습득하는 것이 중요하다. 선교의 용어와 정의는 여러 가지 설이 있으나 쉽게 한 마디로 압축할 수 없기에 몇 가지를 소개하려고 한다.

1] 선교의 용어 : 파견이라는 뜻을 지닌 라틴어 'missio'(sending)에서 따온 종교적 용어이다.[1] 이는 missions과 구별하여 상용되는데, "예수 그리스도 교회의 총체적인 성경적 과업"(the total Biblical assig -nment of the Church of Jesus Christ) 교회는 이 세상에 보내진 자(the church as sent), 즉 '순례자'(a pilgrim)요, '나그네(stran ger)요, '증인'(witness)이요, '선지자'(prophet), '종'(servant)이요, '소금(salt)'이며 '빛(light)'이다.[2]

2] 유사한 개념과 용어들을 살펴 보면 다음과 같으며, 미묘한 차이와 강조점들이 있다.

(1) missions: 선교의 사역과 활동들

(2) 복음화(evangelization): 예수 그리스도의 복음을 권위적으로 선포하는 일을 말한다.

(3) 기독교화(Christianization): 믿는 자로 하여금 복음과 기독교의 윤리로 무장시키는 일을 말한다.

(4) 사회화(socialization): 개인 신자로 하여금 신자의 공동체인 교회와 기독교의 이상과 모범, 제도에 부합되게 하는 것을 말한다.

(5) 문명화(civilization): 한 문화를 기독교 문화와 동일화시킴을 말한다.

3] 정의에 따른 학설들 :[3]

선교의 역사는 예수 그리스도가 하나님으로부터 파견된 것에서 시작

---

1 [한국 민족 문화 대백과 사전]

2 채은수, [선교학 총론] 기독 지혜사, 1991년. 39-41쪽

3 Ibid, 41-48쪽

되며, 그리스도를 믿고 따르는 사도(使徒)들의 파견으로 이어져 내려왔다. 그러므로 선교의 의미 안에는 파견이라는 뜻과 함께 복음의 전파라는 뜻도 내포되어 있다. 오늘날 선교의 사명은 교회에 부여되어 있으며, 교회는 그것을 처음으로 설립한 그리스도의 명에 따라 온 세상에 복음을 전파하고, 아직 그리스도를 믿지 않는 백성들에게 교회를 세우는 임무를 수행한다. 이를 위해 교회는 각지에 선교단체를 설립하거나 선교사들을 파견하며, 이러한 의미에서 선교사들은 초대 교회 사도들의 계승자라 할 수 있다.

1) 피터 바이엘하우스(Peter Beyerhus)[4]: 성경적 선교의 개념들은
첫째 : 복음 전파와 병 치료에 전념하셨다.
둘째 : 예수님이 대중을 긍휼히 여기셨다.
셋째 : 예수님은 추수할 일꾼을 보내신다고 하셨다.
넷째 : 열두 제자를 택하여 안수하셔서 사도로 보내셨다.
그러므로 피터 바이엘하우스는 다음과 같이 정리하였다.

a. 선교는 하나님을 영화롭게 하는 것(a mission which glorifies God) (요17 :4, 5; 빌2 :10, 11)이다. 그러나 간혹 세상의 비위를 거스른다. 모슬렘, 공산주의. 히틀러와 일본 제국들은 하나님의 영광이 나타나는 것을 원치 않는다.

b. 선교는 영원한 구속을 주는 것이다(a mission which brings eternal redemption). 에큐메니칼 신학자들이 샬롬의 평화와 조화와 번영의 실현을 선교라고 하는 반면에 복음주의자들의 선교는 '죄로 말미암아 영원한 죽음에 직면한 인간은 하나님과의 화해

---

4 Beyerhaus Peter, *Shaken Foundation,* Grand Rapids: Zondervan Pub., Co., 1972, pp.34-37 요약.

(reconciliaion)로 말미암는 평화(eirene, 에이레네)가 필요하다.

c. 선교는 악한 마귀를 내쫓는 것이다(a mission which exorcises demons). 예수께서 처음 12제자를 보내실 때 그들에게 마귀를 내어 쫓는 권세를 주셨다.(마10 :1)

d. 선교는 그리스도의 재림을 준비하는 것이다.(a mission which prepares Christ's return) 초대 선교사들은 복음이 전해지지 않은 곳에 대하여 참지 못하는 거룩한 성급함(holy impatience)이 있었다.

2) 오를란드 코스타스(Orlando E. Costas)[5] : 그는 자신의 책, [선교의 본래 모습] (the Integrity of Mission)에서 말하였다.

a. 선교는 선포(proclamation)이다. 딤후3 :16, 롬10 :17에, "믿음은 들음에서 나며, 들음은 그리스도의 말씀에 있다고 하였다." 그리스도를 선포한다는 말은

① 주의 이름을 선포하는 것이다.

② 하나님의 나라를 선포하는 것이다.

③ 하나님의 은혜의 순간(회심의 결단)을 선포하는 것이다. 회심이란 죄에서 하나님께 돌아옴을 의미한다. 메타노니아(metanonia) 즉 다시 생각함, 새로워짐을 의미한다. 구약에서 회심은 수브(shub), 즉 하나님과의 바른 관계를 회복하는 것이다. 이를 통하여 새로운 인간성을 회복하는 것이고 새로운 가치관과 태도를 견지하여, 하나님과 사회(이웃)에 전적으로 새로운 관계를 정립하는 것이다.

b. 선교는 제자를 삼는 것(disciple-making)이다. 만약 복음을 전하기

---

5 Orlando E. Costas, The Integrity of Mission, New York: Harper & Row, 1979, pp.1-93 요약.

만 하고, 제자 삼는 일(교회의 조직)에 연결시키지 않는다면 그것은 하나님나라의 구현이 불가능하다는 점에서 바람직하지 않을 것이다. 그렇다면 제자 삼는 다는 것은 무엇인가?

① 신자가 새 단체에 연합됨으로 주를 따름을 말한다.

② 예수의 선교에 참여하는 것이다.

③ 예수를 순종하는 것이다.

c. 선교는 활동(mobilization)이다. 활동을 하기 위해서는 동기를 유발하고, 자원의 확보와 인원을 선택하며, 공동의 노력을 하기 위한 조직을 구성해야 하며, 문제를 파악하고, 효과적으로 일을 하도록 감독하는 일 등이 필요하다.

d. 선교는 복합적 성장(integral growth)이다. 성장은 다음과 같이 분류한다. 숫자적인 성장을 '폭의 성장'이라면 경험, 조직, 개념과 경배, 상호 도움에서 깊이가 더해감을 '깊이의 성장'이라 한다. 삶의 새로운 질서라는 관점에서 수준을 더 높이는 것을 '높이의 성장'이라 한다.

e. 선교는 해방(liberation)이다. 선교는 인간을 향한 하나님의 궁극적인 목적을 실현하는 것이기 때문이다. 예수께서는 회당에서 가난한 자, 포로 된 자, 눈먼 자에게 복음을 주셨다(눅4:16-21). 선교지에서 해방을 위해 일한 초기 선교사들을 보면 알 수 있다. 바돌로매 데 라스 카사스(Bartolome de las Casas)는 맥시코 치아파스에서 인디언의 권리를 위해 투쟁하였다. 모라비안 선교사들은 세인트 토마스라는 곳에서 스스로 노예가 되어 흑인을 위해 투쟁하였고 수리남에서 형제 단체를 설립하여 노예를 자유인처럼 대해 줬고, 그들을 위하여 교육과 병원 사업을 하기도 하였다. 윌리암 케리는 소년, 소녀를 위하여 교육 사업을 하였고, 벵갈리 언어와 문화의 발

전에 크게 기여하였다. 아프리카 중심부에 병원을 세워 사역한 알버트 슈바이처는 흑인의 건강을 위하여 공헌하였다. 존 모트는 교육, 의료, 사회 구조에 대한 투쟁 등의 사업을 '더 큰 전도(larger evangelism)'에 포함시켰다. 에큐매니칼 신학은 사회 정의와 경제 착취를 위한 투쟁을 강조한다.

성경에 등장하는 안식년 제도나 49년 만에 맞는 희년(Jubliee)제도는 해방의 개념을 잘 암시한다. 희년에는 재산의 환원, 부채의 탕감, 종의 해방이 이루어진다. 해방의 개념에는 세 가지 카테고리, 즉 가난함, 눈 멈, 그리고 포로와 압박에서의 해방을 말한다.

f. 선교는 축하(celebration)이다. 선교는 승리적인 상황을 축하함이고 교회를 축하함이며 예배의 연속이다.

2. 하나님의 선교(Missio Dei)[6]

선교의 기원은 엄밀하게 말하여, 특정 교회나 교단도 아니고, 교회 안에 있는 어떤 특정 그룹도 아니다. 선교는 하나님께로부터 그 기원을 둔다. 하나님은 세상에 오시기 위해 변방(장애)을 가로질러 오신 선교사이다(성육신). 순수하게 영이신 분이 물질세계를 말씀과 영으로 만드신 사건도 선교로 볼 수 있다. 독생자 예수 그리스도가 성육신하심이 선교의 꽃이며, 목적이다. 오순절에 성령이 오심도 선교이다. 그렇게 볼 때에 선교의 주체는 삼위 하나님이시다. 선교를 삼위 하나님의 사역으로 보는 것보다 교회의 일로 보게 된 것은 16세기 이후의 일이었다.

아브라함 카이퍼는 그것이 잘못된 것임을 지적하였다. 칼 할텐스(Karl Hartenstein)는 1933년에 이 사상을 더 충분히 발전시켰다. 1952년 빙링

---

6 채은수, [선교학 총론], Ibid., 48-52 요약.

겐에서 있었던 그 선교대회를 선교적 대전환점으로 본다. 그래서 사람들은 그 대회를 선교에 있어서 코페르니쿠스적 혁명이라고 한다. 종래의 선교 개념은 교회 중심적이었다. 그리고 선교를 인간의 일로 여기는 듯한 경향이 있었다. 선교사를 가리켜 '우리 선교사'라는 말은 그러한 사상을 반영한 좋은 예이다. 하나님의 선교(Mission Dei)의 체계적 정립은 그 대회 이후 조직 비세둠(George Vicedom)에 의하여 이루어졌다. "하나님의 선교란, 우선 선교가 하나님께 속한 활동임을 의미한다. 그는 주이시고, 위임 명령하시는 분이시며, 소유자이시고 만물을 돌보시는 분이시다. 그는 선교의 주역(das handelnde Subject)이시다."[7] 하나님의 선교에 있어서 그 목적은 인간들을 하나님의 주권, 하나님 나라의 일원으로 받아들이고, 인간들에게 그 나라에서 누릴 수 있는 은사들을 전해 줌에 있다.

"하나님의 나라는 이미 이곳에 있고, 이 완료 시제에 근거하여 미래 도래할 것이다."라는 말로서 불신자에게 선포 될 수 있다.[8] 현재에 하나님의 나라가 임하게끔 적극적인 실천을 강조하는 것이라고 할 수 있다. 우리는 '이미'(already)라는 근거 위에 '아직 아니'(not yet)로 나아가야 할 것을 여기에서 찾을 수 있다. 하나님의 선교 사상이 종래의 선교 개념과 다른 점은,

첫째로, 종래의 선교 목표인 '교회 세우는 일'(implantio ecclesiae)의 약화를 뜻한다. 종래에는 가견적인 제도적 교회를 많이 세우는 일, 즉 교회 확장이 선교의 목표였다. 그러나 하나님의 선교는 교회를 '타자를 위한 존재'(Church for others)로 봄으로 교회의 중요성은 교회 자체에 있는 것이 아니고 세계를 위함에 있다고 본다. 그 이론적 근거는 삼위 하나

---

7 훼체동 게으르크 F., (박근원 역), [하나님의 선교] 대한 기독교 출판사, 1980, 16쪽
8 Ibid., 50쪽

님은 교회 안에서 뿐 아니라, 그 바깥에서도 일하신다는 것이다. 종래의 [하나님→교회→세계]라는 도식이 [하나님→세계→교회] 의 차서로 바뀐 것이다.

둘째로 그것은 하나님의 구원 사역을 인간화에 둔다. 존 테일러(John Taylor)와 요하네스 아가드(Johannes Aagaard)에 의해서 발전된 하나님의 선교 사상은 하나님의 선교를 삼위 하나님이 관심을 두는 여러 분야의 선교(missions)이어야 함을 말하였다. 즉 도시, 농촌, 말라리아, 무지와 약함, 그리고 가난을 위한 치병과 도우는 일이 모두 선교이며 그런 일을 하는 사람은 하나님이 보낸 선교들이라는 것이다[9].

셋째로 그것은 역사 가운데 행하시는 하나님(God acts in history.)을 강조한다. 하나님의 구원 역사와 세속 역사의 일치 병행은 불가하다. 즉 전자는 후자에 의하여 방해를 받는다. 방해 요소는 사단의 세력 등이다. 그것에 대한 하나님의 행동은 심판이다. 하나님은 역사의 심판자(judge)로서 그리고 해방자(liberator)로서 나타난다. 가톨릭 해방 신학자 구티에레즈(Gustav Gutierrez)의 실천신학(doing theology)에서는 현재의 상황에서의 정의 실현을 주장하고 있다.

그럼에도 하나님의 선교에 대하여 모든 내용을 그대로 수용할 수 없는 문제점이 있는 것도 사실이다. 하나님의 역사에서의 구원 행위는 사회의 일로만 치우치고, 선교적인 선포가 약화될 수는 없다. 역사상 참구원의 역사는 무엇이든지 예수 그리스도를 통하여 된다. 포도나무이신 그리스도와 연결되지 않은 구원의 추수는 불가능하다. 만약 예수 없이 행하는 복지 사업, 해방 운동, 공의 운동 등을 하나님의 선교라고 한다면 그것은 비성경적이 될 것이다.[10] 즉 복음적인 입장과 사회적인 실천이 균형과

---

9 Verkuyl, op. cit., p.3
10 채은수, Ibid, 52쪽

조화를 이루되 우선순위가 무엇인지를 명심해야 할 것이다.

3. 선교학의 제학설

1] 칼 바르트(Karl Barth)[11] : 예수 그리스도를 통한 하나님의 자기 계시와 화해 사건을 선교의 출발점으로 삼는다. 그러나 삼위일체 하나님의 존재 방식에서 선교학을 도출하는 하나님의 선교와는 달리, 그는 그리스도 화해 사건에서 그의 선교 신학을 도출하였다는 점에서 특이하다. 그에 의하면 그리스도의 화해 사건으로 구원을 위해 필요한 화해가 이미 이루어졌다. 교회의 "선교 과업은 이것을 그들에게 알리는 데만 있을 수 있다." 즉 선교의 목적이 이방인들에게 구원의 기쁨을 가져다주는 회심에 있지 않고, 이미 이루어진 화해에 대한 증인을 만드는데 있다. 그렇게 되면 선교는 과거에 일어난 일에 대한 정보를 제시함에 그치는 것이 된다. 이것은 보편적 구원론(universalism)에 빠지기 쉬운 것이다.

2] 구스타프 바네크(G. Warneck) : "비기독교 지역에 교회를 세우고 조직하는 것은 그리스도인이 도모하는 전체적인 일이다."[12] 바네크는 복음 선포를 교회를 세우고 조직하는 것에 연관시켰다. 즉 부름 받은 선교사가 오직 말뿐인 복음만을 전한다면 그것은 부족하다. 그리고 세워진 교회가 단순히 정치적이고 계급적인 데에만 그친다면 그것도 부족하다. 하나님의 은혜의 복음을 전하는 대사로서 계속적인 교회의 개척과 성장으로 이루어져야 할 것을 강조하였다. 화란 자유대학에서도 그렇게 사용하고 있다.

---

11 Waldron Scott, *Karl Barth's Theology Mission*, Dewners Grove: InterVarsity Press, 1978, pp.9-15.
12 Schumerus, op. cit., p4

3] 월트 프레이탁(Walter Freytag) : "주 예수 그리스도를 믿는 믿음이 이방인 가운데에서도 이루어져 하나님의 나라가 이 땅에 임하도록 그 분의 계획에 동참하는 것이 선교이다."13

4] 해롤드 콕(Harold Cock)14 : "선교란 선교사가 부르는 선택된 일꾼들의 그룹을 통하여 다른 사람을 그리스도의 신앙에로 인도하려는 기독교의 노력이다." 첫째는, 선교는 교회의 일이다. 여기에서 교회는 특정한 교회가 아니라 독립 선교단체도 포함하는 교회 개념이다. 둘째는, 선교는 다른 사람을 얻으려는 교회의 노력이다. 셋째는, 선교는 다른 사람을 그리스도의 신앙에로 이끄는 것이다. 단순히 타종교에서 전향하거나 개종하는 차원이 아니라, 궁극적인 문제에 대한 회심을 말한다. 넷째는, 선교는 선택된 일꾼(full time)들을 통해서 이루어진다.

5] 아브라함 카이퍼(Abraham Kuyper) : 그의 저서인 [신학 백과 사전]에서 의학적 용어로서 '보철' 혹은 '증가'의 뜻인 'prosthetics' 라는 말을 선교학에 사용하였다. (행2 :41; 5 :14; 11 :24) 그 뜻은 '공동체에 더한다.'(to add to the community)의 뜻이다. 그리고 부연하면 '증가하고 퍼지는 것'(to multiply and spread out)이다. 사람을 더하게 하는 것은 하나님의 역사와 동시에 인간의 복음 전파에 달려 있다. 그래서 복음 전파는 선교의 연구 대상이 되는 것이다.15

6] 맥가브란(Dornald McGavran) : 그는 "선교학을 교회 성장을 연구

---

13 Dieter Manecke, *Mission Als Zeugendienst,* Wuppertal: Theologischer Verlag Rolf Brockhaws, 1972, p.66.

14 Harold R. Cook, *Christian Mission,* Chicago: Moody Press, 1977, pp.8-10

15 Verkuyl, op. cit., p. 1.

하는 학문"으로 정의하였다.16

7] 호켄다이크(J.C. Hoekendijk) : 그는 선교학을 '사도의 신학'(the theology of the apostolate)이라 하였다. 그의 주안점은 교회에 보내는 행동을 연구의 대상으로 하기보다 사도적 증거(martyria), 가르침(didache), 선포(kerygma)에 관심을 둔다. 리델보스는 보내는 행동도 빼지 말아야 한다고 강조하였다.17

8] 버키일(J. Verkuyl) : 선교학이란 하나님의 나라를 이루기 위해 세계를 통하여 성부, 성자, 성령의 구원 역사를 펴는 것에 관한 연구이다.

9] 티펫(Alan Tippet) : 선교학이란 '역사(세계)에서 하나님에게 인도된 개인들의 존재에 관한 연구'이다(광의). 그의 견해는 풀러 신학교의 선교학 방향을 대표한다. 거기에서는 신학적, 문화 인류학적, 역사적, 그리고 실천적 차원에서 선교학을 정립하고 있다.

4. 선교의 방향

한국 교회는 짧은 역사에 비하여 괄목할만한 성장을 이룬바, 이는 하나님의 축복이며, 부름 받은 주의 종들의 헌신적인 노력으로 제3세계에서 성공적인 선교의 케이스로 주목을 받고, 선교 일선에서 큰 역할을 하고 있는 것은 감사할 일이다.

이제까지 선교의 의미를 흔히 선진국 백인들에 의한 제3세계에로의

---

16 Loc., cit.
17 Loc., cit.

운동으로 생각하여 왔다. 그러한 생각은 사실 19세기에 일어나 열을 뿜은 서방 교회의 선교 운동에 기인하고 그들의 절대적인 영향이 남아 있기 때문이다. 그러나 선교가 어떤 특정한 지역의 교회나 인물들의 전유물이 될 수는 없다. 선교는 교회의 본질적인 사명이며, 교회와 선교는 분리될 수 없고, 선교 신학이 따로 있는 것이 아니라 교회 신학이 바로 선교 신학이 되기 때문이다. 교회가 선교적 사명을 등한시 하고, 선교 단체에 선교의 사명을 넘긴다는 것은 성경적이라 할 수 없다. 그러므로 교회가 선교의 사명을 감당해야 한다는 사실은 두 가지 관점에서 설명할 수 있다.[18]

첫째는, 교회란 종말론적인 하나님의 공동체(the eschatological community)라는 관점에서 선교 사명을 강조하고자 한다. 오스카 쿨만은 "교회는 부활과 재림 그 중간에 존재하는 것"이라 하였다. 교회의 종말론적 위치는 교회의 시대적 사명이 높고 위대함을 말한다. 종말에 처한 교회의 시대적 특색과 사명을 다음과 같이 제시할 수 있다.

a. 그것은 예수 그리스도로 말미암아 열려진 시대요, 예수 그리스도의 구속의 역사(십자가의 대속적 죽음, 부활의 승리, 성령의 강림)로 점철된 시대이다.

b. 그로 말미암아 교회(그리스도의 지체)가 설립되어 하나님의 통치가 지상에 임하는 시대이다.

c. 교회에는 하나님의 통치를 선포하여야 할 사명이 주어졌다. 그것은 말씀의 선포이며 선교이다. 그리고 말씀의 선포에는 성령이 함께 하신다(롬8 :16).

d. 교회는 장차 임할 주님의 나라를 선포할 사명이 있다.

e. 교회는 복음으로 세계를 가득 채우며, 세계 역사를 변화시켜야 할 사명이 있다. 주님은 그렇게 될 필연적 사실을 교회에게 약속 하셨

---

18 채은수, [선교학 총론], '선교는 어디로' 58-61 요약.

다(마24 :14; 막13 :10; 행1 :8). 이렇게 생각할 때 결단코 교회는 역사 세계와는 담을 쌓고 예수 믿고 천당 가면 된다는 식의 도피주의적 사고를 가질 수 없다.

둘째, "교회는 세상으로 파송된 단체이다." 교회는 세상의 빛과 소금이 되는 사명을 감당키 위하여 그 세계로 파송된 것이다. 교회는 이 세계의 고통에 동참하여야 할 것이며 그의 부활의 승리를 증거 하여야 할 것이다(빌3 :10).

어떤 사람은 사도행전 1 :8에 나오는 '땅 끝까지'라는 말을 문자적으로 아주 먼 외국이란 의미에 국한시킴으로써 선교를 먼 지역에만 해당되는 것으로서 이해한다. 그러나 선교를 지역적인 원근으로 구별할 수는 없다. 블라우(Johannes Blauw)는 "선교란 많은 활동 중 한 활동만 말함이 아니고 교회의 모든 활동을 위한 기준(the criterion for all activities)이다"라고 하였고, 닐(Bishop Neill) 감독은 "모든 것이 선교라면 아무 것도 선교가 아니다." 블라우는 계속 말하기를, "세상으로 보내진 교회, 이 외에 다른 교회가 없다." 교회는 세상에 있는 교회, 세상을 위한 교회(the church for others)여야 할 것이다.

현재 한국 교회가 지향하고 있는 선교적 방향을 세 가지로 분류하며 장단점을 논하고자 한다.

1] 교회 중심주의 선교(mission as church-centeredness) : 선교의 직접적인 목적은 무엇보다도 교회를 세우는 것(to plant church)이다. 이 주장에 의하면 선교란 교회 설립이 우선적이며 가장 중요한 과업이고 사회안에서 선한 사마리아인 적인 봉사나 문화적인 사명은 그 다음이다. 이러한 교회 중심주의 선교 사상은 전통적인 선교 사상으로 내려오고 있다. 화란 신학자 보에티우스(Voetius)는 선교 임무를 a. 이방을 회심시키

는 것, b. 교회를 설립하는 것, c. 하나님을 영화롭게 하는 것과 그 분의 은혜를 선포하는 것이라 하였다.[19]

플러 신학교의 맥가브란(McGavran) 박사 역시 그와 맥락을 같이 하고 있다. "선교란 예수 그리스도의 좋은 소식을 선포함과 사람을 설복하여 그의 제자, 즉 그의 교회의 신임성 있는 회원으로 만드는 작업(an enterprise devoted to proclaiming the Good News of Jesus Christ, and to persuading men to become His disciples and dependable members of the Church.)이다."[20] 맥가브란 박사는 인간 구원의 요청이 육체적, 교육적인 필요나, 어떤 구제 활동보다 훨씬 더 긴박하다고 강조한다. 또 그에 의하면 사회정의나 혹은 평화 등도 그리스도 안에 있는 그리스도인의 생활을 통해 실현될 수 있다고 한다. 그는 개개인의 변화는 사회 변화로 연결된다고 말한다. 그 좋은 실례로서 그는 미국 역사상의 노예 제도 폐지와 고아와 과부의 구제 등의 자선 사업 향상이 변화된 그리스도인들로 말미암아 이루어진 것을 든다.

이 같은 전통적인 선교 개념은 한국 교회 선교 운동의 대종을 이루고 있다. '자치, 자급, 자전'을 골자로 한 한국 교회가 채용한 네비우스 정책은 교회 조직에 우선 역점을 두고 있다. 네비우스 선교 정책이 크게 기여한 장점임은 사실이나, 선교의 외향성을 도외시하고 내향성에 치중한 사실과 교회 성장과 개 교회 주의를 우선시하여, 대사회적인 봉사를 등한시하고 시대적 사명을 소홀히 한 것을 많은 사람들이 지적하고 있다. 좀 더 폭 넓은 선교를 지향하는 대신에, 보다 많은 교회 설립과 보다 많은 교인 수의 증가만이 선교의 최종 목표가 될 수는 없을 것이다. 그 이유는 양적인 성장이 반드시 질적인 성장을 보장하는 것은 아니기 때문이다. 지

---

19 장중열, [교회 성장과 선교학], 서울 : 성광 문화사, 1978, 12쪽.

20 Donald A. McGavran, Understanding Church Growth, Grand Rapids : Eerdmans pub., 1970, p. 34.

역 교회가 많다는 사실 그 자체에 의미가 있지 않고, 그 교회가 하나님의 나라에 일치하는 우주성을 나타내는가의 여부에 의미가 있기 때문이다.

쉐러(Scherer)는 [선교사여 돌아가라](Missionary, Go Home) 책에서 교회 중심주의를 이렇게 비판하고 있다. "교회 설립이 선교의 최종 목적이거나 유일의 것이 될 수 없다. 그러한 정책은 비성경적이다. 왜냐하면 그것은 모든 선교의 참된 성격, 즉 그리스도가 각 나라에 증거 되어야 한다는 것을 왜곡하기 때문이다."21 교회 중심주의는 다음과 같이 곡해되고 있다. a. 선교비를 소비하여 가견적 조직체를 확고히 하고 그곳에 소속한 교인들을 돌보는 것이며, b. 자기 교파의 선전과 교파 기관들의 정책을 펴는 것에 국한하는 것을 말한다. 이러한 비판은 교회가 외부와 담을 쌓은 게토화(ghettoism)의 경향과 마비화된 비활동성을 공격한 것이다. 부르너(Brunner)는 이러한 교회의 병적인 상황을 지적하면서, 현대 교회가 주일 예배는 계속하나, 참되게 하나님과 사람을 사랑하라는 계명에 움직이는 사람들은 참으로 찾기 어렵다고 하였다. 교회 내에 직업적인 관료인들과 권위체계는 위세를 떨치나 참된 봉사, 우정, 그리고 형제애는 찾기가 어렵고 행하여지고 있는 설교들이란 조직체로서의 교회 생활을 위한 것이지, 참된 인격적 교제(a true personal fellowship)를 위한 것이 아니라고 비판하였다. 이상의 주장들이 다소 자유주의 신학자들의 비평을 내포하고 있으나 교회 본연의 사명이 자기중심적인 집착에서 벗어나 세계로 향하며, 교회는 타자를 위한 것임을 다시 인식해야 할 것이다. 바이엘하우스(Beyerhaus)는 [선교, 그것의 방향](Mission; which way)란 책에서 "선교의 개념이 새 내용을 요청하고 있다. 선교란 세계에 대한 교회의 총체적인 책임(a total responsibility)이다. 교회가 타자를

---

21 Tames Scherer, *Missionary, Go Home*, Englewood cliffs: Prentic-Hall, Inc, 1964, P.134.

위한 교회로서 세계에 대한 책임 안에 있을 때 교회가 하는 모든 일이 선교가 될 수 있지만 그렇지 않을 경우 교회가 하는 모든 일은 아무 것도 아니다."22 그는 교회의 구조가 모이기만 하는 구조(in-gathering, come-structure)에서 벗어나 퍼져나가는 구조(out-going, go-structure)로 개조 되어야 할 것을 말하였다.

2] 영적 부흥주의 선교(mission as spiritual movement)23

영적 부흥주의 선교라 함은 선교를 인간의 영적인 영역에만 국한하고, 인간 생애의 총체적 영역에 미치는 것은 제한하는 것을 두고 하는 말이다. 그러나 부흥주의 선교 운동이 비성경적이거나, 나쁘다고 말할 수는 없다. 오순절 성령 강림과 기독교 선교가 성공적으로 추진되었다는 사실은 이러한 성령에 의한 부흥 운동의 위대성을 인정하지 않을 수 없다. 성령은 죄인의 심령 위에 자유케 하는 능력으로 나타나며 죄인으로 하여금 그리스도를 통한 하나님의 은혜를 믿고 수납하도록 작용함과 동시에, 하나님과 죄인 사이에 막혀 있던 담 벽을 헐게 하여 그와 내적인 화해를 성취하게 한다.

바이엘하우스(Beyerhaus)는 신약에서 말하는 하나님의 나라의 성격이 가견적으로 질적인 현현이라는 사실을 인정하기는 하지만(마24 :30), 기본적으로 그것이 영적이라는 사실과 하나님의 나라는 인간의 마음 위에 승리와 자유를 가져오게 하는 하나님의 구속적인 주재라고 하였다(롬14 :17). 부루너는 신앙이란 바울이 말한바와 같이, "그리스도와 함께 죽고 (dying with Christ), 그와 함께 십자가에 못 박힌다(being crucified with Him)."는 실존적이며 인격적인 현상이라는 사실과 자아 중심의 자

---

22 Peter Beyerhaus, *Missions: Which Way?* Grand Rapids : Zondervan pub., Co. 1961, p.38
23 채은수, Ibid., 64-67 요약.

아를 그에게 굴복시키는 것이라 하였다.24

　우리는 인간 실존 내면 깊이 성령의 역사로 일어나는 변화에 목적을 둔 성령 운동을 결단코 반대하지 않는다. 예수 그리스도로 말미암아 하나님과의 참된 화해를 추구하는 성령 운동을 우리는 중요시하지 않을 수 없다. 그러나 오늘날 우리 주위에서 실현되고 있는 부흥 운동이 진리의 일면만 강조한 나머지 기독교의 다른 중요한 면을 등한시하고 있다는 사실을 우리는 지적하지 않을 수 없다.

　오늘날 실행되고 있는 부흥 운동의 일변도적인 발전 과정을 살펴봄으로 우리는 부흥 운동의 성격을 알 수 있다. 부흥 운동의 발전은 유럽에서보다 미국 쪽에서 진행되었다. 그러나 미국 부흥 운동은 17세기 말엽부터 시작하여 18세기 초반기에 크게 왕성한 유럽 쪽의 경건주의 운동에 영향을 받은 유산물이다. 다시 말하면 유럽의 경건주의가 부흥 운동의 기초를 제공한 것이다. 경건주의 운동의 강조점은 종교적인 자세, 종교적인 감정에 있고 단순하고 주관적인 성경 연구와 회개와 도덕적 개형 등 실제적인 활동에 대해서는 등한시 한 것이 비판의 대상으로 남고 있다. 아래에 미국 교회사에 결정적인 공헌을 남긴 부흥사들의 철학을 살펴보자.

　미국의 초창기 부흥사였던 조나단 에드워드(Jonathan Edwards, 1703- 1758)는 영적인 감정 개발(the cultivation of emotion)에 강조점을 두었다. 그는 자연인은 사회적이고 도덕적인 덕에 대한 감각은 있으나 영적인 것에 대해서는 감각이 전무하다고 말하였다. 그는 영적인 감정이란 하나님의 영광을 감지하는 것으로 그것은 오직 성령에 의해서만 가질 수 있으며 그것은 도덕보다 중요하다고 하였다. 도덕은 구원에 대해서는 무력하나 하나님을 사랑하는 감정은 구원을 가져오는 것이라 하였다. 에드워드에게서 우리는 개인 종교 경험에 치중한 일면을 볼

---

24 Brunner, op. cit., pp. 194-196

수 있다.[25]

찰스 피니(Charles G. Finney, 1792-1875)에게서 우리는 한 걸음 더 치우친 부흥 신학을 찾을 수 있다. 그는 부흥 운동에 종교 심리학을 적용하였다. 그는 하나님과 사람 사이에 건너갈 수 없는 간격이 있다는 칼빈주의적 견해를 반대하고, 자연과 초자연과의 관계를 인간적 노력으로서 조화적인 관계로 성립시킬 수 있다는 원리를 인간 회개 운동에 적용하였다. 다시 말하면 그의 요점은 아래와 같다. a. 종교는 결코 기적에 속하는 것이 아니다. b. 인간 회개는 단순히 인체의 구조적인 변화가 아니라 이기심과 무지에서 돌아섬을 말하며, 인간에게는 이해와 판단, 선택의 자유가 있다. c. 인간 전환의 적절한 수단의 사용으로 회개는 얼마든지 가능하다. 이기적인 인간을 너그러운 인간이 되게, 무지한 인간을 확신에 이르게 하는 데는 물리적인 쇼크를 가함으로 가능하다고 하였다. 그러나 그가 성령의 역할을 부인 한 것은 아니다. 그의 견해는 다분히 알미니안(arminian)적인 것이었다.[26]

무디(D.L. Moody, 1837-1935)의 부흥철학은 "그리스도로 구원, 그리스도 없이 멸망."이라는 두 가지 어구로 요약된다. 그는 회심자의 숫자에 크게 관심을 두었다.[27]

오늘날 한국의 부흥사들은 이상의 미국 부흥사들의 철학을 모방하고 있다고 볼 수 있다. 즉 칼빈주의적(하나님의 주권 순종)이라기 보다는 알미니안주의적이며(인본적인 노력 중시), 깊은 신학적 토대가 결여된 피상적인 종교 놀음, 기교로 흐르는 경향을 부인할 수 없다.

---

25 Chae Eun Soo, "Toward Full Maturity of the Korean Presbyterian Church"(논문), 1976, p. 62.
26 Chae Eun Soo, "Toward Full Maturity of the Korean Presbyterian Church(논문), 1976, p. 62.
27 Ibid., p.67

우리는 에드워드에게서 감정 주의, 찰스 피니에게서 피상적인 기교 치중, 무디에게서 단순주의와 대 집회 강조, 빌리 선데이에게서 숫자 치중 등을 볼 수 있다. 오늘날 우리는 부흥주의에서 온갖 감정주의, 외형주의, 영웅주의, 단순 낙관주의 등에서 오는 폐단을 볼 수 있다. 더욱이 한국 부흥 운동에는 이교적인 요소, 즉 무교(shamanism), 유불선 혼합색채도 가미되어 사람으로 하여금 현실 도피의 길로 치닫게 하는 폐단도 지적하지 않을 수 없다. 많은 산상 집회가 그런 성격을 띠고 있다.

3] 사회 봉사주의 선교(mission as social movement)[28]

이 운동은 이상의 두 운동에 대한 좌경화한 반동적 운동(a reflective movement)이라 할 수 있다. 이 운동의 골자는 선교라는 것이 가견적 교회 조직이나 영혼을 건져 천국으로 보내는 것에 있는 것이 아니라, 인간 생애 전체에 관여하는 것이라는 주장이다. 그에 따르면 사회적인 제도를 변화시킴에서 어떤 구원의 의미를 찾자는 것이다.

호켄다이크(Hoekendijk)는 옛 전통적인 선교관인 진젠돌프(Zinzendorf)의 선교 운동에 대하여 비판적으로 말하기를, "진젠돌프는 그의 선교사들로 하여금 개개인의 영혼을 모으는데 치중하고, 그들로 하여금 모든 사회적이며 문화적인 일로부터 손을 대지 않도록 하였다."[29]

이 운동에서 주요한 관심은 사회적, 그리고 정치적인 문제들을 기독교적인 관념으로 해결하는데 있다. 그런 선교 진행의 중요한 과업은 a. 현재 상황에 대한 사회정치적인 분석, b. 가능한 한 선의의 참여 의식, c. 처리할 수 있는 기술적인 지식 등으로써 가능하다고 한다.

이 운동의 구원의 개념(the concept of salvation)이란 네 가지 차원의

---

28 채은수, [선교학 총론], Ibid., p.67-70 요약.
29 J. C. Hoekendijk, the Church Inside Out Philadelphia : Westminster Press, 1964, p.17

구원을 말한다. a. 인간에 의한 인간 착취에 대항하여 경제적인 공의를 위한 투쟁에서 얻는 구원, b. 인간에 의한 인간 압박에 대항하여 인간의 존엄성을 위한 투쟁에서 얻는 구원, c. 인간이 인간으로부터 분리되는 것을 대항하여 결속을 위한 노력에서 얻는 구원, d. 인간 생애의 절망에 대항하여 희망 쟁취를 위한 노력에서 얻는 구원이다.

이처럼 이 운동의 구원 개념은 구체적이고 실제적인 데 강조점을 두고 있음이 그 특색이다. 즉 그들의 구원이란 정치적 해방, 사회 경제적 공의 실현, 여성의 해방, 종족의 평등, 다른 종교와 이념들과의 대화 등을 실현하는 데서 온다는 것이다. 평화로운 사회 성취를 전도의 목적으로 보는 호켄다이크는 그 같은 실제적 구원관을 신학적으로 합리화한 사람으로 볼 수 있다. 그는 이렇게 말하였다. "전도의 목적은 이스라엘이 바라던 메시야의 사역, 즉 샬롬을 건설하는 것 외에 아무 것도 아니다. 샬롬이란 개인 구원 이상의 것이다. 그것은 곧 평화요, 성실이요, 집단이요 조화요 공의이다."

이 같은 사회적인 구원의 개념 역시 일면상의 진리 밖에 되지 않는다. 바이엘하우스는 말하기를, 그 같은 구원의 개념은 자력 구원(self-salvation)의 개념으로 공산주의자들의 주장과 비슷하다고 하였다. 그리고 예수 그리스도를 고레스나 모택동과 같은 해방자로서 격하시키는 것이라고 하였다. 바이엘하우스는 호켄다이크가 일면적인 구원 개념, 즉 선지자들에 의하여 약속된 하나님의 나라 개념에서 끌어낸 것만 가지고 말한 반면, 신약의 평화 개념은 무시하고 있다고 지적하였다. 에이레네(평화)는 그리스도의 화해 기초 위에 성립된 인간의 하나님과의 새로운 관계, 즉 I-Thou의 관계를 의미한다. 죄인은 어디까지나 복음 선포로 십자가에 나아갈 때까지 즉 믿음으로 화해를 받기 전까지 여전히 구원 받지 못한 상태로 남는 다는 것이다.30

플러 신학교의 신약 교수인 레드(Ladd)는 "요한은 영생이 지금 여기서 (here and now) 체험하게끔 그리스도께서 세상에 가져오신 것임을 보여준다."라고 하였다. 그의 말은 인간의 하나님께 대한 I-Thou 관계성립의 중요성을 말하는 것이다.31

사회봉사 주의 선교는 확실히 이상적인 사상일 것이다. 그러나 그것이 신약적인 사상의 전부라고 할 수는 없다. 다시 말하면 일면적 진리에 불과할 뿐 건전한 것일 수는 없다.

결론적으로 우리는 앞서 거론한 세 가지 선교 철학이 나름대로의 의미와 방향성, 또는 성경적인 근거를 가지고 있으나, 어떤 하나만을 고집할 수 없다는 것을 볼 수 있다. 우리 교단의 선교 방향이 한쪽으로 치우쳐 나가고 있다면 그 방향만이 최선이라는 아집을 버리고 치우친 자리에서 방향을 바로 잡아야 할 것이다. 성경적인 바른 선교관은 영혼구원 뿐만 아니라, 착실한 사회 문화의 영역에서도 깊은 관심을 보여야 할 것이다. 한국 교회는 세상에서 주님을 선포하는 일(the proclamation of Christ)과 선한 이웃이 되어 참된 봉사(service)를 실천하는 일에 균형을 잃지 말고 힘써 행해야 할 것이다.

그러므로 선교적 교회의 방향 설정에는 좌로나 우로나 치우치지 말고, 항상 복음전파와 양육을 대내적으로 힘쓰는 한편, 그리고 이웃 사랑의 실천이라는 그리스도의 이중 명령에 대한 응답이 따라야 할 것이다. 더 이상 수량적인 교회 성장이 지상 목표가 되어서는 안될 것이며, 교회의 내실과 건강한 목표설정이 각인되고 다음 세대와 대 사회적인 명제로 천명되어야 할 것이다.

---

30 Beyerhaus, Shaken Foundation, op, cit., p.43.

31 George Eldon Ladd, The Pattern of New Testament, Grand Rapids : Eermans Pub., Co., 1968, p.64.

제2부

선교의 성경적 근거[32]

구약에서 선교사상을 찾기가 어려운 까닭은 일반적으로 구약에는 선교 개념이 없다는 선입견 때문이다. 이러한 견해는 최근 선교학자들이 구약에서 선교의 개념을 찾기 시작하기 이전에는 당연하게 여겼다. 선교학자 요하네스 바빙크(Johannes Bavinck)도 일찍이 구약에서 선교적 근거를 찾을 때의 어려움을 설명하고 있는데, 다음과 같은 이유에서 구약에는 선교가 없는 것처럼 오해하게 된다고 하였다.[33] 첫째, 구약에는 이스라엘 백성들을 하나님께서 선택한 특별한 민족으로 여기는 선민사상이 나타나기 때문인데, 이러한 선민사상이 지나치게 강조되어 편협한 민

---

32 안승오, 박보경, [현대 선교학 개론], 2008. 서울 대한기독교 서회, 15-51쪽 요약.

33 J. H. Bavinck, An Introduction to the Science of Mission, 전호진 역, [선교학 개론] (서울 : 성광 문화사, 1980), 30쪽.

족주의적 모습을 띠고 있다는 오해 때문이다. 둘째는 구약에서 나타나는 이방 나라들이 선교의 대상인가하는 문제인데 구약의 많은 부분에서 하나님은 이방 족속들을 향한 피비린내 나는 전쟁과 멸절을 명령하고 있고, 이방 나라들에 대한 어떤 자비나 축복의 말씀이 없다는 오해 때문이며, 이방나라들이 하나님의 구원을 이루는 대상이 아니라, 이스라엘을 끊임없이 위협하고 우상 숭배로 유혹하는 존재로 그려지고 있기 때문이다. 이와 같이 극단적 배타주의와 이방인들을 향한 극단적 혐오 그리고 심지어는 이방인들을 철저하게 멸절시키려고 거룩한 전쟁을 소집하는 하나님의 모습에서 우리는 어떻게 온 세상을 사랑하셔서 선교하시는 하나님을 발견할 수 있겠는가?

그러나 구약은 오늘날의 교회의 선교에 매우 중요한 관점을 제공할 수 있다. 왜냐하면 신약 뿐 아니라, 구약 시대에서도 하나님은 일하고 계셨고, 인간 역사 속에 참여하고 계셨기 때문이다. 구약에는 놀라울 정도로 온 세상을 향한 하나님의 사랑과 관심이 표현되어 있고, 이러한 보편주의는 구약의 선교 초석을 마련해 준다. 구약에는 이방인민족을 향한 하나님의 선교가 표면 아래로 흐르고 있다. 아더 글라서(Arthur Glasser)는 신약과 구약은 모두 선교적 문서이며, 신,구약은 곧 인간 역사 속에 나타난 하나님의 목적과 선교적 행위를 계시한 것이라고 주장한다. 구약 학자 월터 카이저(Walter Kaiser)는 구약 성서가 이스라엘만을 위한 광신적 애국주의(Chauvinism)로 시작한다고 주장할 수 없다고 선언하였다. 구약이 친유대적(pro-Jewish)이며 하나님의 특별한 사랑을 받은 이스라엘에 관한 책이라는 생각은 잘못된 것이라고 결론짓는다.[34]

---

34 Johannes Blauw, The Missionary Nature of the Church 전재옥. 전호진. 송용조 역, [교회의 선교적 본질] (서울 : 한국 장로교 출판사, 2002), 17쪽

제1장 구약에서 본 선교[35]

1. 보편 역사시대의 선교(창1-11장)

창1장부터 11장까지를 일반적으로 보편 역사 시대로 구분하는데 이 시기는 하나님의 백성으로서 이스라엘의 역사가 시작되기 이전의 역사이며 구약의 서문에 해당되는 부분이다. 그런데 구약의 어떤 부분보다도 하나님의 선교적 근거를 이루는 보편주의로 가득하다. 창1-11장에서 이스라엘의 하나님은 이스라엘만을 위한 하나님이 아니라 세상 모든 민족들의 하나님이심을 강조하고 있다. (이 때에 이스라엘은 아브라함도 부르시기 전의 태고의 보편적인 역사기술이다.) 아더 글라서는 성경 전체를 세 부분으로 나눌 때 그 첫 번째 부분을 창1-11장으로 구분하고 창12장부터 사도행전 1장까지를 두 번째 부분으로, 행2장부터 나머지 성경 전체를 세 번째 부분으로 구분하고 있다. 그는 첫 번째 부분을 보편주의, 두 번째 부분을 특수주의, 세 번째 부분을 회복된 보편주의로 구별된다고 주장한다. 그의 주장은 결국 창1-11장이 선교적 관점에서 보면, 성경 전체에서 매우 중요한 부분임을 잘 보여주는 것이다.

창1-11장에 나타나는 가장 중요한 선교적 주제는 창조 이야기에서 나타난다. 성경의 최초의 관심은 히브리인들에 대한 것이 아니다. 온 인류에 대한 것이며 성경이 아브라함의 이야기부터 시작하지 않고, 세상의 창조와 인류의 조상인 아담으로부터 시작되었다는 것은 주목할 만한 사건이다. 창조 이야기의 중심은 이스라엘이 아니라 전 인류이다. 이스라엘은 자신들의 역사를 거슬러 올라가 회고하면서 역사 속에서 경험되는 열방들과의 관계 속에서 자신들을 인식하고 있다.

---

35 안승오, 박보경, [현대 선교학 개론], 15-52쪽 요약.

창조 이야기는 온 인류가 하나님의 형상을 입은 존재임을 선언한다. 하나님의 첫 인간 창조는 이스라엘의 조상 아브라함이 아니라, 온 인류의 아버지 아담이었고 또한 모든 인간은 동일하게 하나님의 형상(Imago Dei)을 따라 만들어진 존재이다. 그러므로[36] 우리의 선교는 인간으로 하여금 온전한 하나님의 형상으로 회복되도록 하는 것이다.

창조 이야기는 창조 세계가 선하게 창조되었음을 선언한다. 창1-2장에 걸쳐서 하나님이 만드신 창조물에 대하여 6번에 걸쳐서 '좋았더라.'는 표현이 반복적으로 나타나는데 이것은 적어도 두 가지를 보장한다. 첫째는 '좋았더라.'는 표현은 모든 선한 창조물이 결국 선한 하나님의 성품을 반영하며, 동시에 하나님의 선하심을 확증한다. 둘째로 창조물들이 본질적으로 '선함'을 확증하고 있다. 그러므로 하나님의 창조 세계는 본질적으로 가치가 있는 존재이다.

다음으로 창조 사건은 인간에게 본질적으로 선하게 창조된 세상을 다스릴 청지기적 직무를 요청한다. 이것을 글라서는 인류에게 주어진 문화명령이라고 언급했다. 문화명령(Cultural Mandate)은 하나님이 인간에게 내리신 첫 번째 명령이며 인간이 하나님께서 당신의 창조 세계를 지키고 돌보도록 맡기신 책임적 존재임을 일깨워 주는 문화적 위임이다. 따라서 하나님의 창조세계가 선하기 때문에 창조 세계의 보존과 회복은 선교의 중심적 주제로 다룰 수가 있다. 또한 인간에게 주어진 문화 명령은 특정 인간들을 향한 폭력과 불의와 학대와 차별에 대항하여 진정한 화해의 공동체, 조화의 공동체, 회복의 공동체를 만들어 가는 것 또한 선교의 중요한 과제가 됨을 말해 주고 있다.

인류의 타락이야기에서도 우리는 중요한 선교적 주제를 발견할 수가 있다. 인류의 역사에서 타락사건은 비극을 만들어 내었다. 타락의 결과

---

36 Christopher Wright, The Mission of God, 98쪽.

는 철저하게 모든 관계들이 깨어지는 것으로 나타난다. 타락으로 인하여 인간관계의 깨어짐은 결국 인간 사회의 가장 작은 단위인 가정의 깨어짐으로 나타난다. 가정 안에서 부부 관계의 깨어짐이 나타날 뿐 아니라, 4장에서는 형제 관계의 깨어짐으로 발전한다. 뿐만 아니라, 타락은 인류와 창조 세계와의 조화마저도 깨어지게 하여 자연과의 관계를 철저하게 상실하도록 만들었다. 하나님은 이러한 분리와 소외 속에서도 구원을 위한 선교를 시도하시는데 그 첫 구원으로서의 하나님의 선교적 행위가 창 3 :15에 나타난다. 조지 피터스(George Peters)는 인류에게 주어진 첫 번째 언약 속에 이미 인류 구원을 위한 하나님의 보편적 계획을 엿볼 수 있다고 주장하면서 이 구원 사업이 이스라엘에게만 아니라, 전 인류에게 영향을 미치는 것으로 설명함으로써 창세기 3 :15을 '원시 복음'으로 명명하고, 새롭게 선교적 관점에서 해석하였다. "그는 원시 복음의 선교적 성격을 다음과 같이 요약한 바, a. 구원은 하나님의 주도적 사건이다. b. 구원은 사탄을 무찌르는 것이다. c. 구원은 전 인류에게 미치는 것이다. d. 구원은 전 인류와 관련된 중보자를 통하여 이루어진다. e. 구원은 구속자의 고통과 관련이 있다. f. 구원은 역사 속에서 경험 될 수 있다."[37]

노아 홍수 이야기에서도 우리는 강력한 보편주의적 측면을 발견하게 된다. 먼저 노아와의 언약(창9 :1)이 전 인류와의 언약이라고 하는 점은 중요한 선교적 의미를 제공한다. 전 인류를 대표 한다는 점에서 이 언약은 창1 :28의 축복이 재연되는 듯하다. 창9장에서 노아의 언약에 따른 축복으로서의 흩어짐의 결과는 결국 창10장의 열국의 명단으로 나타난다. 따라서 창10장의 열국의 명단에 나타난 보편주의는 창세기1장에 나타난 보편성만큼이나 강력하다. 창10장에 나타난 노아의 자손들의 명단은 하

---

[37] George Peters, A Biblical Theology of Mission(Chicago; Moody Press, 1972), p.85-86

나님의 새 계약(홍수 이후)에 따른 결과이다. 즉 이 계약은 많은 족속이 번성하여 지구를 채우는 결과를 통해서 그 계약의 유효성을 볼 수 있다. 이 명단에는 당시의 모든 나라가 포함되어 있는데 창10 :20에서는 처음으로 '나라'라는 단어가 등장하기도 한다. 또한 열국의 명단 속에는 전통적으로 이스라엘의 원수로 인식되었던 가나안 7족속도 포함되어 있음으로서 구약의 보편주의의 기초를 마련하고 있다.

이어지는 창11장의 바벨탑 사건은 인류의 오만과 죄악에 대한 하나님의 심판을 다루는 전적으로 부정적인 사건이지만 흥미롭게도 하나님의 심판에 따른 흩어짐의 사건 속에서 선교적 중요성이 역설적으로 나타난다. 흩어짐에 대한 긍정적, 부정적 접근이 서로 짝을 이루어 나란히 병렬되어 있다. 크리스토퍼 라이트(Christopher Wright)는 이 흩어짐의 선교적 측면을 더 주목하면서 창9장의 노아의 자손들의 흩어짐과 비교할 수가 있다.

창12장에서 아브라함을 부르시면서 "땅의 모든 족속"(창12 :3)을 먼저 규정해 줌으로써 아브라함의 선택 사건이 내포하고 있는 선교적 대상을 보여주고 있다.

2. 족장들을 통한 선교

선교학적인 관점에서 볼 때에 창11장과 12장 사이에서 하나님의 선교는 중요한 전환점을 맞이한다. 즉 11장까지의 보편적인(Universalistic) 하나님의 선교가 아브라함을 부르심으로 구체적인 한 민족에 대한 관심으로 방향을 선회하고 하나님의 선교에서 특수주의적(Particularistic)으로 전환하는 분기점이 마련된다. 그렇다고 하나님께서 보편주의적인 선교에서 모든 나라들을 포기했다고 보면 안 될 것이다. 왜냐하면 창12 :1-3 아브라함의 언약 안에서 놀라운 보편주의적 선교의 요소를 담고 있기 때문이다.

라이트는 창11장과 12장의 전환을 주목하면서, 창11장의 바벨탑 이야기에서 어떤 은혜도 발견될 수 없다고 지적하지만, 창12장의 아브라함의 선택으로 바벨탑 사건에 대한 하나님의 은혜적 응답으로 해석될 수가 있다. 창12 :1-3의 기사는 성경 전체에서 개인이 하나님의 선택을 받게 되는 가장 놀라운 사건일 것이다. 심지어는 신약에서까지도 그 중요성을 되짚어 볼 수가 있는 내용이다. 마1 :1의 아브라함과 다윗의 자손 예수 그리스도의 계보, 아브라함의 하나님, 이삭의 하나님, 야곱의 하나님이라(마22 :32; 막12 :26; 눅3 :8; 눅13 :28; 19 :9; 요8 :39; 8 :56; 행3 :25; 행13 :26) 특히 바울은 그의 서신서에서 아브라함을 통한 믿음의 복과 복음에 대하여 강조 하였었다(롬4 :12; 갈3 :8; 갈3 :14).

아브라함의 언약 속에는 이 두 가지 측면이 상존하고 있으며 이는 성경 전체의 선교적 메시지이다. 즉 하나님의 선교를 표방하는 보편성과 택한 자를 통하여 축복하시며 뜻을 이루시는 특수성이 병행하고 있다.

다음으로 숙고해야 할 항목은 아브라함의 할례 사건이다(창17 :9-14, 23-27). 할례의 명령과 계약은 택하고 부르심을 입은 자손들에게 베푸시는 특수한 계약이나 이 역시 닫혀 있는 것이 아니라, 돈을 주고 산 이방인들이나, 집에서 태어난 종들에게도 해당되는 보편성을 통하여 외국인까지 포용하는 선교적 측면이 상존하는 것을 알 수가 있다. 방법에서는 특수 주의적이지만 약속의 계획과 효과에 있어서는 보편 주의적이라고 할 수 있다. 이러한 맥락에서 아더 글라스는 아브라함은 선교의 개척자였다고 주장한다.38

아브라함을 선교의 개척자로 보는 견해에서 중요시 되는 것은 그의 이방인과의 만남과 중보 기도를 통하여 볼 수가 있다. 창14장에 북방 연합

---

38 Arthur Glasser, [성경에 나타난 하나님의 선교], 55쪽

군에게 소돔성이 정복당하고, 조카 롯이 포로로 끌려가는 형국에서 아브라함은 자기가 거느린 가신 318명을 데리고 야간 기습 작전을 감행하여 북방 연합군을 패퇴시키고 사람과 재물을 찾아서 개선할 때에 살렘 왕 멜기세덱을 맞이하면서 떡과 포도주를 제공한다. 멜기세덱은 가나안 왕으로 살렘(오늘날 예루살렘)을 통치하는 왕이자 제사장이었다. 아브라함은 그에게 자신이 얻은 전쟁의 노략물의 1/10을 그에게 바친다. 하나님의 백성들이 장벽을 넘어 세상 속에서 만나는 예기치 않은 인물과 사건, 이것이 또한 선교적 측면에서 보편성을 띠고 있다고 말할 수 있다. "우리는 하나님이 뜻 밖에 놀랍게 하심의 가능성을 부인해서는 안 된다. 왜냐하면 하나님이야 말로 가장 열렬히 사람들을 하나님에게로 이끌기를 열망하시기 때문이다."[39]

아브라함의 선교적 모형으로 대표적인 사건은 소돔과 고모라 성을 위하여 중보하는 아브라함의 기도에서 찾을 수 있다. 하나님의 택한 자가 세상을 위하여 중보하며 기도하는 모습은 선교의 백미라고 할 수 있다. 거룩하시고 전능하신 하나님의 심판 앞에서 무지 몽매한 죄인들의 구원을 위하여 간절하게 구하는 아브라함에게서 하나님과 인간 사이의 화해를 중재하는 선교사의 전형적인 모습을 발견할 수가 있다. 아브라함의 이러한 모습에서 결과적으로 모든 하나님의 백성들의 선교적 삶의 전형을 찾아볼 수 있다.

창세기 족장들의 설화에서 계속 등장하는 구절이 '네 씨로 인하여 천하 만민이 복을 받으리라.'는 것이다. 이는 특별한 부르심과 택한 백성들을 통하여, 천하 만민을 구원하시려는 보편주의적 선교라고 할 수 있다. 창12장-50장까지 이어지는 족장들의 이야기는 이스라엘을 선택하시는 하나님의 특수주의적 선교의 시작이며 또한 보편주의적 선교를 위한 시

---

39 Arthur Glasser, The Story of God's Mission in the Bible, Grand Rapid : 2003, 63

발이라고 할 수 있으며, 이러한 하나님의 선교는 이스라엘의 역사에서도 잘 나타나고 있다.

3. 출애굽과 광야 교회에서의 선교[40]

출애굽 사건을 어떻게 보느냐는 것은 선교적 측면에서 대단히 중요한 단서가 된다. 성경 해석학에서도 중요한 모형이 되고 있는 것이다. 우선은 하나님께서 사랑하시고 택하시며 선조들의 언약을 기억하셔서 고통 받으며 신음하는 이스라엘을 애굽 땅에서 불러내어 구원하여 주신 사건이지만 여기에 담겨 있는 선교적 측면은 대단히 중차대하다.

먼저 당시 애굽에 내린 10가지 재앙의 사건이다. 우선은 당시 애굽의 제국에 내린 특별한 사건으로 기억되지만 사실, 당시의 신들과 미신에 대한 하나님의 응징이며 오직 여호와 하나님만이 참 신이라는 하나님의 선포이며 선교이다. 출애굽 사건에서 모세는 하나님의 선교에 참여하도록 부탁받은 선교사로 등장한다고 본다. 로욜라(H. H. Rowley)는 모세를 최초의 선교사로 언급하였다.[41] 애굽에서 노예 생활을 하는 이스라엘 백성을 해방시키려는 모세의 노력과 자기 백성들에게 하나님이 보내신 자를 입증하는 과정과 바로의 앞에 등장하여 당당하게 내 백성을 보내어 여호와를 예배하게 하라는 것은 선교사의 메시지이며 목적이라고 할 수 있다. '애굽 사람이 나를 여호와 인줄 알리라'(출7 :5, 17). "나는 세상 중에 여호와인줄 네가 알게 될 것이라."(출 8 :23). "내 이름이 온 천하에 전파되게 하려 하였음이니라."(출9 :16) 이는 명백한 하나님의 선교적인 선포이며 의도라는 것을 알 수가 있다.   광야 생활 중에서도 이스라엘의 광

---

40 안승오, 박보경, [현대 선교학 개론], 25-33 쪽 요약.

41 H. H. Rowley, The Missionary Message of Old Testament(London; 1955) 15

야 교회는 닫힌 공동체가 아니었다. 많은 부분에서 이방인들이 이스라엘 회중에 들어오는 것이 허락 되었다. 출애굽 당시에도(출12 :38), 할례를 받을 때에도(48), 또한 유월절을 지킬 수 있었고(민9 :14), 안식일 성수에도 참예하고(출20 :10), 제사 의식에도 참여하며(레17 :8), 이스라엘에게는 이방인들을 압제하는 일을 금하였고(출22 :21), 추수할 때에는 이방인들이 먹을 것을 남기라고 명하셨다(레19 :9-10).

창세기에 아브라함과 멜기세덱의 만남이 선교적 의미가 있다면, 출애굽기에서는 모세의 장인 이드로의 등장이 그것이다. 그는 본래 미디안 족장이었으나 여호와 하나님을 경외하는 이방의 제사장으로서 모세에게 많은 영향을 미쳤으며, 특히 출18장에서의 해후와 이스라엘 공동체의 조직과 리더십에 대한 지혜를 제공하였으며 모세가 이를 수용하고 기뻐할 뿐만 아니라, 이드로가 하나님이 행하신 구원을 찬양하고 여호와에 대한 신앙고백으로 나아가는 것은 중요한 선교적인 발전이다. 이후의 일어난 여리고성의 라합의 이야기이며 모압 땅의 룻의 이야기는 하나님의 선교가 얼마나 열려 있으며 보편주의에 기초하고 있는가를 증거하고 있는 실화이다. 출애굽 이후 가나안 정착에 이르기까지 이스라엘을 구원하시는 하나님의 선교는 세상 만민을 거부하는 것이 아니라, 온 세상에 여호와를 아는 지식이 전달되기를 원하는 하나님의 의도가 역사의 흐름 속에서 상존하고 있다는 것을 보여주고 있다.

4. 가나안 정복과 왕국 시대의 선교[42]

이스라엘이 40년 광야 생활 이후에 마침내 가나안에 도착하여 가나안의 여러 족속들과 함께 대결과 타협 속에서 부족국가에서 일반적인 국가

---

[42] 안승오, 박보경, Ibid., 33-37

형태로 구성하기 전, 이스라엘은 민족의 사사를 중심으로 새로운 공동체를 형성하게 되는 과정을 거치면서 사울 왕의 등장으로 왕정국가를 시작하게 된다. 이전의 시대와는 판이한 상황이 전개되는데 우상 숭배를 통한 종교 혼합주의가 심각한 문제로 대두 되었고, 이의 반작용으로 민족적인 편협성이 자신의 선택을 잘 못 이해하게 만들었다. 왕정 국가 시대에 하나님의 선교는 두 가지로 구분될 수 있다. 첫째는 하나님의 계약 백성으로서의 거룩한 삶을 촉구하는 하나님의 선교가 있었고, 둘째는 선교적인 삶을 살도록 요구하는 보편주의적 하나님의 선교라는 측면이다. 전자는 요하네스 베르카일(Johannes Verkuyl)의 주장에 따르면, 적대주의 모티브(Motif of Antagonism)로 설명 될 수 있다.43 즉 이 기간 동안 이스라엘을 향한 하나님의 선교는 선택된 백성으로서 거룩한 삶을 살도록 요청하며, 만약 그렇지 않은 경우, 선지자들을 통하여 우상 숭배에 대하여 책망하고 통렬한 회개를 촉구하였다. 우상 숭배는 하나님과 이스라엘 백성 간의 계약을 파기하는 무서운 죄이며, 하나님의 대한 반역이었기 때문이다.

우상 숭배는 궁극적으로 구약의 보편적인 선교의 메시지, 즉 모든 땅에 여호와의 이름을 선포하고자 하는 하나님의 계획을 방해하고, 선교적 소망이 위험에 빠지도록 만들기 때문이다. 따라서 구약 성경에 여러 곳에서 나타나는 우상 숭배를 하는 열방과 이방인들을 적대시하며 거룩한 전쟁을 선포하시는 하나님은 온 세상을 향한 보편적 사랑이라는 관점이 아니라, 이스라엘의 거룩성을 촉구하시는 적대주의적 하나님의 선교로 이해해야 하며, 이것은 이방을 향한 하나님의 선교 이전에 이스라엘 선민을 향한 특수적이며, 제한된 하나님의 선교로 이해해야 할 것이다. 아

---

43 Johannes Verkuyl, *Contemporary Missiology : An Introduction*, 최정만 역, [현대 선교 신학 개론] 서울 : 기독교 문서 선교회, 2006, 146-147, 150-151.

더 글라스는 바로 이런 의미에서 이스라엘의 거룩한 전쟁 개념이 오늘날 우리들의 선교 안내도로 사용될 수 없으며, 이스라엘의 정복 전쟁이 현대를 살아가는 그리스도인들에게 전쟁 명령으로 이해되어서는 안 된다고 했다.44

그럼에도 하나님의 보편적인 사랑과 선교의 개념은 구약 성경 곳곳에 나타난다는 점을 간과해서는 안 될 것이다. 대표적인 실례가 사무엘서와 역대서에서 이방인들이 계속적으로 이스라엘 회중인구에 유입되는 사례이다. 대하2 :17 솔로몬의 인구 조사에서, 외국인의 숫자가 15만 3,600명이라고 밝히고 있다. 흥미로운 것은 이들이 이스라엘 회중의 약자들로만 구성된 것이 아니라, 상류층, 또는 이스라엘의 리더십에도 오를 수 있었다는 점이다. 에돔 사람 도엑(삼상2 :17), 헷 사람 우리야(삼하11 :5), 여부스 사람 아라우나(삼하24 :23), 암몬 사람 셀렉(삼하23 :37), 모압 사람 아드마(대상 11 :46) 등이 있다. 다윗의 군사들 중에도 외국인들이 상당 수 있었다(대상 11 :26-37). 어쩌면 사울에 비하여 열려 있으며, 인재를 고루 등용하였던 다윗의 리더십의 근간이 되고, 다윗 왕국의 중추적인 역할을 하였을 것이다.

그러나 이 시기에 만민을 향한 여호와 하나님의 보편주의적 관심이 가장 분명하게 나타나는 것은 솔로몬의 기도이다. 대하6 :32에서 "주의 백성 이스라엘에 속하지 않은 이방인에게 대해서도 그들이 주의 큰 이름과 능한 손과 펴신 팔을 위하여 먼 지방에서 와서 이 성전을 향하여 기도하거든," 이처럼 솔로몬의 이방인들을 위한 기도는 결국 이스라엘 제사의 중심을 이루는 성전이 이스라엘 민족들만을 위한 예배 처소가 아니며 이방인들에게도 열려진 장소였음을 보여주는 대목이다. 이전에 나오는 한

---

44 Ernest Wright, The Old Testament and Theology(New Your : Harper & Row, 1969), p. 130

나의 기도(삼상2 :8)에서도, 삼상 29장의 블레셋 진영에서의 다윗의 모습(3, 6,9)을 통하여서도 선교적 중요성을 보게 된다. 왕하 19 :19에 나오는 히스기야의 기도를 통하여도 알 수 있다. "이제 우리를 구원하소서. 그리 하시면 천한 만국이 주 여호와는 홀로 하나님이신 줄 알리이다." 왕상17 :1-24에 나오는 엘리야 시대의 사르밧 과부의 사건은 전형적인 이방 선 교이며 하나님의 보편적인 사랑의 이야기이다.

나아만 장군의 이야기는 구약 성경에 나타난 가장 놀라운 이방인 회심 의 사건이다. 이 이야기에서 하나님께서는 이방인들에게도 여호와를 아 는 지식이 전파되기를 원하시며, 살아계신 하나님의 구심적인 선교의 실 예를 볼 수가 있다. 왕하 5 :1에 "이는 여호와께서 저로 아람을 구원하게 하셨음이라." 이방인의 승리조차도 여호와 하나님의 섭리 하에 있음을 말함으로 부족 종교의 신으로서의 여호와 하나님이 아니라, 이방 나라들 속에서도 역사하시는 하나님이심을 보여 준다. 2절에서 작은 계집 아이 의 여호와 신앙증거는 하나님의 백성들의 세상 속 현존이 여호와 하나님 을 알리는 데 중요한 역할을 할 수 있음을 보여준다. 나아만은 육신의 나 병을 치료하는 것에 그치지 않고 여호와의 신앙인으로 전환하는 것을 볼 수 있다. 15절 "내가 이제 이스라엘 외에는 온 천하에 신이 없는 줄 아나 이다." 더 나아가 17절에서는 여호와 하나님께 자신의 제사를 드리는 방 법까지 제안하게 된다.

다윗과 골리앗과의 싸움에서도 우리는 하나님의 보편주의적 관심을 본다. 다윗이 골리앗을 향하여 덤벼드는 것이 단순한 애국심에서 나온 오기가 아니라, 하나님의 선교를 위한 그의 각오임을 읽을 수 있다. 월터 브로그만은 다윗이 골리앗을 이긴 것은 단순히 이스라엘을 구하고, 블레 셋을 패배시키기 위한 것은 아니었다고 한다. 여호와의 영광을 세상이 보도록 하는데 그 목적이 있었고 이것은 다윗의 놀라운 고백에 잘 표현되어 있다. 다윗은 여호와의 통치를 증거하며, 이스라엘로 하여금 열방들을 모방하지 말 것이며 그리고 열방들로 하여금 여호와의 신앙으로 새로워지기를 요청하는 '선교적 연설'이라고 평하였다.[45] 다윗의 승리는 이처럼 선교적 구조를 띠고 있는데, 그 클라이맥스가 골리앗과 다윗의 대화 속에서 나타나고 있다. 그는 이스라엘 선교의 사명을 인식하고 있으며 이방에게 필요한 목자로 등장한다. 다윗은 이스라엘의 존재가 세상의 모든 사람들에게 여호와의 존재를 알리는 증거적 존재임을 인식한 예언자였다.[46]

5. 시편에 나타난 하나님의 선교[47]

이스라엘 백성들의 예배를 위한 시편에서도 선교적 측면을 찾아볼 수 있다. 일반적으로 이 위대한 찬송 집에서 이방인들을 향한 하나님의 선교적 모습을 간과하기가 쉽다. 그러나 최근 들어서 구약 학자들 중에서 시편을 선교적 문서로 인식하는 이유는 시편에 선교적 활동이 있어서가 아니라 선교적 근거가 되는 다양한 보편주의를 발견 할 수 있기 때문이다. 조지 피터슨은 시편에서 세계 만민의 구원과 관련된 보편주의에 관한 언급이 무려 175회 이상 나타나고 있으며, 시편이야 말로 세계에서 가장 위대한 선교서적들 중의 하나라고 언급하였다.[48] 그는 특별히 시2, 33, 66, 72, 98, 117, 145편을 언급하였다. 데이비드 필백(David Filbeck)은 창1-11장의 하나님의 선교의 보편주의가 시편에서 다시 활짝 피었다

---

45 Walter Brueggermann, First and Second Samuel(Louisville : John Know Press, 1990), p.132

46 David G. Firth, That the World May Know : Narrative Poetics in 1 Samuel 16-17, Text and Task : Scripture and Mission(Paternoster Press, 2005)

47 안승오, 박보경, Ibid., 37-40.

48 George Peters, A Biblical Theology of Mission, p. 116

고 주장한다.[49]

그 중에서도 특히 시67편은 매우 선교적인 시로 학자들의 주목을 받고 있다. 67편은 이스라엘의 수장절에 제사장의 축도에 대하여 백성들이 응답가로 불렀을 것으로 추측하는데, 이 시편은 구약의 주기도문과도 같은 위치에 있다. 이 본문은 땅의 모든 족속들에게 복의 근원이 될 것이라는 아브라함의 언약에 초점이 맞춰져 있다. 이 시편은 민6 :24-25에 나오는 아론의 축복 말씀에 근거하여 만민을 향하여 축복의 말씀을 하고 있다. 3-5절에서는 모든 민족이 주를 찬송하는 것으로 표현하고 있다. 또한 6-7절에는 하나님의 보편성을 묘사하는 것으로 결론을 맺는다. 특히 이곳에서 여호와라는 단어 대신에 엘로힘이 사용되었으며, 단수 2인칭 '너'가 '우리'라는 일인칭 복수로 바뀌었음을 강조한다.

시편117편은 단 두 구절로 구성된 가장 짧은 시편이지만, 여호와를 찬양하기 위해서 온 세계 민족을 부르는 매우 선교적인 시편이다. 바울이 이방인 선교를 위한 구약적 근거로 삼고 인용한 시편이기도 하다. 존 파이퍼는 선교의 진정한 목적이 결국은 하나님을 향한 예배에 있다고 주장하였는데 하나님의 인자하심과 진실하심에 대하여 모든 민족과 백성들이 찬양하고 찬송하도록 하는 것이 선교의 목적이며 예배가 선교의 연료이자 목표가 된다고 하였다.[50]

이동수는 시편에 나타난 선교사상을 다음 몇 가지로 정리하고 있다. 첫째로 시편에 나타나는 선교의 주체가 하나님이며, 둘째로 선교의 범위가 온 세상이며, 셋째로 선교의 대상이 모든 나라의 모든 민족이며, 넷째로 선교의 방식이 만민을 공평하게 판결하시는 방법이며, 다섯째로 선교의 결과는 구원과 감사 및 찬양과 복을 누림에 있다. 시편 중 특히 군왕

---

49 David Filbeck, Yes, God of the Gentile, Too, pp.86-87
50 John Piper, Let the Nation be Glad, 김대영 역, [열방을 향해 가라.] 서울 좋은
   씨앗, 2005), 368

시에서 선교적 특징을 많이 볼 수 있으며, 찬양 시와 탄식시 등의 다양한 장르에서도 선교적 시들이 나타난다고 요약한다.[51]

6. 선지서에 나타난 하나님의 선교[52]

북이스라엘과 남유다 왕국은 결국 멸망하게 되었다. 그러나 이스라엘의 패배가 이스라엘의 하나님 여호와의 패배로 해석될 수는 없었다. 결국 이스라엘과 유다 백성은 자신들의 멸망이 여호와의 심판으로 이해되었다. 하나님은 이스라엘만의 하나님이 아니라 온 세상의 하나님이며, 하나님은 이스라엘을 구원하기도 하시지만, 동시에 심판을 통하여 이스라엘을 버리기도 하시는 하나님이라는 이해가 자연스러운 것이었다. 이스라엘과 유다의 멸망은 선교 신학적으로 볼 때에 창12장에서 수면 아래로 흐르던 보편주의적 하나님의 선교 이해가 수면 위로 흐르는 변화를 가져왔다고 본다. 따라서 선지서를 중심으로 나타난 보편주의는 바로 이러한 환경적 변화와 상관이 없지 않다. 이런 이유 때문에 선지서에는 구약의 어떤 책들보다 강력한 하나님의 보편주의적 선교의 사상이 나타난다. 다음의 몇 가지로 요약할 수 있다.

첫째로 선지서에 나타난 여호와는 이제 이스라엘만의 하나님이 아니라, 만민의 하나님으로 등장한다는 점이다.(사2 :1-4; 25 :6-9; 렘3 :17; 시60편; 슥8 :20-23) 선지서에 나타난 하나님은 창1장-11장에 나타난 온 세상의 하나님이심을 나타낸다.

둘째로 이스라엘의 하나님이 만민의 하나님이라는 보편주의는 당연하게 하나님의 심판도 전 세계적이라는 관점으로 발전된다. 아모스서에는

---

51 이동수, "시편에 나타난 선교 신학." [장신 논단] 20집(서울 장로회 신학대학교 출판부, 2003), 82쪽.

52 안승오, 박보경, Ibid., 40-47

하나님의 심판이 이스라엘과 유다를 포함하여 주위의 국가들을 모두 포함하고 있음을 잘 보여주고 있다.

셋째로 여호와 신앙의 중심을 이루는 성전 또한 이제 이스라엘만의 성전이 아니라, 만민의 집이 되었다(사56 :7). 물론 성전이 만민의 집이라는 사상은 솔로몬의 기도에서 이미 언급되었기에 새로운 사실이 아니나, 선지서 특히 이사야서에서 다시 재확인 되는 실효가 있었다.

마지막으로 선지서의 선교에 있어서 가장 중요한 보편주의적 특색은 이방인들의 자발적 도래인데 여기서 결국 구약의 구심적 선교의 최고조를 이룬다. 한 걸음 더 나아가 이방인들이 하나님의 가족으로 등장하게 되고, 이스라엘과 동등한 자격을 얻게 된다. 사19 :19-25는 하나님의 고치심으로 애굽과 앗수르가 여호와께서 주시는 하나님의 축복의 일부가 되며, 여호와께서 애굽과 앗수르에게 복을 주는 분으로 나타난다.

슥2 :11에 나오는 "그 날에 많은 나라가 여호와께 속하여 내 백성이 될 것이요 나는 네 가운데 거하리라." 그리하여 마침내 물이 바다를 덮음같이 여호와를 아는 지식이 세상에 충만해지는 결과는 이스라엘이 감당하는 선교활동의 결과로 얻어지는 것이다.

예언자들은 하나님의 부르심을 받았고(암1 :1, 7 :14-15; 미1 :1; 사6 :8) 예언자들은 하나님의 보내심을 받았다(호1 :2; 암3 :14, 4 :4, 5 :5-6, 7 :10, 13;미1 :5-6, 4 :1-5). 선지서에 나타나는 하나님의 선교를 수행하는 자로 등장하는 선교사 모티프(Missionary Motif)는 이스라엘의 남은 자들에게서 찾을 수 있다. 사실 남은 자 사상은 엘리야가 혼자 남았다고 하나님께 불평할 때(왕상19 :10) 하나님께서 남기신 7,000명에서 시작되었다. 남은 자들은 참 이스라엘이며, 여호와의 구심적 선교 활동에서 중요한 역할을 한다(미4 :1-2). 이들은 열방들이 예루살렘에 자발적으로 돌아오게 되고, 여호와의 도를 배우게 되는 데 중요한 역할을 한다. 결국 하나님의 선교는 성공적으로 이루어진다.

　로울라는 남은 자들이야 말로 이스라엘의 진정한 선교적 사명을 수행하는 그루터기이며 이들이야 말로 하나님께서 이스라엘을 선택하신 진정한 목적을 파악했다고 보았다. 그는 구약의 영적 이스라엘이라고 할 수 있는 남은 자들이 결국 신약 교회의 원조가 된다고 하면서 남은 자들은 세상 속에서 봉사의 기능을 수행하며, 이스라엘의 역할은 하나님의 계시를 열방 가운데 중재해야 하는 것이었으나 결국 이스라엘이 실패한 그 사명이 남은 자들에게서 이루어지게 되었으며, 이들이 이스라엘 선교적 사명을 유지한 집단이라고 하였다.[53] 그리고 이들이 신약 교회에 흩어진 형제들 디아스포라와 연결이 되며 오늘날 전 세계에 흩어져 있는 많은 택한 자들의 그루터기가 되는 것이다.

　위대한 복음전도의 예언자였던 이사야의 선교 이해는 특히 이사야 40-66장에 나타난 '종의 노래'에서 극명하게 볼 수 있다[54]. 따라서 종의 노래는 구약 성경의 선교적 정점이다. 종의 노래에서 논쟁점은, '종은 누구인가?'이다. 개인인가, 집단인가? 종은 부름 받은 이스라엘 공동체, 혹은 메시아, 혹은 이스라엘 개개인을 모두 포함한다고 할 수 있다. 그리고 이 종의 사명은 하나님의 계시를 인류에 전달하는 것이며, 하나님의 공의를 선포하는 것이다. 종의 노래에서는 이스라엘이 이방과 전 세계에 선교적 사명을 담당해야 한다고 주장하고 있다. 사42 :6과 49 :6의 본문에 '이방의 빛'이라는 관용구가 바로 이사야서의 원심적 선교의 가능성을 열어주는 핵심적 부분으로 인정한다. 이는 여호와의 종에게 주어진 구체적인 사명인데 '종'이 집합적 용어라는 사실을 인정할 때, 여호와 하나님은 이스라엘의 남은 자들의 손을 잡으시고 이끌어서 이방에 복음을

---

53 H. H. Rowley, The Missionary Message of the Old Testament(London : Carey Kingsgate, 1945), pp. 78-79

54 Ibid., p. 51

증거하는 사역으로 인도하신다.

구약에 나타나는 원심적 선교는 요나서에 잘 나타난다. 요나서는 구약에 나타나는 이방인 지역의 선교를 감당했던 타문화권 선교사의 유일한 실례를 보여준다. 전통적으로 선교학자들은 구약에서 선교를 찾을 때에 요나서를 구약에서 유일한 선교의 개념을 찾을 수 있는 책으로 인정해왔다. 그러나 요나서가 선교적인 책인 이유는 타문화권 선교사 요나의 이야기라기보다는 선교하시는 하나님의 이야기를 다루고 있다는 점이다. 요나서를 선교적 관점에서 해석함에 있어서는 선교학자들 간에도 차이를 보인다. 예를 들어, 브라우, 베르카일, 보쉬 등은 요나서를 바벨론 포로 이후 이스라엘 백성들 사이에서 등장하게 된 보편주의를 반영하는 문서로 이해하며 바벨론 포로 이후의 문서로 보았다. 요나서야말로 유대인들의 종교적 민족적 배타주의를 질타하고 여호와 신앙의 보편주의를 강조하고 있다고 주장한다. 이광순은 요나서에서 좀 더 구체적인 선교 명령으로 요나에게 주어진 명령, "일어나 가서 외치라."(1 :2)의 첫 번째 명령, 그리고 "일어나 가서 선포하라."(3 :2)의 두 번째 명령은 직접적이면서도 직설적인 이방을 향한 보냄의 메시지라고 해석하였다.[55]

반면에 요나서 전반에 걸쳐서 이방인들은 긍정적인 빛으로 표현된다. 먼저 이방인 선원들은 열심히 일하면서 배와 그 안의 생명에 대하여 매우 깊은 관심을 보이며, 또한 자신의 신앙에 매우 열심이다. 또한 진정한 하나님의 메시지를 가지고 있는 사람-요나가 잠을 자고 있을 때 이들은 깨워서 꾸짖는다. 바로 세상이 교회를 꾸짖는 것과 같다. 요나와는 달리 이들이 여호와께 기도하고(1 :14), 16절에는 이들이 여호와를 알아가는 과정에 있게 됨을 볼 수 있다. 또한 니느웨 사람들은 요나의 선입견과 다

---

[55] 이광순, "요나서를 통해 본 선교". [선교와 신학] 1집(서울 장로회 신학대학교 출판부, 1998), 58-59

르게 악독한 사람들로 나오는 것이 아니라, 하나님의 사랑의 대상으로 등장하며 마침내 회개에 이르게 된다. 한번 요나가 외침에 적극적으로 반응하는 니느웨 사람들은 하나님의 선지자 요나보다 훨씬 하나님의 보편주의적 선교에 긍정적이다. 우리가 굳이 구약 성경에 나타난 하나님의 선교를 열거한 것은 우리의 선입견과는 달리 하나님은 보편적인 사랑으로 열려 있으며 온 세상을 향하여 선교하기를 원하시는 분이시다. 이러한 구심적 선교는 중간기에 들어서면서 새로운 국면을 맞이하게 된다.

제2장 중간기 선교[56]

바벨론 포로 이후 중간기의 하나님의 선교는 이스라엘 자신들의 영토를 떠나 열방 속에서 하나님의 백성으로서 새로운 정체성을 인식하고 그 속에서 여호와 하나님의 신앙을 지켜 나가야 하는 새로운 상황을 직면하며 새로운 전환점을 맞이하게 되었다. 이 시기에는 우리가 거론하고 있는 두 가지 선교 방향이 첨예하게 대립하게 되었다. 보편주의적 선교인가? 특수주의적 선교인가? 아더 글라스는 두 종류의 운동이 동시에 일어난 것을 하나님의 우편 운동과 좌편 운동으로 설명한다. 예를 들면 에스라의 종교 개혁과 느헤미야의 활동 및 에스더의 이야기는 우편 운동이라고 할 수 있으며, 멀리 열방 속에서 일어난 이스라엘의 보편주의적 운동을 하나님의 좌편 운동이라 명명할 수 있다. 예루살렘을 중심으로 일어났던 우편 운동은 '영적 갱신'을 위하여 구심적이자, 특수주의적인 관점에서 이루어졌으며, 하나님의 좌편 운동은 새로운 형태의 개종 운동으로 나타난 보편주의적 관점에서 이루어졌다. 열강에 흩어진 유대인들이 허

---

56 안승오, 박보경, [현대 선교학 개론], '중간기의 선교' 47-51쪽 요약.

다한 이방인들과 그 문화를 접촉하면서 새로운 선교를 맞이할 토양이 형성되고 있었다.

후자를 달리 말하면, 원심적 선교라고 할 수 있으며, 다음 몇 가지로 요약할 수 있다. 첫째는 유대인 디아스포라의 존재를 들 수 있다. 이 시기에 유대인들은 지중해 연안 지역에 많이 흩어져 살았으며 그들 중 일부는 포로 생활 이후 귀환하기도 하였으나, 주변 국가와 바벨론 제국 내에 자기들의 종교를 유지하면서 종교 공동체를 형성하고 살았다. 이들의 정확한 숫자는 밝혀지지 않았으나, 요세푸스와 필로의 언급을 빌리면 그 지역 전체 인구의 7% 정도에 해당하였다고 한다. 하르낙은 당시 지중해 연안 지역에 무려 450만 명의 유대인들이 살고 있었으며, 이들은 후일 신약 시대에 기독교 선교의 결정적인 역할을 하였다고 본다. 둘째로 유대인 회당 제도는 원심적 방향의 선교로의 전환을 가능하도록 만든 중요한 요인이 되었다. 회당의 탄생은 유대인 사회와 종교의 역사적 사건에서 가장 큰 혁명 중 하나로서 디아스포라 유대인 신앙을 근본적으로 변화시켰다.[57]

이제 성전 중심의 유대교는 약화 되었기에 자연히 제사장의 역할은 줄어들었고, 서기관, 학자, 랍비 등의 역할이 더 강조되었다. 제사보다는 율법 연구가 더 활발하며, 평신도 율법 학자들의 영향력이 증대 되었다. 유대인 회당은 유대인들이 생활하는 사회 곳곳에 세워졌기에 유일신 사상이 쉽게 전파되었으며, 성전 출입이 금지된 이방인들에게도 회당의 출입은 자유로웠다. 하르낙은 "분산 시기의 유대교는 이방 세계의 관심을 끌게 되었다. 유대교에서는 도덕성과 유일신에 대한 지적인 활력, 흠모할 만한 절제된 삶, 박해 받는 자의 순교적 전통이 있었다.[58]회당은 이처럼 예배와 교육, 그리고 신앙을 전수하는데 사용되었고 선교에도 허용되었

---

57 Arthur Glasser, [성경에 나타난 하나님의 선교] 276쪽.

58 Adolf Harnack, The Mission and Expansion of Christianity in the First Three Centuries(New York : Harper, 1961), p. 21

기에 모든 사람들에게 열린 공간이었으며 배타적이었던 본토 팔레스틴 공동체보다는 훨씬 개방적이었다.

셋째, 여호와의 신앙이 이방 세계로 전달되는 데에는 70인 역이 중요한 역할을 하였다. 구약 성경 헬라어 번역판인 70인 역(LXX : Septuagint)은 디아스포라 유대인들을 위하여 당시 세계적인 언어인 헬라어로 만들어진 것이다. 이 헬라어 번역본은 당시 탁월한 성경학자들이 모여서 번역한 것으로 성경의 통일성과 이해력을 높이는 명저로서 이방인들에게도 읽혀진 것이다.

다음으로 지적할 수 있는 것은 유대인 개종 운동이 일어났다. 유대인 디아스포라들의 신앙과 삶을 보고서 영향을 받고 감동 되어 하나님을 경외하는 이방인들(God fearer)이 다수가 생겨났다. 이들은 유일신 사상을 수용하고, 유대의 도덕법은 인정하면서도, 유대의 의식 법에는 참여하지 않았으며 할례도 받지 않았다. 에스더 8 :17에서처럼 '유대인이 되는 자'인 완전한 개종자(Proselytes)들이 되기도 하였다. 이들은 할례와 세례 의식을 행하고, 성전에서 희생 제사를 드렸기에 모든 면에서 유대인으로 인정 되었고, 율법 준수의 의무로 수행하였다.[59]

유대인 개종 운동의 또 하나의 증거는 슥2 :64에 4만 2,300명이라는 숫자가 바벨론에서 팔레스타인으로 돌아왔다는 기록 때문이다. 이후 기원전 2세기에 일어난 마카비 전쟁 시의 인구가 18만 명이었다는 것을 감안한다면 급격한 인구 증가의 원인에는 결국 활발한 개종 운동이 있었을 것으로 추측된다. 바울이 로마에 편지를 쓸 때에 로마의 유대인 촌에는 적어도 1만 명 이상의 유대인들이 살았을 것으로 추측한다. 예레미야스[60]도 예수의 등장 시기에 전례 없는 선교 활동이 유대인 사회에서 진

---

59 Arthur Glasser, [성경에 나타난 하나님의 선교], 288-289쪽.
60 독일의 루터교 목사로서 신약신학을 역사적인 방법으로 접근한 신약신학자로서 역사적 예수의 말을 찾는데 노력을 하였다. 네이버 블로그. 참고

전되었다고 주장함으로써 유대인 개종 운동의 여파를 지지하고 있다.[61]

이외에도 중간기의 많은 이방인들이 유대교에 개종하였다는 증거들이 있다. 요세푸스[62]에 의하면 안디옥의 다수의 사람들이 유대교에 이끌렸고, 다메섹의 많은 여인들이 개종하였으며 시리아의 모든 도시에 유대인 율법 신봉자들이 있었다고 한다. 또한 요세푸스는 하스모니아 왕조 시대에는 심지어 강요에 의한 개종이 있었다고 말한다. 마23:15에 의하면 당시의 바리새인들과 서기관들이 여행을 하면서 개종을 위한 노력을 펼쳤음을 암시한다. 요약하면 중간기는 흔히 말하는 암흑시대가 아니라, 성경과 선지자의 활동에서는 침묵 기간이었으나, 하나님의 보편적인 선교라는 관점에서는 기독교 복음 전파의 바탕과 인프라를 구축하신 준비 기간이며 하나님은 쉬지 않고 일하고 계셨던 것이었다.

제3장 신약에서 본 선교[63]

이제 우리는 예수 그리스도를 역사의 분기점으로 하여 신약 시대에 들어가면서 하나님의 선교는 본격적으로 시작하게 되었다. 예수 그리스도의 삶과 죽으심, 그리고 부활을 통하여 하나님의 나라를 경험하도록 하신 하나님의 선교는 오순절 성령강림 사건을 전환점으로 그리스도의 교회가 탄생하고 예수를 그리스도로 고백하는 새로운 믿음의 공동체에 의해서 지속하게 되었다. 아더 글라스는 구약과 신약에서 하나님의 선교는

---

61 William J Larkin, 홍용표. 김성욱 역 [성경의 선교 신학] 서울 도서출판 이레 서원, 1998). 111-112.

62 애초에는 로마군에 저항하는 유대인 지휘관이었으나, 로마군의 포로가 되어 디도 장군의 막료가 되어 유대 전쟁의 기록을 남김으로 [유대 전쟁사]를 남긴 역사학자가 되었다.

63 안승오, 박보경, [현대 선교학 개론], 52-90요약.

멈춘 적이 없으며, 구약의 하나님의 주권과 통치는 신약에서 그리스도의 주되심으로 이어진다고 하였다. 그러나 하나님의 선교라는 관점에서 구약과 신약은 연속성을 보이고 있으나, 분명한 차이점을 보이고 있다. 신약과 구약의 연속성과 불연속성이 건전한 긴장관계 속에서 이해되어야 함을 인식해야 한다. 이제 신약에서 하나님의 선교가 어떻게 진행되었는지 구체적으로 살펴본다.

1. 사복음서에 나타난 예수의 선교

복음서에 나타난 예수 그리스도의 선교 이해 중 가장 큰 논쟁의 주제는 '과연 예수가 이방인 선교에 관심이 있었는가?'이다. 예수가 이방인 선교에 회의적이었다는 주장은 다음과 같은 성구에 근거를 두고 있다. 마15 :24에, "나는 이스라엘 집의 잃어버린 양 외에는 다른 데로 보내심을 받지 않았다." 예수께서 당신의 제자들을 파송하실 때에, "이방인의 길로도 가지 말고, 사마리아인의 고을에도 들어가지 말라."(마10 :5), 마23 :10의 바리새인들이 이방인 개종 권유 운동에 대해 예수께서 비판적이었다는 암시를 받을 수 있다. 또한 예수께서 이방인들에게 직접 찾아가셔서 적극적으로 복음 전파를 하신 적이 없었으며, 사복음서 어디에도 예수께서 의식적으로 이방인 선교를 시작했다는 증거가 없다는 해석 때문이다.

예수의 이방인 선교에 대한 가장 부정적인 견해는 아돌프 하르낙 (Adolf Von Harnack)이다. 그는 역사적 예수의 사상에 보편주의는 있었을지라도, 실제 예수는 이방인 선교에 관심이 없었으며, 이것은 오직 초대 교회의 신학적 창조물에 불과하다는 입장을 견지하였다. 심지어 마28 :19의 선교 대 사명에 대하여, "예수는 이런 명령을 한 적이 전혀 없다.

이 본문은 후대의 역사적 발전으로 예수의 말씀에 적당히 첨가 되었다. 바울은 이러한 지상 명령을 전혀 알지 못하였다."[64] 이보다 다소 완화된 예레미야스의 입장은 예수의 생각은 보편주의적 입장을 보였으나 그의 행동은 특수주의로 그대로 남아 있었다. 예수는 세계 선교를 생각하기는 했으나, 유대 국경을 넘은 적이 없으며 이방인과의 접촉도 없었다는 관점이다. 이러한 논쟁을 쉽게 양분할 수는 없으나 성경 전체의 맥락과 다양한 그리스도의 기사들을 좀 더 균형 잡힌 성경 해석의 관점에서 사복음서 전체를 경전으로 받아들일 때에 선교에 대한 부정적인 언급보다는 긍정하고 포용하는 내용을 훨씬 많이 접할 수 있는 것을 부인할 수가 없다. 이러한 그리스도의 정신과 태도는 그의 부활 이후에 세계선교의 사명을 주시는 전주곡과도 같은 것이었다.

1) 예수가 이방인들에 대하여 포용적인 태도를 보였다는 증거 : 마8:5-13; 눅7:1-10의 가버나움 백부장의 방문이다. "내가 이스라엘에서 이만한 믿음을 본적이 없다."고 높이 평가한 것은 주목할만한 대목이다. 크리스토퍼 라이트는 예수께서 자신이 치유의 이적을 베풀 수 있을 것이라고 믿는 백부장의 믿음 뿐 만 아니라, 실제로 유대와 이방인을 가르는 장벽을 넘어설 수 있다는 관점에서 이방인의 믿음을 극찬하였다고 보았다. 예수께서는 이 이방인의 믿음을 하나님의 메시야 잔치에 모든 열방을 불러 모으는 종말론적인 소망을 설명하는 기회로 사용하셨다고 설명했다.[65]

2) 수로보니게 여인을 위한 기적(마15:21-28; 막7:24-30) : 예수께서 수로보니게 여인을 아낌없이 칭찬하시는 모습은 이방 여인에게 베푸신 긍정적인 예이다. 이 여인은 예수께서 이방인에 대한 당시의 차별의식을

---

64 Adolf Von Harnack, The Mission and Expansion of Christianity, 41
65 Christopher Wright, The Mission of God, 507

재확인 시켰음에도 불구하고 놀라운 믿음을 보여주었다. 앞서 나오는 바리새인과의 음식의 부정 문제에 대한 논쟁에 이어서 예수의 이 말씀은 유대와 이방의 구분을 폐지하시는 의미를 담고 있다.

3) 거라사 지방의 귀신 들린 자를 고치신 사건(마8 :28-34; 막5 :1-20; 눅8 :26-39) 예수께서 갈릴리 바다를 건너가신 행위 자체가 중요한데, 이는 예수께서 바다 건너편이 이방인들의 지역임을 알고 계셨기 때문이다. 더욱이 '데가볼리' 지방의 돼지치기는 전혀 유대인 지역이 아니었다. 또한 귀신들린 자가 예수를 향하여 외친 '지극히 높으신 하나님의 아들'은 이방인들이 하나님을 부르는 칭호이다.(창14 :18; 민24 :15; 단3 :26) 즉 예수의 치유 사역이 유대인 사회에서만 아니라, 이방 지역까지 아우르는 포용적인 선교임을 보여준다. 더욱이 예수께서 고침을 받은 사람에게 하나님의 하신 일을 전하라고 명하신 것은 최초의 선교 명령을 받은 이방인이라고 할 수도 있다. 그리고 그의 증거로 인하여 분명히 열매가 있었던 것으로 보이는데 그것은 예수가 다시 그 지역을 방문하였을 때에 많은 사람들이 예수를 찾아왔고(막7 :31-35) 그들 중에 많은 병자들이 고침을 받을 수 있었다는 점을 시사하고 있다. 이어서 4,000명을 먹이신 기적은 이야기의 정황상 데가볼리 지역에서 일어난 것으로 추측된다.66

4) 예수의 성전청결 사건(마21 :12-13; 막11 :15-17; 눅19 :45-46)은 예수의 이방인에 대한 포용적 태도를 보여주는 중요한 사건이다. 이 사건은 단순히 성전을 청결하게 하신 사건이 아니라, 그 이상의 상징적 의미가 존재하는 사건이다. 예수께서는 사56 :7의 말씀을 인용하여, "아버지의 집은 만민이 기도하는 집"이라고 하심으로 현재의 성전 체계에 대한 비판에서 나아가 하나님의 보편주의적 중요성을 강조하는 예언적 비

---

66 Christopher Wright, The Mission of God, 508

전이 그의 마음속에 있음을 시사 하셨다. 당시 대제사장들과 하속의 먹이사슬을 관행으로 여겼던 성전 안 상인들의 행위를 징벌하시고 진정한 성전의 의미를 주장하신 하나님의 보편주의 선교에 대한 선포이기도 하다.

5) 포도원 품꾼의 비유(마21 :33-46; 막12 :1-12; 눅20 :9-19)는 공관 복음에 나타나는 예수의 비유의 정점을 이룬다. 당시 예수를 체포하고 공격하려는 계획을 예견하시고, 유대인 지도자들을 향하여 분명한 목적을 가지고 말씀하신 비유이다. '여호와의 포도원'이라는 구약의 비유를 상기하고 있다. 여기에서 예수께서 말씀하시는 진정한 적은 외부의 침략이 아니라, 바로 유대교 지도자들 자신이라는 것이다. "하나님의 나라를 너희는 빼앗기고 그 나라의 열매 맺는 백성이 받으리라."(21 :43) 이는 결국 이스라엘의 선교적 목적이 성취되지 못하였을 때, 그 선교적 목적을 성취하는 사람들에게 하나님의 계획이 옮겨가게 됨을 보여준다.

6) 혼인 잔치의 비유(마22 :1-10; 눅14 :15-24)에서는 이스라엘이 큰 잔치에 초대받은 사람들로 등장한다. 이 비유에서 처음 초대 받은 사람들은 모두 초대를 거절함으로 대신에 길거리의 다른 사람들을 초청하도록 만들었으니, 결국 이방인의 선교가 예견된 것이라 볼 수 있다.

7) 이외에도 예수께서 이방인들을 포용하는 실례들은 다수 있다.

옥합을 깨뜨린 여인의 사건(마14 :1-11)에서 복음이 온 세상에 전파될 것을 암시하는 메시지가 분명하고, 또한 예수의 운명을 목격한 백부장의 고백(마27 :54; 막15 :33-39)은 결국 복음이 온 세상에 전달될 것임을 암시하는 것이여 또한 소돔과 고모라가 이스라엘보다 복음에 더 수용적이라고 지적하신 점(마10 :5), 또 이방 지역인 니느웨와 남방 여왕이 일어나서 복음을 받아들이지 않는 이스라엘을 향하여 오히려 정죄할 것이라는 말씀(마12 :41-42), 또한 예수께서 권능을 많이 베풀었으나 회개치 않는 도시들을 향하여 말씀하시면서 두로와 시돈 지역 및 소돔에 말씀을 전하였더라면 회개하였을 것이라고 하는 말씀(마11 :20-24), 예수의 전파와 병 고침의 소문이 이스라엘 뿐 아니라 실제로 이스라엘의 경계를 넘었다는 공관복음 저자들의 표현들(마4 :23-25; 막3 :7,8; 눅6 :17-18)은 예수의 사역이 결코 이방인들을 배제한 것이 아니었음을 보여준다. 특히 마4 :15-16에서는 이사야 9 :1-2을 인용하여 예수의 사역지를 이방 땅 갈릴리로 적고 있다는 점, 마12 :18-21에서 이사야 42 :1-4을 인용하여 예수의 사역을 이방으로 확장시키고 있다는 점이다. 요한복음에서는 헬라인들이 예수를 방문하고(요12 :20-23), 사마리아인들의 집단 개종(요4 :39) 등은 예수의 선교가 유대인에게만 한정된 것이 아니라는 것을 보여준다. 마태와 누가복음에 나타난 예수의 계보에 등록된 이방인들의 존재들, 그리고 예수의 탄생과 관련하여 등장하는 동방에서 온 박사들이 보편주의의 증거들이 된다.

그럼에도 사복음서에 나타난 예수의 이방인 선교에 대한 이해는 일방적으로 거부하거나 일방적으로 지지한다고 단언할 수 없는 한계가 있다. 요하네스 블라우는 이 문제의 해결을 위하여 예수의 역사적 상황을 강조한다. 중간기를 지나가고 있는 유대 사회의 역사적 상황 속에서 시대와 공간에 스스로 제한 받으신 메시아임을 강조하고 있으며[67] 이는 유대 사회 내에 팽배하였던 구심적 선교의 모습이라고 할 수 있다. 반면에 보쉬는 이 문제를 예수의 포용적 선교라고 해석하였다. 예수의 선교는 모든 사람들을 포용하는 것이라며, 가난한 자와 부유한 자, 억눌린 자와 억누르는 자, 죄인과 경건한 자 모두를 아우르는 포용성이었다. 도날드 시니어와 요하네스 니센의 경우에도 주변인에 대한 예수 그리스도의 포용성이야 말로, 예수의 사역을 가장 잘 설명하는 것이라고 비슷한 입장을 견

---

[67] Johannes Blauw, [교회의 선교 본질] 76.

지하였다. 예수의 세리와 창기에 대한 포용성도 이러한 관점에서 이해될 수 있다(마21 :31). 이방인들은 당시 종교적 기득권자들보다 먼저 천국에 들어가는 세리와 창기의 모습에서 예시 되었을 것이다.68 그러므로 보쉬는 마10장과 28장의 두 가지 파송에 대하여 상호충돌의 입장에서가 아니라, 복음의 전체적 목적의 관점에서 두 종류의 선교를 포함하려는 의도에서 나온 것으로 해석했다. 그럼에도 십자가와 부활 사건 이전에 예수께서 왜 이방인 선교를 명령하지 않으셨는지에 대하여는 성경은 침묵하고 있다. 행1 :8 이후에 비로소 실현되는 명령이라고 보아야 할 것이다. 예수의 이방인을 향한 원심적 선교는 그의 십자가와 부활 사건을 통해서 전환점을 이루며, 복음을 전파하라는 원심적 선교 명령은 예수의 부활 사건 이후에야 완성된다.

2. 사복음서에 나타난 제자들의 선교

하나님 나라의 도래를 선포한 예수 그리스도의 선교 사역은 자연스럽게 제자들의 선교로 이어진다. 물론 주님의 선교적 파송을 받은 모든 제자들의 공동체인 교회의 선교 사역은 사도행전에서 분명하게 본격적으로 나타나지만 사복음서 내에서 예수 그리스도의 선교 사역뿐만 아니라, 제자들을 향한 복음 전파와 선교 사명에 대한 명령이 분명하게 나타나는 그 시발을 찾아보려고 한다.

사복음서에서 제자들을 향한 파송 명령은 부활 이후에 그리스도께서 제자들에게 명하신 선교의 대위임 명령(마28 :19-20)에 집중 되어 있다. 그러나 실제로 예수께서 제자들에게 하신 전도와 선교의 명령은 부활 이전에도 있었다. 공관 복음서에는 예수의 죽음과 부활 이전에 제자들에게

---

68 David Bosch, Transforming Mission, 30

부여하신 선교 사명이 크게 두 가지로 기록되어 있는데 첫째는 12제자에게 내린 전도 위임령(마9 :35-10 :42; 막3 :13-19, 6 :7-13; 눅9 :1-6)이고 둘째는 70인에게 내린 전도 위임령(눅10 :1-20)이다.[69] 그리스도께서 생전에 제자들에게 내리신 전도 명령은 내용이나 강조 면에서 훨씬 많고 집중적이며, 앞뒤 문맥을 보아도 그 중요성을 짐작할 수 있다.

사복음서에 나타난 제자들의 선교는 예수의 부활이 전환점을 이루는 것은 사실이다. 레그란드는 "부활이 예수를 신과 그리스도로 완성시켜 주었다. 부활 사건은 그를 힘 있는 인자로 만들었고, 그를 하늘과 땅에서 승리한 주권자로 밝혀 주었으며, 인자는 아버지의 오른 편에 서게 되었고, 성령의 파송 자가 되었다."[70] 문제는 그 동안 교회의 선교실천이 무분별하고 무책임스럽게 선교의 정당성을 마28 :19,20에만 집중되어 있었다는 점이다. 나센은 마28장만이 그 동안 유일한 선교위임령으로 인식된 것에 대하여 문제를 제기한다. 다른 성경의 그리스도의 명령은 무시한 채, 마태복음 말미에 승천하시면서 유언적으로 전한 위임명령만을 부각하여 기독교 승리주의에 입각한 선교전쟁을 선포한 군대명령처럼 되어 버렸다는 것이다. 이러한 해석을 도입한다면 이는 또 다른 율법주의적 상황에 빠지는 것이 될 것이다.[71]

그러므로 제자들에게 주어진 선교대위임령(마28;19-20; 막16 :15-20; 눅24 :44-49; 요20 :19-23)은 사복음서의 병행 구절과의 보완적 관점에서 이해되어야 하며, 예수의 부활 이전의 선교 명령과도 상호 보완적으로 이해되어야 한다. 아더 글라서는 각각의 선교 위임령이 오늘날의 선

---

[69] William Lakin, [성경의 선교 신학], 182쪽

[70] Lucien Legrand, Unity and Plurality : Mission in the Bible (Maryknoll : Orbis Books 1990), 85

[71] Johannes Nessen, New Testament and Mission : Historical and Hermeneutical Perspectives, 최동규 역, [신약성경과 선교 : 역사적 해석학적 관점들] (서울 : CLC, 2005), 34쪽.

교 사업에 어떤 중요한 의미를 부여하고 있는지를 잘 설명하면서 각각의 선교대위임령의 강조점의 차이를 인식하였다. 즉 마태복음은 왕권적 권위, 마가복음은 해방하는 권위, 누가복음은 용서하는 권위, 그리고 요한은 예수와 보냄을 받은 자 간의 연속성을 강조한다고 했다.[72]

선교 대위임 명령이라는 표현 또한 선교를 강제적인 명령으로 해석하게 만듦으로서 개신교 선교가 종종 선교를 강제성을 띤 명령으로 이해하도록 만드는데 일조를 했다. 명령에 근거한 복종이 선교의 동기가 되었으며 이는 결국 율법주의를 만들어내게 되었고 선교는 비인격적으로 표현되거나 행진을 위한 명령을 기다리는 모습으로 전달되었다.[73] 마태복음의 대위임은 '가는 행위'를 가장 중요한 선교사의 임무로 생각하게 하는 오해를 불러일으켰다. 실제로 본문에 등장하는 4개의 동사 : '가서, 제자를 삼고, 세례를 주고, 가르쳐 지키게 하라.'는 사역은 선교사의 실천의 중요한 행위들이다. 그러나 그 동안 선교 사역은 주로 '가는 행위'에 집중 되어 왔다. 오히려 본문의 주동사는 '제자 삼으라.'이며 나머지 동사들인 '가라, 세례를 주라, 가르치라'는 분사 형으로 주동사를 수식한다. 마태복음의 선교지상명령은 결국 선교사역의 중심에 제자 삼는 일을 두고 있다.[74] 떠나는 것이 전부가 아니며, 그곳에서 제자 삼는 것이 선교의 목적이 되는 것이다. 그러므로 우리는 사복음서 전체의 관점에서 선교대위임 명령을 새롭게 인식할 필요가 있으며, 그럴 때 보다 균형 잡힌 선교 실천의 근거를 마련할 수 있을 것이다.

---

72 Johannes Blauw, [교회의 선교적 본질], 88쪽

73 Johannes Nessen, Ibid., 34쪽

74 사랑의 교회(고옥한흠 목사)의 제사훈련(CAL. 세미나)의 화두가 되는 성경해석 구절이다.

3. 사도행전의 선교[75]

사도행전은 성경 전체 중에서 가장 선교적인 책임에는 의심의 여지가 없다. 예수의 부활 사건은 하나님의 구심적 선교에서 원심적 선교를 위한 전환점이 되었고, 이제 사도행전에는 본격적인 교회의 전 세계를 향한 원심적 선교가 극명하게 나타난다. 사도행전의 선교는 끝나지 않은 미완의 선교를 보여주기도 하는데, 사도행전의 마지막 28장은 오늘날 그리스도인들의 선교 이야기로 계속되는 준엄한 명령이라고 할 수 있다.

행1:8 말씀에 근거하여, "예루살렘과 온 유대와 사마리아와 땅끝"의 지리적 확장의 순서가 사도행전 선교 운동의 구조로 나타난다. 첫째, 예루살렘에서의 증인됨과 둘째, 유대와 사마리아에서의 증인됨, 그리고 마지막으로 땅 끝에서 증인됨을 나열하는 방식을 채택하였다. 사도행전은 또한 인물의 활동상으로 볼 때에, 베드로의 사역(1장-12장), 바울의 사역(13장-28장)으로 구분할 수도 있다. 베드로는 초대 교회의 대표적인 지도자이며 바울은 이방 세계의 복음 전파를 위한 노력의 대표적 인물로서 대표되는 선교사의 대명사이며 이러한 구조는 행1:8의 주제와도 일치한다.

사도행전에 나타나는 중요한 선교사상은 '성령과 선교의 관계'이다. 실제로 성령은 선교의 주도자이다. 선교의 원동력인 성령께서는 선교 사역을 지휘하셨다. (행13:2,4; 8:29; 16:7) 또한 성령은 그리스도의 지상 명령을 순종할 수 있도록 사람들을 감화시킨다(행5:32; 9:31). 성령은 핍박 중에도 성도들을 격려하며 담대히 말씀을 전할 수 있게 하였다(행4:31, 6:10, 7:55, 13:52). 따라서 사도행전에서 선교는 대위임령에 대한 순종으로 이루어진 것이 아니라, 성령의 주도하에 이루어진 것이다. 즉 전도와 선교는 대 사명을 받음으로 시작된 것이 아니라, 오순절에 내적 효력이 나타남으로 시작되었다. 교회는 자연스럽게 증거하는 공동체가

---

[75] 안승오, 박보경, Ibid., 68-74

되었기에 '전도하라.'는 명령의 기초가 필요 없었다.[76] 오순절의 성령의 임재는 교회가 선교적 공동체로 전환할 수 있도록 만들었다. 성령이 그들 위에 강림했을 때 사도들은 "모든 민족과 다양한 언어를 사용하는 사람들에게 즉시 전도하기 시작했다."

보아는 오순절 사건의 선교학적 중요성을 언급하면서 첫째, 전도의 목적을 충족시키기 위한 일시적인 언어의 소통이다. 둘째, 오순절 사건은 복음이 온 세계를 위한 것이요, 온 세상에 복음이 전파될 것임을 확인시킨다. 이것은 창세기의 바벨탑 사건의 회복으로 보인다. 셋째, 선교적 증거에 필요한 영적 권위의 부여이다. 넷째, 종말론적으로 정당성이 인정된 선교사역이다. 오순절 사건은 말세의 시작이며, 요엘의 예언이 성취된 것으로 말세는 교회 시대를 말하며 성령의 시대이며 선교의 추수기를 말한다.

사도행전은 또한 의미 있는 선교적 교회의 모형을 제공한다. 비록 완전한 교회를 제공하는 것은 아닐지 모르나, 적어도 선교적 본질을 상실하지 않고 끊임없이 장벽을 넘어서는 선교적 사명을 잘 수행하고 있는 교회의 모습을 제공하기 때문이다. 교회의 탄생은 처음부터 교회의 내적인 안정 유지와 목회를 위해서라기보다는 선교를 위해 탄생 되었다. 교회는 시초부터 기독교인들을 위한 존재가 아니라, 세상을 위한 존재였다. 사도행전에 나타난 예루살렘 교회의 특징은 1) 초대 교회에는 사도들을 통하여 하나님의 놀라운 기사와 이적이 많이 나타났다. 말로만이 아니라 사람들이 주목할만한 하나님의 능력과 함께 일어났다. 2) 백성들의 칭송을 받았는데, 이것은 교회 공동체가 주위의 지역 사회에 매우 큰 영향을 주었음을 말한다. 3) 교회의 모든 것이 공동 소유였다. 4) 기쁨과 진실한 마음으로 서로 떡을 나누는 교제가 있었다. 5) 그들은 하나님을 찬미하고 경배하였다. 6) 교회 공동체가 결국 숫자적으로 성장하는 결과를 가져왔다.

---

76 Harry Boer, Pentecost and Mission (Grand Rapids : Eerdmans, 1961), 128-129

사도행전의 이방인 선교는 고넬료로부터 시작된다. 행10장의 고넬료의 회심 사건을 누가는 길게 다루고 있다. 그리고 11장에서 좀더 본질적인 전환은 안디옥 지역의 평신도들에 의한 헬라인 복음전도로 이어지며 이방인 선교의 완성은 예루살렘 공의회(15장)의 사건으로 마무리 된다. 행11 :19의 안디옥 교회의 시작은 고넬료 이야기에서 시작된 이방인 선교를 본격화시킨다. 선교역사 학자 앤드루 월스는 이 사건이야 말로 기독교 역사상 가장 위대한 전환점을 이루는 사건으로 평가하였다.77 사도행전에 있어서 예루살렘 회의는 전체 사도행전의 중심을 차지하면서, 이방인 선교의 타당성을 교회가 결정하는 완결을 보인다. 이 결정이 결국 교회가 땅 끝까지 계속적으로 확장되어가도록 만들었다.

그러므로 예루살렘 공회가 의미하는 선교적 중요성은 아무리 강조해도 지나치지 않다. 이 모임에서 사도와 장로들은 자신들과 같이 율법을 지키는 유대인들이 아닌 예수의 제자들에게 할례나 율법을 강요하지 않고, 기독교 공동체 안으로 받아들이는 용단을 내린 것이다. 이전에는 이방인들의 회심자는 계약의 표징으로서 할례를 받게 하였고, 율법을 준수하며, 이전에 소속했던 사회로부터 떠나야 했었다. 그러나 이제 더이상 유대교 개종자가 될 필요가 없으며 오직 최소한의 규례와 주 예수를 믿기만 하면 기독교 공동체의 일원이 될 수 있다는 결정은 당시로는 파격적이며 기독교의 문호를 열고 복음을 전 세계와 민족에게 확장하는 계기가 되었다. 행15장은 기독교회 안에 다양한 문화와 민족과 나라와 역사를 포용하는 계기가 됨으로 유대인 국수주의가 아니라 보편적 하나님의 선교로서 세계의 종교로 발돋움하게 된 것이다.

---

77 Andrew Walls, "개종이냐 회심이냐 : 신약에 나타난 복음과 문화", [선교와 신학] 9집 (서울 장로회 신학대학 출판부, 2002), 107쪽.

4. 바울의 선교[78]

많은 사람들은 바울을 기독교 신학과 교리를 발전시킨 첫 신학자로 이해하는 경향이 있다. 그러나 엄밀하게 말하면 바울은 신학자이기 전에 선교사였다. 그의 회심과 배경을 볼 때에 그의 삶은 선교적 열정으로 가득 차 있었다. 그의 서신들은 당시의 신학 체계를 완성하기 위한 것이 아니라 오직 당시 교회가 처한 상황에서 그들이 선교적 차원에서 당면한 문제들을 극복하기 위해서 쓴 가장 실제적인 내용이었다. 바울의 서신중에서 가장 신학적이라고 할 수 있는 로마서의 경우도 기독교 신앙을 이론적으로 규명해 내려는 신학자의 관점이라기보다는 선교 사역을 감당하는 선교사의 결정적 전환점에서 쓴 서신이다.[79] "내가 로마도 보아야 하리라."(행19 :21)는 그의 강박감은 3차전도 여행 동안 더욱 집요해졌다. 그는 안디옥 교회를 대체할 수 있는 새로운 선교적 토대로 로마 교회를 지목하였고, 결국 이러한 그의 선교적 목적이 바울의 로마서 집필의 동기가 되었다. 따라서 그가 언급한 기독교 진리에 대한 다양한 내용 중에서 선교적 책임을 일깨우게 하는 주제들, 즉 인류의 타락으로 인한 영적 결핍, 그리고 그리스도를 통한 풍성한 은혜 등과 같은 선교적 주제들에 집중하였다. 선교사로서 바울을 새롭게 부각시킨 딘 길릴랜드(Dean Gilliland)는 바울을 실천신학자로서 주목하면서 바울이 하나님, 죄, 그리스도를 통한 구원, 교회, 종말 등에 대하여 신학화하는 것이 아니라 이러한 문제들은 오히려 그의 삶의 상황에서 나타난 것임을 강조하였다. 성서학자들에게는 이러한 접근이 불만스러운 것일 수 있으나 최근에는 바울에 대한 선교학적 성찰을 가미한 접근이 나타나고 있다.

---

[78] 안승오, 박보경, Ibid., 74-85쪽.
[79] Arthur Glasser, [성경에 나타난 하나님의 선교], 519쪽.

선교사로서 바울을 다룸에 있어서 가장 논쟁이 되는 것이 바울의 회심 경험이다. 바리새인 중의 바리새인이었던 그가 어떻게 이방인들을 포함하는 원심적 선교의 주동자가 될 수 있었는가? 도대체 바울이 다메섹 도상에서 어떤 경험을 한 것일까? 시니어는 바울이 자신의 회심 경험을 언급한 갈1 :11-17; 빌3 :2-11; 롬7 :13-25 등에 근거하여 바울의 회심 경험을 재구성하였다. 즉 바울이 그리스도를 만나는 사건이 있기 전에 유대교에 열심인 사람이었고, 자기 자신이 기독교인들을 박해하였다. 또한 바울의 그리스도와의 만남은 그의 세계관과 인생관에 결정적인 변화를 주는 원인이 되어 과거에는 박해자였으나 이제는 최고의 전파자가 된 것이다. 조상의 전통에 대하여 열심인 자에서 바울은 이방인의 사도로 전환 되었다. 그러나 크리스터 슈테달(K. Stendahl)은 바울의 경험을 회심으로 이해해서는 안 된다고 주장한다. 즉 바울의 다메섹 경험은 회심이 아니라 소명이라는 것이다. 그에 따르면 회심은 종교를 바꾸는 것인데 당시 바울은 '유대인의 종교'에서 '기독교인의 종교'로 바꾼 것이 아니다. 유대교와 초대 기독교간의 유기적 관계를 불연속적 관계로 이해하는 것은 잘못된 것이다. 바울의 사건을 개인의식의 죄책감과의 투쟁에서 시작된 종교 경험으로 해석하는 것은 옳지 않다는 주장이다.[80] 그는 바울이 그리스도를 만나는 경험은 구약의 선지자의 부르심의 소명, 즉 이사야나 예레미야가 하나님을 만나서 소명을 받게 되는 것과 같은 것이라고 하였다. 그러나 바울의 경험을 단순히 소명으로서의 경험으로 이해하기에는 경험 그 이상의 경험이 있었다고 보아야 할 것이다. 결론적으로 바울의 경험을 소명으로만 이해할 수도 또한 회심으로만 이해할 수도 없다. 다메섹 도상의 경험은 복합적이다. 이 두 가지 측면을 선이해하는 것이 바울의 이방인 선교를 알 수 있는 배경이기도 하다.

---

[80] Krister Stendahl, *Paul among Jesus and Gentiles*, 78-96.

바울 선교의 요점을 정리하면, 바울은 왜 유대인을 향한 선교를 포기하고 이방인 선교에 헌신하였을까? 롬9장-11장에 근거하여 심각한 논쟁을 하고 있다. 바울에게 이방인 선교는 한시적이었고 이방인의 숫자가 찰 때까지이며, 유대인들은 마침내 '온 이스라엘이 구원을 얻고, 구원자가 역사를 끝낼 것이다.'[81] 이스라엘의 선교는 하나님의 선교(Missio Dei)와 인간의 선교(Missio Hominum)를 구분해야 한다고 하였다. 그러나 이러한 주장은 신약 전체와 바울의 다른 글을 무시한 채 롬9-11장에만 집착하는 해석이라고 볼 수 있다.

바울 선교의 중요한 주제는 바울이 전하였던 메시지이다. Dean Gilliland에 의하면, 첫째, 하나님의 자기 계시(The Self-Revelation of God)이다. 바울은 하나님의 존재를 증명하는 것으로 하나님은 자신을 계시하는 하나님이시라는 내용이다. 둘째, 하나님의 백성으로서의 교회(church as a New People of God)는 과거의 유대인 공동체와는 다른 것이었다. 교회는 하나님의 새로운 피조물의 공동체로서 새로운 삶의 창조와 새롭게 사는 삶이 요청되었다. 이러한 새로움의 역사는 사람의 노력에 의한 것이라기보다는 하나님의 전적인 은혜로 보았다. 셋째, 복음은 보편적인 것(the Gospel is Universal)인데 새로운 하나님의 백성들의 공동체인 교회는 모든 문화를 초월하여 누구든지 응답하는 자들은 이 공동체에 참여할 수 있다. 누구든지 예수의 이름을 부르는 자는 구원을 얻게 된다. 넷째, 그리스도 안에서의 자유(There is Freedom in Christ). 기독교인들이 체험하는 자유는 죄와 사망으로부터의 자유, 악한 영과 정죄로부터의 자유, 죽음과 우상으로부터의 자유이다. 뿐만 아니라 사회적 자유 또한 포함되어 있다. 그리스도 안에서의 자유를 내적인 것으로만 제한하여 영적으로만 해석하는 것은 오류이다. 다섯째, 구원은 전인을 위

---

81 David Bosch, *Transforming Mission*, 160-164

82 ㅣ I. 서론

한 것(Salvasion Is for the Whole Person)인데 바울은 구원이 온전한 삶을 가져 온다고 이해했다.

바울 선교의 중요한 전략은 '도시 중심의 전략'이었다. 바울이 선교 여행을 많이 다녔으나, 그의 선교는 한 지역을 전략적인 장소로 정하고 그 주변 지역을 돌아다니는 전략을 택하였다. 빌립보 지역, 데살로니가 지역, 고린도 지역, 에베소 지역 등은 당시의 대도시들로서 상업, 교통, 정치, 종교의 중심지였다. 대도시들은 인구 이동이 많아서 사회적으로 그만큼 복음을 받아들일 수용성이 높은 지역이었다.

또한 바울의 선교는 철저하게 동역자와의 팀 사역을 중요하게 생각하는 전략을 사용하였다. 바울에게는 상당히 많은 사람들이 동역자로 함께 하였었다. 바나바, 실라, 디모데, 누가 등이 있었고, 지역 교회로 파송 하였던 에바브로디도, 아리스타고, 가이오 등과 다소 독립적이면서도 긴밀한 협력 관계를 맺었던 브리스길라, 아굴라, 디도 등이 바울과 협력하였다. 더욱이 바울의 선교는 당시의 성차별을 극복한 것이었다. 많은 여성 조력자들의 이름이 롬16장에 소개되고 있다. 바울 선교의 성공적 사역의 비밀은 이외에도 순회 전도, 제자도, 양육을 위해 유능하고 헌신된 남녀 성도들을 세워 자신과 동역하게 하는 리더십에 있었다. 그리고 그의 선교는 교회 설립을 통하여 진행되었다는 것이다.

마지막으로 바울 선교의 전략 중에 탁월한 것은 '적응의 원리'이다. 유대인에게는 유대적 방법으로 헬라인에게는 헬라적 방법으로 접근하였다 이러한 수용자 중심의 선교(receptor oriented mission)는 바울의 선교 사역을 매우 성공적으로 진행 할 수 있게 만들었다. 바울에게 있어서 수용자 중심의 선교는 문화적인 측면만이 아니었다. 약한 자들에게는 약한 자와 같이 되어서 그들을 전도하였고, 여러 사람에게 여러 모양으로 선교하였던 것이다.

5. 공동서신서와 계시록에 나타나는 선교[82]

바울 서신에 나타난 강력한 선교 개념과는 달리 나머지 서신, 즉 목회 서신이나 요한 서신, 베드로 전후서, 야고보서, 유다서, 요한 계시록에서는 선교의 개념이 상당히 약화되어 나타난다고 생각하는 것이 일반적이다. 이러한 현상은 교회가 제도화 되어 가면서 교회는 실제적으로 세상과 교회와의 만남의 현장에 대한 관심보다는 교회 내적인 문제에 더 집중하게 됨으로써 나타나는 자연스러운 현상이기도 했다. 그 이유가 무엇이든 분명한 것은 이러한 서신들에는 선교 대위임령과 같은 본문이 없고, 복음 전파와 관련된 성공적인 이야기나, 복음 전도의 전략에 대하여 말하는 것이 거의 없다. 이러한 이유로 페르디난드 한은 초기의 카리스마적 교회가 제도화된 조직 교회로 전환 발전하면서 교회와 선교가 분리되는 현상이 일어났다고 주장했다.[83]

그럼에도 목회 서신이 전혀 선교적인 부분을 상실했다고 말할 수는 없다. 예를 들어 딤전. 3 :16; 2 :3-6, 7, 4 :10 등은 구원의 보편적인 지평을 담고 있다. 또한 목회 서신의 훈계 자료들이 선교적 측면을 담고 있는데 즉 딤전2 :1-7의 기독교인들이 살아야 할 '선한 시민'으로서의 삶은 보편적인 구원과 복음을 전파하는 소명으로 연결되며 따라서 기독교인으로서 흠 없는 삶은 자연스럽게 선교적 증인의 삶으로 이해된다. 야고보서, 유다서, 베드로후서 등에는 교회의 내부적 문제에 집중하고 있기 때문에 선교적 요소를 찾는 것은 매우 어렵다. 히브리서의 경우도 몇 군데에서만 선교적인 측면을 발견할 수 있다.

이에 반하여 베드로전서는 놀랍게도 중요한 선교적 측면을 제공하고

---

82 안승오, 박보경., Ibid., 85-90쪽.
83 Ferdinand Hahn, *Mission in the New Testament*, 140

있다. 블라우스는 벧전2 :9-10에서 "너희는 왕 같은 제사장들이요,"라는 능동체로 사용되었는데 이것을 교회 전체의 세계에 대한 사명의 관점에서 이해되어야 한다고 주장했다. 베드로전서는 삶을 통한 증거를 선교의 관점에 있어서 대조를 이루고 있다. 벧전 3 :15에서 선교적 삶을 권면하고 있다. "너희 마음에 그리스도를 주로 삼아 거룩하고 너희 속에 있는 소망에 관한 이유를 묻는 자에게는 대답할 것을 항상 준비하되 온유와 두려움으로 하라." 신약성경 중에 가장 기억할만한 선교적 본문으로 이해될 수 있다.

요한 계시록은 그리스도의 통치가 온 세계적이라는 것을 설명함으로써 초대 교회와 바울과 사복음서에 나타나는 보편주의가 재확인된다. 예를 들어 계5 :9-10은 각 족속과 방언과 백성과 나라들의 언급이 등장하고 이들을 하나님 앞에서 나라와 제사장으로 삼으셨으니 그들이 땅에서 왕 노릇하겠다는 표현들은 구원의 우주적 이미지를 보여 준다. 또한 5 :13의 "하늘 위에와 땅 아래와 바다 위에와 또 그 가운데 모든 피조물이 어린 양에게 찬양." 이러한 표현들은 결국 요한계시록에 나타나는 구원의 우주 성을 말하고 있다. 또한 새 하늘과 새 땅이라고 하는 개념(21장)에서도 이 땅에서 이루어진다는 관점은 매우 선교적이다. 그래서 시니어는 "심오한 차원에서 요한 계시록은 신약성경 중에서 가장 세계적인 (Worldly) 책 중의 하나라고 결론짓는다.[84]

---

84 Donald Senior & Carroll Stuhlmueller, *The Biblical Foundation for Mission*, p. 305.

Ⅱ. 세계 선교의 역사

세계 선교의 역사 개관

선교를 이해함에 있어서 선교의 역사를 살펴보는 것은 가장 핵심적인 사항 중 하나이다. '해 아래 새 것이 없다.'는 전도자의 고백처럼 오늘날 선교 현장에서 일어나는 대부분의 문제들은 이미 선교 역사 가운데서 교회들이 고민하면서 씨름하였던 문제들이다. 그러므로 선교 역사를 잘 살펴보면 선교현장에서의 시행착오를 줄일 수 있을 뿐만 아니라, 장차 선교의 지혜와 용기를 차용할 수 있을 것이다.

세계 선교 2,000년의 역사는 다양한 기준으로 구분 지을 수 있겠지만, 본 장에서는 크게 여섯 시대로 구분 짓기로 한다. 1. (초대 교회의 선교기) 로마 제국의 기독교(AD. 33-500) 2. (중세 전기의 선교기) 유럽의 기독교 선교(500-1,000년) 3. (중세 후기의 선교) 이슬람의 도전과 위협 (1,000-1,492년) 4. 로마 카톨릭 선교와 개신교 선교의 태동기(1,493-1793년) 5. 개신교 선교의 융성기(1,793-1945년) 6. 현대 선교의 시기(1945-현대) 이다.[85]

---

[85] 안승오, 박보경., Ibid., 91

제1부

초기 기독교와 중세

이 시기는 예수 그리스도와 제자들로 말미암은 초대 기독교 시대로서 갖은 핍박과 환난을 무릅쓰고 개인과 신앙 공동체의 생존을 위하여 힘쓰며, 그리스도의 피 묻은 복음을 전하지 않고는 견디지 못하는 초창기이다. 그럼에도 신자들의 가슴에 예수의 생명이 있었으며 성령의 강권하심에 힘입어 가는 곳마다, 만나는 사람마다 예수의 복음을 전하려는 열정에 사로잡혀 있었다. 겨자씨 한 알과 같이 팔레스타인의 변방에서 시작된 기독교가 마침내 로마 제국에 입성하고 환난을 견디며 이겨 로마를 접수한 이후에 기독교는 로마의 도로와 군대, 그리고 제도를 따라서 세계적인 종교가 되었다.

제1장 로마 제국의 기독교[86](A.D. 30-500)

하나님의 도성(the City of God)은 그리스, 로마, 히브리의 3대 문명의 합류지점에서 건설되었다. 각각의 문명은 기독교 역사의 처음 3세기에 형성된 기독교의 틀을 잡는 데 지대한 공헌을 하였다. 그리스 문명에는 미술, 건축, 문화, 언어, 과학, 철학 등이 포함된다. 어떻게 이처럼 작은 민족이 그토록 아이디어가 풍부하고 그토록 활동적이며 그토록 많은 업적을 인류 문화상에 남기게 되었는지 경이롭기까지 하다. 그 비결은 시대적 성격보다는 그리스인들의 탐구심과 삶에 대한 열정과 같은 그들의 민족성에서 찾아야만 할 것이다. 나일 강 유역에 한정 되어 있었던 이집트 문명과는 달리 무역과 여행을 좋아하던 그리스인들은 B.C. 8-6세기에 지중해와 흑해 연안에 많은 식민지를 건설하였다. 그들은 어디에 가든지 그들의 우세한 문화의 혜택을 제공하였다. 시간이 지나면서 그리스인들은 페니키아 인들을 대신하여 지중해 일대의 상업의 주도권을 장악하였다. 비록 그들의 항해가 페니키아인들의 항해만큼 오래 지속되거나, 많은 이득을 남긴 것은 아니었으나 그들이 끼친 문화적 영향은 더욱 강력하였고, 분명히 지속적이었다. 최초의 과학적 항해술과 지리학은 그리스인들이 창안한 것이었다. 전쟁이 문명 발달에 기여하는 경우는 드문데 알렉산더 대왕의 정복 활동은 특별하였다. 아리스토텔레스의 제자가 왕좌에 올라 세계만방을 정복하면서 서방 세계의 형세를 바꾸고 복음 전파를 위한 길을 예비하도록 운명 지어진 활동을 시작한 것이었다.

[그는 소아시아 연안에 어지럽게 널려 있었던 그리스 문명을 그가 정복한 모든 나라들에게 퍼뜨렸다. 동방과 서방이 급속히 가까워졌다. 떨

---

86 허버트 케인 저, 신서균, 이영주 역, [세계 선교 역사], 기독교 문서선교회, 1993, 서울 9쪽-52쪽 요약.

어져 살던 종족들이 한 공동 정부 하에 뭉쳐졌다. 신도시들이 정치의 중심지로서 생겨났다. 새로운 통신방법이 상업 활동의 통로로서 생겨났다. 새로운 문화가 피시디아와 니코니아 산맥을 뚫고 전해졌다. 티그리스와 유프라테스 강이 그리스의 강들처럼 되었다. 바벨로니아에 사는 유대인들도 같은 언어를 사용하게 되었다.]87

대정복자의 갑작스러운 죽음 때문에 안디옥과 알렉산드리아는 차례로 시리아와 이집트를 다스리던 그리스 장군 출신 왕들의 수도가 되었다. 이 두 도시는 시초부터 거대한 유대인의 식민지를 가지고 있었다. 또한 이 두 도시들은 로마 총독들의 거주지가 되었다. 두 도시 모두 기독교 활동의 중심지가 되며, 후에는 동방 교회의 대교구가 되었다.

세계에서 가장 풍부하고 섬세한 언어라고 할 수 있는 헬라어는 페르시아 만에서 지브로올터 해협(Gates of Hercules)에 이르는 지역의 문화와 상업 언어였다. 이 언어는 서방 세계의 플라톤과 아리스토텔레스 뿐만 아니라, 동방의 이그나티우스와 유세비우스의 모국어 였다. 이 코이네 헬라어는 크리스천이었던 바울과 유대인이었던 필로, 로마인 키케로도 사용하였다. 바울과 그의 친구들은 외국어를 배울 필요가 없었고, 제국 내 어느 지역에서도 통역자가 필요하지 않았다.

B.C. 3세기 경에 헬라어로 번역된 구약 성경 70인경(LXX, Septuagint)은 예수와 제자들이 널리 사용한 성경책이었다. 당대의 최고의 학자들이 모여서 번역한 성경으로서 쉽고 정확하게 성경의 사상을 전달한 압권으로 존경받고 있었다. 철학의 언어가 세계적인 종교가 될 기독교의 신학 언어가 된 것이다. [신약 성경이 지성인들의 최고의 사랑과 위대한 감정들을 가장 효과적으로 표현할 수 있는 언어인 헬라어로 쓰여진 것은 우

---

87 Conybeare and Howson, *LIfe and Epistles of St. Paul*(London and New York :Longmans, Green and Co., 1901) p.7.

연이 아니다. 헬라어는 모든 나라의 교육을 위한 도구로 받아들여졌다. 또한 신약 성경의 완성과 복음 전파가 예수 그리스도의 가르침과 그의 제자들의 서신들이 이 알렉산드리아 방언으로 표현될 때까지 지연되었던 사실도 우연이 아니었다.]88

그러나 알렉산더에 의해 세워지고, 그의 네 부하 장군들에 의해 나눠진 제국은 오래 가지 못했다. 정치에 있어서 성실 대신에 음모가 자리를 잡았고, 철학은 냉소주의로 타락하고, 후에 회의주의로 빠졌다. 사회생활은 무익하고 시시한 오락의 장소가 되었으며, 종교는 부패되어가는 과정을 멈추게 할 만큼 세력이 있는 것이 아니었다. 로마가 지중해 연안을 다스릴 세계의 군주로 그리스를 대신하여 들어서게 되었다.

로마 제국의 전성기에는 스페인에서 유프라테스 강까지 북해로부터 사하라 사막까지의 125만 평방 마일에 이르는 대제국을 통치하였다. 인구는 이탈리아인, 그리스인, 이집트인, 독일인, 켈트족 등 1억 명에 달하였다. 아우구스투스로부터 시작하여 대략 300년간 지속된 이 광대한 제국은 노 플리니가 '장엄한 로마의 평화'라고 부른 Pax Romana를 구가하며 번영을 누렸다. 그리스인들이 사변적이며 철학과 예술에 탐닉 하였다면 로마인들은 활동적이고 실용적이었다. 그들이 닦은 도로와 수로, 그리고 해상 통로는 지금도 활용되고 있으며, 이를 통하여 상인들과 군인은 물론 후일에 복음 전도자들이 상용하는 통로가 되었다. 통일된 제도와 법규, 그리고 통제된 사회는 후일 복음 선교의 인프라가 되었다. 동시에 로마는 제국의 안전을 위협하지 않는 범위 내에서 식민지들의 자치권을 허용하였으며, 종교 문제에 있어서는 관용을 베풀었다. 유대교는 합법 종교(religio licita)라는 칭호로 호의적인 대우를 받았고, 한 동안 기독교인들도 유대교와 관련이 있음을 이용하여 좋은 대우를 받았다. 바울

---

88 *Ibid.*, p.9.

은 로마 시민권을 가진 것을 법정에서 주장하기도 하였다. 사도행전의 저자인 누가는 최소한 첫 세대의 기독교가 당대의 정치적 세력의 보호를 꾸준히 받아 누렸음을 강조하고 있다(눅1 :1-4; 행1 :1의 '데오빌로 각하에게').

그러나 그리스와 로마 문명보다 더 밀접하게 기독교와 관련이 있는 것은 히브리 문명이었다. 유대인들의 산재(흩어진 유대인 디아스포라)는 구세주 출현과 복음 증거를 위해 세상을 준비하도록 한 가장 중요한 요소였다. 로마 제국 전반에 걸쳐 퍼져 살던 유대인들은 특히 이집트, 시리아, 바빌로니아에 밀집해 살고 있었다. A.D. 70년에 스트라보는 "사람이 살고 있는 지구의 어느 곳에도 유대인들이 살지 않거나 유대인이 소유하지 않은 곳을 발견하기는 어렵다."[89]

유대인들은 어느 곳에 이주해 가든지 유일신 하나님에 대한 지식과 예배의식, 오실 구세주에 대한 기대, 그리고 보편화된 헬라어(koine) 성경을 가지고 있었다. 그들은 또한 가능한 한 어느 곳에서든지 그들 공동체의 종교와 문화의 중심지가 되었던 회당을 조직하였다. 회당에 많이 모여든 사람들 중에는 유대인들 외에 '하나님을 두려워하는 자들'이라고 알려진 상당한 이방인과 개종자들이 있었다고 한다. 이러한 사람과 사실들은 장차 바울을 비롯한 선교사들이 로마제국을 여행할 때 상당한 도움이 되었다. '이방인을 위한 사도'라고 불렸던 바울의 가슴은 언제나 그의 민족들과 함께 있었다. 어느 도시에 가든지 그는 먼저 회당에 가서 유대인들과 개종자들을 만났다. 유대인들이 그의 전도를 거부할 때에만 그는 이방인들에게 발걸음을 옮겼다.

---

[89] Josephus, *Antiquities of the Jews*, xiv. 7.

1. 지리적 확장[90]

기독교는 세계적인 종교이다. 그러나 그 창시자는 석가모니와 마호매트 시대의 중간쯤 되는 때에 로마 제국의 외떨어진 지방의 한 마구간에서 태어나 무명으로 살다가 나무 십자가에 못 박혀 죽었다. 33세의 나이에 그가 갑작스럽게 죽자 그의 제자들은 혼란에 빠지게 되었으나 3일 후에 그가 다시 살아난 부활 사건은 그들의 구세주에 대한 소망을 다시 불러 일으켰고, 꺼져가던 열정을 다시 소생시켜서 그들은 세상을 정복하려 나섰던 것이다. 그들의 임무는 막중하였으나 성공의 가능성은 무에 가까웠다. 그들에게는 중앙 통제조직이나 경제적 지원, 영향력 있는 친구 또는 정치적인 세력 등이 없었다. 그와는 반대로 산헤드린 공회의 교권세력, 로마 제국의 정치적 군사적 힘, 그리고 유대인의 종교적 광신 등이 장애물로 있을 뿐이었다. 예수는 당시로서는 거의 알려지지 않는 인물이었다. '나사렛 예수'로 지칭되었던 그는 책을 쓰거나, 기념비를 세우거나 교육기관을 세운 적이 없었다. 그 임무는 희망이 없는 일로 보였다.

사도행전의 초대 교회 역사는 유대인들을 두려워하여 예루살렘의 어느 작은 다락방에서 비밀리에 모인 120명의 겁먹은 제자들의 이야기로 시작되고 있다. 한 세대 후 사도행전이 완성 되었을 때, 이 복음은 서쪽으로 로마까지 전파 되었으며, 제국 동부의 거의 모든 주요 도시에는 번창하는 교회들이 세워져 있었다. A.D. 30년에 유대교의 한 종파로 시작한 기독교가 A.D. 60년에는 세계적인 종교로 성장하였다. 이것이 세계 역사상의 기적이며, 자세한 내용은 사도행전에 기술되었다. 행1 :8에서 승천하기 전에 예수는 자기의 제자들에게 세상 끝까지 가서 복음을 전할 것과 위에서 보낼 성령이 임할 때까지 예루살렘에서 기다리라는 두 가지

---

90 허버트 케인, [세계 선교 역사], 14-24쪽.

명령을 하였다. 오순절을 앞두고, 마가의 다락방에서 10일간 금식하고 모여서 기도할 때에 성령이 강림하였다. 이 역사적인 사건이 기독교회의 기폭제가 되었으며 선교운동의 효시가 된 것이다. 이 당시의 교회는 곧 전도이며, 선교를 의미하였다.

기독교가 언제부터 유대교와 관계를 끊게 되었는지는 확실하지 않다. 그것을 옹호하는 사람들은 개혁 운동이라고 생각했고, 반대하는 사람들은 기독교를 이단시하였다. 기독교 자체의 신학을 개발하고, 행동 방침을 결정하고, 자체의 이미지를 부각시키는 데는 오랜 세월이 걸렸다.

모든 족속에게 가서 제자를 삼으라는 명령을 받았지만 제자들은 예루살렘을 각별히 선호하여 그곳에서 성전 중심으로 기도와 사역을 계속하였다. 후에 그들의 사역은 예루살렘에 있는 400개가 넘는 회당을 중심으로 확대되었다. 그들이 전하는 복음은 유대교적인 냄새를 풍기고, 세워진 교회들은 유대교의 아류처럼 보였다. 성령 강림 이후 한 세대가 지난 다음에도 기독교인들은 계속 성전에 자주 드나들고, 모세의 율법을 준수하고, 수도 생활을 하고, 제물을 바치기도 하였다(행21 :20-24). 예루살렘 교회는 유대교와 공존하면서 그 속박을 벗어버리지 못하였다. A.D. 70년 예루살렘 멸망을 기점으로 기독교는 환골탈태하게 된 것이다. 예루살렘 멸망이 없었다면 여전히 예루살렘이 기독교의 중심지가 되었을 것이며, 기독교는 세계적인 종교가 될 수 없었으며, 기득권의 굴레에서 세속적이며, 지역적인 종교로 요단강 가에 머물렀을 것이다.

베드로는 12제자 중 으뜸이 되는 지도자급 인물이었다. 평신도 지도자로는 스데반과 빌립이 대표적이다. 그러나 스데반은 일찍이 강하고 담대한 메시지로 유대인들을 향하여 도전함으로 현장에서 순교의 피를 흘리게 되었고, 그곳에서 사울은 스데반의 설교와 순교를 목격하게 되었다. 스데반의 순교와 그 이후의 박해는 초기 교회에 큰 타격이었으나, 이 일로 인하여 복음이 널리 전파되는 계기가 되었다. 국외로 흩어진 사람들이 가는 곳마다 복음을 전파하였고, 페니키아, 구브로, 안디옥까지 흩어진 제자들이 이방인들에게도 복음을 전하여 교회가 서게 되었다. 이 때 두 가지 사건이 기록된바, 첫째는 이방인을 위한 사도가 된 다소 출신 사울이라는 청년의 회심이고, 둘째는 고넬료의 가정에 복음을 전한 베드로의 경험이었다. 누가는 이 두 사건을 매우 중요하게 여겨서 사도행전에 바울의 회심은 세 차례, 베드로의 사건은 두 차례 기록하였다.

인디옥 교회는 B.C. 300년경에 셀루커스 1세가 세운 이래 마케도니아인, 헬라인, 시리아인, 그리고 유대인의 식민지를 포함한 세련된 사람들이 사는 세계주의적 도시였다. 예수의 생전에 안디옥은 로마제국 내 가장 중요한 세 도시 중 하나였다. 지정학상 동부로 가는 주요 도로상에 위치해 있었던 이 도시는 동서가 자연적으로 만나는 지점이었다. 그리스 문화와 로마의 정치가 조화되어 안디옥은 복음을 받아들일 이상적인 중심지가 되었다. 예루살렘과 같은 종교적 광신적인 도시에서는 불가능하였던 공중 질서의 보호를 받아 안디옥 교회는 규모가 급속히 성장하였고 중요한 위치에 오르게 되었다. 사실 안디옥은 제국 내에서 복음전도가 주민들의 소동을 일으키지 않은 몇 개의 도시 중의 하나였다. 이곳에서 최초로 제자들이 그리스도인이라는 칭호를 받은 것이다.

바울은 그의 선교 활동 중 안디옥을 거점으로 삼았다. 15년 미만에 걸쳐 세 차례의 선교 여행은 아시아의 갈라디아와 유럽의 마케도니아와 아가야 등 제국의 인구가 많은 곳으로 다니며 이루어졌다. 훌륭한 로마의 도로로 다니는 도중 그는 중요한 도시마다 교회를 개척하였다. 3차 전도 여행이 끝나갈 무렵 그는 "...내가 예루살렘으로부터 두루 행하여 일루리곤까지 그리스도의 복음을 편만하게 전하였노라."(롬15 :19), 이 지방에 더 이상 복음 전할 곳이 없었기 때문에 그는 스페인으로 눈을 돌렸다. 도

중에 바울은 로마 제국의 서반부를 복음화할 전초기지로 삼기 위하여 로마를 방문하겠다고 제안하였으나, 로마에 도착 한 후에 그의 선교 활동은 마치게 되었다고 본다. (일설에는 가택 연금에서 풀려나 서바나까지 선교 여행을 하였다고도 하지만 추정할 따름이다.)

한 가지 유의할 것은 바울이 그 당시의 유일한 선교사는 아니었다. 수많은 다른 선교사들이 있었으나 그들의 이름이 역사에 기록되지 못했을 뿐이다. 그러한 근거는 행9 :31과 15 :23, 벧전1 :1에서 언급하기를, 시리아, 길리기아, 본도, 갑바도기아, 비두니아의 교회가 있었다. 언제 누가 이들 교회들을 설립했는가는 흥미 있는 일이다. 이미 사도행전 2장의 오순절 성령 강림할 때에 로마제국의 15개 지방으로부터 온 유대인들과 개종자들(proselytes)이 예루살렘에 왔었고, 베드로와 그의 동료들의 설교를 들었다고 기록되어 있다. 의심할 여지없이 그들 중 다수의 사람들이 기독교로 개종하였고 자기들의 고향으로 돌아가 회당에서 그리스도를 전하였고 자연스럽게 그리스도의 교회들이 설립 되었을 것으로 보는 것이 유력하다.

한 가지 분명한 사실은 사도행전이 모든 이야기들을 기록한 것이 아니라는 점이다. 바울 서신서에는 사도행전에 기록된 것보다 좀 더 널리 복음이 전파되었다는 암시가 기록되어 있다. 골1 :23에 "이 복음은 천하 만민에게 전파된 바요." (롬8 :1) "너희 믿음이 온 세상에 전파됨이로다." 살전1 :8에서는 "너희 믿음의 소문이 각처에 퍼진 고로...."

2-3세기 기독교 교회의 성장에 관한 정보는 더욱 빈약하다. 알렉산드리아, 카르타고, 에뎃사 등지의 크고 강력한 교회들에 대해 널리 알려졌는데 언제 누가 설립했는가는 모른다. 우리들의 정보와 지식이 갖는 한계이다. 기독교는 로마제국의 큰 도로와 강을 통해 동쪽으로 다메섹과 에뎃사를 걸쳐 메소포타미아로 전해졌고, 남쪽으로는 보스트라와 페트

라를 통해 아라비아로, 서쪽으로는 알렉산드리아와 카르타고를 거쳐 복 아프리카로 그리고 북쪽으로는 안디옥을 거쳐서 아르메니아, 본도, 비두니아로 전해진 것으로 보인다. 그 후 복음은 로마 제국의 국경을 넘어 외딴 지역인 아일랜드, 이디오피아, 중국 등으로 전해지기 전에 스페인, 갈리라 지방, 영국 등에 전파되었다.

사도 시대 이집트의 복음 전파에 대해 신약성경은 아무런 언급이 없는 것 역시 안타까우며 의아스럽게 생각한다. 예루살렘으로부터 안디옥까지 북쪽 지방에 전파된 복음이 예루살렘과 알렉산드리아 두 도시간의 통신 시설이 편리했고 꾸준한 시대에 알렉산드리아에 전해지지 않았다는 것은 이해할 수 없는 일이다. 그러나 이집트 교회의 기원에 대해서는 전승에 요한 마가가 세운 것 같다는 것 이외에 아무 것도 알려진 바가 없다.

로마의 하드리안 왕의 집권 당시 알렉산드리아에 그리스도인들이 있었으며, 2세기 말경에 그 도시에는 강력한 교회가 있었다는 것을 알고 있다. 또한 알렉산드리아에는 후에 인도 선교를 담당한 판테누스가 세운 유명한 교리 학교도 있었다. 클레멘트가 판테누스를 계승했고, 그 후에는 탁월했던 오리겐이 나타났다. "이들이 이집트 기독교를 기독교회사의 주류로 올려놓은 장본인들이었다."[91]

구레네는 이집트 서쪽에 위치한 곳으로서 신약에 네 차례 언급되어 있다. 만일 구레네 인들이 안디옥에 복음을 전파했다면 (행11 :19) 그들이 자기 동족에게도 복음을 전했으리라는 것은 확실하나 이에 대한 기록은 없다. 시네시우스(Sinesius)는 4세기 말경 이곳에 6명의 주교들이 있었다고 전한다.

서쪽으로 여행하다 보면 당시 북아프리카의 로마 문명의 중심지였던

---

[91] Walter Oetting, The church of the Catacombs(Saint Louis, Mo. : Concordia Publishing House 1964), p.80

카르타고에 이른다. 카르타고에는 기독교가 로마나 에베소로부터 지중해를 거쳐 전해졌거나, 혹은 이집트를 통해 전해졌을 것이다. 이 도시 주변에는 활동적인 기독교 교회들이 많이 있었는데 그들은 최초의 라틴어 신약 성경을 비롯하여 많은 라틴어 문학에 익숙해 있었다.

2세기 말엽에는 기독교 사회가 엄청나게 성장하여, 터툴리안이 로마 총독에게 기독교인 핍박을 멈추지 않으면 반란을 일으키겠다고 용감하게 협박할 정도였다. 터툴리안의 열정적인 격려와 시프리안의 유능한 지도력과 락탄티우스[92]의 달변 등으로 기독교 사회는 꾸준히 발전해 갔다. 북아프리카 기독교의 현저한 특징은 주교의 숫자가 많은 점이었다. 모든 도시, 거의 모든 마을에 한 명씩 있었다. 가장 유명한 주교는 힙포의 주교(354-430)였던 어거스틴이었다.[93] 그의 작품은 이후 천년 동안 로마 가톨릭 신학의 본보기가 되었다.

바울은 자신의 스페인을 방문하고자 하는 열망을 실현했는가? 신약 성경은 이 점에 대해 끝내 침묵하고 있다. 로마의 클레멘트는 자기가 제국의 서쪽 끝에서 복음을 전했노라고 기록하고 있다. 만약 이것이 사실이라면 바울은 스페인 교회의 설립자가 될 것이다. 우리가 분명히 알 수 있는 사실은 3세기 초엽 스페인 남부에 스페인 기독교는 철저히 질서가 잡혀 있지 못하였다. 우상 숭배와 간음, 살인 등이 기독교의 이미지를 손상시키고 있었다.

복음은 갈리아[94] 지방의 추운 날씨 속에서 서서히 발전해 가고 있었

---

92 초기 기독교의 신학자이자 저술가였으며 콘스탄티누스 1세의 초대 자문자였다. 북 아프리카 베르베르 출신으로 로마 제국 동방의 여러 도시를 다니면서 수사학을 가르쳤다. [위키 백과사전]

93 히포의 성 어거스틴과 동명이인인 영국 최초의 선교사 어거스틴(Augustine 505-605)은 구별해야 할 것이다. 그리고 종교개혁 이후에 로마 카톨릭이 세운 선교단체의 이름도 어거스틴 회라고 있었다.

94 [위키백과사전] 갈리아 또는 골은 로마제국의 멸망 이전까지 현재의 프랑스, 벨기에, 스위스 서부 그리고 라인강 서쪽의 독일을 포함하는 지방을 가리키는 말이며 율리우스

다. 갈리아 지방의 기독교는 동부로부터 전해진 것으로 생각된다. 2세기경 교회는 리용과 비엔나를 중심으로 남부 지방에 많이 설립되었다. 리용의 주교(175-200)였던 이레니우스는 켈틱어족과 라틴어족에게 복음을 전했다. 그러나 반응은 별로 좋지 않았다고 한다. 250년경까지도 6개 지역에 산재해 있던 교회들은 단지 소수의 열매를 맺었을 뿐이었다. 2세기 투루의 마틴이 이 교구의 주교가 되었을 때도 그 부근의 산골지방은 대부분 이교도로 둘러싸여 있었다. 전직 군인이었던 마틴은 신속한 결과를 낳기 위하여 군사적 방식을 사용하였다. 그는 수도승들과 함께 시골 마을로 다니면서 이교도 신전들을 헐어버리고, 우상들을 때려 부수고, 전도를 하여 개종자들에게 세례를 주었다.

영국에는 어떻게 기독교가 전파되었는지 확실하지 않다. 최초의 신빙성있는 정보는 314년 갈리아 지방 남부에서 열린 알스 종교회의에 참석한 3명의 영국 주교들과 관련이 있는 것이다. 314년 이전에 영국에 복음이 전해졌음이 분명한데 아마도 빠르게는 2세기 중엽인 것으로 보인다.

2세기 초엽 기독교는 비두니아와 본도를 중심으로 한 소아시아에서 급속히 성장하였다. 본도의 총독이었던 플리니는 다루기 힘든 어조로 기독교인들의 위협적인 상황에 대처할 방도를 강구해 달라고 황제 트라얀에게 호소할 정도였다. 3세기 본도에서 그레고리가 본도의 주교가 되었을 당시에는 기독교인이 겨우 17명에 불과했으나, 30년 후 그가 죽을 때쯤 그 도시에는 이교도가 겨우 17명 밖에 없었다고 한다. 이적 사건들과 그레고리가 기독교인들에게 이교도의 축연 대신 허용한 기독교적 축제 덕택에 이교도들이 기독교를 개종하는데 큰 도움을 주었다. 3세기 경 기독교는 로마 제국의 국경 너머로까지 전파 되었다. 때가 되자 기독교는 파르티아, 이디오피아, 아일랜드, 인도, 중국에까지 전파되었던 것이다.

카이사르가 본국 이탈리아에 포함시키기 전까지의 갈리아 칼라피나도 포함되었다.

기독교는 안디옥으로부터 주요 상업도로를 경유하여 두로-유로포스(Duro-Europos)를 거쳐 티그리스 강 유역의 자매도시인 테시폰(Ctesiphon)과 셀루시아(Seleucia)까지 전파되었다. 최초의 기독교도들은 성령강림절 때 베드로의 설교를 들었던 '메소포타미아 거주자들'이었던 유대인들이었을 것이다(행2 :9). A.D. 225년에 이르러 카스피 해로부터 페르시아만에 이르는 티그리스와 유프라테스 강 유역에 교회들이 있었다. 에뎃사95는 강력한 기독교의 선교 활동의 중심지가 되었다. 2세기 말엽에 기독교는 국가 종교가 되었다. 이곳 교회들이 사용했던 언어인 시리아어로 신약 성경이 처음 번역 되었다. 4세기 초엽 에뎃사는 전반적으로 기독교화 되었다.

3세기 말엽 갑바도기아를 통해 기독교가 아르메니아로 전해졌다. 위대한 선교사였던 계몽가 그레고리에 의해 인도된 부흥운동과 티라다테스(Tiradates)대왕의 회심에 영향을 받아 아르메니아는 기독교 왕국이 되었다. 410년에 신약 성경은 아르메니아어로 번역 되었다. 아르메니아 교회는 수많은 역경을 뚫고 지나와서 오늘날에는 기독교 세계에서 가장 오래된 교회들 중의 하나로 손꼽히고 있다.96

전승에 의하면 12사도 중 하나였던 바돌로매가 최초로 아라비아에 복음을 전했다고 한다. 그레덴 인들과 아라비아인들도 성령강림 때 예루살렘에 있었는데(행2 :11), 복음을 듣고 고향으로 돌아간 것으로 보인다. 4

---

95 서남아시아 메소포타미아의 고대 도시, 지금은 터키의 서남부 우르파의 주도로서 농. 목축업의 중심을 이루며, 예로부터 교통의 요충지였다. 시리아계 기독교의 중심지로서 시리아 역 성경을 번역하였으며, 네스토리우스(당나라의 경교)를 전파하기도 하였다. [두산 백과사전]

96 정식 명칭은 아르메니아 사도교회라고 불려지며, 밀란 칙령이 내리기 전(313) 301년에 이미 기독교를 국교로 정한 세계 최초의 나라이며 주변의 국가들이 모두 이슬람으로 개종 할 때에도 피어린 순교의 역사를 거쳐서 끝까지 신앙의 자유를 지켰다. 현재에도 아르메니아 정교회는 예루살렘 성지에 고유의 구역을 점유하고 있다. [기독교 일보] 검색 참조.

세기 말엽 하라 지방에 기독교 뿌리가 내렸음을 안다. 525년경에는 이곳에 기독교가 확고히 정착했음이 분명한 것으로 보인다.

광대한 인도 대륙에는 기독교가 언제 어떻게 전해졌는가? 유세비우스는 마토마 교인들이 1세기에 도마에 의해 그들의 교회가 설립 되었다고 굳게 믿는다고 전한다. 판테누스는 인도 선교를 위해 180년 경 알렉산드리아의 교리 학교를 떠났다고 전해진다. 분명히 인도에는 3세기 이후 기독교가 존재해왔고 마토마 교회(Mar Thoma Church)는 키베르 패스 동부 지역에서 가장 오래된 기독교 교회이다. 인도에 있는 기타 시리아 교회들도 오랜 전통이 있다.[97]

빌립에 의해 세례를 받은 에티오피아 내시(행8 :26-39)가 에티오피아에 복음을 전했는가? 만약 그렇더라도 그의 노력은 성공적이지 못했던 것 같다. 왜냐하면 4세기 중엽 이전에 이 나라에 기독교 교회가 존재했다는 증거가 없기 때문이다. 흥미 있는 일화가 있다. 홍해에서 파선을 당한 두 기독교인 젊은이들이 에티오피아에 노예로 팔려가서 액섬(Axum)에 있는 왕궁에서 노예생활을 하였다. 그곳에서 그들이 성실하게 전도하여 많은 열매를 거두었다. 일이 너무 많아져서 시간과 활동력이 부족하여 그 들 중의 한 사람이 알렉산드리아 총대주교였던 아타나시우스가 프루멘티우스를 주교로 임명하여 에티오피아로 파견하였는데 그는 거기서 종신 충성하여 에티오피아 (곱트)교회의 수장으로 활동하였다고 한다.

게르만 민족의 한 종족인 고트 족은 다뉴브 강 북쪽에 사는 투튼 족 중

---

97 인도 교회의 역사를 보존하고 있는 교단이다. 즉 도마 사도가 주후52년에 와서 세운 교회의 신앙 전승을 이어가고 있다. 이 교단의 특성으로는 예전은 정교회 방식을, 신학은 개혁주의 신학을, 교회 행정에 있어서는 대의제를, 신앙과 목회에서는 복음주의를 표방하고, 주로 남부 케랄라 주를 기반으로 하고 있으며 특히 1895부터 시작된 마라몬 컨벤션은 1백년 이상의 전통을 가진 신앙 사경회로 연인원 10만 명 이상이 회집되고 있다. 인도 기독교인은 3%에 불과하지만, 인구수로는 3,000만 명이 넘으며 신학교도 100개 이상이며 교육부 인가 신학교도 40여개가 넘는다. [한국 기독 공보] 2002. 3. 30일 자 인용.

에 최초로 기독교를 대다수 받아들인 민족이었다. 그들은 3세기에 로마 제국에 쳐들어온 기독교인 전쟁 포로들로부터 복음을 처음으로 받아들 였다. 그러나 그 후 울필라스(311-380)의 선교 활동으로 고트족 선교가 조직적으로 이루어졌다. 울필라스의 아버지는 갑바도기아 사람이었고 그의 어머니는 고트인이었다. 그가 기독교로 개종하였으며 콘스탄티노 플에서 10년 동안 산 후 그는 자기의 동포들에게 복음을 전하기 위해 귀 국했다. 그의 뛰어난 업적은 성경을 고트어로 번역한 일이었다. 이 번역 을 위해 그는 이 언어를 문체에 맞도록 재정리해야 했다. 그는 성경의 보 급과 함께 언어학적, 문학적 공헌을 한 수많은 선교사들 중의 최초의 인 물이었다.

5세기 말엽 프랑크 족의 회심이야 말로, 북서유럽의 비로마인 선교사 상 가장 중요한 단계라고 라토렉은 주장하였다.[98] 프랑크 족은 오랫동안 로마제국과 선린 관계를 맺고 있었고, 그 중에 기독교로 개종한 자들도 있었다. 496년 크리스마스 날 그들의 왕 클로바스가 3,000명의 군인들 과 함께 신앙을 고백하고 세례를 받은 사건에 이르러 돌파구를 찾았다. 그가 기독교인이 되기로 결심한 이유 중에는 치열한 전투 중에 기독교의 하나님이 그에게 전쟁에서 승리하도록 도와주면 기독교 신자가 되겠다 고 한 맹세 때문이었다고 한다. 이후 그는 일평생 맹세를 지켰으며 대부 분의 신하들도 그의 뒤를 따랐다고 한다.

이 기간 중에 가장 늦게 복음화 된 지역은 그 당시 가장 서쪽 나라로 알려졌던 아일랜드였다. 아일랜드의 위대한 불후의 선교사 패트릭은 사 실 아일랜드인이 아니었다. 389년 로마 령이었던 본토의 섬 브리턴 (Britain)에서 기독교인 부모 하에 태어났으며, 그는 교육을 대충 밖에 받

---

[98] K.S. Latourette, The First Centuries(New York : Hapter and Brothers, 1937), p. 208

지 못하였으나 후일 당대의 가장 위대한 선교사가 되었다. 12세에 그는 아일랜드에 포로가 되어 잡혀갔는데 그곳에서 양치는 일을 하였다. 유배 중 그의 전 생애를 변화시킨 영적 체험을 하였는데 그 이후 어린 시절의 형식적인 믿음에서 진정한 믿음으로 변화하였다. 6년간의 외로운 노예 생활을 한 후에 그는 프랑스로 탈출을 하여 그곳의 레린스 수도원에서 여러 해 동안 수도사 생활을 하였다. 결국은 다시 영국으로 돌아와서 그의 가족의 품에 안기었다.

그러나 그의 마음은 계속 암흑에 빠져 있는 아일랜드 심령들에게 가 있었다. 어느 날 꿈속에서 "거룩한 젊은이여, 우리는 당신이 전날과 같이 우리에게 와서 우리와 함께 살기를 바라고 있소."라는 환상을 들은 후에 하나님이 자기를 다시 포로가 되었던 땅으로 부르시는 소명으로 받아들였다. 부모와 친구들의 만류를 뿌리치고 그는 아일랜드로 돌아가서 여생을 그곳에 헌신하였다. 깊은 신앙과 선교에 대한 뜨거운 열정을 가진 패트릭은 아일랜드 선교를 위해 35년간 자신을 아낌없이 투자하였다. 드루이드교(Druid) 두목들과 무장 군인들, 강도들의 위험을 무릅쓰고 수천 명의 개종자들에게 세례를 주었고 수많은 교회를 설립했으며 많은 사람들을 성직자로 안수하여 세웠다.

패트릭의 영향은 그의 사후에도 계속되었고, 자신의 고국 이외의 많은 나라에까지 미쳤다. 켈트 족 기독교의 빠트릴 수 없는 부분이 되었던 수도원은 기독교 문화의 중심지였을 뿐만 아니라 열정적인 선교의 중심지이기도 하였다. 이처럼 수도원들이 다가올 미래에 있어서 북유럽 선교의 중요한 역할을 담당하게 된다.

5세기 말엽에 이르러 기독교는 많은 성공을 거두면서 로마 제국의 전지역을 넘어 남으로 사하라 사막에서 북으로 하드리안 성벽(Hadrians Wall)[99], 그리고 동으로 인도에서 서쪽으로는 스페인에 이르는 지역에 전파되었다.

중국에 기독교가 전파된 내용을 언급한다면, 일찍이 메소포타미아의 페르시아에 기독교가 전파되었었다. 이곳으로부터 기독교는 인도, 중앙 아시아, 중국에 전파되었을 것이다. 이것은 네스토리우스파 계통의 기독 교로서 콘스탄티노플의 총대주교였던 네스토리우스의 이름에서 유래되 었다. 네스트리우스는 에베소 공의회(313)에서 이단으로 정죄되어 로마 제국의 국경 너머로 추방되었으며 이후에 수 세기에 걸쳐서 네스트리우 스파는 열심히 선교하는 교회로 성장하였다. 다른 교파와는 달리 네스 트리우스파 기독교는 중국 문화의 최절정기인 당나라 초기에 중앙아시 아를 경유하여 중국에 전파 되었다(635). 대정 황제(T'ai Tsung) 치하에 서 중국은 당시 세계에서 가장 부유하고 문명이 발달한 나라였다. 당의 수도였던 장안(현재의 중국 시안)은 세계에서 가장 크고 번영하는 도시 였다.

2. 수적 증가[100]

예수님은 사람들의 숫자에 관심을 두지 않으셨다. 그는 회심자의 수보 다 제자들의 가치에 더 관심을 가졌었다. 그는 12사도를 택하여 대부분 의 시간과 관심을 그들에게 바쳤다. 군중들은 그를 따라다니며 '빵과 고 기'에 주요 관심을 가졌다. 예수께서는 사람의 속에 있는 것을 아셨으므 로 그의 몸을 저희들에게 의탁하지 않으셨다(요2 :25). 오병이어의 이적

---

[99] 영국의 뉴케슬 북동쪽 약6km에 위치하며 타인강 북쪽 기슭에 이싸. 로마 시대에 쌓은 하드리안 성벽으로 113km 길이로 7m 높이가 최고이며, 북쪽의 픽트 족으로부터 방어 하기 위하여 하드리안 황제의 명령에 따라 쌓은 성벽으로 세계 역사 유적으로 유명하 다. 지식 백과사전 참조.

[100] 허버트 케인, [세계 선교 역사], Ibid., 25-31쪽.

을 베푸신 인기절정에 있을 때에 무리들이 그를 왕위에 올리려 하였으나 거절하시고(요6 :15) 조용한 곳을 찾으시고, 반대로 따라다니던 무리들이 다 흩어졌을 때에도 실망하지 아니하셨다(마15 :12-13). 그는 그를 따라다니는 사람들을 향하여, '작은 무리여,'(눅12 :32)라고 불렀다. 때로는 그는 천국에 들어가는 입구를 가능한 한 가장 어렵게 만드시곤 하셨다(눅9 :57-62). 천국에 가는 문은 '좁고 협착하다'고 표현하시며 찾는 자가 적다(마7 :13-14)고 하셨다.

그러나 실제적으로 숫자를 무시해도 안 된다. 왜냐하면 질과 더불어 양도 성공의 척도가 되며 역사 서술에서 변화와 영향력이라는 관점에서 중요하기 때문이다. 예수께서는 그의 제자들에게, "온 천하에 가서"(막16 :15), "모든 족속으로 제자를 삼으라."(마28 :19) 말씀하셨다. 얼마나 많은 숫자가 예수를 따라다녔을까? 오순절 날 120문도가 다락방에 모여 있었다(행1 :15). 바울은 예수님의 부활 후 500여 형제들이 주님을 일시에 보았다고 기록하였다(고전15 :6). 그보다 더 많은 숫자가 예수를 따라다녔음은 분명하다.

기독교 선교 초기에 행2 :4에 하루에 3,000명이 세례를 받았다고 한다. 그 후에 5,000명으로 증거 하였다(4 :4). 하나님의 말씀이 점점 '왕성해졌다.'(6 :7) 매일 많은 회심자들이 생겨났다(2 :47). 믿고 주께로 나오는 자가 더 많아졌다(5 :14). 허다한 사람들이 각색 병들로부터 고침을 받았다(5 :16). 예루살렘에 있는 제자의 수가 더 심히 많아지고, '허다한 제사장의 무리도' 이 도에 복종함으로 산헤드린 공회가 베드로와 요한이 그들의 교를 예루살렘에 가득하게 했다고 고발하였다(5 :28).

빌립이 사마리아 성에 내려가 그리스도를 백성에게 전파하자 무리가 "일심으로 그의 말하는 것을 좇고", "그 성에 큰 기쁨이 있었다."(8 :6-8). 안디옥에서도 주의 손이 복음 전하는 자들과 함께 하시매, "수다한 사람이 믿고 주께 돌아왔다."(11 :21) 그 후에 바나바의 전도를 받아 '큰 무리' 가 주께 더하였다(11 :24). 비시디아 안디옥에서는 '온 성이 거의 다' 하나님의 말씀을 듣고자 하여 바울에게 나아왔다(13 :44). 데살로니가에서는 '큰 무리'가 믿었다(17 :4). '수다한' 고린도 사람들도 듣고 믿었다(18 :8). 바울이 3년간 에베소에 머무는 동안 "아시아에 사는 자는 유대인이나 헬라인이나 다 주의 말씀을 들었다."(행19 :10) 에베소에서는 불태워버린 마술부적과 주문의 값을 통해 당시 믿는 이들의 숫자를 추정해 볼 수 있다. 당시 은전인 드라크마가 돈의 단위로 쓰인다면 50,000냥의 은전은 오늘날 10,000달러 가치를 상회한다.

바울의 사역에 대해 누가의 기록을 보면 바울이 세운 교회들이 영적으로 열정적이었을 뿐 아니라, 수적으로도 큰 규모라는 인상을 받을 수 있다. 소수의 사람들만이 반응을 보였던 아덴만은 예외였다(17 :34). 사도행전을 빼놓으면 숫자의 통계와 근거가 빈약해 진다. 그만큼 신약 성경의 유일한 역사서로서 사도행전의 가치가 높다. 반면에 초대 교회 당시의 숫자들이 경건한 제자들의 두려움 때문에 다소 과장이 있을 수도 있었다.

2세기 당시의 기독교는 꾸준히 동부 지방을 중심으로 성장해 갔다. 소아시아 지방에는 기독교인들이 특히 많았다. 2세기의 20년대에 비두니아의 총독이었던 플라니는 기존의 사원들은 거의 방치되고, 도시와 시골에서 새로운 미신(기독교)이 성행하게 되었다고 불평을 하였다. 얼마 후에 순교자가 된 저스틴 마터(Justin Martyr)는 고백하기를, "헬라인이나 이방인이나 어느 민족이라도 십자가에 달리신 예수님의 이름으로 창조주이신 하나님 아버지께 기도와 감사를 드리지 않는 민족이 없었다."고 하였다. 200년경에 터툴리안은 "우리는 시작한지 오래되지 않았지만, 벌써 세상을 뒤덮고 있다."고 하였다. 그러나 이와 같은 말들을 지나치게 문자적으로 극대화할 필요는 없다. 이들의 말을 오리겐은 해석하기를, "믿는 자들의 숫자는 믿지 않는 무리의 수에 비하여 극소수에 지나지 않는다."고 말했다. 하르낙(Harnack)은 2세기 중엽 이후까지 기독교인의 숫자는 결코 많지 않았다고 전한다. 기본(Gibbon)은 순교자 저스틴의 표현을 "열렬하나 부주의한 자의 어처구니없는 과장."이라고 부르면서 평가 절하하였다.

3세기에 이르러서야 로마 제국이 분리되는 과정에서 수많은 사람들이 기독교로 개종한 것은 분명하다. "3세기의 혼란과 두려움의 와중에서 많은 사람들이 쇠약해진 국가의 보호로부터 탈출하여 공고한 종교의 테두리 안에 안주하기를 원했을 때 다른 종교들보다 기독교로 많은 사람들이 개종하게 되었다."101 3세기 초에 기독교는 이미 브리기아 지방에서 주된 종교로 자리를 잡았으며, 소아시아 지방 전 지역에 기독교는 인구 중 가장 비중이 큰 소수 집단으로 성장하였다. 북아프리카에서는 회심자들이 대중 운동을 할 정도로 숫자가 많아졌다.

260-300년 사이 40년간의 평화기간 중 교회는 핍박 때문에 오는 불편과 불이익 없이 대단한 영향력을 미칠 수 있는 호기를 갖게 되었다. 디오클레티누스 황제의 집권 직전이었던 이 40년 동안은 기독교 역사상 전례 없는 성장기였다. 수천 명에 달하는 회심자들이 그들의 재산을 기부하고 자기들의 종교를 가진 상태에서도 입교를 하였다. 교회는 제국 내에서 가장 부유한 종교 단체로 성장하게 되었다. "거의 대부분의 교회들은 계속 증가하는 개종자들을 수용하기에 너무 비좁았기 때문에 크고 웅장한 넓은 공간을 가진 건물들이 건축되었다."102 3세기 말엽의 수적으로 가장 큰 기독교의 중심지는 소아시아와 북아프리카 두 곳이었다. 에뎃사는

---

101 Will Durant, op cit., p.50.
102 Edward Gibbon, op. cit., p.125.

기독교가 공인된 종교로 인정받은 첫 도시였다. 통계적으로 교세를 정확하게 파악해 놓은 도시는 로마와 안디옥 두 곳 뿐이었다.

A. D. 250년경에 로마 교회는 100명의 성직자와 1,500명의 가난한 사람들을 재정적으로 도왔다. 기본에 의하면 로마의 인구가 100만 명 이하로 추정하여 당시 기독교인의 숫자는 50,000명 정도로 추산했다. 하르낙은 반면에 30,000명 정도로 계산하였다. 50년 후에 다른 통계에 의하면 100,000명 정도가 되었다고 한다. 안디옥 교회는 동방에서 가장 오래되고 훌륭한 교회로 소문이 나 있었다. 크리소스톰에 의하면 4세기 말엽 기독교 인구는 500,000만 명 중 절반이나 되었다고 한다. 그러나 기본은 과장이고 약 20% 정도 되었을 것으로 본다. 교회와 교인수의 증거는 전체 제국 인구의 10% 정도로 보는 것이 타당할 것이다. 두란은 기독교인의 숫자가 동부 지역에서는 1/4, 서부에서는 1/20로 보았다. 그만큼 초창기 기독교세는 동방, 소아시아, 지금의 터키 지역이 강세였다.

콘스탄티누스 대제의 회심 이후 기독교는 대 성장기를 맞이했다. 황제의 보호와 국가 재정의 지원 하에 기독교는 4세기에 급성장하게 되었다. "로마 제국의 기독교인의 숫자는 밀라노 칙령이 발표된 다음 세기에만 적어도 4배로 증가했던 것으로 보인다."103 로마 교회는 12,000명의 남자와 그에 상응하는 숫자의 여자와 어린이들이 한 해 동안에 세례를 받았다고 기록했다. 기독교가 불법 종교였을 때는 망설이던 이방인들이 너도나도 다투어 정복자들의 종교를 수용하였던 것이다. 단기간에 많은 이집트 도시들에는 성직자들로 가득 차게 되었고, 태아이스(Theais) 사막에는 은둔자들이 들끓었다고 한다.104 4세기 말엽에는 대부분의 에뎃사 주민들은 기독교로 개종하였다.

---

103 Stephen Neil, A History of Christian Mission(Baltimor : Penguin Books, 1964). p. 46.
104 Edward Gibbon, op. cit., p.64.

시대가 변하여 기독교 지원만으로 만족하지 못하고 시간이 지나면서 이제는 기독교가 토착 종교를 핍박하기 시작하였다. 그래시안(Gratian, 367-783)은 이방종교에 주던 국가지원을 끊고 사원재산을 몰수해 버렸다. 데오도시우스 황제(379-395)는 한걸음 더 나아가 신전들을 패쇄하고 비밀리에 분향하는 자들을 엄벌하였다. 이러한 황제의 칙령들에 힘입어 기독교인들은 수도승들의 지도하에 이방신전을 파괴하게 되었다. 기독교를 배교하는 자들은 교회의 특권뿐만 아니라, 국민의 권리도 박탈당하였다. 다른 종교 생활을 원하는 자는 기독교에 대하여 침묵할 수밖에 없었으며, 이러한 환경 하에서 기독교가 4배가 성장한 것이다.

그러나 이러한 정권의 비호아래의 성공이 완전한 것은 아니었다. 제국의 어느 곳에서도 저항 세력이 존재하였다. 당시에 유대인들이 기독교 복음에 가장 적대적이었다. 예루살렘 멸망 이후에 유대인과 기독교인들 사이에는 틈이 벌어지고 반목하게 되었다. 그 정서적 원인 중의 하나는 예루살렘 멸망 시에 기독교인들의 학살 모면과 도피를 당시 로마에 저항한 열심당원들과 유대인 사회가 오해하고 왜곡했기 때문이라 여겨진다.[105] 1세기 이후에는 극소수의 유대인들만이 기독교로 개종하였을 뿐이다. 기독교인들은 처음에는 유대인들의 반항심을 참을 수 없어 하였고, 미워하다가 나중에는 핍박하게 되었다. "이방인 기독교회가 유대교에 자행한 불공평한 행위는 역사상 유래가 없는 미묘하고도 고약한 일이었다... 딸이 처음에는 자기 어머니를 강도질하더니 결국 인연을 끊어버렸다."[106] 결과적으로 기독교는 유대인들이나 심지어 셈족(Smite)에게서는 뿌리를 내리지 못하고 말았다. 불교와 마찬가지로 발생지에서는 말라

---

105 당시 예수의 제자들은 마24 : 16에 "그 때에 유대에 있는 자들은 산으로 도망할지어다." 주님의 예언에 의거하여 로마군의 공격전에 도성을 빠져나갔다고 한다.

106 Adorf Harnack, The Mission and Expansion of Christianity(New York : Harper and Brothers, 1962), p.69.

죽고 다른 나라에서만 꽃을 피우게 되었다. 주후135년의 열광적인 유대인 바 코케바(Bar Cocheba)의 주도하에 유대인들의 자유와 권리를 되찾기 위한 필사적인 시도를 하던 때에도 유대교는 팔레스타인에서 살아나지를 못하였다. 3년의 전쟁 기간 중 백만 명 이상의 사상자를 내고도 유대교는 최근에 이르기까지 회생하지 못한 비운의 역사를 반복해야 했다.

"이 순간부터 유대교는 중세기에 접어들게 되었다....그 누구도 이토록 오랜 유배 생활이나 참혹한 운명에 처해보지 못하였다. 다른 나라로 쫓겨 다니면서 빈곤과 천대를 받고 철학자들과 성자들로부터 조차 냉대를 받으면서 유대인들은 모든 공적 활동으로부터 물러나 사적 연구 활동이나 예배 생활로 잠적해 버렸다. 유대교는 그의 유산인 기독교가 세계를 정복하고 있는 동안 두려움에 떨며 어둠 속에 숨어있었다."107

기독교는 카르타고 주변의 라틴어 족 사이에서는 확고한 위치를 차지했으나 카르타고 인들 사이에서는 뚜렷한 성공을 거두지 못하였고, 특히 베르베르(the Berber)108 족에게는 거의 전도조차 하지 못한 상태였다. 페르시아에서는 조로아스터와 경쟁을 함으로 선교의 진전이 없었다. 이집트에서는 기독교가 오랫동안 알렉산드리아에서만 융성했는데 알렉산드리아는 다른 주변의 문화가 현저히 다른 이방 식민지였다. 오리겐의 시대까지만 하여도 이집트인으로서 기독교 신자를 만나는 것은 아주 드문 일이었다. 이방 종교는 갈리아, 이탈리아, 스페인의 여러 도시에 1세기까지 페니키아의 팔레스틴에는 6세기까지 극성을 부렸다. A.D. 529년에 황제의 명령에 의해 아카데미(academies, 학원)들이 철폐되기까지 아테네는 기독교 이전 시대의 철학의 본거지였으며 그리스 오지들은 복음

107 Will Durant, op. cit., p.549
108 모로코 북부의 리프 산맥 지역에 사는 종족 농업과 목축업에 종사하며, 총인구는 136만명 추산, 3세기 로마인들이 야만인이라는 뜻의 베르베르라고 불렀으며, 7-8세기 이슬람화 하였다.

이 거의 전해지지 못한 채 남아 있었다.

초기의 그리스도인들은 어떤 사람들이었으며 어느 계층 출신이었는가? 당시 적들의 평가한 바로는 그들은 인간쓰레기들이었다. 셀수스(Celsus)는 그들이 '고약하고 천한 존재들, 바보 천치들, 노예들, 가난한 여자들과 어린아이들이었다.'[109]고 묘사하고 있다. 바울이 고린도 교회에도 "지혜 있는 자가 많지 아니하며 능한 자가 많지 아니하며 문벌 좋은 자가 많지 아니하다."(고전1 :26)고 암시하고 있다. 이것은 놀라운 일이 전혀 아니었다. 기본은 '이런 것은 국가 사회의 구조이다. 소수의 사람들이 부와 명예와 지식을 독점하고 있음에 반하여 평민들은 천대, 무식, 빈곤에 빠져 있었다. 스스로 모든 족속에게 복음을 전하는 것을 사명으로 여기는 기독교는 반드시 상층 계급보다는 하층 계급의 사람들에게 전도하여 그들로부터 개종자를 많이 얻어야만 했다.'[110]라고 소견을 피력하였다.

시간이 흐르고 교회의 재산이 늘어나면서 상층 계급들이 교회에 많이 몰려들었다. 2세기 초엽에 플라니는 각계각층의 수많은 사람들이 조상들의 종교를 배척하였다고 전하였다. 200년 경에 터툴리안은 "연령의 고하를 막론하고 각계각층의 사람들이 우리에게 몰려들고 있다."고 주장하였다. 후에 기독교가 국교화 되었을때에는 엄청난 숫자의 상류층 계급의 사람들이 교회로 밀어닥친 것은 자연스러운 일이었다. 이 기간 동안 훗날과 같은 조직적인 전도와 선교 활동이 없었다. 평신도들이 복음을 전파하였다. "거의 모든 회심자들은 열정을 가지고 스스로 전도의 임무를 감당하였다."[111] 무기 대신 진리를 들고 깃발 대신 사랑을 가진 이 진실

---

109 Origen, Contra Celsum, iii, 49-50
110 Edward Gibbon, op, cit., pp. 69, 70.
111 Will Durant, op.cit., p.602

하고도 친절한 예수의 제자들은 산을 넘고 바다를 건너 제국의 이방인들에게 기쁨으로 전했던 것이다. 노예나 상인으로서 후에는 군인으로서 그들은 이러한 그들의 세속적 직업을 가진 채 예수의 복음을 확장하는데 사용하였다. 심지어 유배 자가 되었을 때도 그들은 그들의 신앙을 산간 벽지에까지 전했던 것이다. 초대 교회사에서는 전도는 너무나 자연스럽고 자발적인 생명의 대폭발이었으며 아무도 막을 수가 없었다.

3. 문화적 침투112

예수 그리스도는 사회적 개혁보다는 개인의 구원에 더 관심을 가지셨다. 후자에 대해서는 자주 집중적으로 말씀하셨으나, 전자에 대해서는 거의 언급하지 않았다. 이것은 그가 사회적 필요에 대하여 개의치 않거나 무관심하였다는 것은 아니다. 당시의 사회적 관심사와 이슈가 현대와는 판이하게 달랐다고 볼 수도 있다. 그럼에도 그가 "온 마음을 다해 주너의 하나님을 사랑하고 네 이웃을 네 몸과 같이 사랑하라." 하신 말씀에 인간의 의무가 총괄적으로 요약되어 있다고 보아야 한다. 이러한 순서가 중요하다. 복음은 우선 개인 구원, 즉 하나님과의 관계에 초점을 맞추어야 하고, 사회적인 것은 부차적이라고 할 수 있다. 근래에 사회적 구원을 강조하는 좌경화된 신학과는 상당한 거리가 있다.

누룩의 비유와 빛과 소금의 비유에서 우리는 기독교인들이 주변 환경과 대사회에 미치는 영향을 알 수가 있다. 기독교인들이 어둡고 부패한 사회에 침투하여 무지와 미신을 물리치고 신선하고 빛나는 영향력을 미쳐야 하는 것은 자연스럽고도 당연한 사역이 될 것이다. 빛은 보여줄 수 있는 곳에 있어야 하고, 소금은 접촉할 때에 효력을 발휘할 수 있을 것이다.

---

112 허버트 케인, Ibid., 32-37쪽.

초기 그리스도인들은 대부분 도시에 거주하였다. 그곳에서 자기들의 삶을 영위하고, 자녀들을 양육하고, 이웃에 사는 불신자들과 함께 생활하였다. 소란이나 허세를 부리지 않고, 소박하고 건실하며 쾌활한 삶의 모습으로 주변을 밝히며, 소금과 같이 스며들곤 하였다. 누룩과 같이 사회전반에 퍼지고 영향을 미쳤던 것이다. 200년경에 기독교의 영향력에 대하여 터툴리안은 다음과 같이 기술하고 있다.

"우리는 벌써 새로운 집단이나 제국의 모든 영역의 삶에 속속히 스며들어 있다. 도시, 섬, 마을, 촌, 시장, 막사, 부족들 사이, 왕궁과 양로원, 법정 등 신전 외에 당신들에게 남은 것은 아무 것도 없소."[113] 그들은 고립된 지역에 살지도 않았다. "우리는 사람들과 격리되어 숲속에 사는 브라만들(Brahmins[114])이 아니다. 우리는 당신들과 함께 세상에 살면서 법정, 공중목욕탕, 작업장, 주말 시장, 기타 모든 상업 지역을 공용하고 있다. 우리는 당신과 함께 항해하고 밭을 경작하고 거래를 하고 있다."[115]

그러나 그들 스스로 또 남들에게 언제나 구분되고 특별한 사람들로 간주 되었다. 베드로는 그들을, "택하신 족속이요, 왕 같은 제사장들이요 거룩한 나라요 그의 소유된 백성이니,"(벧전2:9)라고 불렀다. 그들은 스스로 '이방인이요 순례자들'이라고 고백하였다. 그들은 무국적자들-천국의 식민지에 속한-이었으며 하루 빨리 예수그리스도의 재림하에 의로운 통치를 시작하기를 기대하였다. 그리스도인들이 매우 독특하기 때문에 '제3의 종족'이라고 불리었다. 로마인이 제1, 유대인들이 제2의 종족인 셈이다.

정치에 관한 그들의 견해는 좁고도 부정적이었다. 이 세상의 신(고후4

---

113 Tertullian, Apology p.37.
114 인도의 카스트 제도상 최상류층 종교 계급에서 연유, 미국의 뉴잉글랜드 지역의 상류층을 지칭하기도 함.
115 Tertullian, Ibid., p.42.

:4)이며 공중 권세 잡은 자들(엡2 :2)인 사단이 지배하는 이 세상 조직은 하나님의 생명에서 떠나있고(엡4 :18), 하나님과 원수가 되었고(롬8 :7), 하나님의 형벌 아래에 놓여있다(딤후1 :7-8)고 믿었다. 그들은 비록 세상 안에 있고 그곳에서 벗어날 수 없지만 세상에 속하지 않았다. "저희 중에서 나와서 따로 있고..."(고후6 :17)는 교회가 정치와 사회를 대하는 지속적인 가르침이었다.

그러나 그들은 정부의 역할에 대해 건전한 견해를 갖고 있었다. 바울의 주장한 바에 따르면(롬13장), 그들은 준법정신이 투철한 시민들이었다. 그들은 세속 정부가 하나님이 세우신 기관이므로 충성스럽게 봉사해야 한다고 주장하였다. 예수의 가르침이었던 "그러므로 가이사의 것은 가이사에게 바치라."(마22 :21) 말씀을 기억하면서 그들은 기쁨으로는 아니었을지 모르나 기꺼이 세금을 바쳤다. 한편 그들은 지역적이든 제국 전체적이든 정치적 조직에 대해서는 전적으로 만족하지 못하였다. 그것은 근본적으로 사악한 세상 조직의 일부라고 믿었기 때문이다. 기껏해야 그것들은 필요악-무정부 상태보다는 조금 나은-에 불과하였다. 최악의 경우 그것은 폭군적이고 악마적이었다.

기독교인들은 황제숭배를 철저한 우상숭배라고 공공연히 간주하였고 죽음을 무릅쓰고 배척하였다. 이 때문에 그들이 반역죄로 몰릴 때에도 그들은 자기들이 황제의 안녕과 제국의 평화로운 번영을 위해 끊임없이 기도해 왔음을 주장하면서 신앙적으로는 결사적으로 대항하였다. 초기 200년 동안 그리스도인들은 공공기관이든 군대이든 어떤 형태로든 정부를 위한 봉직은 거절하였다. 그들은 기독교로 개종하기 이전에 정부의 고용인이었던 사람들은 예외로 하였다. 3세기 말엽에 이르러서는 기독교인들이 법정 공무원, 군대 등 모든 종류의 직업에 종사하였다.

그들은 가족 간의 결속, 성실성, 권위의 복종, 정의감, 인류애를 포함한 그 외의 많은 도덕적 가치들로 인해 그리스도인들은 사회 구조 안에서 가장 확고한 위치를 차지하였다. 마르쿠스 아울레리우스(Marcus Aurelius)에 대한 [변명(Apology)]에서 멜리토(Melito)는 기독교가 국가 간의 단결을 굳게 해주었기 때문에 이 신흥 종교 출현 이후 로마 제국은 끊임없이 번영해왔다고 지적하였다.116

초기 기독교인들은 세상 지식을 중요시하지 않았다. 12명의 제자들 중에 유식한 사람이 없었다. 예수님 자신도 복음의 비밀을 지혜롭고 슬기 있는 자들에게는 숨기시고 어린아이들에게는 나타내셨다고 말씀하셨다.(마11 :25) 바울도 "하나님의 지혜에 있어서는 이 세상이 자기 지혜로 하나님을 알지 못한다."(고전1 :21)고 개탄하고 고린도 교회에도 "지혜 있는 자가 많지 않다."(고전1 :26)고 말하였다. 그 자신이 학식이 많고 총명한 사람이었음에도 불구하고 바울은 복음을 전할 때, "말과 지혜의 아름다운 것으로" 하지 않기로 작정하였으며(고전2 :1) 철학과 헛된 속임수에 빠지지 않도록 경고하였다(골2 :8).

초기 기독교인들이 기독교를 구원의 도리로 여기고 철학의 한 분파로 보지 않았음은 당연한 일이다. 그들은 "십자가에 못 박히신 예수 그리스도"라고 직설적이고 단순하게 복음 전하는데 만족하였다. 2세기에 이르러서야 철학자들을 포함한 유식한 자들이 나타나 헬라 사상을 연구하고 답변해야 한다는 의무감을 느끼기 시작하였다. "교회는 이제 로마 제국의 유식한 계층의 지지를 받게 되었다. 안디옥의 주교인 이그나티우스는 쟁쟁한 속사도 시대를 개시하고 기독교에 철학적 교리를 부여하였으며 대적자들과 열띤 논쟁을 벌이곤 하였다.

순교자 저스틴은 철학이 필요한 것이라고 생각하였다. 그것을 경건과 함께 중요시한 인물이다. 알렉산드리아의 클레멘트는 철학이 헬라인에

---

116 Eusebius, Ecclesiastical History, IV. 26.

게 주신 하나님의 선물로서 경건에 도움이 되고 헬라인들을 그리스도에게 인도하는 선생이라고 대담하게 선포하였다. 어떤 이들은 한 걸음 더 나아가 소크라테스가 진리의 선구자이며 세네카도 그와 비슷하다고 말하였다. 기독교가 현학적인 사회에서 그 명맥을 유지하기 위해서는 지식인들을 기독교로 흡수해야만 한다고 느낀 기독교 변증가들은 기독교 진리를 철학적인 용어로 표현하려고 노력한 흔적을 찾을 수가 있다.

이러한 시도에는 위험성도 있었고 비난도 받았다. 타티안(Tatian)과 터툴리안은 좋든 나쁘든 모든 철학을 공공연히 비난하였다. 타티안은 믿을 수 없을 만큼 지루하게 말하였고, 끔찍한 부정(不正)의 죄를 범하였다. 터툴리안은 복음은 믿음을 강조하도록 해야지 이성으로 따지도록 해서는 안 되며, '기독교는 불합리하기 때문에 믿을 만 한 것.'이라고 주장하였다. 이 두 사람은 복음의 단순성(간결성)이 세련된 인간성 때문에 부패될 것을 두려워하였다. 아마도 이들이 모두 틀린 것은 아닐 것이다. 왜냐하면 지식이 경건의 모체가 되기도 하지만, 이단의 모체가 될 수도 있기 때문이다.

시간이 지남에 따라 기독교 교부들은 기독교 자체를 철학이라고 간주하게 되었다. 결국 그것은 하나님과 인간의 존재 문제를 다루고 있지 않는가? 또한 그것은 세상의 기원과 인생의 의미, 인간의 운명에 대해 관심을 갖는 것이 아닌가? 그리스도인들은 기독교 교리가 참 진리이며, 따라서 진정한 철학이라고 믿었다. 진실로 그것은 철학 이상의 것, 즉 하나님의 지혜-최고 수준의 철학이었다. 모든 진리는 어디서 발견되든 간에 하나님께로 나아오는 것이므로 '기독교적'인 것이다. 어떤 사람들은 한 걸음 더 나아가 헬라 철학의 진수가 기독교로부터 차용한 것이라고 제안하기까지 하였다.

가장 영향력 있는 변증가는 뛰어난 능력의 오리겐(Origen)이었는데 그는 18세에 클레멘트를 뒤이어 알렉산드리아의 교리학교의 교장이 되었다고 한다. 6,000권의 책들을 썼으며 황제들과 서신 교환을 했던 것으로 유명하다. 그는 당시 저명한 변증가 [셀수스에 반대하여,(Contra Celsum)] 248년에 집필하였는데, 그 이전의 어느 변증가도 해내지 못할 정도로 이방 철학자들을 감동시켰다고 한다. 그와 함께 기독교는 단순한 인위종교의 수준을 넘어 성경을 근거로 하면서 이성을 당당하게 이용하는 성숙한 종교가 되었다.117

그러나 기독교와 이방 철학과의 근본 분쟁은 논증 문제가 아니라, 세력다툼이라는 시각이 강하다. 소크라테스를 중심으로 한 헬라 철학자들은 해답보다는 질문을 더 많이 하였다. 그러면서 더욱 훌륭한 대답을 많이 찾으려고 하였다. 무엇보다 그들은 "사람이 어떻게 지혜로우면서도 선한 존재가 될 수 있을까?"라는 화두에 많은 응답을 시도하였었다. 그러나 이방 철학자들이 이러한 질문에 대한 대답을 세상 사람들 앞에 설명하는데 그들의 시간을 바쳤다면 기독교 교부들은 세상을 변화시키는 일을 조용히 하고 있었던 것이다.

노예 문제가 초대 교회를 뒤흔들어 놓았다고 생각하는 것은 잘 못이다. 예수와 그의 제자들은 당시의 노예제도를 정치와 경제 구조의 필요 불가결한 한 부분으로 받아들였을 것이다. 바울은 노예들에게 "부르심을 받은 그 부르심 그대로 지내라."고 훈계를 하였었다(고전7 :20). 노예 자신들을 포함한 초기 그리스도인들 사이에 노예 제도를 폐지하려는 움직임은 결코 없었다.118 그 대신 그들은 그리스도의 사랑을 통하여 노예들

---

117 Will Durant, op. cit., p.615.
118 노예 제도에 대한 의문과 반기를 든 것은 무려 천 구 백년이 지난 후, 자유민주주의가 꽃필 때의 일이며 미국의 아브라함 링컨 대통령이었다. 유감스럽게도 노예제도의 합법성을 성경(창9 :25)에서 찾았다는 것은 아이러니이다. 경건한 교회와 신자들이 앞장서서 노예 제도를 옹호하였다. 자칫 현대의 가치관과 기준으로 과거의 역사를 유추 판단해서는 안 될 것이다.

의 조건을 호전시키려고 노력을 하였다. 상전들은 친절하고 동정심을 가졌으며, 하나님 앞에서 책임을 다하며, 자기의 노예들에게 공정하고 평등하게 대해 주어야 했다(엡6 :9). 노예들의 입장에서는 정직하고 부지런하며 신실하고 충성을 바치도록 기대되었고(딛2 :9-10), 상전들이 주 안에서 그들의 형제가 되는 사실을 이용하지 말도록 가르쳤다(고전7 :21-22). 그리고 노예를 자유인으로 해방시키도록 상전들을 격려했다. 교인들은 가끔 노예 해방을 위한 기금을 마련하기도 하였다고 한다. 몇몇 지방의 교회들은 노예 해방을 위한 특별 의식을 거행하기도 하였다. 기존 제도와 세력을 공격하는 대신 교회는 복음의 누룩이 이방 사회에 스며들도록 하여 주님의 가르침과 실천을 통하여 친구들과 이웃에게 인간의 존엄성을 나타내고 개개인의 가치를 깨닫도록 하였다.

4. 기독교회의 박해[119]

예수께서는 일찍이 제자들에게 적대적인 세상에서 받을 대우를 정확하게 설명해 주셨다. "세상에서 너희는 환난을 당할 것이다... 나 때문에 너희들은 모든 사람들의 미움을 받을 것이다. 만일 그들이 나를 박해하면 그들은 너희들도 핍박할 것이다. 너희를 죽이는 자가 하나님을 섬기고 있다고 생각할 것이다."라고 경고까지 하셨다. 초대 교회 역사가 이를 증명하고 있다. 스데반은 돌에 맞아 죽었으며 야고보는 참수형을 당하였다. 언젠가 베드로의 생명이 천사의 도움으로 살아나기도 하였다. 바울은 "나는 매일 죽노라." 고백하였다. 그의 제자 디모데에게 "무릇 그리스도 예수 안에서 경건하게 살고자 하는 자는 핍박을 받으리라."(딤후3 :12) 베드로는 "너희를 시련하려고 오는 불 시험을 이상한 일 당하는 것

---

119 허버트 케인, Ibid., 45-49쪽.

같이 여기지 말라."(벧전4 :12)고 이미 경고하였다.

첫 세대 사도행전에 나오는 시기 중의 핍박은 로마 원로원이 아니라 유대인으로부터 왔다. 사도행전에서 누가가 전하기를 로마 정부가 새로운 종파인 기독교를 관대하게 대우했을 뿐만 아니라 실제로 그 대적 유대인들로부터 보호해주기까지 하였다고 한다. 여러 차례 바울과 그의 동료들이 로마 관리의 도움으로 목숨을 부지하기도 하였다.

로마인들이 초기 기독교인들을 박해한 원인과 성격, 그 범위를 확실히 밝히기는 쉽지 않다. 역사적 자료가 부족하고 남아 있는 자료들조차 객관성이 결여 되어 있다. 기독교 변증가들은 기독교의 미덕을 과장하기도 하였다. 그들의 대적자들은 그리스도인들을 '바보들'(루시안), '신에게 버림받은 멍청이들.'(셀수스). '인간을 미워하는 자들'(타키투스)이라고 부르면서 기독교 진리를 하찮게 여겼다.

기독교가 유대교의 한 종파라고 여겨질 동안에는 기독교가 유대교에게 허용된 합법종교(religio licita)의 특권을 누릴 수 있었다. 그러나 시간이 흐르면서 기독교와 유대교의 간격이 벌어지고 멀어졌다. A.D. 50년경에 이르러서 예수의 추종자들이 그들 스스로의 위치를 굳히게 되었고, 그리스도인들이라고 불리워지게 되었다(행11 :26). 사도 시대가 막을 내린 후 세상으로 보냄을 받은 사도직 계승은 어떤 개인에게 전수되지 않고 교회 전체에 전수 되었으며, 전체 교우들이 각자의 은사대로 봉사하는 가운데 그의 뜻과 선교적 명령을 수행한다고 그들은 확신하였다. 물론 그들 가운데 교사와 전도자가 있어 널리 흩어져 있는 교회를 순방하는 직책이 없었던 것은 아니다. 그 당시의 선교적 노력은 단순히 그들의 노력에 의함보다 전체 성도들의 자발적인 증언의 역할에 의한 것이 컸었다.[120]

---

120 채은수, [선교학 총론], 230쪽.

64년 로마가 네로에 의해 불탄 후에는 기독교인이라고 고백하면 사형에 처해지게 되었다. 자신의 무죄를 증명하기 위해 네로는 희생양을 찾아서 그리스도인들에게 뒤집어 씌웠다. "그들은 처참하게 죽임을 당했다. 그들이 고통 받는 동안 네로는 그들을 조롱하고 비웃기까지 하였다. 어떤 사람들은 맹수의 가죽으로 덮여 개들에게 먹히도록 던져졌고, 어떤 이들은 십자가에 못 박혔으며 또 다수는 불태워 죽임을 당하였고 많은 사람들은 휘발 물질이 뿌려지고 불이 붙는 인간 횃불이 되어 순교를 하였다."121

로마가 기독교인들을 핍박한 직접 원인은 황제숭배의 거부였다. "황제 거부는 최악의 신성모독일 뿐만 아니라, 극악의 반역죄에 해당하였으며, 이것 때문에 기독교에 대한 국가적 탄압이 시작되었던 것이다.122 황제 숭배에 관한 법이 획일적으로 적용되지도 않았다. 지방의 행정관 중에는 세련되고 관대한 사람들이 많았다. 많은 황제들은 그 법령을 고의적으로 소홀히 다루었다. 하드리안 황제는 관리들에게 그리스도인들이 의심하게 만들도록 지시하였다. 트라얀 황제는 골치 아픈 지방이었던 비두니아의 총독인 플라니에게 기독교인들을 찾아내거나 아니면 그들의 대적들이 이름을 밝히지 않으면 기독교인들에게 법을 적용하도록 명령을 내렸다.

두 번째 박해 기간은 도미티안 황제(Domitian : 81-96) 때였는데 이때 사도 요한이 밧모섬에 귀양을 갔다. 몇 해 후에 안디옥 주교였던 이그나티우스와 서머나 주교였던 폴리갑이 순교를 당하였다. 마르쿠스 아울레리우스 황제(Marcus Aurelius : 161-180) 때에 천재지변이 발생했을 때에도 기독교인들에게 누명을 덮어씌웠다. 비엔나와 리용에서는 격노

---

121 Tacitus, Annals, XV. 44
122 Adolf Harnack, op. cit., p.296

한 군중이 위험을 무릅쓰고 거리에 나온 기독교인들에게 돌을 던졌다. 코모두스(Commodus : 180-192) 황제 치하에서는 상황은 호전 되었으나, 세례가 범죄 취급을 받게 되었던 셉티미우스 세베루스 황제(Septimius Severus : 192-211)말기에 다시 악화되었다. 203년에 카르타고에서 수많은 기독교인들이 순교를 당하였다.

3세기에 이르기 전까지는 전국적인 박해가 가해지지는 않았다. "어떤 교회도 무자비하게 끊임없이 수많은 세월 동안 박해를 당하지는 않았으며 훗날에 성도들이 생각하는 만큼 순교자의 숫자가 많았던 것은 아니었다."[123] 교회가 제국 내의 큰 세력으로 성장되기 이전인 초기에는 예수 믿는다고 고백하는 개인들이 처형당했을 뿐이었다. 이러한 사람들을 '순교자들.' 또는 '증인들'이라고 불렀다. 3세기에 이르러 수많은 사람들을 몰살시키지 않고서는 기독교인들을 다 처치할 수 없는 단계에 이르자 신앙을 부인할 때까지 고문을 당하게 되었던 것이다. 변절하기를 거부한 사람들은 '고백자들'이라고 명명하였다.

기독교인들은 이웃들로부터 멸시 당하고 미움을 받았다. 그들은 무신론자로 부도덕한 자 매국노들이라고 지탄을 받았다. 일반인들은 기독교인들이 인육을 먹고 사람의 피를 마시며 한 밤에 음탕한 술 파티에 빠져 있는 등 흉악한 일들을 자행하는 비밀 집회를 하는 무리들로 인식하였다. 거짓이라고 고발해 보아도 별 차이는 없었다. 특히 국가의 경제가 흔들리고 백성들의 성질이 난폭해 있을 때는 더욱 그랬다. 이러한 박해가 기독교 발전에 전적으로 해로운 것은 아니었다. "이러한 일시적인 박해는 신실한 자들의 열심을 불러일으키고, 훈련을 회복하는데 도움을 주었다. 심한 박해의 순간들은 좀 더 기나긴 평화와 안전한 시기들로 대체되곤 하였다. 어떤 군주들의 무관심과 방종은 그리스인들이 비록 합법적이

---

123 Stephen Neill, op. cit., p.43.

지는 않지만 실제로 공공연히 그들의 종교의 자유를 누리도록 하기도 하였다.

3세기 전반부에는 세베루스, 마시미니우스와 데시우스(Decius) 등에 의한 간헐적인 박해가 있었다. 그 후 갈리에누스(Gallienus)가 처음에는 그리스도인들에게 박해를 가하였으나, 그는 기독교 신앙은 결코 불과 칼로 막을 수 없다고 고백하였다. 그는 칙령을 내리기를, "미래는 어떤 그리스도인들도 그의 신앙 때문에 징벌을 당하거나 방해를 받아서는 안 된다. 오랜 기간 걸친 경험에 의하면 분명한 것은 그들은 그들 자신의 의지적 결단으로부터 포기하도록 설복될 수 없기 때문이다."124 그가 관용을 허용한 칙령을 반포한 261년 이후 40년에 걸친 전례에 없었던 평화시기가 있었다. 이 평화는 디오클레티누스 황제가 303년 반포한 박해 칙령에 의해 갑자기 깨어지고 말았다. 전제국에 대한 일반법으로 제정된 이 칙령은 최후의 그리고 최악의 박해들을 몰고 오게 되었다. 이 칙령은 교회들을 부수고, 기독교 집회들을 해산시키며, 기독교 서적들을 불사르고 공직으로부터 모든 기독교인들을 추방하도록 명령하였다. 비밀 집회를 계속하던 기독교인들은 죽임을 당하였다.

니코메디아(Nicomedia)에 있던 성당을 불사름으로부터 시작된 이 박해는 10년간 계속되었다. 이탈리아의 동부에서는 이 칙령을 수행하기 위하여 군대까지 동원 되었다. 순교자들은 소수의 교회들만 불탄 고을(Gaul)과 영국을 제외한 전 유럽에서 발견되었다. 1,500명의 순교자가 발생하였고 수많은 기독교인들이 재산을 잃었다. 로마의 주교를 비롯한 수천 명의 기독교인들이 변절을 하였다.

초기의 2세기 동안 '시저가 주님이다.'라는 고백을 받아내기 위하여 온갖 고문이 자행되었지만 헛수고였다. 온갖 박해 방법이 다 동원 되었지

---

124 채은수, [선교학 총론], 231쪽.

만 거의 아무도 변질하지 않았다. 그들은 기꺼이 감옥에, 광산에, 유배지에 끌려갔다. 죽음을 피하려고 하기 보다는 때로는 죽음을 달게 받기를 원하는 것처럼 보였다. 로마에서 맹수에게 먹히도록 선고를 받자 순교자 저스틴은 친구들과 원수들에게 말리지 말라고 간청을 하였다. 터툴리안은 기독교인들이 사형 선고를 받을 때에 오히려 감사를 드렸다고 전한다. 어떤 기독교인들은 죽여 달라고 하도 조르니까 지방 총독 안토니누스가 화가 치밀어 혐오감이 일어나 소리쳤다고 한다. "불쌍한 인간들! 불행한 놈들! 그토록 살기가 싫거든 밧줄에 목을 매든지, 낭떠러지에 떨어져 버려라."125 이러한 박해는 기독교를 멸망시킨 것이 아니라 오히려 더 강화시킨 결과를 낳았다. 순교자들의 피는 교회의 씨앗이 되었다. 한 사람이 순교할 때마다 수많은 사람들이 이방신을 버리고 기독교로 귀의하였다. "몇몇 기독교인들이 보여준 광경만큼 놀라운 사건들은 인간 역사상 없었다. 이들은 연이은 황제들에게 조소와 핍박을 받았고, 많은 시련을 불굴의 집념으로 참아내며 조용히 성장해갔다. 그들의 대적이 혼란을 일으킬 때 질서를 지키며, 칼에는 말씀으로 대항하고, 잔인한 사람들에게는 희망을 가지고 대하여 결국에는 역사상 가장 강성하였던 나라를 무너뜨리고 말았다. 시저와 그리스도가 투우장에서 만나 그리스도가 승리를 거두고 말았다.126 콘스탄티누스 황제의 회심 이전에 이미 로마 제국의 20여 개 구역이 십자가 깃발 아래 그들 스스로를 두었다고 기븐(Gibbon)은 기술하고 있다.

---

125 Edward Gibbon, op.cit., p.112.
126 Will Durant, op. cit., p.652.

5. 콘스탄티누스의 회심(313년 밀라노 칙령)[127]

교회의 최대 시련이자 승리를 안겨준 디오클레티누스 황제 때의 박해가 끝나자 전례 없는 평화의 시기가 도래하였다. 변혁의 때를 가져온 사건은 콘스탄티누스 황제의 회심이었다. 왕권을 놓고 막센티우스와 혈전을 벌이기로 작정한 콘스탄티누스는 하늘에 불타는 십자가와 "이 증거를 가지고 정복하라."는 글이 씌어있는 환상을 보았다고 유세비우스는 기록하였다. 이 십자가를 새기고 기치를 높이 들고 정적을 무찌르고 로마로 진군해 들어갔다.

313년 초에 콘스탄티누스는 저 유명한 밀라노 칙령을 반포하고 제국 내 모든 종교들에 완전한 자유를 보장하고 디오클레티누스 황제 때 몰수하였던 교회 재산을 반납하도록 명령하였다. 10년 후 동방에서 리시니우스(Licinius)를 격파하고 단독 황제가 되었을 때 콘스타티누스는 스스로 기독교인이라고 선포한 뒤 그의 신하들에게도 그렇게 하도록 하였다. 그의 재임 시에 두 가지 큰 사건이 있었다. 하나는 325년의 니케아 종교회의를 소집하였고, 다른 하나는 당대 최고의 석학이며 존경 받는 성직자인 유세비우스로 하여금 초대 교회부터 니케아 종교회의까지의 기독교 발전을 더듬어 볼 수 있는 그의 기념비적인 교회사를 남기게 한 것이다. 이 책은 초기 3세기 동안의 기독교의 발자취를 역사책으로 인류에게 남긴 것이다. 비록 객관성에서는 부족하지만, 비판적으로 자료를 다루며, 정확한 기록을 남겼으며, 초기 기독교 교회사에서 가장 포괄적이면서도 권위 있는 작품이라고 할 수 있다.

니케아 종교회의를 소집할 때의 동기는 종교적이기도 하였으나 정치적인 것이기도 하였다. 교회가 치명적으로 분열되어 있었기에 제국을 통

---

127 허버트 케인, Ibid., 49-52쪽.

합하기 위한 발판으로 최초의 공회를 소집하였다. 318명의 주교들과 계급이 낮은 많은 성직자들이 참석하였다.[128] 박해 시대를 끝내고 참석한 성직자들의 면면은 처참하기까지 하였으며 아타나시우스도 주교가 아닌 부제로 참여하였다. 황제의 궁정에서 열렸는데, 콘스탄티누스가 사회를 보고 직접 토론에도 사회를 보았다. 아타나시우스(Athanasius)와 아리우스(Arius)간의 논쟁은 역사상 가장 치열하였을 뿐만 아니라 이후 이단 논쟁과 척결, 그리고 기독교회사에 미친 영향이 지대하였다. 니케아 공회의 주제는 '기독론'이었다. 즉 예수 그리스도는 과연 누구인가? 신(神)인가, 인간인가? 혹 반신반인인가의 문제였다. 결론은 "예수 그리스도는 만들어진 것이 아니라, 태어나셨으며 아버지와 동일한 존재이다." [129] 연이어 교회론과 삼위일체론과 성령론을 정립하는 계기가 되었다. 콘스탄티누스 황제의 업적은 이외에도 수도를 로마에서 동방의 비잔틴 제국의 중심지에 자기 이름을 따서 330년에 콘스탄티노플(오늘날의 이스탄불)로 옮겼으며, 성직자들의 세금과 병역을 면제해 주었으며, 안식일을 주일로 제정하고 예수의 탄생일을 1월 6일에서 12월 25일로 지키게 하였으며 신앙이 독실하였던 생모 헬레나는 예루살렘에 있는 예수님의 빈 무덤에 성묘교회와 베들레헴에 있는 탄생교회와 감람산에 있는 승천 교회를 (325-329) 세우는데 큰 지원을 한 것으로 유명하다. 그는 로마의 전수되고 있던 악법을 금지하였으니 십자가 처형을 금지하고, 검투사 제도를 폐지하고, 노예의 이마에 인두질하는 것을 금지하고, 타종교 말살 정책도 금지하였다. 그럼에도 그는 로마의 이방신을 섬기는 한편, 그의 자식들에게는 신의 칭호를 주었으며, 자신도 죽기 전에 세례를 겨우 받았다고 한다.

---

128 그들 대부분은 대 핍박 시기를 겪은 후인지라, 골병들고 장애자들이 수두룩 하였으며 아타나시우스는 아리우스에 비하여 별 볼품이 없는 외형이었으나 다섯 번이나 투옥된 약관 27세로서 촉망 받는 젊은 신학자였다.
129 기독론의 결말은 후일 451년의 칼케톤 공회에서 확정 되었다.

두란트는 "그를 가리켜 노련한 장군이요, 뛰어난 행정관이며, 최고의 정치가이다." 그는 사치스러웠고 변덕쟁이였으며 잔인무도하였다. 그는 야심만만하였고, 아첨에 약한 자였다. 절대군주로서 그는 무력 사용을 마다하지 않았으며, 실제로 그의 부인과 아들, 그리고 조카까지 살해하였다. 그리고 교회 역사를 볼 때에 기독교의 공인과 많은 혜택이 반드시 복음 전파와 선교에 좋은 영향만을 준 것이 아니었다고 볼 수 있다.

제2장 유럽의 기독교[130](A.D. 318-1200)

1. 초기 유럽 선교 시대(318-800)의 영웅들

초기 유럽 선교시대는 콘스탄티누스의 기독교 공인에서 샤를마뉴 (Charlemangne)대제의 등극에 이르는 기간을 말한다. 이 시대 기독교의 선교적 특징은 정치적 힘을 배경으로 선교가 이루어졌다는 것과 민족단위의 회개가 순수한 동기에서보다는 지도자 한 사람의 회심에 의한 경우가 많았다는데 있다. 그것도 신앙적인 확신에서 지도자들이 회심을 하였다기보다는 고도의 발달된 로마 문명을 수용하려는 데서 이루어진 경우가 허다하였다. 콘스탄티누스 황제의 등극과 함께 기독교가 국교로 공인됨에 따라 여태까지 핍박만 받아온 기독교가 일약 정치적인 힘을 가지게되어 타종교를 박해하는 존재로 바뀌게 되었다. 이방 신전들은 문을 닫게 되었고, 그들의 종교 행사들도 법으로 금지 당하였다. 그것이 기독교선교를 쉽게 하는 길인지 모르나, 선교가 복음의 능력에 의지하기 보다는 정치적 정복과 문화적 이식이라는 불순한 목적이 같이 하게 되었다.

---

130 허브트 캐인 저, [세계 선교의 역사], 2 유럽의 기독교, 53쪽-67쪽 요약.

북유럽에서 남하하는 야만인들에게 복음의 교제보다 종교적 복종을 하도록 시도하였고, 예배를 매력 있게 만들기 위하여 여러 가지 부수적인 예식과 성물들을 만들게 되었다.131 한편 영적 능력의 약화를 걱정하면서 금욕 생활과 경건을 추구하는 사람들은 수도원의 기초를 놓게 되었다. 그들은 스스로 방랑자의 생활을 취하여 기독교 선교에 힘쓰게 되었다. 이 시기의 교회들은 그 이전의 시대에 비하여 선교를 등한시하였고, 오직 선교란 교회 밖의 정치, 문화적 교화에 뜻 있는 사람이나 수도자들에 의하여 이루어지는 것으로 생각하게 되었다. 그럼에도 이 시기에 빛나는 선교의 주역들을 소개한다.132

1] 울필라스(Ulfilas 311-388) : 그의 이름은 '작은 늑대'라는 뜻으로 그는 다뉴브 강 북쪽에 있는 고트(Goths)족의 사도로 칭송을 받는다. 그의 부모가 소아시아에서 고트 족의 전사들에게 포로가 되어 잡혀왔기 때문이다. 그는 20세 되던 해에 고트 왕 알라릭(Alaric)에 의해 콘스탄티노플의 대사로 임명받는 행운을 얻었다. 그곳에서 10년간 대사로 있으면서 기독교에 대한 해박한 지식을 습득하게 되었다. 고트에 돌아올 때에 그는 훌륭한 학자요 선교사가 되었다. 무엇보다 그의 업적은 고트에 돌아와서 자신이 발명한 자음과 모음으로 전 성경을 번역한 것이다. 그의 성경은 튜토닉(Teutonic) 성경 가운데 가장 오래된 것으로 스웨덴 웁살라(Uppsala) 대학에 소장되어있다. 그의 성경은 사무엘서와 열왕기서가 없는 것이 특색이며 이는 열렬한 전사인 고트 족속을 자극하지 않기 위해서라고 한다. 그는 전 나라가 복음화 될 때까지 진력하였고, 고트 족에 의하여 제2의 모세로 칭송되기도 하였다. 그의 성경 번역은 루터에 의한 독

일어역의 전신이었으며, 막스 뮬러(Max Muller)는 말하기를, "울필라스는 처음으로 성경을 자기 백성의 구어로 번역한 비상한 사람이었다."

성경 번역과 관련하여, 아르메니아에 복음을 전한 환상가 그레고리(Gregory Illuminator)가 있다. 그는 아르메니아 왕 티라데이트 3세(Tiridates III)를 회심케 함으로 아르메니아를 세계에서 제일 먼저 기독교 국가로 만들었다. 기독교인이 된 왕궁의 비서 미에스롭(Miesrob)은 아르메니아의 알파벳을 창안하였다. 그의 성경 번역으로 신앙이 깊어진 이 지역은 후일 조로아스터교나 마호멧교의 정권 아래에서도 기독교가 살아남을 수 있었다.

2] 두로의 마틴(Martin 316-396) : 가울(오늘의 프랑스 지역)에 처음으로 복음을 전한 사람으로서 바울과 그의 동료들을 꼽는다. 확실한 사실은 포티누스(Pothinus)와 그의 동료들이 2세기 중엽 가울 지역에 교회를 세웠다는 것이다. 그러나 아울렐리우스 황제 때 리용과 비엔나 지역에서 순교자를 내었고, 포티누스 감독은 순교의 죽임을 당하였다(90세 때), 그의 순교이후에 갈릭 교회(Gallic Church)는 폴리갑의 제자 이레니우스(Irenaeus)에 의해 감독직이 승계되었다. 374년 두로의 감독 마틴(Martin)이 등장하기까지 가울은 대부분 이방인의 신앙에 의해 유지 되고 있었다.

파노니아(Panonia)에서 출생한 마틴은 어릴 때 믿음 때문에 부모의 강력한 반대에 직면하였다. 군대의 경험과 힐라리(Hilary of Poitiers)에게서 사사 받은 것이 그의 인격에 큰 영향을 주었다. 그는 아리우스 파에 항거하여 많은 핍박을 받기도 하였다. 그는 스스로 수도사가 되어 갈리나리아 섬에서 금욕 생활을 하였으며, 수도원 제도(monasticism)를 가울에 소개하였다. 마틴은 수도사들에게 노동 보다는 성경책을 필사하고 경건

생활에 힘을 쏟게 하였으며, 수도사들로 군사를 조직하고 주변 지역의 이교도들의 우상과 사원, 그리고 무덤을 파괴하였다. 그의 이러한 행동은 후일 성상 파괴(Iconoclasm)라고 하는데 나중에 기독교 왕들에 의하여 그대로 실행하였다. 그의 행동들이 이교도들로부터 원성을 샀으며, 그의 사업은 성공적이지 못하였다. 그의 정통 기독교에 대한 열심은 이웃 지역을 침공하여 영토를 확대하는 명분을 주었으며, 마침내 그곳에서 큰 전쟁을 유발하게 되었다. 이런 종교 전쟁은 오히려 선교의 열기를 쇠퇴하게 하였다.

3] 패트릭(Patrick, 372-465) : 그는 아일랜드의 사도라 불리어진다. 중세기의 선교에서 아일랜드는 어둠 속에 빛나는 횃불과 같은 가치를 지닌다. 그는 명실상부한 유럽 선교의 효시가 되었다. 그가 아일랜드로 건너가기 전에도 기독교는 있었다고 전한다. 터틀리안과 크리소스툼에 의한 것으로 여겨진다. 터틀리안의 글에(200) "로마인들에 의하여 접촉이 안 되었던 영국의 섬들까지도 그리스도의 장중에 있었다." 크리소스툼은 말하기를, (390) "바다와 영국의 섬들 쪽으로 갈지라도 당신은 모든 지역에서 성경의 문제를 토론함을 들을 것이다."

패트릭은 372년에 아일랜드를 바라보는 영국의 해안 지역 베나벤(Benaven in Tabernia)에서 탄생하였다. 그의 아버지는 집사였고, 조부는 사제였다. 그의 본명은 수캇(Succath)이었고 패트리시우스는 라틴어식의 이름이었다. 그는 16세에 포로가 되어 아일랜드로 끌려갔다. 그의 저서 '고백(Confession)'에서 "거기에서 주님은 나의 마음으로 하여금 불신의 감성에 대해 열도록 했다. 그리고 나에게 나의 죄를 기억하도록 가르쳤고 나의 모든 심령으로 주께 돌아오게끔 가르쳤다." 그는 그곳에서 6년간 목동으로 지내던 경험을 술회하고 있다. "이렇게 됨이 좋았다. 이런 방법으로 주님은 나를 개혁시켰고 오늘의 내가 있도록 하셨다. 한 때 나는 자신만을 위한 사람이었는데 지금은 다른 사람의 구원을 위하여 수고한다. 내가 내 자신의 것(구원)까지도 관심을 갖지 않았는데,"133 그는 탈출을 시도하다가 두 번이나 잡혔다. 그러나 세 번째는 결국 부모에게로 갔다. 그는 선교사가 되기로 결심하였으며 먼저 프랑스로 건너갔다. 두로의 마틴 아래에서 사사를 받았고 남부 프랑스의 수도원에서 공부를 하였다. 다시 아일랜드로 가서 33년간 일했으며, 그는 465년 3월 17일 생을 마쳤다.

그는 그 섬에서 농민들과 귀족들에게 두루 복음을 전하였고 그에게 세례를 받은 자가 수천에 달하였고, 설립된 교회가 수백에 이르렀으며, 그가 세운 수도원 학교는 학문과 경건은 말할 것도 없고 선교적인 것이어서 지역적으로 멀리, 그리고 시대적으로 중세기까지 그 영향력이 미치게 된 것이다. 그는 교황과 관계가 없었고, 그가 전한 복음은 선교적인 것이었다.

세계는 원시 켈트족 기독교에 어떤 빚을 지었는가? 그에 대한 대답은 그들은 세상에서 가장 위대한 선교적 업적을 남겼다는 것이며, 유럽이 야만족의 말발굽 아래에서 허덕이고 있을 때 이들 방랑적 아일랜드 성자들은 북해로부터 롬바르드 평원까지 라인 강으로부터 영국 국경에 이르는 유럽 이교도의 소굴로 파고들어가 살면서 그 암흑의 시대에 학문의 등불을 밝혔으며, 야만적이었던 유럽을 기독교로 개종시켰을 뿐 아니라 샤를마뉴 대제까지 교육을 시킨 위대한 학자들을 배출시켰다.134

4] 콜롬바(Columba, 521-596) : 그는 아일랜드 사람으로 복음을 스코

---

133 W. Pakenham Walsh, Early Heroes of the Mission Field, New York : Fleming H. Revell Co., p.43.
134 허버트 케인, [세계 선교 역사], 54쪽

틀랜드에 전한 사람이다. 왕족 출신이며 고등 교육을 받은 자로, (563년) 그의 나이 42세 때에 동료 12명을 데리고 아일랜드 해협을 건너 스코틀랜드의 한 섬 이오나(Iona)에 도착하여 그곳에 선교 학교를 설립하였다. 그는 북 아일랜드와 그 근접 지역들에도 복음을 전하였다. 그의 선교 학교는 2세기에 걸쳐서 세계적인 복음의 사명을 감당하였다. 그의 전기 작가에 의하면 '모습은 천사와 같고, 말은 은혜스럽게 한 최상의 재능과 분별력을 가진 사람'으로 묘사된 콜롬바의 수도원은 세 부류의 구성원으로 나뉘어졌다. 영적인 일에 헌신하며 특별히 성경 복사에 종사하였던 연장자들, 육체노동에 종사했던 형제들, 교육을 받는 수련 수사였던 연소자들 그룹이었다고 한다.

아일랜드 선교사들은 스코틀랜드 선교에 만족하지 않고, 대단한 용기를 가지고 엄청난 희생을 치르며 영국인들의 미움과 두려움의 대상이었던 노덤브리아(Northumbria)의 야만족이었던 앵글로 색슨 족에게 복음을 전하였다. 가장 뛰어난 콜롬바의 후계자이었던 아이단은 영국 동부 해안의 섬인 린디스판에 한 수도원을 세우고 635년에 노덤브리아의 중심부로 진격하는 성전을 시작하였다. 치열한 전투 중에 기독교로 개종한 노덤브리아의 왕이었던 오스왈드(Oswald)는 수도원들에 기부금을 바침으로써 기독교 선교에 지대한 공헌을 하였다. 쿠트바트(Cuthbert)가 아이단의 뒤를 이어 경건한 삶과 끈질긴 노력으로 앵글로족의 선교를 완수하였다.

5] 그레고리 1세 교황 : 영국 선교의 숨은 공로자는 그레고리 1세였다. 어거스틴에 의한 영국 선교의 성공 뒤에는 그레고리의 노력이 있다. 그는 로마의 부유한 귀족 가문에서 태어났다. 아버지는 로마의 원로원이었으나 그가 어렸을 때에 세상을 떠나고, 그 후에 어머니는 수도원에 들어

갔다. 그는 고전과 종교에 대한 훌륭한 교육을 받았다. 저스틴 2세 황제는 그를 고관으로 만들었지만 그는 수도원 생활을 위해 공직을 버렸다. 그는 아버지의 유산으로 시실리에서 여섯 군데의 수도원을 세웠고 로마에 있는 자신의 집도 수도원으로 만들었다. 575년 수도사가 되었으며, 베니딕토1세는 그의 재능을 교회에 바치도록 강권하였다. 그의 강력한 지도력은 마침내 590년 그로 하여금 로마의 감독(교황)이 되게 하였다. 그는 교황이 되기 전 스스로 선교사가 되려고 하였었다. 교황이 된 이후에 영국의 복음화를 위하여 수도원 동료 어거스틴을 보내어 실천하게 되었다.

6] 어거스틴(Augustine, 505-605)[135] : 그는 영국으로 건너 간 최초의 개척 선교사였다. 그의 성공적인 선교에는 흥미 있는 이야기가 후세에 전해지고 있다. 어거스틴은 후일의 교황 그레고리 1세와는 수도원 동료였다(성 앤드류 수도원). 그는 친구의 권유로 40명의 동료와 함께 영국으로 향하였다. 그러나 색슨 족들이 난폭하다는 소식을 듣고 중도에서 돌아와 못하겠다고 하였지만 그레고리에 의해 다시 보내어졌다. 그의 일행은 597년 영국 켄트에 상륙하였다. 에델벨트(Ethelbert) 왕은 새 신앙의 사자들을 영접하였다. 그는 일년도 못되어 597년 6월 2일(Whitsun-Day)에 그의 아내와 그의 백성이 보는 가운데서 세례를 받았다. 그의 아내는 기독교 교인인 프랑크 족의 공주 베드다(Bertha)였다. 왕은 신하들에게 기독교를 강요하지 않았다. 그러나 동년 크리스마스 때에 만 명의 백성이 세례를 받는 일이 발생하였다. 601년 어거스틴은 영국의 사도로서 켄터베리의 대주교가 되었고 604년 세상을 떠났다.

---

135 히포의 대학자요 성자인 하나님의 도성을 남긴 어거스틴과는 구별해야 한다.

7] 보니파스(Boniface, 680-755) : 그는 중부 유럽에서 활동하였던 선교사였는데 특별히 독일의 사도로 일컬어진다. 그는 가문과 학식이 뛰어난 사람으로 윌리브로드(Willibrod, 657-739)의 선교 이야기[136]를 듣고 그와 합류하며 선교하기 위하여 홀랜드로 건너갔다. 그러나 윌리브로드가 감독이 되어 안착함에 그는 독일 부족들이 사는 곳으로 나아가 순회설교를 하였다. 그것은 이미 아일랜드 선교사들에 의하여 복음을 받은 바 있는 곳이었다.

한번은 그에게 복음을 받고 회심하였던 자들이 다시 약하여져서 옛 신앙, 즉 토르(Thor) 숭배의 자리로 돌아갔을 때에 그는 토르의 거룩한 숭배물인 참나무를 찍어 넘어뜨렸다. 현지인들은 그가 천벌을 받아 즉사할 것으로 알았으나 아무 일이 없자 그들은 크게 감명을 받고 기독교 신앙을 재평가할 뿐 아니라, 수천 명이 세례까지 받게 되었다고 한다.

그의 20년간의 선교의 노력으로 말미암아 10만 명이 세례를 받게 되었고, 수많은 학교와 수도원들이 세워졌다. 그가 말년에 홀랜드로 가서 바닷가에서 복음서를 베개삼아 누웠을 때 그곳 토착민의 손에 침을 맞아 죽었는데 그 때 그의 나이 75세였다. 그의 제자 우트랙트의 그레고리(Utrecht of Gregory)가 그를 기념하여 선교 대학을 세워 그의 뜻을 받들었다.

2. 유럽 국가들의 선교

1] 영국 : 영국의 기독교 기원에 대해서는 알려진 바가 없다. 정확하게 누가 언제 이 나라에 최초로 복음을 전하였는지 우리는 알 수 없다. 그러

---

136 영국인으로서 아일랜드 교회로부터 교육과 영향을 깊이 받고 홀랜드와 덴마크의 첫 선교사가 되었으며, 야만인을 복음화 시키는데 난관과 위험을 모르는 용감한 복음의 전사였다고 한다.

나 3세기에 이곳에 기독교회가 존재했다는 사실은 확실한 것으로 보인다. 최초의 믿을만한 정보는 314년에 남부 프랑스에 위치한 알즈(Arles)에서 열린 알즈회의(Council of Arles)에 참석하였던 런던, 요크, 링컨 등지에서 온 3명의 주교들과 관련이 있다. 5세기에 앵글로 색슨 족이 영국을 침범했을 때 이들 초기 기독교는 대부분 자취를 감추게 되었고, 서부의 벽촌에 소수의 고립된 잔재들만이 남게 되었다. 이것은 563년 아일랜드가 북부 영국을, 596년에 로마가 남부를 공격해 온 두 차례의 침략의 결과였다.

일찍이 영국에 의해 복음 전도를 받은 아일랜드가 이제 스코틀랜드에 그들의 가장 훌륭한 사도를 보내는 것이 마땅하다고 생각하였다. 그 사도는 바로 귀족 태생의 학문과 재능에 뛰어난 저 유명한 콜럼바(Columba)였다. 돈갈(Donegal) 출신이었던 그는 그의 반생을 그의 모국의 복음사업을 위해 바쳤는데 그곳에 많은 교회와 수도원을 설립하였다.

콜럼바와 그의 동료들은 스코틀랜드와 해안의 섬들을 여기저기 여행을 하면서 농부들과 어부들에게 복음을 전하고 개종자들을 교육시키고 교회와 수도원을 설립하였는데 이러한 일들은 모두 아이오나의 중앙 통제 하에 이루어졌다. 뛰어난 열정을 지닌 경건한 사람이었던 콜럼바는 아이오나 뿐만 아니라 스코틀랜드 전체에 그의 발자취를 남겼다. (이 부분에서는 앞장에 서술한 그레고리1세의 영국 선교의 치적과 어거스틴의 선교를 보충하기 바란다.)

한동안 켈틱137 기독교와 로마 기독교 사이에 갈등이 있었다. 그러나 요크의 주교였던 윌프리드(Wilfrid; 634-709)의 지도하에 로마 기독교가 우세하였다. 이러한 상태는 다소의 데오도르(Theodore of Tarsus)가 전

---

137 앵글로 색슨 족이 침범하기 전의 원주민을 일컫는 이름이다. 현재의 아일랜드와 스코틀랜드의 소수 종족들에 해당하는 민족으로 고유의 문화와 언어가 있다.

국을 통괄하는 켄터베리 대주교의 권위를 가지고 영국을 로마의 정규 교회 행정구역으로 편입할 수 있는 풍토를 제공하였다. 7세기 말엽 윌프리드가 서섹스(Sussex) 지방에 살던 색슨 족을 복음화하면서 영국의 선교는 완성 된 것으로 전해진다.

2] 고울(Gaul, 프랑스 지역) : 갈리아 지방으로 지금의 북이탈리아, 프랑스, 벨기에 등이 포함되는 넓은 지역으로 이전에 수차례에 걸쳐 복음이 전파되었는데 얼마 지나지 않아서 이교가 다시 고개를 쳐들곤 하였다. 이 지역의 대표적 선교사는 경건한 삶과 성경에 대한 해박한 지식이 뛰어난 콜럼반(Columban)이다. 그는 저 유명한 방골 수도원(monastery of Bangor)에서 가장 뛰어난 콩골(Congall)의 지도하에 훈련을 마친 후에 그의 나이 40세 때 12명의 동료들을 이끌고 독일로 향하였다. 그의 최종 종착지에서 멀지 않은 곳이었던 버건디 지방에 정착하여 룩세일(Luxeuil)에 한 수도원을 설립 하였다. 20년간의 고된 노력 후에 마치 세례 요한과 같이 상류층의 부도덕성에 대하여 거침없이 비난한 것 때문에 그는 왕의 노여움을 사게 되었다. 룩세일에서 추방 되자 그와 그의 켈트 족 수도승들은 라인 강을 건너가 현대 스위스인들의 조상이었던 야만인들에게 복음을 전하였다. 투르의 마틴(Martin of Tours)처럼 그는 맹렬한 열정을 가지고 이교도에 대항하여 우상을 때려 부수고 사원을 불태워 그곳에 수도원들을 건립하였다. 두 번째로 도피해야만 되자 그는 북부 이탈리아로 옮겨가서 그의 마지막 수도원을 보비오(Bobbio)에 건축하였다. 콜럼반에 대해서는 "그는 항상 배우며, 항상 가르치며, 항상 방랑하며, 항상 설교 하였다."라고 전해진다.

3] 네덜란드 : 영국 선교사가 최초로 프리지만(Frisians)이라고 알려진

베네룩스 3국에 접촉한 것은 윌프리드 주교가 여러 차례 로마로 여행하던 중 프리지아에 한 차례 머물렀을 때에 이루어졌다. 그는 놀라운 능력으로 설교 하였고, 많은 지도자들과 수 천명의 무리에게 세례를 베풀었다. 692년에 노럼브리아 출신의 수도승이었던 윌리브로드가 아일랜드의 리폰(Ripon)과 엑베르트(Egbert)에서 윌프리트의 지도하에 훈련은 쌓은 후 11명의 동료들과 함께 북해를 건너가 프리시아인들에게 최초로 선교사가 되었다. 궁전 대신이었던 피핀(Pepin)의 후원 하에 믿음 약한 프리지아인들과 그들의 왕 라드보드(Radbod)의 의심을 받으면서도 윌리보로드는 40년간 많은 변화를 겪으면서 수고하여 유트레히트(Utrecht), 안트윕(Antwe게), 엑터낙(Echternack), 서스터랜(Susteren) 지방에 수도원을 설립하였다. 이 기간 중 가장 어려웠던 점은 종교적인 핍박이 아니라, 정치적 압박이었다. 당연히 프리지아인들은 이들 선교사들을 권력에 굶주린 피핀과 그의 부하 프랑크족들의 일당이라고 생각하였다. 윌리브로드는 그 자신이 이들 두 민족의 정치적 갈등 사이에 끼어들어 있음을 발견하였다. 그럼에도 불구하고 전반적으로 선교활동은 성공적이었으며 이들 프리지아인들 사이에 강력한 교회가 성장하였다.

4] 독일 : 독일에는 기독교가 아일랜드와 영국 수도승들의 선물로서 전해졌다. 많은 사람들이 중세기 가장 위대한 선교사로 추앙하는 보니페이스(Boneifce, 680-754)는 영국의 귀족 출신이며, 베네딕트 수도승이었는데 그의 중년기에 독일에 갔다. 40년 이상의 탁월한 선교 경력 후 독일을 위한 사도라는 칭호를 부여 받게 되었다. 792년에 그는 교황 그레고리2세에 의하여 규정된 관구는 없는 독일 변방 지방의 주교로 서품을 받았다. 그가 우상 타파를 위한 극적인 태도를 보였을 때 그의 사역에 있어서 전환점을 맞이하였다.

탁월한 학자요 뛰어난 조직가이며, 열렬한 전도자였던 보니페이스는 독일 교회의 기초를 공고히 다져 놓았다. 거대한 수도원들이 라이크나우 (Reichenau, 724), 폴다(Fulda, 744), 그리고 로스크(Losch, 763) 등지에 세워졌다. 741년 당시 사악한 세대에 부패한 각종 주정뱅이들과 간음 자들, 심지어 살인자들의 소굴이었던 프랑크 족 교회를 개혁하기에 이르렀다. 이 일은 부분적으로만 성공하였다. 741년에 그는 마인쯔(Mainz) 대주교로 임명되었다. 10년 후 그는 프랑크 족의 왕으로 추대된 피핀의 대관식의 사회를 보게 되었다. 그의 말년에 이 선구자의 정신이 재확인 되었다. 독일을 떠나 그는 프리지안인들이 아직 이교도이던 네덜란드 지역으로 갔다. 그는 많은 회심 자들을 얻었다. 그러나 755년 6월 5일 보니페이스와 그의 동료 50명은 비신자들의 폭동으로 인하여 죽임을 당하고 말았다.

5] 색슨 족 : 색슨 족의 회심은 샤를마뉴(Charlemagne, 771- 814)의 집권기에 일어났다. 그것은 도덕적, 종교적 설득보다는 군사적 정복에 의하여 강압적으로 실현되었다. 800년에 신성 로마제국이라는 형태로 교회와 국가가 부정하게 동맹하게 되었을 때 교회는 영적 목적을 수행하기 위하여 군사적인 수단을 사용하게 되었다. 색슨 족을 중심으로 한 기독교 선교 역사에서 이 정책만큼 비참한 분야는 없었다. 가능하다면 그리스도의 교회 역사로부터 지우고 싶은 부분이 아닐 수 없다.138
1,000년 동안 지속된 신성 로마제국의 최초의 통치자였던 샤를마뉴 대제는 역사상 가장 위대한 황제들 중의 한 사람이었다. 다른 많은 황제들처럼 그도 정복을 일삼았는데 그는 종교와 정치를 혼합하여 그가 정복했던 이방족속들에게 종교적 안위와 문명의 이득을 동시에 제시하였다.

---

138 허버트 케인, [세계 선교의 역사], 60쪽.

그런데 안타깝게도 야만적인 색슨 족은 기독교도, 문명도 원치 않았다. 이 두 가지는 무력으로 강요되었고 그 과정에서 잔학한 행위가 자행되기도 하였다. 한번은 4,500명의 색슨족 남자, 여자, 어린아이들이 샤를마뉴의 명령 하에 하루에 처단되기도 하였다. 마을들이 불태워지고, 농작물 수확은 파괴되고, 전체의 공동체는 기독교 문명을 한 이방민족에게 강요하기 위하여 말살 되고 말았다. 선교사들이 회심 자들을 거의 얻지 못한 것은 이상할 것이 없었다. 물론 색슨 족은 그들 고유의 잔인함으로 대항하였다. 자주 선교사들이 공격의 대상이 되었으며, 적지 않은 이들이 살해 되었지만 언제나 그들의 뒤를 이어 자리를 메우는 이들이 나타났다. 점차로 인내와 고통과 기도로 선교사들은 묵묵히 선교사역을 계속하여 마침내 복음이 우세하게 되는 데까지 이르렀다. 샤를마뉴의 죽음에 즈음하여 색슨족의 회심은 완성 되었다.

6] 스칸디나비아 : 스칸디나비아의 바이킹 족은 9세기 당시 영국과 대륙을 끊임없이 괴롭히고 있었다. 수도원과 교회에 대한 그들의 약탈 행위가 너무나 극심하여 한동안 그들은 영국 교회의 선교 사업을 말살시키는 위협적인 존재가 되기도 하였다. 알프레드 대제(Alfred the Great)가 878년에 대승을 거두어 약 30명의 바이킹 지도자들에게 기독교를 받아들이도록 했을 때 그 대세가 바뀌었다.

이즈음 용맹스러운 선교사들은 덴마크, 노르웨이, 스웨덴 등지에 선교 여행을 다녔으나 별로 성공을 거두지 못하였다. 스칸디나비아 사람들은 그들의 이방인을 포함한 그들 나름대로의 생활 방식을 선호하였다. 결과적으로 반응이 좋지 않았다. 어느 한민족의 변화를 위한 움직임이 있게 되기까지는 수 백 년이 걸렸는데, 그러나 일단 시작이 되면 그것은 세 나라 모두에서 동시에 발생하였다. 대부분의 움직임은 평화스러웠으나 노르웨이에서만 무력이 동원되었다.

독실한 황제 루이(Louis the Pious)는 북부 지방에 기독교를 보급시키는데 대단한 관심을 보였다. 823년 그는 라임(Rheims) 대주교 에보(Ebo)를 덴마크에 파견하였다. 군대의 지원 없이 에보는 즉각적인 결과를 거의 얻지 못하였다. 그 후 덴마크 왕 하랄드(Harald)가 회심한 후 황제는 당대 최대의 선교사로서 콜럼바가 코르비(Corbie)에 세운 유명한 수도원에서 훈련 받은 프랑스 수도승인 앙스카(Anskar, 801-865)의 지도하에 두 번째 선교사들을 파견하였다. 그곳 주민들의 적대감으로 이 선교의 결과는 거의 없었다. 후에 다시 루이 왕의 명령을 받아 앙스카는 두 번 스웨덴을 방문했는데 한 번은 울라프 왕(King Olaf)의 초대에 응한 것이었다. 첫 번째 여행에서 그가 타고 있던 배가 해적들에게 노략 당해 앙스카는 그의 소유물을 다 잃고 말았다. 용기를 잃지 않고 그는 마침내 스페인에 당도하여 거기서 18개월을 지내며 많은 귀족들이 신앙을 갖도록 인도하였으며, 그 땅에 최초의 교회를 세웠다.

그가 돌아오자 루이 왕은 교황 그레고리 4세와 협의하여 앙스카를 스웨덴 민족과 데인족, 북유럽의 슬라브족에게 교황의 사절로 파견토록 하였다. 832년경에 그는 함부르크의 대주교로 서품을 받았다. 즉각적으로 앙스카는 그의 관구를 선교 활동의 조직망 중심지로 삼았다. 그는 코르바에 소재하는 그의 옛 수도원에서 많은 수도승을 불러들여 스칸디나비아 전 지역에 파견할 선교사 양성을 위한 훈련에 그를 돕도록 하였다. 대단한 인내와 요령으로 그는 기독교의 대적자였던 덴마크의 왕 호릭(Horic)의 신임을 얻어 그의 왕국 내에 2개의 교회를 짓도록 허가를 받았다.

앙스카는 정치적인 환경이 새로운 신앙을 급속도로 보급시키는데 공헌하지 않았던 시대에 살아야 할 운명이었다. 결과적으로 그는 보나페이스가 독일에서 누렸던 어마어마한 성공 같은 것을 누려보지 못하였다.

그럼에도 많은 함부르크의 모의 등과 같은 어려움과 반대를 극복하여 그는 인내와 집념으로 스칸디나비아 반도의 궁극적 전도의 길을 닦아 놓았으며, 이곳에서 그는 오늘까지 북부의 사도라고 추앙을 받고 있다.

7] 덴마크 : 살펴 본바와 같이, 덴마크는 스칸디나비아 여러 국가들 중 복음을 최초로 받은 나라였다. 최초로 기독교와 접촉한 것은 독일 국경을 조금 지난 곳에 있는 함부르크 관구를 통해서였다. 앙스카의 제자였던 림버트(Rimbert)가 덴마크와 스웨덴에서 활동하였는데 당시의 정치적 불안정과 교회의 미약함이 선교 활동을 극도로 어렵게 만들었다. 10세기 초 기독교의 강력한 적대자였던 곰 왕(King Gorm)은 기독교를 덴마크로부터 추방하는 정책을 썼다. 교회들이 파괴되고, 사제들이 처형되었다. 독일 왕 헨리 파울러(Henry the Fowler)가 934년 데인족을 진압하여 그들의 지도층을 억압하여 기독교를 수용하도록 했을 때 대세는 역전 되었다. 함부르크의 대주교 운니(Unni)는 이 사건이 70년 전에 앙스카가 기초를 놓은 선교 사업을 재생시킬 기회가 되는 것으로 감지하였다. 덴마크 교회의 운명은 왕들의 집권에 따라 달라졌다. 곰의 후계자인 하랄드 불루투스(Harald Bluetooth)의 치세 하에서는 기독교가 번창하였으나 하랄드의 아들 스웨인(Sweyn)때는 쇠퇴하였다. 기독교는 1018-1035년까지 덴마크와 영국의 기독교 왕이었던 세계적으로 유명한 카누트(Canute) 치세 하에 덴마크에 확고히 설립 되었다. 11세기 말엽에 영국의 12명의 수도승 선교사들이 왕의 초청으로 덴마크에 가서 그곳에 수도원을 설립하였다. 1104년에 대주교 관구가 설립되면서 덴마크 선교는 마무리 하게 되었다.

8] 노르웨이 : 노르웨이의 기독교는 덴마크가 아니라 영국으로부터 전

해졌다. 엄청난 폭력을 사용하여 기독교를 전파하였다. 주도 세력은 선교사들이 아니라 왕들이었다. 영국에서 자라 기독교 신자가 된 노르웨이 왕 학콘(Haakon)이 기독교를 노르웨이에 최초로 소개하였다. 백성들과 고위층들로부터 상당히 강한 반대에 부딪히자 반란이 일어날 것을 염려하며 조심스럽게 전도 하였다. 961년에 그는 그의 목적을 달성하지 못한 채 죽었다.

올라프 트릭바슨(Olaf Tryggvason, 963-1000)의 치세하에 그의 열렬한 지원을 받아 기독교는 노르웨이에 확고히 뿌리를 내렸다. 그의 전임자였던 학콘과 마찬가지로 그는 한 동안 영국에 머물렀는데 그곳에서 기독교를 받아들였다. 한 때 바이킹이었던 "미남이었고 우람한 체격을 가진 사랑스럽고 용감한" 울라프는 학콘이 실패한 일을 다시 시작하였다. 무력과 회유를 겸한 독특한 정책을 사용하여 그는 노르웨이에 기독교를 좀더 긴밀하게 하였다. 그러나 그의 후계자인 올라프 하랄드슨(Olaf Haraldson)에 이르러서야 이방 종교에 결정타를 가하고 11세기 초 이후에 기독교를 노르웨의의 종교로 만들게 되었다.

9) 스웨덴 : 853년 앙스카가 스웨덴을 두 번째 방문했을 때, 고슨랜드 (Gothenland) 공의회는 이 새로운 종교에 호의적인 반응을 발표하였다. 그러나 앙스카의 뒤를 이어 스웨덴에서 활동했던 선교사들은 이 새롭고 이상한 종교를 적대적 상황에서 뿌리를 내리는 데 필요한 비전과 열정을 갖고 노력하는데 실패하고 말았다.

노르웨이의 경우와 마찬가지로 복음은 영국에서 들어왔고 어느 정도는 덴마크로부터 들어왔다. 10세기경에 많은 선교사들이 이 나라에서 활동하였다. 올라프 스코트코눙(Olaf Scotkonung, 993-1024)이 최초로 기독교 신앙을 고백하고 지원한 왕이었다. 노르웨이의 다른 왕들과는 달리

울라프는 회심자를 얻기 위한 무력 사용을 피했다. 올라프의 아들 야눈 야곱(Anund Jacob, 1024-1066)의 오랜 치세 중에 기독교는 스웨덴 모든 지역으로 전파되었다. 1164년 웁살라에 최초의 관구가 설립된 이후 스웨덴은 명실상부한 기독교 국가가 되었다.

10) **동유럽 여러 나라들** : 이 지역에 관하여 우리는 기독교가 오랜 세기 동안 크게 두 갈래 즉 하나는 로마로부터, 또 하나는 콘스탄티노플로부터 흘러들어왔음을 알 수 있다. 전자에 관해서는 우리가 잘 알고 있으므로 후자에 관해 자세히 살펴 볼 필요가 있다.

[그것은 로마가 아니라 주로 콘스타티노플로부터 흘러 들어왔다. 성경과 예배 의식에 사용되는 언어는 라틴어가 아니라 헬라어이다. 그것은 서방의 교회에서도 보다 좀 더 추상적인 신학에 관심을 두었고, 실제적인 적용에는 관심을 덜 보였으며, 선교활동도 적었다. 동방 교회의 우두머리들은 패트리악(Patriarch)이라 불렸는데 일반적으로 콘스탄티노플에서 황제들의 조종을 받았다. 황제들은 동방 교회의 우두머리였고 교황이 서방 교회의 우두머리였다. 동방 교회와 연관 되어 성장한 문명은 비잔틴 문명이라 불리어졌다. 비잔티움은 이 도시의 옛 이름인데 콘스탄티누스 황제가 후에 자신의 이름을 따라 콘스탄티노플이라 명명하였다.]139

모하메드 이후 콘스탄티노플의 멸망(1453)때 까지 비잔틴 대제국은 동유럽의 이슬람교 침입의 방파제 역할을 하였다. 모든 제국이 항상 영향을 미치듯이 비잔틴 제국의 영향도 밀물과 썰물처럼 드나들었다. 그러나 최악의 시기에도 콘스탄티노플은 기독교 세계의 당대 최대의 문명화된 도시였던 것이다.140

---

139 Basil Mathews, Forward through the Ages, (New Your : Friendship Press 1960), p. 50.
140 Stephen Neill, op. cit., P.83.

1) 모라비아(현 체코슬로바키아의 일부지역) : 10세기 비잔틴 제국이 르네상스기를 겪고 있을 당시 동방 교회는 북부 유럽의 비 기독교인들에게 관심을 갖기 시작하였다. 주목을 끈 첫 번째 민족은 슬라브족이었고, 최초의 선교사들은 콘스탄틴(Constantine)과 메소디우스(Methodius)였다. 한 사람은 철학자였고, 또 다른 사람은 예술가였던 이들 두 형제들이 모라비아의 군주였던 라티슬라브(Ratislav)의 요구와 콘스탄티노플 감독에 의해 모라비아(현 체코슬로바키아의 일부)로 파견되었다. 비록 정치적인 색채가 짙었지만 이 요구는 기독교를 기독교의 처녀지에 전파하게 된 기회가 되었다. 교육을 받아 교사가 된 콘스탄틴이 그 언어를 성경과 기도문으로 번역하고 작성하도록 전환함으로써 슬라브 문명의 기초를 다졌다. 예배시 모국어를 사용하는 관례는 콘스탄티노플 측으로부터는 장려되었으나 로마로부터는 비난 받았는데 이것은 새로운 발걸음이었으며 19세기와 20세기의 근대 선교활동에서 성경번역과 토착화 신앙의 꽃을 피우게 된 전례가 되었다.

로마의 교황은 그들의 활동을 자신의 관할 하에 두려고 하였다. 여러 차례 로마를 방문하던 콘스탄틴은 869년 그곳에서 사망하였다. 혼자서 북부로 돌아온 메소디우스는 성경 전체를 슬라브어로 번역하였다. 이 기간 중 그는 교황과 접촉했는데 교황은 처음에는 모국어 사용을 비난했다가 나중에는 관대히 허락하였다.

설상가상으로 독일의 승려들은 그를 자신의 교권 영역의 침입자로 규정하여 이 비잔틴 선교사와 그의 슬라브어 문학을 사정없이 비판하였다. 한 번은 그들이 그를 스와비아(Swabia)에 있는 한 수도원에 3년 동안이나 감금하였다. 885년 그가 죽고 난 후 모라비아의 기독교 공동체는 부패한 세태와 야합하고 말았다. 모라비아로부터 쫓겨난 그의 제자들은 토착적 기독교 문화 발전에 공헌하는 분위기가 강했던 불가리아로 복음을 들고 갔다.

2) 불가리아 : 불가리아 민족의 개종은 855년 경 보리스(Boris) 왕이 세례 받은 후 급속히 증가하였다. 그 후 얼마 안 되어 그는 후일 슬라브 기독교 문화의 빛나는 중심지가 되었던 한 수도원을 건립하였다. 그는 그의 아들 시므온(Simeon)을 콘스탄티노플로 보내어 수도승으로 교육 받도록 하였다. 후에 그는 한 유명한 선교사인 클레멘트를 마케도니아에 보내어 그곳에 선교사 양성 대학을 세웠다. 그가 죽을 때에 이르러(907) 불가리아 혹은 슬라브 세계에 있어서 기독교 지도자들이 활약하게 되었다. 그의 아들 시므온 왕은 주교들에게 불가리아 교회를 자립하도록 하여 그 우두머리 감독을 하나 세우도록 함으로써 새로운 역사를 창조하였다. 불가리아로부터 시작하여 기독교는 오늘날의 유고슬라비아와 러시아에 전파되었다. 비록 그들의 업적이 사라져 버리긴 했지만, 콘스탄틴과 메소디우스는 "오늘날 세계에까지 영향을 미치고 있는 슬라브 기독교 문명의 최초의 공헌 자들로서 의심할 바 없다."[141] 라토렛 박사(K. S. Latourette)는 이들은 '가장 위대한 선교사들 중에 속한다.'라고 칭송하였다.

3) 러시아 : 기독교를 러시아에 전파하기 위해 두 가지 시도가 행하였으나 둘 다 실패하고 말았다. 그 첫 번째는 9세기 중반에 감독 포티우스(Photius)가 키에프(Kiev) 궁정에 한 선교단을 보내어 실패한 사건이다. 1세기 후 올가 공주(Princess Olga)가 콘스탄티노플에서 성대하게 세례를 받은 후 기독교를 그녀의 왕국에 소개하려고 시도 했으나 귀족들로부터 끈질긴 반대를 받았다. 그녀의 손자 블라디미르(Vladimir, 980-1015) 때에 이르러서야 기독교가 러시아에 영구한 뿌리를 내리게 되었다. 자기 마음을 결정하기 이전에 블라디미르는 여러 다른 종교들을 조사해 보았다. 한 때 그는 이슬람교에 깊은 관심을 보이기도 하였으나 결국 그는 기

---

[141] Ibid., p.88.

독교에 귀의하기로 결정하였다. 그리스 황제의 여동생과 결혼하면서 그는 이 새 종교를 믿기로 확정하였다. 동시에 그는 러시아가 비잔틴 제국의 후계자로 자처하게 되는 법적 근거를 제공하였다.

4) 폴란드 : 언제 처음으로 기독교가 폴란드에 전해졌는지는 알 수가 없다. 초기의 담당자들은 슬라브족과 게르만족이었을 것이다. 폴란드에 기독교가 자리를 잡은 것은 10세기-11세기에 군주제가 정립되는 것과 때를 같이한다. 그것은 미스카 공작(Duke Mieszka)의 회심과 더불어 시작되었는데 그의 세례는 966년에 그의 부인이었던 부헤미아 왕의 여동생 도브라와(Dobrawa)의 설득에 의해 이루어진 것으로 보인다.

그의 아들 볼레슬로(Boleslaw; 922-1025)의 재임 중 폴란드는 동유럽 최대의 왕국이 되었다. 볼레슬로의 열렬한 지원 덕택에 교회의 운명은 국가의 발전과 발을 맞춰 번영하였다. 그의 치세 중 기독교는 급속한 성장을 이루었으나, 그의 죽음 이후 정치력과 교세는 쇠퇴하고 말았다. 그후 가혹한 핍박이 행해져 교회와 수도원들이 파괴 되었고, 승려들은 축출되었다. 볼레슬로 3세(1102-1139) 치하에서 어느 정도 정치적 안정과 교회 질서가 회복 되었다. 선교 활동이 재개 되었고 대다수의 포메라니아인들(Pomeranians)이 기독교 신앙을 수용하게 되었다.

거리상 먼 관계로 마자르족(Magyars)이나 웬트족(Wends), 프러시아인 (Prussions) 등에게 전도하는 것은 불가능하였다. 그러나 1200년경에 이르러 전 유럽인들이 명목상 기독교인들이 되었다고 보면 충분할 것이다. 스데반 닐 주교(Stephen Neill)가 700년에 유럽에서 기독교가 성장한 상황을 간결하게 묘사하고 있다.

[이 곳 저 곳에 나타난 기록은 대체로 똑 같다. 최초의 주교는 야만족에게 순교 당하였는데 당시 그의 피는 교회의 씨앗이 되었다. 초기의 성

공 이후 이방인들의 반발을 받게 되었으나 교회는 다시 깊이 회심한 왕들의 후원을 받게 되었다. 이들과 더불어 몇몇 탁월한 주교들이 조화를 이루어 활동 할 수 있었다. 초기에 기독교는 불가피하게 아주 피상적인 것에 지나지 않았다. 그러나 차츰 오랜 확립기간이 따랐고, 기독교 신앙은 사람들에게 수용되고 전수 되어갔다. 보통 결혼을 통해 공고해지는 정치적 동맹들의 대부분의 현상으로서 클로비스(Clovis)와 켄트의 에델버트(Ethelbert)의 경우에서처럼 기독교 여왕들의 영향은 전도사역에 중요한 역할을 한 것으로 보인다.][142]

제3장 이슬람교의 도전과 선교의 위협[143](A.D. 600-1200)

1. 배경과 진행 과정

중세를 흔히 교회 사가들은 암흑기라고 하지만, 그 초기에는 선교적인 측면에서 무지와 미신으로 가득한 이방 세계를 향하여 엄청난 외연을 확장하는 선교의 전성기라고 할 수 있다. 필설로 다할 수 없는 신앙의 선진들이 그리스도의 복음을 전하기 위하여 전 생애와 목숨을 바친 사례는 허다하였다. 비록 현대에서는 정치세력화 하였으며, 정략적인 결혼, 로마 교황청의 주도라고 비평할 수 있으나 그것은 좀 더 면밀하게 선교역사를 탐구하면 존경해 마지않는 헌신으로 점철 된 것을 알 수가 있다. 선교의 거장들과 혁혁한 기여를 한 군주들의 이름도 거론하였으나 이루 다세지 못하는 무명의 성도들과 헌신자들이 하늘의 별처럼 빛나는 것을 알

---

[142] Stephen Neill. op. cit., p.90.
[143] 허버트 케인, [세계 선교 역사], 69-76쪽 요약.

수 있다. 이제 기독교는 세계 종교가 되었으나 여기에 큰 장벽이요 산이 나타났다. 애초에는 우호적이었으나 점차 세력을 키워 마침내 기독교 최대의 위협이 되었고, 오늘날에 이르기까지 기독교의 최대의 대적이며 난해한 과제를 안겨 주었으니 바로이슬람 세력이었다.

　"지중해 세계를 정복하여 절반이나 개종시킨 아라비아 반도의 폭발적 활동은 중세 역사상 가장 특이한 현상이다."[144] 빌 두란트가 말한다. 7세기 이슬람 세력의 돌발적인 출현과 전투적이면서도 급속한 파급은 엄청난 도전이며 충격이었다. 이슬람교의 창시자인 모하메드(Mohammed)는 570년 인도와 이집트 중간의 주요 무역도시이며 전략적으로 중요한 메카(Mecca)에서 태어났다. 그는 메카의 지배족인 쿠라쉬 족(Quraish)의 문맹자였다고 한다. 그러나 40세에 그는 세상을 변화시키고, 그를 중세사의 가장 중요한 인물로 부각시킬 하나의 환상을 보았다고 한다. 천사장 가브리엘이 그에게 나타나 그 필생의 대업을 다음과 같이 신탁하였다고 한다. "오 모하메드여, 당신은 알라(Allah)신의 사자이며 나는 가브리엘이라오." 그 이후 모하메드는 메카에 사는 사람들과 그곳에 모여드는 순례자들을 대상으로 설교를 하면서 그들에게 새로운 도덕성과 유일사상을 불어 넣었다. 핍박을 받게 되자 모하메드는 메카에서 메디나(Medina)로 622년에 도피하였다. '헤지라'(Hejira)라고 불리는 이 사건은 무슬림 달력의 기원이 되었다. 632년 그의 사후 추종자들이 아랍 전투민족을 정복하여 통일하였으며 수월하고도 급속히 이루어진 승리의 기세로 정복과 선교 활동을 전개하였다.

　파죽지세로 그들은 다마스커스(Damscus : 635), 안디옥(636), 예루살렘(638), 가이사랴(640), 알렉산드리아(642) 등지를 정복하였다. 650년 페르샤 제국은 멸망 되었다. 북아프리카 지역을 휩쓸면서 그들은 저항을

---

144 Will Durant, The Age of Faith(New York : Simon and Schuster, 1950) p.155.

거의 받지 않았다. 기독교의 거점 도시였던 카르타고가 697년에 정복되었다. 715년에 이르러 스페인의 대부분 지역이 모슬렘의 손에 들어갔다. 스페인의 총독 압둘 라하만은 피레네 산맥을 넘어 프랑크 왕국의 투르까지 침입하였다. 732년 역사상 치열한 전투 중의 하나였던 '투르 전투'에서 카를 마르텔의 기병대에게 저지를 당하고 참담한 패배를 하게 되고 적장 라하만은 전사를 하였다. 이 승리로 이슬람 세력이 서유럽 지역에 더 이상 진출하지 못하였으며, 카를은 유럽의 기독교를 지킨 수호자로 칭송을 받았다.145 비슷한 시기에 아랍인들은 인도의 펀잡 지역에 쳐들어가 중앙아시아까지 진출하였다. 이 시기에 일찍이 네스토리우스교에 의해 복음화 되었던 셀주크 투르크 족이 이슬람교로 넘어가 소아시아 대다수 지역을 지배하였다. 십자가 운동이 일어난 것은 이들 침입자들에 대항하고 성지를 탈환하기 위해서 교황청의 주도로 유럽의 기독교 국가와 교회들이 거사를 한것으로, 시리아와 성지의 일부 지역은 회복되었으나, 전반적으로 십자군 원정은 실패로 끝나고 말았다.

이슬람교의 두 번째 정복 활동은 13세기와 14세기에 걸쳐 일어났다. 오토만 투르크족과 중앙아시아의 몽고족이 선지자의 맹렬하고 광신적인 추종자들이 되어 날뛰면서 가는 곳마다 약탈과 파괴를 자행하였다. 15세기에 이르러 오토만 투르크는 그리스와 발칸 반도를 침략하였다. 1453년에 콘스탄티노플이 함락 되었다. 이 때 무어족(Moors)이 그들의 마지막 거점이었던 알함브라(Alhambra)를 포기하고 스페인으로 퇴각하였다.

그들의 세력을 공고히 하기 위하여 아랍족은 다마스커스에 우마야드 칼리프(Umayyad Caliphate : 661-750)와 바그다드에 아비시드 칼리프(Abbaside Caliphate : 750-1058)를 두었다. 유럽이 중세기 중 최악의

---

145 이슬람의 유럽 진출의 좌절은 단순한 투르 전투 외에 이슬람 제국의 내분과 북아프리카의 베르베르 인의 반란 때문이라고도 한다. '투르 푸아티르 전투' Daum.

암흑 속에 헤매고 있을 때 아랍 문명은 그 최고봉을 점하고 있었던 것은 역사의 아이러니가 아닐 수 없다. 바그다드에는 26개의 공동 도서관과 셀 수 없는 많은 사설 도서관이 있었다고 한다. "10세기의 사힙 이븐 아바스(Sahib ibn Abbas)와 같은 군주들은 당대 전 유럽의 모든 도서관들이 소장하고 있는 만큼의 장서를 가지고 있었다."[146]

일반적으로 이슬람 교도들은 그들의 피정복민에게 코란과 칼 중 하나를 선택하도록 했다고 알고있다. 그러나 사실이 아니다. 기독교인들과 유대인들은 모하메드에 의해 '책의 사람들'이라고 간주되었고, 디미스(Dhimmis)라는 특별 신분 또는 '보호받는 사람들'이라고 불리어졌다. 그들은 몇 가지 제약 하에 그들의 종교를 계속 믿도록 허용 받았고, 막중한 세금의 형태로 그에게 속하는 것들을 새로운 통치자에게 바쳤다. 바그다드에서 조차 칼리프의 바로 코 밑에서 거대한 기독교 공동체가 많은 교회와 수도원, 학교들이 함께 존재하였다고 한다. 우리의 무지와 오해의 빗장을 풀고 열린 자세로 이슬람 세계에 오히려 배워야 할 대목이다.

이집트와 시리아의 비 기독교인들은 카톨릭 신앙을 강요받았던 비잔틴 제국의 왕들보다 신앙의 자유를 가졌다고 한다. 마차가지로 페르시아의 네스토리우스 교인들도 조로아스터교의 왕들 치하보다 아랍 족의 지배를 받는 것이 나았다고 한다. 기독교의 행정 능력을 인정하는 아랍 정복자들은 일부 기독교인들을 그들의 정치 사무실에 고용하기도 하였다. 기독교인들은 그들의 새 지배자들에게 기독교 문명을 보급하면서, 그리스의 고전 작품들을 아랍어로 번역하는데 일조를 하였었다.

그들은 물론 여러 형태의 차별을 겪어야 했으며 이류 시민으로서 나찌 독일 치하의 유대인처럼 열등민을 표시하는 색깔 있는 천을 달고 다녔다고 한다. 이슬람 교인과의 상호 결혼은 불법이었다. 정치 세계에서 그들

---

[146] Ibid., p.237.

은 더 이상 오를 수 없을 만큼 높이 승진할 수 있었다. 그들은 몇 가지 규정된 제약 하에 그들의 종교 활동을 계속할 수 있었다. 그러나 교회를 새로 건립할 수도, 교회 종을 칠 수도 없었다. 그들은 그들이 사는 건물 안에서 조용히 예배를 드릴 수는 있었으나 지역 사회에 전도할 수는 없었다. 회심은 일방통행뿐 이었다. 유대교나 기독교로부터 이슬람교로 개종할 수는 있었으나, 그 반대의 경우는 불가하였다. 그렇게 하면 신앙의 배교자이며 반역자가 되는 것이다. 아랍인이 되는 것은 이슬람교도가 되는 것이며, 기독교 신자가 되는 것은 모든 것을 포기하는 것이었다. 현재도 중동에서 시행되고 있는 배교 법에 의하면 믿음을 저버린 어떤 사람도 이슬람 공동체 사람들이 공공연히 죽일 수가 있으며 그러한 사례가 빈번하였다. 세례를 주어 한 사람을 기독교로 끌어들이면 이슬람 국가에서는 지역 폭동이 일어난다. 시아파(Shi-ites)에 속하는 이란의 이슬람교도들은 수니파(Sunnis)보다 관대하다. 그나마 현대에 인도네시아의 경우는 가장 온건한 편이다. 147

기독교보다 오래 되지 않은 주요 종교인 이슬람교는 세계적인 종교가 되었다. 같은 성경(모세 5경외)과 선조 아브라함의 후손임을 자처하면서, 예수를 선지자로는 인정하면서도 마호메드를 최고, 최후의 선지자로 추앙하며 쿠란을 최고의 경전으로 삼아 해석하는 이슬람교는 기독교의 대적이면서도 경쟁자이며, 앞으로 인류학적으로 골치 아픈 존재이다. 선교학적으로 상당한 연구와 노력이 필요한 종교 세력이 되었다. 그럼에도 그들의 선교 열정과 선교 활동은 기독교를 능가하려고 한다. 사실 아프리카의 어느 지역에서는 기독교보다 훨씬 많은 개종자들을 얻어내고 있

---

147 이슬람의 인구수로는 가장 많은 인도네시아 정부가 순수한 종교(공인된 5대 종교 : 이슬람, 기독교, 로마 카톨릭, 불교, 힌두교) 의 자유를 보장하는 인도네시아에서 유일하게 회심과 개종을 허락하고 있다. 오늘날 수많은 회심과 개종이 일어나고 있는 사례는 특이하다. 실제로는 이슬람 교인수를 기독교가 앞서고 있다는 사례를 보고 한다.

으며 막대한 후원과 혜택을 국가적으로 주고 있으며 유럽의 경우도 인구 증가 면에서 위협적인 세력이다.[148]

　7세기 이슬람의 출현으로 막대한 손실을 본 것은 북 아프리카이다. 숫자가 엄청나게 많았을 뿐 아니라, 북아프리카의 교회들은 초기 기독교 역사에 빛나는 3명의 위대한 지도자들과 기라성 같은 신학자들을 배출하였었다. 2세기의 뛰어난 변증가 터툴리안과 3세기의 열정적인 교회 설립자인 키프리안, 그리고 바울 이후 최고의 신학자인 4세기의 히포의 어거스틴이며, 또한 70인경을 번역한 곳이 알렉산드리아이며 그곳에 기독교 최대의 도서관이 있었다. 전 세계 기독교의 1/4에 해당하는 교세로서 500여 교구를 관할하고 있었다. 로마의 교회들보다 훨씬 훌륭한 교육을 받은 성직자와 신학자들을 소유하고 강력한 교세를 자랑하였던 지역이 졸지에 이슬람교에 정복당하고 말았다.

　이러한 교세의 몰락에 대해 어떻게 설명할 수 있을까? 몇 가지 원인을 찾아 볼 수 있다. 이런 경우에 순수한 신앙과 신학보다는 의심할 것 없이 사회적 정치적 요인이 더 크게 작용한다. 상당수의 기독교인들은 이방인의 지배하에 살기를 싫어하여 유럽으로 이주를 하였다. 이러한 대이동 사건이 자연스럽게 교회를 약화시키고 기독교 사회를 무주공산으로 만들었다고 볼 수 있다. 남은 사람 중에는 신중이 용감한 것보다 낫다고 생각하여 그들의 운명을 새 지배자들에게 맡기고 저들의 신앙을 수용하고 이슬람의 지배를 지지하게 되었다. 어떤 사람들은 무슬림들이 휩쓸어가는 전투적 승리에서 이것도 하나님의 뜻이라고 체념한 사람들도 많았을 것이다. 개중에는 이슬람이 기독교보다 최신이며 고차원적인 하나님의 계시라고 합리화하였으며, 다수의 사람들은 승승장구하는 이슬람 권력

---

148 유럽 국가의 출산율은 2.0을 머물러 있으나 무슬림들은 일부다처제 하에서 가구당 평균 11명이다.

과 야합하여 보호와 특권을 누리는 것을 택했을 것이다. 그러나 주님의 교회가 이처럼 단시간에 속절없이 사라진 이유는 미스테리이다.149

북아프리카 교회들이 사라진 진정한 이유를 다른 곳에서 탐색할 필요가 있다. 사실 그 교회들은 보기와는 달리 강력하지 못하였다. 수적으로는 많았으나, 오랜 세월을 지내면서 타성에 젖으며 신앙은 습관화 되어 영적으로는 약하였다. 사실 그 당시의 교회들은 라틴 문화와 로마의 권력과 밀착하여 토착화되지 못하고 신자들은 카르타고를 중심으로 대부분 라틴어 사용 민족들로 중심을 이루고 있었다. 원주민이었던 카르타고 사람들(the Punic)은 거의 기독교 신앙을 받아들이지 않았으며, 산악지역의 거친 베르베르 종족(Berbers)에게는 전도조차 되지 못하였다고 한다. 두 번째 이유는 이들에게 모국어 성경을 보급하지 못하였다는 것이다. 라틴어 성경은 쉽게 구할 수 있었으나, 카르타고 언어나 베르베르어 성경은 번역되지 않았었다. 당시의 일반 대중들이 라틴이나 헬라어를 학습하여 읽기는 어려웠다. 세 번째 이유는 신학 논쟁들이 기독교 교회와 세력을 약화시켰다. 어거스틴 이전에 교회는 도나티스트 논쟁150에 휘말리게 되었다. 당시의 교회의 지도자들은 공통의 적에 대항하는 방어선과 군단을 배치하기는커녕 이전투구의 싸움으로 일관하였다. 가장 유력한 기독교세의 요람이 현재까지 기독교의 불모지이며, 가장 극렬한 이슬람의 기반이 되고 말았다. 마지막으로 본질적인 원인은 기독교인들 사이에 복음적인 신앙과 열정을 잃어버린 것이다. 세월이 흐름에 따라 기독교의

---

149 필자는 터키의 소아시아 교회들(사도들이 세우고 목회한)의 유적과 갑바도기아를 순례하면서 믿을 수 없었다. 지금도 전도하지 못하는 기독교 유적지이다.

150 주후 311년, 카르타고의 감독 선임을 둘러싸고, 대중적인 지지와 성직자로서의 정통성을 인정받았던 '도나티스트'와 수적으로는 열세이나 로마 교회의 지원을 받은 교권자들의 싸움으로 분열과 반목을 거듭하면서 마침내 411년 카르타고 종교회의에서 도나티스트를 이단 정죄하였으나 이러한 사건을 겪으면서 북아프리카 교회는 고립되고 7세기초 이슬람의 침공으로 종말을 맞이하게 되었다. [구글]

순수한 복음은 점차적으로 사제의 지배권과 더불어 성대한 성례제의 발전 아래에 질식되어 갔다. 기독교 신자들은 그들의 가슴에 그리스도의 첫 사랑을 잃어버리고 명목상의 기독교인이며, 주일이면 예배에 참석하는 형식적인 그리스도인이 되었다. 결과적으로 이슬람 군대가 북아프리카를 휩쓸고 지나갈 때 더 이상 교회는 저항할 힘도, 의지도 없었다. 몇십 년이 지나지 않아서 교회는 과거의 영광과 흔적도 찾을 수 없을 만큼 산산이 부서지고 사라져 버리고 말았다.

2. 십자군 원정(the Crusades)

종교적인 의미를 살펴보면 첫째 : 서방 교회의 입장에서는 셀주크 투르크로부터 팔레스타인의 성지들, 특히 예루살렘을 탈환하고자 하는 보편적인 바람이 간절하였다. 7세기 이래 아랍 족이 팔레스타인 지역을 통치하였었다. 그들의 상주는 기독교 교회를 모욕하는 것뿐만 아니라 기독교인들이 성지 순례하는 것을 어렵게 하고 위험이 되기도 하였다. 그러나 당시 아랍인 왕조들은 성묘를 찾아오는 순례자들의 돈을 반기고, 대체로 보호해 주었다고 한다.151 둘째로 : 로마 카톨릭 교회는 콘스탄티노플을 거점으로 하는 비잔틴 제국을 도와 투르크족의 침입을 막으려고 노력하였다. 1025년 황제 바질 2세(Basil II)의 죽음과 더불어 제국은 약화되고 외적의 침입으로 국가의 존립이 위태롭게 되었다. 반면에 이슬람 세력은 호시탐탐 비잔틴 제국을 침범하게 되었다. 동로마 제국의 황제들은 서양의 기독교 형제들에게 구원을 요청하였고, 로마의 교황들은 흔쾌히 도움을 손길을 내밀어 자신들의 영향력을 증대하려고 하였다. 셋째 : 로마관구의 입장에서는 동서방 교회의 불화를 치유하고 기독교의 화합

---

151 daum 검색, [오디오와 컴퓨터] '십자군 전쟁'

과 단결에서 우위를 점하려는 야심도 있었다. 10-11세기에 로마와 콘스탄티노플의 관계는 악화일로에 있었다. 1054년 콘스탄티노플의 총대주교는 교황 레오 9세에 의하여 파문 되었다. 십자군 운동은 이러한 불화를 치유할 수 있는 절호의 기회가 되었다. 마지막으로 당시의 정치와 경제와 인구 이동면에서 볼 때에 교황권을 강화하기 위한 일환이며, 군주들의 입장에서는 남아도는 군사력과 불만을 밖으로 돌리는 것이며, 경제적으로 빈민층에 머물고 있는 유럽의 평민들을 규합하여 십자군이라는 미명하에 징집하여 저들의 종교심과 명예욕과 실리를 추구하려는 욕심이 맞아떨어진 것이다. 십자군 전쟁 이후에 극심한 인구 이동과 경제의 재편, 권력의 이동이 일어난 것을 보면 알 수 있다.

결과적으로 본래의 동기를 감안한다면 십자군 운동은 실패로 끝났다. 엄청난 희생을 치르고 탈환한 성지들은 겨우 150년 명맥을 유지한 후 다시 이슬람 세력의 손아래에 넘어가고 더욱 악화되었다. 십자군에 참여하였던 자들을 축출하였을 뿐만 아니라 오토만투르크 점령 하에 이슬람교가 14-15세기에는 약진하여 발칸 반도까지 16세기에는 비엔나까지 넘보게 되었다. 애초의 목표였던 비잔틴 제국의 강화는 커녕 오히려 더 약화되었고, 몰락의 길을 걷게 되었다. 사실 콘스탄티노플은 1453년 투르크족에게 함락 당할 때보다 십자군들의 손에 의해 더 큰 인명과 재산상의 피해를 입고 말았다. 동서방 교회의 불화를 치유하려고 했던 점에서 십자군 운동은 오히려 그 불화의 폭을 더 넓히고 말았다.

그러나 몇 가지 이득이 있었다. 십자군 전쟁을 통하여 유럽은 무시하였던 동방의 선진 문명과 접촉하게 되었다. 유럽이 중세 암흑기의 일식 속에 헤매고 있는 동안 아랍문명은 바그다드를 근거로 하여 전 중동 지방에 빛을 비추고 있었다. 십자군 전쟁 동안에 아랍문명은 예술, 교육, 전쟁 등의 분야에서 기독교 문명보다 우수하다는 것을 증명하였다. 수백

가지의 아랍어 용어가 유럽 언어 속에 수용되었다. 인쇄술, 화약, 나침반 등의 기술과 발명품들이 십자군 원정을 거치면서 동방으로부터 전해졌다.

십자군 전쟁은 또한 육상, 해상 교통을 자극하였고, 해상 무역 확장에도 영향을 주었다. 기사들은 성지를 잃었으나 상인들은 지중해 무역권을 장악하게 되었다. 유럽의 도시들은 활기를 되찾게 되었고, 상업도 발달하게 되었다. 사치품으로 알려졌던 품목들이 일상 품목으로 바뀌었는데 이것들은 향료, 설탕, 직물, 과일, 향수, 보석들이었다. "십자군 전쟁은 종교적 감상주의를 벗어난 게르만족의 야만주의에 의해 영감을 받은 농업적 봉건주의로 더불어 시작하여 산업의 태동과 상업 발달과 함께 막을 내렸으며, 이 경제 혁명은 르네상스의 선구자가 되어 지원을 아끼지 않게 되었다."152

3. 기독교에 끼친 십자군 전쟁의 영향153

십자군 전쟁의 최악의 결과는 전 이슬람 세계와의 단절과 소외 현상이었다. 기독교회가 팔레스타인의 성지 회복을 위해 전쟁에 호소하고자 했던 사실은 그 자체가 기독교의 신앙과 복음 전파와는 자가당착이며, 배치되는 것이다. 한 때 이슬람 세력의 공격의 희생자들이었으며 순교의 신앙을 자처하였으나 이제 이슬람 세계의 공격자이며 무고한 피를 흘리게 만든 악한 자로 변신한 것은 그리스도의 가르침을 부인하는 것이었고, 초기 교회의 전도와 선교를 위하여 이방 세계와 불신자들에게 자비를 베푼 관습과는 정반대의 것이었다.

---

152 Will Durant, Ibid, P. 613.
153 허브트 케인., Ibid., 76쪽.

더구나 십자군들이 예수의 이름으로 자행한 포악하고 잔인무도한 행위는 이슬람 교인들의 가슴에 씻지 못할 상처를 남겨주었다. 1099년 예루살렘을 탈환한 십자군들은 1,000명의 수비군을 몰살시키는 데 그치지 않고, 7만 명이나 되는 비 무장한 이슬람교도들을 대량 학살하기에 이르렀다. 더욱이 생존한 유대인들을 회당에 몰아넣고, 산채로 화형을 시켰다. 그리고 십자군들은 성묘 교회(Church of the Holy Sepulchre)로 몰려가서 공개적으로 승리에 대한 감사를 하나님께 드리는 종교적 위선과 잔인함을 드러내었다.

기독교 세계에서는 십자군 원정에 대한 추문은 거의 잊혀졌다. 그러나 십자가의 기치 아래에서 자행된 더러운 행실과 추악하고 잔혹한 악행은 중동의 이슬람교도들의 가슴 속에 오늘날까지 깊이 각인되어 있다. 뿐만 아니라 유대인들을 향한 저주와 복수극은 우군이라고 여기며 환영하였으나 오히려 약탈과 강간, 살인을 저질러서 돌아오지 못할 강을 건너고 복음의 장벽을 쌓게 한 것이다. 이것은 성경을 오해하고 십자군 전쟁을 개인적인 야욕과 탐심의 수단으로 삼았던 유럽의 백인 기독교인들의 인종 차별이며, 추악한 인간들의 민낯이 드러난 역사의 증거이며 교훈이다. 오늘날 아무리 호의를 베풀고 복음을 앞세우며 전도와 선교를 하여도 치유되지 못하는 상처는 중동 지역에서 활동하고 있는 기독교 선교사들의 목에 묶여 있는 멍에이며, 서구 세계를 향하여 자살 폭탄 테러를 감행하는 이슬람들의 증오와 복수를 우리가 어떻게 해결할 것인가? 현재도 이슬람권에서는 서양인들과 기독교에 대한 피해의식이 가득하며 복수심으로 일관하여 미국과 이스라엘을 향하여 '십자군' 프레임을 씌우고 있다. 그리고 우리 기독교인들은 자칫 무슨 십자군 행세를 하여 억지와 완력으로 행하고 있지 않는지 반성해야 할 것이다.

교황청의 주도로 시발된 십자군 전쟁이 실패하였기에 교황권의 몰락과 신앙의 약화를 가져와 결과적으로 교회의 권위가 떨어졌으며, 기사와 영지를 기반으로 한 장원 경제의 붕괴가 찾아와 중앙집권적인 근대국가의 탄생이 이루어졌다. 그 당시 창궐하던 흑사병과 맞물려서 유럽의 인구가 급격히 줄어들게 되고, 자연적으로 농노의 가치가 올라가는 결과를 낳았다. 특히 러시아 공국들이 지중해와 흑해 중심의 무역로가 이동함으로 쇠퇴하게 되고 동로마 비잔틴 제국은 애초의 기대와는 달리 십자군 전쟁으로 막대한 피해를 입었으며, 특히 제4차 원정 때에는 수도가 약탈당하는 수모와 충격을 겪어야 했다. 반면에 이탈리아의 베니치아와 제노바 공화국은 큰 이득을 얻었다.

십자군 전쟁의 여파로 유럽 각지에 살고 있던 수십만 유대인들에게는 충격과 공포 그 자체였다. 종교적 광기로 이성을 상실한 병사들과 민중들이 유대인의 집단 거주지 게토에 쳐들어가 유대인들을 학살하고, 재산을 탈취하는 일들이 1095년 클레르몽 공의회 이후 12세기와 13세기 초까지 빈번하게 발생하였다고 한다.

세계 역사의 관점에서는 서구 중심의 역사이기에 누락된 것이 당시 '이슬람 세계의 심각한 내분과 충돌이며 몽골 제국의 침략과 영향'을 간과하고 있는 부분이다. 십자군 전쟁은 유럽 전반에 정치적, 경제적인 영향 및 문화의 이동과 지리적 발견에 힘입어 인구이동을 일으켰으며 인구이동을 통해 유럽이 재편되는 과정에서 '개인의 욕구, 권리'등에 대한 인식들을 크게 확산시키는 계기가 되었으며 이는 르네상스의 발판이 되어 결과적으로 중세가 끝나는 시발점이 된 것이다.

4. 십자군 전쟁 전후에 피어난 선교의 꽃들

이 시기를 흔히 말하길, 중세기 선교 시기라고 하며, 샤를마뉴 대제에

서부터 루터가 종교개혁하기 전까지의 시기를 말한다. 이 시기는 선교학적으로 초기 유럽 선교 시기를 계승하여 북유럽 선교가 완성에 이르는 시기이다. 이 시기는 선교적으로 별다른 방법이나 정책이 없었으며, 교회가 아닌 수도원이나 뜻 있는 개인에 의하여 선교가 진행된 것이 특색으로 도중에 십자군 원정을 포함하는 시대이다. 이 시기에 하늘에 빛나는 별처럼 헌신하였던 선교의 주역들을 소개한다.154

1] 안스갈(Ansgar, 800-865) : 그는 북유럽의 사도라 칭하여진다. 프랑스 아미앵 근교의 귀족 가문에서 출생하였으며 5세 때에 이미 수도원에서 성장하였고, 814년 베네딕토회의 수도사가 되었으며 처음에는 덴마크의 선교사로 갔다가 826년 스웨덴으로 가서 헌신 하고 다시 돌아와 코르바 수도원의 원장이 되었다. 832년에 교황 그레기리우스 4세에 의해 함부르크의 주교로 축성 되었으며 후일 그의 공로를 인정하여 안스가리우스(Ansgarius)로 불리어졌다.

독일에서 보니파스가 사역한지도 한 세기가 지났다. 쓰러진 옛 로마제국의 영토 위에서 고트족, 훈족, 그리고 색슨 족이 일어났다. 중부 유럽에서는 샤를마뉴 대제의 승리를 통해 문명이 보급 되었고, 야만인들 가운데 기독교가 발판을 확보하게 되었다. 그러나 9세기에 북쪽의 거친 해적은 프랑스, 독일, 그리고 영국의 해안을 침공하였다. 그들의 침공은 샤를마뉴 대제가 세운 도성들을 짓밟고 말았다.

안스갈은 북쪽의 얼음으로 둘러싸인 스칸디나비아 반도를 복음화하기 위해 사역하였다. 스칸디나비아 반도에 복음이 들어간 것은 그리스도인 상인들에 의해서였다. 그러다 836년 덴마크 왕 헤롤드(Harold)는 그의 신하들과 함께 궁전에서 세례를 받았다. 이유는 프랑스 제국의 원조를

---

154 채은수, [선교학 총론] 14장 누가 선교의 거장인가? 4. 중세기 선교 시기, 241-251쪽.

받으려면 그렇게 하지 않으면 안 되었기 때문이다.

안스갈은 프랑스 수도사로서 황제 루이스(Louis)와 헤롤드 왕의 도움으로 덴마크에 일차 파송 되었는데 교회가 아니고, 예수를 믿는 정치가에 의하여 파송된 것이 이색적이었다. 그는 덴마크에 기독교 학교를 설립하고 스웨덴 왕과 노르웨이 왕 오랍(Olaf), 그리고 덴마크 왕 호릭(Horic)을 설복시켜 기독교를 받아들이게 하였다. 그는 북구의 이상적인 선교사로 칭송을 받았다.

노르웨이는 영국으로부터 10세기 경 선교를 받았다. 노르웨이 황태자와 그를 따르는 세 장사(壯士)들이 무력으로 재래의 민족 신 오딘(Odin)과 토르(Thor)신 숭배를 종식시켰다.

아이슬랜드는 노르웨이에서 오딘과 토르 우상을 가지고 그곳으로 이주한 사람들에 의하여 식민화 되었다. 981년에 색슨 족 지역에서 예수를 믿었던 아이슬랜드 사람이 사제를 초청하여 선교를 시작하였다. 그 후 노르웨이 왕 오랍(Olaf)이 선교사들을 계속적으로 보내어 마침내 완전히 기독교화 되었다.[155]

그린랜드(Greenland)는 아이슬랜드로부터 복음을 받게 되었다. 노르웨이 사람의 후손 라이프(Lief the Lucky)와 그린랜드의 개척자 에릭(Eric the Redon)이 중요한 역할을 담당하였다.

2] 십자군 원정 기간 중의 거장들 : 13세기 프란체스코와 도미니크회의 설립으로 폐허 속에서 선교의 가능성을 보여준 미담이다. 물론 시리아와 북아프리카 지역에서 수행된 선교 사업은 성공을 거두지 못하였으나 선교에 대한 노력은 계속해서 진행되었고, 기독교 신자 그리고 주민

---

155 채은수, [선교학 총론] '누가 선교의 거장들이었던가?' 안스갈 편(242-243쪽)에서 아일랜드로 오기함을 고친다. 아일랜드는 유럽에서 가장 먼저 선교가 시작된 지역이기 때문이다. 가장 늦게 된 곳이 아이슬랜드이며 그린랜드이다.

과 노예들에게 복음이 전해졌다. 이 당시 선교에 귀하게 헌신 했던 두 명의 위인이 있다.

첫째로, "주여 나를 평화의 도구로 써주소서."라는 노래로 유명한 **아시시의 프란시스코(1181-1226)**이다. 그의 특징은 철저한 명상의 삶과 복음 전파의 실천이 함께 조화를 이룬 점이다. 그는 결코 수도원 안에 갇힌 영성을 추구하지 않고 그 영성이 선교로 이어지는 실천을 추구하며 항상 전도의 삶을 보여주었다. 그는 항상 제자들에게 "행함으로 설교하라."고 가르쳤고, 그 자신도 늘 가르친 대로 살아갔다. 그를 따르던 사람들도 그의 말보다 그의 삶에 더 끌렸고, 이것이 결국 오늘날까지 살아 일하는 운동이 되었던 것이다.

그는 선교지에 가서 복음을 전하다가 순교하는 것을 소망하였고, 실제로 그는 제5차 십자군 전쟁이 한창일 때 아군들의 반대를 무릅쓰고 적진을 향하여 나아가 적들로부터 온갖 모욕과 폭언과 폭행을 당하면서도 이슬람의 지도자 술탄 앞에까지 가서 복음을 전했다. 프란시스가 복음을 전할 때에 술탄이 그를 죽이지 않고 그 말을 들어준 사건은 신기한 일이다. 아마도 프란시스의 순수한 열정과 확신, 그러면서도 겸손과 온유함을 갖춘 것에 감동을 받았던 것으로 보인다. 돌아가는 길에 술탄이 선물까지 주었으나 사양하였다고 한다. 프란시스코는 늘 평화로운 수단을 통하여 기독교 신앙을 전파해야 한다는 것을 강조하였다. "...세상으로 나갈 때 그들은 말로써 다투거나, 싸워서는 안 된다. 또 남을 판단해서도 안 된다 오히려 그들로 하여금 누구에게나 정중하게 말함으로써 온유하고 평화로우며 점잖고 겸손함을 보이도록 하라."[156]고 말했다.

---

[156] Richard J Payne, Francis and Clare : The Complete Works(Ramsey : Paulist Press, 1982), 154.

둘째로 이슬람교도 선교에 귀한 기여를 한 **레이몬드 룰(Raymond Rull**, 1232- 1315)이다. 그는 1232년 마졸카 섬 팔마의 귀족의 가문에서 출생하였다. 나이 30세가 되었을 때 극적인 종교적 체험을 한 후 방탕한 젊은 시절을 청산하고 프란시스코 수도사가 되어 이슬람 선교에 열정을 불태웠다. 그의 부친이 십자군 전쟁에 출정하여 무력으로 행하는 것을 보고, 검을 가진 기사(knights of the sword)의 잔인성과 강압적인 방법이 기독교를 불명예스럽게 한다고 생각하였다. "나는 바다를 건너 성지로 가는 기사들을 봅니다. 그들은 성지를 군대의 힘으로 정복하리라고 상상합니다. 그러나 그들은 목적을 완수함이 없이 모두 쫓겨나고 말 것입니다. 오! 주 그리스도시여, 당신의 사도들이 성지를 사랑과 기도로, 눈물과 피를 흘림으로 획득하였듯이 그렇게 얻을 수는 있지만, 다른 방법으로는 얻을 수 없습니다. 당신의 거룩한 무덤과 성지는 군대의 힘으로보다는 진리의 말씀을 선포함으로 훨씬 더 효과적으로 획득할 수 있습니다."([The Tree of Love]에서.)

그는 선교를 위하여 어학 훈련을 위한 기구를 설립할 것을 주장하였다. 1311년에 비엔나(Vienne) 대회에서 파리, 옥스퍼드, 그리고 살라만카(Salamanca) 대학에 동방 언어과가 신설되도록 하였다. 그는 고향 마졸카 수도원에서 13명의 학생들에게 아라비아어를 가르치게 하였다. 이슬람교도들에게 아라비아로 설교를 하고, 토론을 하기 위하여 훈련을 시켰다. 그는 파리 대학과 몽펠리 대학에서 이슬람과 동방 언어와 선교 방법에 대하여 강의를 했다.

그에게 가장 큰 영향력을 미친 사람은 아시시의 프란체스카였다. 한번 프란체스코 수도원 감독의 설교를 듣고서 자신도 전 재산을 팔아 처분하고 다시는 집으로 돌아오지 않겠다고 서원을 한 후에 배를 타고 아프리카 선교지로 향하였다. 그의 나이 40세를 넘어선 때라고 한다. 레이몬드는 튀니지에서 이슬람 학자들과 종교를 비교하며, 기독교의 교리인 삼위일체와 성육신 진리를 토론하였다고 한다. 이슬람 학자들이 저들의 왕에게 보고하기를, '이슬람 신앙을 아주 위태롭게 하는 자' 라는 죄목으로 투옥이 되어 생고생을 하고 유럽으로 돌아왔으나 재차 아프리카와 사라센을 그의 마음속에서 지울 수가 없어서 다시 지중해를 건너서 선교지로 향하였다. 그의 나이 75세에 그는 공개된 장소에서 대중들이 보는 가운데에 기독교의 진리를 설파하고 이슬람의 마호멧이 거짓 선지자임을 주장하였다. 다시 추방을 당하고 1314년 80세 나이에 버기아로 돌아와서 전날에 얻은 신자들을 중심으로 신앙을 지도하고 공공장소에서 기독교의 진리와 구원과 심판을 예고하였다. 마침내 성문 밖으로 끌려 나가 왕명에 의하여 돌에 맞아 순교를 하였다(1315년 6월 30일).

그의 선교는 눈에 드러나는 큰 성과를 나타내지는 못하였으나, 그는 그의 삶 자체를 통하여 선교에 대한 큰 도전과 영감을 주었다. 그는 이슬람권 선교란 사랑과 기도와 눈물로써 이루어지는 것이라고 생각했다. 그는 선교를 위하여 언어를 교육할 학교를 세워야 함을 역설하였으며, 최상의 설교가들을 선교사로 파송하고 교회 수입의 1/10을 선교를 위하여 써서 전 세계를 기독교 신앙으로 인도해야 한다고 주장했다.[157] 이러한 점에서 그의 영향력은 너무나 컸다. 그의 언어에 대한 조예, 철학적 지식은 선교에 이용 되었다. 무엇보다 가난과 핍박과 위협을 두려워하지 않고 오직 진리와 선교를 위하여 희생하였던 백절불굴의 순교 정신은 모든 기독교인들에게 귀감이 되어 훗날 모펫, 리빙스톤, 그리고 크라프스(Krapfs)와 같은 위인들에게 계승 되었었다.

---

[157] Kenneth Scott Latourette, A History of the Expansion of Christianity, Vol. 2, 332.

제4장 로마 카톨릭 교회의 선교[158](A.D. 1300-1700)

로마 카톨릭 교회가 단연 세상에서 가장 오래되고 크고 영향력 있는 조직체라는 데는 자타가 공인한다. 실제적으로 5억 정도의 신도들이 지구상의 모든 나라에서 발견된다. 기나긴 역사를 지나면서 발전과 쇠퇴의 과정을 점철해 왔다. 신성 로마 제국 치세 하에서 전성기를 구가하고 있을 당시 이 교회는 유럽의 정치, 문화, 경제, 종교와 사회 생활 전반을 완전히 장악하고 있었다. 이 교회의 최대의 손실은 마르틴 루터의 종교개혁으로 일어난 개신교라 지칭하는 유럽의 대다수 지역이 로마 카톨릭 교회로부터 떨어져 나간 것이다. 그러나 로마 카톨릭 교회는 유럽에서 본 손실을 그 후 몇 세기 동안에 제3세계의 선교활동을 통하여 만회하였다. 아시아와 아프리카, 신대륙 등지에서 발 빠르게 효과적으로 세력을 확보하게 되었다. 유럽에서는 개신교회들이 그들의 세력을 확장하며 내실을 기할 때에 로마 카톨릭 교회는 유럽 외의 지역 선교에 여념이 없었다. 초기 유럽 선교의 개척기에서 보았듯이 로마 카톨릭 교회의 선교 기획과 열정과 헌신은 배워야 할 교훈이다.

이 당시 로마 카톨릭 선교 활동은 포르투갈과 스페인의 해외정복 활동시기와 맥을 같이 한다. 프란시스코 선교사들이 포르투갈 탐험대원들을 따라 마디라(Madeira : 1420), 아조렉 족(the Azores :1431), 케이프 버드 제도(Cape Verde Islands : 1450)까지 진출하였다. 삼위일체설을 주장하는 선교사들이 1498년 바스코 다 가마(Vasco da Gama)와 함께 인도로 항해해 갔다. 프란시스코 선교사들은 1500년 카브랄(Cabral)과 함께 브라질에 도착하였다. 이베리아 왕들은 로마 교회 못지않게 이방인들의 개종에 열심을 품고 있었다. 1537년에 교황 바오르 3세는 신대륙의

---

158 허브트 케인, [세계 선교 역사], 4. '로마 카톨릭 교회의 선교' 77-96쪽 요약.

인디언을 "하나님의 말씀을 설파하고 선한 삶의 본을 보임으로써 그리스도에게 인도하라."고 명령하였다. 페르디난드와 이사벨라는 황제의 칙령을 다음과 같이 발표하였다. "우리는 복음 전도와 확장, 인디언들을 우리 성 카톨릭 교회의 신앙으로 인도하는 것 외에는 바라는 것이 아무 것도 없다."

1454년 교황 니콜라스 5세는 포르투갈에게 아프리카 동인도 제도에서 단독적으로 전도할 특권을 주었다. 스페인이 신대륙으로 진출함에 따라 포르투갈의 세계 탐험 독점권은 박탈당하였던 것이다. 이 두 이베리아 세력의 경쟁을 피하기 위해 교황 알렉산더 6세는 1493년 분계 교서(Demarcation Bull)를 발표하여 세계를 두 영역으로 구분하였다. 포르투갈은 아프리카와 동인도 제도에서의 선교권을 장악하였고, 스페인은 신대륙에서 활동하도록 하였다. (그 다음 해에 발견한 브라질은 포르투갈로 양도 되었다.) 이 광대한 특권에 대한 보답으로 포르투갈과 스페인의 왕들은 그들의 해외 점령지에서의 이교도들에게 전도를 하여 개종시켜야 하는 책임을 부여 받았다. 성직자들의 임명은 정치적 지배자들이 담당하였다. 모든 비용은 국가가 담당하였다. 파트로나토(Patronato : 영어의 'patron' 일종의 후원자 관계)라고 칭해진 이 제도는 선교사들이 상인들과 마찬가지로 탐험에 커다란 이해관계를 가지고 있었음을 의미했다.

시간이 경과하고 카톨릭 선교가 전 세계로 퍼져감에 따라 이 후원제도는 반드시 만족스러운 것이 아니었다. 이 약점을 보완하기 위하여 교황 그레고리 15세는 1622년 신앙 전도를 위해 성스러운 집회(the Sacred Congregation)를 창설하였다. 이것을 통해 교황청은 해외 이교도들의 개종을 좀 더 긴밀하게 지도할 수 있었으며 국내의 이교도들에게 효과적으로 전도할 수 있었다. 1628년에는 로마의 중심 신학교였던 선교대학(College of Propaganda)이 설립되어 전 세계 선교지로부터 온 토착민

성직자들을 훈련시키게 되었다. 전반적으로 포르투갈과 스페인의 정치 세력가들은 그들의 기독교인으로서의 책임감을 통감하였다. [콜럼버스와 바스코 다 가마로부터 시작하여 스페인과 포르투갈의 탐험가들은 그들의 탐험을 십자가 운동이며 선교활동이라고 간주하였다. 왜냐하면 기독교도를 찾을 목적이 향로를 찾는 것과 같은 의미로 여겼고, 또 선교사들이 영적인 칼을 가지고 최초로 전한 기독교 복음을 거부할 경우 불과 칼로 비신자들을 대항해야 했기 때문이다.]159

로마 카톨릭 교회는 수많은 종교 교단의 명령 체계 안에서 종교 훈련되어 어떤 종류의 봉사도 해낼 준비를 하고 있는 헌신적인 구성원들이 많다는 점에서 운이 좋았다. 순종과 금욕 생활을 하겠다는 그들의 서약은 봉사와 유동성을 요구하는 선구적인 선교 사업에 가장 적절한 자격이 되었다. 엄격한 그들의 공동체 생활을 통하여 어려운 선교 활동도 이상적으로 준비할 수 있었다. 그러므로 교회가 복음을 이방 세계에 전할 결정을 하게 되었을 때에 지원자를 모집해야 할 필요가 없었다. 황제의 칙령이나 교황의 교시로 쉽사리 선교의 역군들을 모집하여 지구상의 어느 지역으로든지 파견 할 수 있었다. 강력한 중앙집권적인 교황 권은 지금도 유감없이 발휘되고 있으나 예전같이 사람들이 따라주지 않고 있는 실정이다. 그럼에도 교회가 개인구원과 영성 고취에 머물지 않고, 사회적인 단결과 정치적 운동력을 갖는 중앙 집중적인 리더십이 요긴한 대목이다.

특히 주목할 것은 4개 교단이 선교 사업의 책임과 결과를 나누어 가지도록 부름을 받았다. 아시시(Assisi)의 프란시스가 설립한 프란시스코 수도회, 스페인 출신의 수도승 도미니크(1170-1221)가 세운 도미니칸 수도회, 1256년 교황 알렉산더 4세가 창립한 어거스틴 수도회, 1540년 스

---

159 Joseph Schmidlin, Catholic Mission History(Techny, Ill. :Dicine Word Mission Press, 1933), p. 264.

페인 귀족 이그나티우스 로욜라가 세운 예수회였다. 18세기와 19세기에 창설된 교단으로서는 열정의 사람들이라는 '페션니스트'(Passionists : 1720), 구원자들(Redemptorists : 1732), 성령의 신부들(Holy Ghost Fathers : 1875), 백부(White Fathers : 1866), 말씀의 신부들(Divine Word Fathers)등이 있었다. 유명한 미국의 선교사들인 메리놀 선교단 (Maryknoll Fathers)[160]은 1911년에 창설되어 최초의 선교사들을 1918 년 남부 중국에 파견하였다.

자연히 유럽의 카톨릭 국가에서 가장 많은 숫자의 선교사들을 보내었다. 초기에는 포르투갈과 스페인에서 대거 배출하였다. 이탈리아와 프랑스도 그들의 할당수를 공급하였고 독일과 아일랜드도 뒤를 이었다. 비교적 미국 으로부터는 최근에 이르기까지 카톨릭 선교사들의 교세가 약하였다.

긴 역사를 통해 로마 카톨릭 선교 활동은 대단한 반대와 핍박을 받았 었다. 예를 들면 네덜란드가 실론을 점령했을 때나(1658) 영국이 캐나다 를 합병했을 때와 같이(1793) 선교 세력에 의해 큰 손실을 보기도 하였 다. 1898년 미국이 필리핀을 점령하자, 로마 카톨릭의 독점 시대는 끝이 났으나 이 나라에서만은 로마 카톨릭 선교에 큰 방해를 주지는 않았다. 어떤 때에는 비기독교인 정치 지도자들이 새로운 종교 전파로 인해 정권 을 약화시키거나 중국(1368), 일본(1614), 한국(1864)의 경우처럼 토착 문화를 파괴시킬까 두려워 선교사를 축출하기도 하였다. 다른 나라에서 는 로마 카톨릭 선교사들이 카톨릭계 정치 지배자들의 손아귀에서 고통 을 받기도 하였는데 남미의 경우 수많은 프란시스코 수도회 선교 활동들 이 1811년과 1812년의 독립 전쟁 당시 막을 내리고 말았다.

모든 선교적 교단 중에서 예수회만큼 수난을 겪은 선교 단체는 없었

---

160 한국의 메리놀 외방 선교회는 해방 이후 한국 내에서 자선 사업을 많이 하고, 미군정과 한국 교회의 가교 역할을 하며 군정이후에도 한국인에게 기여한 바가 컸다. 로마 천주 교의 선교 단체임.

다. 예수회원은 어디로 가든지 어려움이 많았다. 그들은 입장이 극히 엄격하여 심지어 카톨릭 국가에서조차 핍박을 받았다. 18세기 중엽 그들은 남미의 거의 모든 나라와 필리핀으로부터 축출 당해야 했다. 너무 심각한 반대에 부딪히자 1773년 교황 클레멘트 14세는 이 단체를 해체해 버렸다. 40년 후 다시 복구된 뒤에도 예수회는 유럽의 여러 카톨릭 국가들로부터 다시 쫓겨나고 말았다.[161]

이와 같이 방대하고도 다양하며 상당히 독선적인 조직망이 전 세계로 퍼지자, 로마 카톨릭 교회는 중복을 피하고, 경쟁을 막기 위하여 일종의 예의 질서를 확립해야만 하였다. 결과적으로 특정한 교단을 특정한 나라에 파견시키는 방법이 사용되었다. 동양에는 '파리 해외 선교회', 시암, 티벳, 버마를 담당하고, '도미니크 수도회'는 대만을, 성심 선교단(Missioners of the Sacred Heart)은 말레지아를 담당하였다. 인도, 중국, 일본과 같이 광대한 나라에서는 거의 모든 크고 작은 교단들이 활동하고 있다. 다양한 선교단체가 한 국가 안에서는 지역별로 파견하는 신중함도 있었다. 예를 들면 중국 내에는 도미니크 수도사들이 후첸에서 활동하였고, 산동에는 '말씀 선교단'이 활동을 하였다.

1. 중국

유럽 이외의 지역에서의 로마 카톨릭 선교는 1294년 프란시스코 수도사 몬테 코르비노의 요한이 중국에 도착하면서 시작이 되었다. 수도사 요한은 교황에 의해 동양에서 가장 역사가 깊고, 큰 나라에 파견되기 이

---

161 예수회는 창시자가 군 출신이라 군대조직과 같이 엄격하고, 상명하복의 위계질서를 중시하고 종교개혁이후 카톨릭의 반동 세력으로 당시의 개신교와 맞서 싸운 흑 역사(개신교도 색출, 마녀 사냥, 종교재판, 집단 학살, 강제 개종, 재산 몰수, 추방들)가 있으며, '제스위트'라는 이름으로 맹위를 떨치고 카톨릭 내에서 단합과 강성 이미지를 내세워 분란을 일으킨 사례들이 있다. 남미의 해방신학, 한국의 정의구현 사제단등과 가깝다.

전에는 페르시아에서 큰 성공을 거두는 활동을 해왔다. 이상하게도 반대는 중국인들로부터 온 것이 아니라, 당나라 때 200년 동안 중국에서 번창하였던 네스로리우스 기독교회162의 잔존 자들에게서 부터였다. 로마 카톨릭교에 대한 악의에 찬 소문을 퍼뜨려 그들은 이 신참자들에 대한 적대감을 불러일으키고자 하였다. 그럼에도 요한은 중국 황제의 신임을 얻게 되어 북경에 교회를 하나 건립하고 수 천 명의 개종자들에게 세례를 주었다. 11년간 그는 단독으로 150명의 중국인 신학생들을 훈련시키는데 특별한 관심을 가지고 헌신하였다. 후에 그는 교황 클레멘트 5세에 의해 최초로 북경의 대주교로 임명되었다.

로마 카톨릭교는 북경에서 남쪽으로 약 800마일 떨어진 후첸에 전파되기까지 해안 지역을 따라 꾸준히 전파 되었다. 1330년 요한이 죽었을 때 중국에는 약 10만 명의 신도들이 있었다. 이 모든 일은 몽고족 중국 왕들의 보호와 후원 하에 일어났다. 1368년 한족이 다시 왕위에 오르게 되었을 때 명나라 지배자들은 선교사들을 몰아내었고, 기독교는 중국이라는 무대에서 사라지게 되었다.

200년 후에 중국에 로마 카톨릭을 보급시키려는 두 번째 시도가 있었다. 이때의 지도자는 예수회 소속의 마테로리치(Matteo Ricci : 1552-1610)였다. 포르투갈 식민지 마카오를 거점으로 하여 리치는 길고도 힘든 육로 여행을 20년 이상 계속한 후에 북경에 도착하였다. 중국인들의 호감을 사기 위해 리치는 그들의 문화를 받아들여 유학자로 행세를 하였다. 유럽산 시계를 지방 관리들에게 선사하여 그는 북부로 여행할 수 있는 허가를 얻어 광뚱, 난창, 난찡 등지에 선교 본부들을 설립 하였다. 리

---

162 313년 니케아 종교회의에서의 아타나시우스와의 기독론 논쟁에서 이단으로 축출된 아리우스 일파가 로마와 유럽을 피하여 중앙아시아를 거쳐 중국에 선교를 하였었다. 일설에 의하여 신라시대에 당나라를 경유하여 이미 경교(景敎)라는 이름으로 들어왔으며 경주불국사 경내에서 금석 문자아 십자가 형상, 성모상 등이 발견되기도 하였다.

치가 중국 황제 관리에게 선사한 서양 선물 덕택에 그는 1601년에 수도에 입성하도록 허가를 받았다. 그곳에서 리치와 그 동료들은 황제의 공식 시계 조립자들로서 활동을 하였다. 북경의 지식인들이 이 서양에서 온 위대한 학자와 대담하기 위하여 몰려들었다. 그들 중 많은 이들이 개종을 하였다. 북경에서의 리치의 영향력으로 다른 예수회 소속 선교사들이 광대한 중국내의 여러 지방에 여행하고, 거주도 할 수 있도록 허락을 받았다. 1650년경에는 25만 명 정도의 개종자들이 있었다.

프란시스코와 도미니칸 출신의 후대의 선교사들은 예수회 선교사들이 유교를 승인하고 이방 관습과 타협 했다고 고발하면서 예수회 선교사들과 논쟁을 하였다. 특히 하나님을 부르는 칭호 문제로 논쟁이 치열하였다. 예수회는 공자가 부른 천(天, 하늘 또는 섭리)이라는 칭호를 선호하였다. 이 문제는 로마 교황청에 의뢰되어 교황을 천주(하늘에 계신 주님)라고 결정하였다. 황제는 화를 내고, 1700년 이후 모든 선교사들은 리치와 예수회가 그어놓은 선을 따르든지 아니면 중국을 떠날 것을 선포하였다. 네 명의 주교를 포함한 많은 선교사들이 이에 응하였다. 그 외의 선교사들은 축출되었다. 1724년과 1736년에 기독교회에 대한 박해 령이 발표되었다. 다시 한 번 기독교는 중국에서 큰 패배를 맛보게 되었다.

2. 일본

많은 사람들이 역사상 로마 카톨릭의 최고의 선교사로 간주하는 파란시스 자비에는 1540년 최대의 가장 효과적인 선교 단체가 된 예수회의 선교사역을 시작하였다. 1542년 5월 6일 그는 당시 인도 서부 해안에 위치한 포르투갈의 식민지였던 고아(Goa)에 상륙하였다. 남부 인도에서 3년간 바쁘게 활동하여 수천 명의 개종자들을 얻은 후 그는 말레이 반도와 부근의 섬들에서 3년을 보내었다. '하나님의 영광을 위하는 ' 거룩한 열정에 사로잡힌 그의 불굴의 정신은 그를 어느 한 지역에 머물러 있도록 하지 않았다. 1549년에 다른 두 명의 예수회원과 일본인 회심자 한 명을 통역관으로 데리고 그는 태양이 떠오르는 땅, 그가 이 나라 사람들은 '그의 영혼의 기쁨'이라고 말한 나라로 출발하였다. 2년 간 일본에 머무는 동안 그는 광범위하게 여행하면서 가르치고 설교하며 성례를 집전하였다. 다른 예수회 수도사들이 그의 뒤를 이어 활동 하였다. 당시의 혼란한 정치 상황과 더불어 피폐된 신도(神道), 부패한 불교는 기독교 신앙에 유리한 분위기를 조성하여 빠른 시일 내에 많은 열매를 맺게 해 주었다. 1581년경에 일본에는 200개의 교회와 15만 명의 신도들이 있었다. 이들은 모든 계층 출신의 사람들이었다. 불교의 승려들, 신도(神道)의 승려들, 학자, 사무라이, 일반 백성들, 두 다이묘(大名)들이 기독교를 수용하여 신하들에게 기독교를 믿든지 아니면 유배를 가라고 명령하였다. 미가도(Mikado)의 대신이었던 당대의 최고 권력가 오다 노부나가는 비록 저변의 동기를 갖고 있긴 했지만 이 새로운 종교를 정신적으로 지원하였다. 16세기 말엽 기독교 신자는 50만을 헤아리게 되었다.

전국 시대의 영웅 노부나가가 갑자기 암살되면서 기독교 선교활동은 침체하게 되었다. 도요도미 히데요시와 뒤를 이은 도구가와 이에야스 두 지배자는 예수회의 정치적인 야심을 의심하여 카톨릭교에 등을 돌리게 되었다. 한편의 예수회와 다른 편의 프란시스코와 도미니칸 사이의 분쟁은 예수 그리스도 때문이 아니었다. 1606년과 1614년에 발표된 반기독교 칙령 이후 모든 외국 선교사들은 축출되었고 일본인 기독교인들은 그들의 신앙을 부인하거나 순교하도록 강요 되었다. 이후 따라온 핍박은 기독교 선교 역사상 그 어느 나라에 비기지 못할 만큼 야만적이고 야비한 탄압을 하였다. 1638년에 약 37,000명의 기독교인들이 시마바라의 고성에서 최후의 절박한 저항을 하였다. 4개 월 간의 영웅적이나 무모했던 저항 후 그들은 굴복하여 무참하게 대학살을 당하고 말았다. 230년 동안 일본은 모든 외부 세계와 단절한 채 은둔 국가로 지내야만 했다. 지금도 일본에서의 기독교는 미약할 뿐 아니라 오해와 왜곡된 선교관으로 한국에 비하면 유감스럽고도 낙심스러운 선교의 결과에 마음이 아프다. 당대 최고의 선교사들이 목숨을 걸고 헌신하였던 일본 선교였으나 결과는 참담하였다.

3. 필리핀

필리핀 제도는 1521년 마젤란의 운명적인 세계일주 기간 중에 발견되었다. 신부 레가스피(Legaspi)와 어거스틴 수도사들에 의해 조직적인 선교 활동이 1564년에 시작되었다. 이들의 뒤를 프란시스칸(1577), 도미니칸(1587), 예수회(1591) 선교사들이 뒤를 이었는데 이들 모두는 이 반야만적인 섬 주민들에게 기독교와 문명 기술을 가르쳤다. 여자들에게는 기독교적 가정 관념이 소개됨으로써 실제적 노예 상태에서 해방되었다. 오늘날 거의 85%의 필리핀 사람들이 기독교 신자이다. 이 놀라운 업적은 스페인 필립 2세에게 돌려지는데 그는 이 원방 섬나라의 식민정책의 주요 목적을 기독교 전파에 두고 그의 이름을 따서 국가를 명명하였다.

가르치는 자들과 설교자들, 박사들을 대거 파견하여 카톨릭 선교는 이 나라에 대단한 영향력을 끼치게 되었다. 곧 교회, 병원, 학교들이 설립되었다. 1539년에 여자 대학이 설립 되었다. 마닐라에 1601년에 세워진 예수회의 산호세 대학은 국가 교육의 중심지가 되었다. 10년 후에 세워진 산토 토마스의 도미니카 교회(The Dominican College of Santo Thomas)는 교황의 대학이 되었다. 필리핀 제도가 발견된 지 1세기가 되기 전에 선교사들은 2백만 명 가량의 사람들에게 세례를 베풀었다. 토착민 출신 성직자들이 점차 증가하여 1800년에 이르러는 필리핀 사람들이 감독의 지위까지 오르게 되었다. 로마 카톨릭 교회는 바다를 통하여 인도네시아로부터 이슬람교가 전해지는 것을 막은 공로가 있다. 이슬람교는 남쪽으로부터 진출하였다. 그들은 민다나오 섬에서 맞부딪쳤는데 오늘날 이 지역에는 150만 명 정도의 모로(Moros)라 불리는 이슬람교도들이 살고 있다.

로마 카톨릭교는 필리핀에서 그들의 최대의 성공 사례를 자랑하고 있다. 거기에는 여러 요인들이 있다. 예수회가 여러 섬 지역에 훌륭한 교육 제도를 설립하였다. 그들은 개종자들에게 그들의 여러가지 종교적 신념과 관습을 유지하도록 허용하였다. 스페인 사람들이 토착민들과 결혼을 함으로써 인종 차별의 원인을 제거하였고 혼합 문화를 창출하였다. 이와 더불어 스페인은 거의 4세기 동안이나 꾸준히 필리핀을 정치적, 경제적으로 지배할 수 있었다. 이 기간 중 교회는 전혀 방해를 받지 않고, 이 섬나라에 기독교를 보급시키는데 총력을 기울 일 수 있었다.

앞서 언급한 일본 선교와 비교할 때에 전혀 다른 접근 방법과 정책으로 선교의 큰 성과를 이루었다고 할 수 있으나, 한편 순수한 복음 선교의 입장에서 보면, 십자가를 내걸고 세례를 주면 선교의 모든 것이 성취된 것인가? 개신교의 입장에서 볼 때에 많은 문제점들을 노출하고 있는 것도 사실이다. 무엇보다 로마 카톨릭 신앙을 전래의 민속 종교와 미신과 접목하여 혼합 종교화 하였고, 이상한 형태의 기독교로 토착화 되었다. 필리핀의 카톨릭은 복음의 순수성을 상실하고 세속화 되었기에 다시금 복음주의 선교의 대상이 되어 버린 지역이다.

4. 인도차이나

이 지역의 동남아시아의 선구적 선교활동을 한 사람은 프랑스 예수회 신부인 알렉산더 로데(Alexander de Rhodes : 1591-1660)이다. 그는 안남어(Annamese)를 완벽히 배워 지식층과 지배층에 기독교를 소개하였다. 그의 초기 개종자들 중에는 200여명의 불교 승려들이 있었는데 그들 중 많은 숫자가 그의 성경 학교에 입학하였다. 신학 외에 로데 신부는 전도사들에게 병자들을 돌보는 방법을 가르쳐 그들이 가가호호를 쉽게 방문할 수 있도록 하였다. 이러한 방법을 사용하여 그는 성공을 거두었다. 비교적 짧은 기간 안에 30만 명의 개종자가 생겨났다. 프랑스로 돌아와 1658년 파리 해외 선교회(the Paris Foreign Mission Society)를 설립하는데 조력하였다. 프랑스가 인도차이나를 합병했을 때 식민지 행정관들은 프랑스 성직자들과 카톨릭 교회를 이용하면 그들의 식민지 건설에 도움이 될 것으로 판단하였다. 1911년 기독교 선교 연맹(Christian and Mission Alliance)이 입국허가를 받기까지 로마 카톨릭 교도가 이 프랑스 식민지에서 활동이 허락된 유일한 선교사들이었다. 베트남이 아시아에서는 필리핀 다음으로 가장 기독교화가 잘 된 나라이다. 남부 베트남에는 400만의 로마 카톨릭 교도들이 있으며 80만 명은 북부 베트남에서 넘어온 피난민들이다.

5. 인도

바스코 다 가마가 희망봉을 돌아 1498년 인도항로를 발견하였을 때 새로운 시대가 시작되었다. 그를 수행했던 프란시스코 수도사들이 아시아의 이 지역에서 카톨릭 교회 선교 활동을 시작하였다. 이 당시에 이슬람 교도인 무굴 사람들과 포르투갈 탐험가들이 인도에 도착하였다. 몇 가지 요소가 작용하여 개종자들을 얻는데 있어서 카톨릭 교도보다 이슬람교도에게 이점이 제공 되었다. 기본적으로 무역에 관심이 있었던 포르투갈 인들은 서해안에 위치한 몇몇 작은 식민지에 만족하고 있었다. 반면 정치적 정복에 관심을 기울이고 있던 무굴 족은 이 인도 대륙의 대부분의 지역을 침략하였다. 포르투갈 상인들의 방탕한 생활 방식이 인도인들 사이에 추문을 남겨 기독교에 나쁜 평판을 남겨주었다. 힌두교의 엄격한 카스트 제도는 새로운 종교를 받아들이는 데 극복하기 힘든 장애물이 되었다. 포르투갈이 그들의 후원권을 민감하게 방어하였으므로 모든 포르투갈 이외의 선교사들의 활동에 심각한 타격이 되었다. 이러한 상황 속에서 이슬람교도가 기독교보다 많은 개종자를 얻게 되었던 것은 놀랄 일이 아니다.

모든 대규모 종교 단체들이 인도에서 활동하였는데 그들 중 예수회가 가장 큰 영향을 끼쳤다. 이미 살펴본 바와 같이 최초의 예수회 선교사였던 프란시스 자비에르가 1540년대에 3년간 인도에서 활동을 한 바가 있었다. 한 세대 후에 기독교는 북부 인도의 가장 뛰어난 무갈 지배자였던 악바르 황제의 지적 호기심을 불러일으키게 되었다. 1579년 그는 그의 웅장한 공작 보좌 궁전으로 선교사들을 초대하였다. 루돌프 아카비바 신부(Rudolf Acquaviva : 1550-1583)가 선교단의 총수로 선출 되었다. 악바르는 이 예수회 지도자에게 강한 매력을 느껴 그와 자주 종교적 토론을 하곤 하였다. 그러나 그가 기독교인 되기를 거부했을 때 예수회는 고아 지방으로 철회 되었다. 그 후 얼마 안 되어 아카비비는 광신적 힌두교도에 의해 살해 되었다. 악바르 대제는 그의 친구의 살해 소식을 듣고는 슬피 울었다고 한다. 1590년 예수회가 무굴 왕조로 돌아가자 황제가 따뜻하게 환영하였다. 황제는 그의 신하들에게 기독교를 받아들이도록 하는 법령을 발표 하였다. 한 동안 예수회 선교단은 정부로부터 보조금을 받았다. 라호(Lahore)에 기독교 교회가 설립되었으나, 개종자의 숫자는 많지 않았다.

인도의 로마 카톨릭 선교사들 중에 가장 유명한 이는 로버트 드 노빌리(Robert de Nobili) 신부인데 그는 이탈리아 귀족 출신 예수회 신부로 1605년 고아에 도착하였다. 그 다음 해에 그는 남부의 마두라(Madura)에 거주하며 활동 하였는데 개종자는 별로 얻지 못하였다. 드 노빌리는 동서간의 문화장벽이 장애가 됨을 발견하였다. 인도인들은 유럽인들이 고기를 먹고 포도주를 마신다하여 멸시하였다. 그는 자신을 로마 브라만(힌두교 최고의 카스트인 종교지도자급)으로 꾸며 음식과 의복을 포함한 인도식 생활방식을 받아들였다. 그는 힌두교 경전 연구에 몰두하여 유럽인 성자라는 명성을 얻었다. 곧 힌두교들이 그의 집으로 몰려들었다. 42년 동안 상류층에게 전도를 하여 수천 명의 개종자를 얻었다. 그의 사후 동료들이 드 노빌리가 세운 전통을 계승하였다. 17세기 말경에 마두라에는 15만 명의 기독교도들이 있었다.

6. 남아메리카

아메리카 대륙의 발견은 경제적 정치적 동기와 더불어 종교적인 동기도 포함되었었다. 페르디난드와 이사벨라 여왕 두 사람은 원주민의 기독교 전도에 깊은 관심을 가졌다. 그러므로 '십자가를 진 자'그리고 '식민자'라고 알려진 콜럼버스가 신대륙의 어느 곳으로 가든지 십자가를 높이 치켜들어야 했음은 놀랄 일이 아니다. 그의 두 번째 항해 때 그는 의사 한 명과 더불어 일단의 성직자들을 데리고 갔다.

신대륙에 최초로 갔던 선교사들은 프란시스칸과 도미니크 수도사들이었다. 프란시스코 수도사들은 1500년에 카브랄과 함께 브라질에, 2년 후에는 아이티에, 1523년에는 맥시코에 도착하였다. 도미니칸 수도회원들은 그들의 선교 활동을 1510년 아이티에서 1512년 쿠바에서 1531년 콜롬비아 그리고 페루에서는 1532년에 시작하였다. 그들은 어거스틴 수도사들과 합류하였다. 1549년에 예수회가 브라질에 도착하기 시작하였다. 1555년에 탐험가들과 정복자들의 뒤를 이어 로마 카톨릭 선교사들이 서인도 제도, 맥시코, 중앙 아메리카, 콜롬비아, 베네수엘라, 에쿠아도르, 페루, 칠레, 브라질에 기독교를 전파하였다.

스페인 사람들이 토착 황인종을 잔인하게 다루자 서인도 제도의 원주민들이 완전히 사라져 아프리카에서 흑인 노예들을 데려다가 그들의 자리를 채웠다. 이러한 대량 학살에 소리 높여 대항한 것은 수도사들 뿐이었다. 가장 유명한 사람은 도미니칸 선교사였던 바돌로뮤 드 라카사스(Bartholomew de Las Casas : 147401566) 신부였는데 그는 원주민들의 억압 문제를 탄원하기 위하여 일곱 차례나 스페인에 항해를 하였다. 이상스럽게도 황인종들을 무척이나 염려하였던 스페인 왕들은 아프리카와 신대륙 간의 대량 노예 무역은 염려하지 않았다. 17세기에 매달 1천 명의 노예들이 카르타지나(Cartagena)에 상륙 되어 스페인의 아메리카 식민지에 보급되었다. 3세기 동안 이 사악한 노예무역은 줄어들지 않아 이 기간 중에 브라질 한 나라만도 600만-800만 명의 노예들이 사탕농장에 투입되었다고 한다.

노예 상선의 상태는 믿을 수 없을 만큼 나빴다. 반수의 인간 짐짝이 배 안에서 죽었다. 예수회 선교사들이 카르타지나에 도착하는 생존자들에게 음식을 주고 상처를 닦아주며, 그리스도를 전하고, 임종이 다가온 이들에게 세례를 주는 등 사역을 지속하였다. 이들 중에 가장 훌륭한 인물은 성 피터 클레버(St. Peter Claver : 1581-1654)로서 그는 44년 동안 노예들을 위하여 선교 사역을 하였다. 그는 30만 명의 흑인을 가르치고 세례를 베풀어 주었다. 교황 레오 3세는 그를 전 세계에서 흑인들을 위해 사역하는 모든 선교사역의 후원자로 삼았다.

스페인의 신대륙 정복 활동은 3단계로 나누어진다. 1단계 기간 중 군목들과 군인들과 함께 원주민을 가혹하게 다루는 군인들을 조사하여 꾸짖었다. 2단계 또는 선구적 단계에는 수도승들은 리덕숀(reductions)이라고 알려진 선교기지를 설립하여 원주민 선교를 용이하게 하였다. 이들 리덕숀들은 종교단의 지배를 받았다. 그들은 수 십 명에서 수천 명에 이르는 등 크기가 다양하였다. 이들 리덕숀에서 원주민들은 황제의 피보호자들로 간주되었다. 스페인 왕들은 관리들이나 주민들로 하여금 선교사들이 원주민을 기독교로 개종하고 스페인 문화를 받아들이도록 노력하는 것을 방해하지 못하도록 하였다. 여행하는 스페인 사람들은 2, 3일 이상 리덕숀에 머무를 수 없었다 평균의 리덕숀들은 10-20년 동안 지속되었다. 그 후 원주민들은 일반 성직자들의 보호로 넘어갔다. 3단계이자 마지막 단계에서 선구적 상황은 질서 정연하고 문명화된 관청에서 맡아보게 되었다. 1세기 내에 스페인 사람들이 교회, 학교, 도서관, 법원, 도로 등의 모든 영역을 다 지배하게 되었다. 리마 대학과 멕시코시티 대학은 하바드 대학이 1625년에 설립 되었을 때에 이미 거의 100년이나 되었다. 1575년에 이르러 12 종류의 원주민 언어로 된 책들이 멕시코시티에서 인쇄되었다.

식민시기에 로마 카톨릭 선교지는 8개 기본지역구로 나뉘어졌다. 도미니크와 프란시스코 수도승들이 1514년에 동북부 베네수엘라의 쿠마라(Cumara) 선교지에 도착하였다. 군목들이 카카오, 커피, 사탕 농장을 설립하였다. 원주민들은 목축업에 종사하였다. 쿠마라 선교는 18세기에 이르러 쇠퇴의 길로 치닫게 되었는데 많은 리덕숀들이 시기 상조로 교구

성직자들과 공용 관리들의 손에 넘겨졌다.

남미의 로마 카톨릭 선교 활동은 두 차례의 큰 패배를 겪게 되었는데 한 번은 18세기 중엽의 예수회 선교사 축출과 19세기 후반의 독립 전쟁 당시에 겪은 손실이었다. 3천명의 예수회 선교사들이 남미의 여러 나라들로부터 축출되었는데, 그것은 1759년 브라질에서 시작 되었다. 예수회 수도사들이 떠난 공백은 메워질 수가 없었다. 60-70년 후에 수도사들이 다시 돌아왔을 때에는 그들의 선진들이 남긴 업적은 흔적도 없이 사라져버렸다. 오늘까지 훌륭하게 교육 받은 토착민 출신의 성직자들이 부족하다는 점이 이 지역 로마 카톨릭 교회의 최대의 약점이다

또 하나의 비참한 사건은 19세기 초반에 있었던 독립 전쟁이었다. 이때까지 교회와 국가는 하나였다. 더구나 대부분 정부와 교회 지배자들은 스페인 출신이었다. 그때까지 로마 카톨릭 교회는 엄청난 권위와 특권을 유지하고 있었다. 그러나 혁명가들이 붕기하였을 때에 저들은 식민제도에 대한 도전으로 정부 관리에게만 제한하지 않고, 카톨릭 교권에 대하여 대항하였다. 다수의 지도자와 주교들이 스페인으로 돌아가자 목자 없는 양떼와 같이 교인들은 비참하게 되었다.

7. 북 아메리카

로마 카톨릭의 선교 활동은 남미에만 제한되지 않았다. 수년 동안 미국과 캐나다 지역에 광대한 선교 활동이 행하여졌다. 프란시스코 선교사들이 1526년 플로리다에 입국했다. 1542년까지 그들은 뉴멕시코까지 진출하였다. 2년 후에 그들은 텍사스에서 선교 활동을 시작하였다. 16세기 말 이전에 그들은 로어 캘리포니아(Lower California : 캘리포니아 만과 태평양 사이의 반도)에 선교기지를 설립하였다. 1655년에 스페인 선교

사들, 도미니크와 프란시스코 수도사들이 플로리다와 조지아 지역에 35개의 선교기지를 설립하였다. 그러나 1704년에 영국인들에 의해 모두 쫓겨나고 말았다. 버지니아와 사우스 케롤라이나에서의 예수회 선교 일도 마찬가지로 오래 지속되지 못하였다. 1612년 프란시스코 수도사 요셉 드 라로쉐(Joseph de la Roche) 신부가 뉴욕 주의 한 지역을 탐험했는데 후에 난폭한 이러쿼이족(Ireoquis)이 이 지역을 점령해 버렸다.

1632년 앤드류 화이트(Andrew White : 1579-1656) 신부와 두 명의 다른 예수회 수도사들이 볼티모어(Baltimore)경과 함께 종교의 자유가 있는 땅을 찾아서 체사피크 만으로 항해하였다. 화이트 신부는 인디언들의 언어를 습득한 뒤, 그들을 개종시키는 작업에 착수하였다. 이 목적을 달성하기 위하여 그는 교리 문답서를 만들었다. 10년 후에 백인 약탈자들이 버지니아로부터 와서 메릴랜드의 예수회 선교지를 약탈하였다. 화이트 신부는 영국으로 족쇄에 묶여 끌려가서 그곳에서 사형 선고를 받았다. 그러나 그 선고는 집행되지 않았다.

뉴 프랑스(케나다)에서는 인디언들의 개종이 초기 프랑스 탐험가들의 주요 관심사였다. 퀘벡시의 설립자인 사무엘 드 챔플레인(Samuel de Champlain)은 "한 영혼의 구원이 한 제국을 정복하는 것보다 가치가 있다."고 선포하였다. 최초의 탐험가 자크 카티에(Jacques Cartier)가 1534년에 케나다에 갈 때 그는 일단의 수도승과 함께 갔는데 8년 후에야 선교활동을 시작하였다. 1611년 퀘벡에 최초로 프란시스코 수도사들을 데리고 온 챔플레인이 그 일을 시작하였다. 그들 중 한 사람이 휴론족(Hurons)들 사이에서 선교사역을 시작하였다. 두 명의 예수회 수도사들이 1611년 노바스코시아의 믹맥 인디언들 사이에서 선교사역을 시작하였다. 리콜렉츠(Recollects)는 1615년에 카푸친회는 15년 후에 도착하였다. 케나다의 대리사 도제는 1658년에 설립 되었다. 최초의 퀘백 교구는

1674년에 조직되었다. 케나다의 선교사들은 프랑스인들이었는데 라틴 아메리카의 스페인 선교사들보다 훨씬 더 도량이 있었다. 이 지역에서의 선교사역은 광대한 지역에 흩어져 살고 있는 인구 분포와 혹독하게 추운 겨울 날씨, 이러쿼이 족을 중심으로 한 인디언들의 전투적 성향 때문에 몹시 어려웠다.

휴른족 사이의 선구적 예수회 선교사는 노르만족 귀족 출신의 요한 드 브레보프(1593-1649)였다. 3년 동안 그는 후원군이 올 때까지 혼자서 휴른호 유역에서 활동하였다. 여러 명의 그의 동료들이 모호크 족에 의해 피살 되었다. 마침내 이러쿼이족을 몰살시켰을 때 브레보프 신부와 다른 예수회 신부들이 최악의 야만적 방법으로 대량 학살 되었다. 프랑스와 영국 간의 정치적이며 영토학장을 위한 주도권 전쟁은 케나다에서의 로마 카톨릭 선교에 지대한 타격을 입혔다. 영혼 구원을 위한 그들의 열정, 위험을 무릅 쓴 그들의 용감성, 고생을 견디려는 그들의 의지, 핍박자들에 대한 그들의 끊임없는 사랑을 미루어 볼 때 이들 선교사들은 교회 역사상 가장 위대한 인물들로 평가 받아야 할 것이다.

8. 아프리카

1454년 교황 니콜라스에 의해 도입된 이 후원 제도에 의하여 포르투갈은 아프리카를 복음화 할 책임을 지게 되었다. 1483년 포르투갈의 탐험가 디오고 카오(Diogo Cao)가 콩고에 도착하였다. 4년 후에 바들로뮤 디아즈가 그 유명한 아프리카 대륙 남단의 희망봉을 발견하였다. 서부 해안의 콩고와 앙골라 동부 해안의 모잠비크, 로데시아, 마다가스카르에 선교기지가 설립 되었다.

콩고에 기독교를 전파하기 위하여 많은 노력이 부여 되었다. 최초의 기독교인들은 디오고가 포르투갈로 끌고 간 포로들이었는데 그곳에서 그들은 기독교 교육을 받고 세례도 받았다. 처음 5명의 선교사들이 1491년에 도착했고, 왕으로부터 따뜻한 영접을 받았다. 왕과 그의 부인 그리고 아들 한 명이 기독교를 받아들였고, 세례도 받았다. 그러나 왕의 개종은 표면적인 것에 지나지 않았으며, 그 후에 압력을 이기지 못해 그의 이전 악습을 다시 행하게 되었다. 그의 아들은 기독교인이 되었는데 그의 형과 다른 사람들의 반대에도 불구하고 꾸준히 신앙을 지켰다. 그는 변함없이 기독교인의 삶을 살면서 선교 사업을 지원하고 교회를 건축하며, 더 많은 선교사들을 초청하였다. 증원 군이 1509년, 1512년, 1521년 세 차례에 걸쳐 입국을 하였다. 콩고에서 황제의 사절단이 로마의 교황 줄리우스에게 파견 되었고, 일단의 콩고 왕자들이 리스본에 보내져서 성직자가 되는 훈련을 받았다. 후자 중의 한 사람인 헨리가 세자였는데 귀국 후에 국가의 수도인 산살바도르의 최초의 주교로 서품을 받았다.

최초의 예수회 분견대원 네 명이 1548년 도착하여 산살바도르 성문에서 왕의 엄숙한 영접을 받았다. 그들은 3개월 이내에 5천명 이상의 개종자들에게 세례를 베푼 것으로 기록되었다. 그들은 귀족들을 위한 특수대학을 설립하고자 하는 웅대한 계획을 세웠으나 이 계획은 왕과의 충돌로 왕이 그들에게 포르투갈로 돌아가라고 명령을 내림으로써 무산되고 말았다.

콩고 선교는 마탐바의 여왕 징가(Zinga)가 심하게 타락한 이후 165년 진실하게 회심하고 나서 정신적 물질적으로 선교활동을 지원한 이후에 활기를 되찾게 되었다. 그녀의 치세 하에 카푸친 회가 도착하여 이교도 퇴치 작업에 혼신을 다하게 되었다. 콩고 선교의 운명은 여러 왕들과 여왕들의 태도에 따라 좌지우지 되었다. 그들 중 몇몇은 열렬한 기독교인으로서 백성들 사이에 기독교를 강화시키려고 많은 노력을 기울였다. 어떤 이들은 표면적인 개종 후에 다시 이교도적 관습으로 되돌아가서 기독교를 반대하였다. 또 어떤 이들은 신국교보다 구 종교를 선호하여 때로는 선교사들과 개종자들을 핍박하기도 하였다. 17세기 중엽에 이르러 콩고에서의 기독교는 성직자의 부족으로 인하여 점차로 사라지게 되었다.

앙골라는 1520년 왕과 백성들이 기독교인이 된다는 조건으로 포르투갈에 의해 무역이 시작되었다. 최초의 선교사는 콩고에서 온 한 사제였는데 왕을 개종시키는 데는 성공하였으나, 그 왕은 후에 이방 종교로 다시 되돌아가고 말았다. 포르투갈 왕은 여러 명의 사제들을 산 돔(San Thome)에서 앙골라로 파견하였다. 그들은 선교 활동에 실패하여 귀국해 버렸다. 1560년 콩고 선교사가 쇠퇴한 후 네 명의 예수회 수도사들이 포르투갈 대사를 따라 앙골라에 들어가 국왕 담비(Dambi)를 개종시키려고 하였으나 왕은 기독교에 흥미가 없어 사자들을 투옥시켜 버렸다. 그 후에 새로운 국왕과 그 신하들이 개종함으로써 상황은 역전 되었다. 16세기 말엽 로안도(Loando)와 마사간(Massagan)에는 2만명의 기독교인들이 있었다. 17세기 중엽에 예수회 수도사들이 로안도에 왔을 때 네 개의 수도원들이 성바울 교구와 관련되어 설립 되었다.

기아나에는 일찍이 14세기에 베닌(Benin)에 선교기지가 설립 되었는데 쇠퇴해 버렸다. 17세기 초 예수회 수도사들이 선교 활동을 재개 했을 때 여러 명의 왕들이 전도 받기를 원하였다. 그들 중 몇 명은 그들의 신하들과 더불어 세례를 받았다. 후에 이 선교 활동은 상류 기아나에 카르멜파(Carmelites) 수도사들이, 하류 기아나에 카푸친회 수도사들이 도착하면서 증대 되었다. 17세기 중엽에 이르러 이 선교 활동은 잠비아(Gambia)와 시에라리온까지 확대 되었다.

아프리카 선교는 동해안에서는 성공하지 못하였다. 프란시스코 선교사들이 1500년에는 카브랄과 함께, 1514년에는 프란시스 사비에르와 함께 인도로 가는 길에 아프리카 동부에 들려 이슬람교도들과 이방교도들에게 전도를 하였다. 그러나 이들은 성공하지 못하였다. 이상하게도 모잠비크의 최초의 선교사들은 고아 지방으로 파견 되었다. 그들은 통가(Tongue)까지 강을 따라 올라가 인함반(Inhambane)의 왕 감바(Gamba)와 그의 400여 명의 신하들에게 세례를 베풀었다. 탐험대 대장 곤칼로 신부(Goncalo)는 세나(Sena)와 마바트(Mabate)를 거쳐 잠베시(Zambesi)에 이르러 사람들에게 세례를 주고 모노모타파(Monomotapa) 왕국에 이르렀는데, 이 나라 황제는 선교사가 그에게 선사한 마돈나와 결부된 꿈을 꾼 후 믿음을 고백하였다. 그와 그의 신하들이 세례를 받았을 때 동아프리카 지역에는 기독교가 확고히 뿌리박는 듯이 보였다. 그러나 포르투갈의 정치적 야망과 선교사를 결부시킨 한 이슬람교도의 음모로 인하여 곤칼로를 살해하는 갑작스러운 사건이 일어났다. 이로 인해 박해가 시작되었고 선교 활동은 중단되었다. 도리어 동 아프리카 왕들의 관심을 더욱 잃는 결과를 가져왔다.

1577년 도미니크 수도사들이 모잠비크에 들어가 내륙을 횡단하면서 가는 곳마다 이슬람 사원들을 불태웠다. 이전의 개종자들은 이방 종교로 되돌아갔는데 그것은 아무런 도움이 되지 않았다. 1607년에 예수회 수도사들은 모잠비크의 오지에 상륙거점을 세우려고 두 번째 시도를 하였다. 이번에는 조금 성공적이었다. 1624년에 이르러서는 24명의 선교사들이 활동을 하였는데 그들 중 12명은 모잠비크 대학에서 활동을 하였다. 같은 시기에 도미니크 수도회에는 13개의 선교기지와 25명의 선교사들이 있었다. 몸바사(Mombasa) 근처의 북부 지역에서는 어거스틴 수도사들이 17세기 초엽부터 활동하고 있었다. 그들의 귀중한 개종자 중의 한 사람이 국왕 유수프(Jussuf)였는데 그는 선교 지원을 하겠다고 약속을 하였으나 이슬람교로 다시 돌아가 결국 그 지역의 모든 기독교인들을 살해하기에 이르렀다. 1630년 잠베시 선교 활동은 시들해지기 시작하였다.

마다가스카르는 아프리카 전 지역에서 가장 선교하기에 어려운 나라 중의 하나였다. 1648년 최초로 빈센틴회 수도사들이 전도단(Congregation of Propaganda)에 의해 파견되었다. 두 명의 선구적 선교사들이 포토도핀(Fort Dauphin)에 도착한지 몇 달 안에 죽었다. 몇 년 후 두 번째로 도착한 세 명의 선교사들도 같은 운명을 맞이하게 되었다. 세 번째의 시도가 행하여졌으나 세 명의 일행이 때 이르게 죽음으로써 허사가 되고 말았다. 마침내 1674년 겨우 25년간의 헛된 노력 후에 마다가스카르 선교는 붕괴되고 말았다.

18세기 중엽에 이르러 아프리카에서 로마 카톨릭 선교의 흔적은 찾아볼 수 없게 되었다. 어떻게 이러한 대 규모의 실패를 설명할 수 있을까? 여러 요인들이 언급될 수 있을 것이나 환경과 인종에게 원인을 찾을 수 있다. 즉 활동하기 어려운 기후와 근대적 의약품의 부족으로 인한 선교사들의 높은 사망률이며, 다음은 당시 모든 선교사들이 포르투갈 출신인 점을 감안 할 때에 당시에 노예무역으로 인하여 실추된 포르투갈 상인들과 지도자들에 대한 부정적인 정서, 그리고 무엇보다 저들을 교육하고 양육할 토착교회를 위한 지도자 양성의 실패와 아프리카 여러 왕국의 불안정한 정치적 상황들이라 할 수 있을 것이다. 아프리카 종족들 간의 불화와 전쟁은 지금도 약탈과 살해 등이 자행되고 있으며 심지어 인종 학살도 일어나고 있다. 그러나 위의 모든 이유들보다 더욱 정확하고 유력하며 시급한 원인은 선교사들의 피상적인 선교 방법으로 교회를 세우고 조급히 개종시켜 대량 세례를 주고 숫자를 과시하려는 영적 허영심이 빚은 결과이다. 남미와 아프리카의 선교는 이 시대에 남겨진 큰 숙제이다.

제2부

유럽의 프로테스탄트의 선교[163]
(A.D. 1600-1800)

제1장 유럽 개신교의 선교 태동

왜 개신교는 선교 역사에서 후발 주자가 되었는가? 그렇게 종교개혁의
불타는 열정과 신념으로 1500년대 이후의 새로운 시대를 여는 탐험, 식
민 활동 기간 중에 더욱 복음을 땅 끝까지 전하지 않았던가? 1500년과
1700년 사이에 로마 카톨릭 교회는 유럽에서 프로테스탄트[164]에게 빼앗
긴 숫자보다 이방세계에서 더욱 많은 숫자의 개종자를 얻었다. 왜 개신

---

163 허버트 케인, [세계 선교 역사], 5 '유럽의 프로테스탄트 선교의 시작' 97-110쪽 요약.
164 Protestant라는 명칭은 당시 로마 카톨릭에 항거하던 루터와 종교 개혁가들을 낮추어
서 '반항 자'라고 부른 통칭이다. 과거사에서는 프로테스타트 명칭을 그대로 인용하는
편이다. 그러나 현대에서는 일반적으로 개혁신앙 교회라는 호칭을 사용하기에 줄여서
'개신교'라 한다.

교는 오래 동안 선교활동을 시작 하지 않았던가? 그 요인을 알아본다.

첫째, 종교개혁자들의 신학적인 입장 때문이다. 그들은 선교의 지상명령이 예수님 당시의 12 사도들에게만 주어졌다고 생각하여 이미 사도들이 당시에 복음을 세상 끝까지 전함으로써 그리스도의 선교 명령을 완수했다고 가르쳤다. 그리고, 만약 후대인들이 복음을 받지 못했다면 그것은 그들 자신의 잘못으로서 그들이 믿지 않음으로 하나님의 심판을 받을 것이며, 또 사도직은 직접적인 소명을 받는 것으로서 특수한 기능과 기적을 행하는 힘 등은 소멸되었기 때문에 후세대의 교회는 선교사들을 세상 끝까지 파견할 권위도 책임도 없다고 가르쳤다. 신학이 복음을 압도하고 주도할 때에 교회는 생명력을 잃어버리게 된다는 슬픈 현실이다.

물론 이 견해에 예외는 있었다. 하드리안 사라비아(Hadrian Saravia :1531-1613)와 저스티니안 폰 벨츠(Justinian von Weltz : 1664)는 교회들에게 세계 복음화에 대한 책임을 촉구하는 논문을 썼다. 그러나 그들과 같은 사람들은 '광야에서 외치는 자의 소리'에 불과하였다. 그들은 자주 무시 받았으며, 더욱 많이 논박 받았고, 심지어는 조롱을 받았다. 이상스럽게도 전 세계의 복음화를 가장 열렬하게 부르짖은 사람은 철저한 인문학자인 에라스무스(Erasmus)였다.

당시에는 인간의 책임을 배제하고 하나님의 주권만 강조하는 예정론자들이 많이 있었는데 그들은 다음과 같이 말하였다. '만약 하나님이 이방인들의 개종을 원한다면 그들은 인간들의 노력 없이도 구원 받을 것이다. 만약 하나님이 이방인들의 구원을 바라지 않으시면 인간이 끼어드는 것이 어리석고 무익한 것에 지나지 않을 것이다. 칼빈은 "우리는 그리스도의 왕국이 인간의 노력으로 발전 되거나 유지되는 것이 아니라 오직 하나님의 일일 뿐이다." 라고 주장하였다.

여기에 덧붙여 급속히 말세가 다가오고 있다는 묵시론 자들이 있었다.

특히 루터는 미래에 대해 부정적인 견해를 갖고 있었다. 그의 [식탁에서의 대화] (Table Talks)에서 "앞으로 100년 후면 모든 것은 끝날 것이다. 하나님의 말씀은 설교하는 이들이 부족함으로 사라져 버릴 것이다."라고 하였다고 한다.

두 번째 요소는 16세기와 17세기 프로테스탄트 교회들의 슬픈 역량 한계에서 발견 된다. 로마 카톨릭 교회와 비교해 볼 때 그들은 숫자와 세력 면에서 영세성을 면치 못하여 취약하였다. 더구나 카톨릭 교회는 반종교개혁을 시작하여 종교개혁자들에게 잃은 영역을 많이 되찾았다. 로마에 대항하는 전쟁은 오래 동안 비참하게 지속되었으며, 그 결과는 예측이 불가하였다. 30년 전쟁으로 독일은 경제적 사회적으로 황폐하고 혼란하게 되었다. 살아남으려고 발버둥치는 프로테스탄트 교회들은 세계 선교에 대한 비전이나 필요성을 느끼고 나서서 주도할 여력이 없었다고 보아야 한다. 더욱 내부 결속과 역량을 약화시킨 것은 루터파와 개혁파 교회들 간의 서로 물고 뜯는 싸움이 계속된 것이었다. 만약 그들이 힘을 합하여 공동의 적에 대항하였더라면 그들은 유럽 국가와 해외에서 전도와 선교 활동을 잘 할 수 있었을 것이다. 그러나 개신교 내에서 교권싸움으로 분열하고 카톨릭 교도들을 증오하는 점에서만 일치를 보였다. 그들은 로마 카톨릭과 결별하자마자 서로 대항하여 싸우곤 하였다.

예를 들면, 색슨 지방에서는 "칼빈 주의자가 되기보다는 차라리 카톨릭 교도가 되겠다."는 유행어가 있었다. 극단적인 루터교인들은 칼빈주의자들이 기독교 신자라는 사실조차 부인하였다. 이들은 서로 파문하고 파문 당하곤 하였다. 16세기 중엽 아우구스부르크 고백을 하는 교회들이 성찬식 문제로 심한 논쟁 끝에 분열되었다. '정통 교리' 문제로 벌어진 논쟁이 기독교 역사상 그 어느 시기보다 이 시기에 더욱 크게 벌어졌던 것이다. 지금도 개신교회는 개 교회 주의와 지역적인 차이를 수용하지 못하고 서로 물고 뜯고 싸우곤 한다. 이러한 경우에 종합적이고 막대한 물적, 인적, 제도적 후원을 해야 하는 선교는 불가능한 것이다.

세 번째 요인은 아시아, 아프리카, 신대륙 등지의 선교지로부터 프로테스탄트 유럽이 고립되어 있던 것이다. 로마 카톨릭 국가들이었던 스페인과 포르투갈이 종교 개혁 이후의 강력한 탐험과 식민 활동 세력으로 상호 결속한 것을 보면 알 수 있다. 1세기 이상 그들은 해상을 완전히 장악하고 세계 무역을 독점하고 있었다. 그들의 배가 어디에 가든지 상인과 선교사들이 동행하였다. 포르투갈과 스페인 왕들은 해외식민지의 복음화에 깊이 관심을 가지고 적극 후원을 하였다. 이 당시 스페인 국왕 펠리페2세(1527-1598) 재위(1556-1598년 40년간)의 무적함대165는 해적 수준의 악명을 떨치고 당시 해상권을 주름 잡았다. 그 후에 네덜란드와 영국이 뒤를 이어 해상 활동을 하였는데 그들은 근본적으로 식민 활동보다는 상업에 관심을 가졌다. 1602년에 설립된 네덜란드 동인도 회사는 그들의 목적들 중의 하나가 그들의 해외 영토에 개혁 신앙을 심는 것이라고 했으나 거의 실천하지 않았다. 영국의 동인도 회사는 이런 야무지고 일관성 있는 거룩한 종교적 욕심을 부리지 않았다. 직원들을 위하여 목사(chaplin)를 채용하기는 했으나 해외 식민지의 원주민들에게 선교 활동하는 것은 단호히 반대를 하였다. 그들의 선박이나 개척한 영역에 선교사들이 승선하거나, 거주하는 것을 금지하였다고 한다. 어쩌면 신사적이고 정교분리의 원칙을 지켰으나 로마 카톨릭에 비하면 선교적인 차원에서는 소극적이었다고 할 수 있다.

네 번째 요인은 프로테스탄트 교회 안에 카톨릭 신앙을 전 세계에 열정적으로 보급시켰던 예수회, 도미니크, 프랜시스코, 어거스틴 등과 같

---

165 'Invincible Armada'(무적함대) of Spain : 1588년 개신교의 반란 국 네덜란드를 지원하는 잉글랜드를 정벌하고자 무적함대가 공격을 하였으나, 칼레 해전에서 대패하고 해상 무역의 주도권이 영국으로 넘어 가고 스페인은 쇠퇴 한다.

은 적극적인 선교단이 없었다는 점이다. 로마 카톨릭의 전 세계적인 선교 활동과 비교하여 다음과 같이 말한 선교 학자가 있었다.

[교황의 선교 활동 대리자들로서 로마 교황청과는 별도로 수많은 종교 단들이 선교 활동에 열정적으로 종사하였으며, 복음 전파를 위해 상호 경쟁을 하였다. 첫째, 오래된 선교 단체들은 그들의 활동을 새롭게 하였다. 프란시스코외와 도미니크외, 그리고 어거스틴회, 카르멜파 등도 먼저 내부 개혁을 단행하였다. ... 정규 종교단으로 채택되지 않은 새로운 국교 단들도(카푸친회를 제외한) 역시 상대적으로 말하여 선교활동 면에서 정상에 오르고자 하는 그들의 목적과 깊은 성향에 의해 스스로를 개조하고 일을 추진해 갔다. 이러한 활동에 적합한 자질들로는 특히 그들의 세계주의적 성향, 그들의 적응력과 활동력, 그들의 군대조직과 중앙 통치제도, 그들의 공통 명분을 위한 개인들의 절대복종과 완전한 자기희생 등이었다.] 166

2세기 후 프로테스탄트 교회들이 선교 활동을 시작했을 초창기에 그들은 로마 카톨릭 교회의 종교 단체들과는 비교할 수 없었다. 재정과 인력, 그리고 조직 면에서 교황청과 카톨릭 군주가 후원하는 선교단을 필적할 수가 없는 한계는 이미 상정할 수 있었다. 개신교단 중에 가장 규모가 큰 선교 그룹은 여러 종파들 중의 하나였던 모라비안 교회를 꼽을 수 있을 정도였다. 거의 예외 없이 그들의 선교사들은 지식보다는 열심을 많이 가졌으나, 교육 받지 못한 사람들로서 장인들(artisans), 농부들, 경작해야 할 땅이 있고 지어야 할 집이 있고 부양해야 할 가족이 있는 기혼자들이 이었다. 그러므로 가족 간의 유대와 가사 일로 속박된 프로테스탄트 선교사들이 그의 상대인 로마 카톨릭 교회와의 전문성과 전적인 지원 면에

---

166 Joseph Schmindlin, Catholic Mission History(Techy, III. : Divine Word Mission Press, 1933), p.259.

서는 도저히 상대가 되지 못했다. 분명히 그들은 예수회의 군대적 훈련과는 애초부터 비교 할 수 없었던 것이다. 프로테스탄트 선교단이 조직화되고 힘을 쓰게 된 것은 산업화 이후에 축적된 재력과 지식, 그리고 자발적으로 헌신하는 선교 역량이 발휘 될 수 있는 근세에 와서야 가능하였다.

1. 대륙에서의 선교 활동 시작

근대적 선교 활동이 유럽 대륙에서 일어나기 이전에 여러 가지 미성숙한 시도들이 행하여졌다. 1555년 칼빈이, 리오데자네이로 안에서 박해받는 프로테스탄트 신도들을 위하여 식민지를 건설하고자 네 명의 선교사들과 일단의 프랑스 위그노 교도들을 보냈던 브라질에서 그 시도는 시작되었다. 인디언들을 복음화하기 위하여 단편적인 여러 가지 정책들이 시도 되었으나 성공하지는 못하였다. 후에 그들의 지도자 빌레가그논(Villegagnon)이 변절자가 되어 이 식민지를 포르투갈인의 손에 넘겨주었고 그들은 이 식민지를 파괴시켰었다. 소수의 생존자들은 후에 예수회에 의해 살해 되고 말았다.

네덜란드 동인도 회사가 주동이 되어 1622년에 리이든(Leyden) 대학에 신학교가 설립되어 동인도지역의 선교를 위해 목사들과 선교사들을 훈련시켰다. 그러나 이 모험은 생명이 짧았다. 이 사업은 겨우 12년 간 지속되었는데 이 기간 중 12명의 선교사가 파송 되었다. 그들 중 대부분은 5년 후 그들이 사역한 종족의 토속어도 다 배우지 못한 채 귀국하고 말았다.

1661년 퀘이크 교의 창시자인 조지 폭스(George Fox)가 세 명의 추종자들을 중국에 파견하였으나 그들은 목표를 달성하지 못하였다. 선교활동을 시도한 최초의 루터파 선교사는 오스트리아 사람인 저스티니안 폰 벨츠 남작이었다. 1664년 교회에 선교사명을 촉구하며 분명한 소명을 밝혔다. 세 개의 팜플렛을 발표하여 그는 교회의 선교사명을 촉구하고 그 일을 추진하기 위한 선교단체나 협회를 조직할 것을 요구하고 선교지망생들을 훈련시킬 학교를 설립하라고 주장하였다. 그러나 시기가 적당하지 않았다. 교회들이 비록 교리는 정통적이었으나 영적 생활과 선교에 대한 비전이 턱 없이 부족하였다. 모른 척하고 지낼 수가 없어서 그의 동료들은 분연히 일어나 그를 몽상가, 광신자, 이단자라고 몰아붙였다. "하나님의 거룩한 것을 이와 같은 개들과 돼지들 앞에 던져서는 안 된다."고 말했다.

반대와 조롱을 견디지 못하고 당황한 이 남작은 네덜란드로 피신하여 그곳에서 그의 남작 칭호를 포기하였다. '이방인을 위한 사도'로 안수 받은 후 그는 네덜란드령 기아나(수리남)로 항해해 가서 미처 수확을 거두기전에 때 이른 죽음을 맞고 말았다. 기타 선교 활동도 실패로 끝났다. 프로테스탄트 교회들은 선교활동을 계속하기 이전에 그들의 내부 개혁부터 해야만 했다.

2. 독일의 경건주의

근대 선교활동은 1648년 웨스트팔리아 평화조약으로 종결된 30년 전쟁 후 독일에서 시작된 경건주의 운동의 직접적인 결과였다. 프로테스탄트의 종교개혁이 로마 카톨릭의 거짓 교리와 도덕적 타락에 대항한 운동이었던 것처럼 경건주의 운동은 유럽의 프로테스탄트 국가 교회들의 열매 없는 정통주의와 형식주의에 대항한 운동이었다. 헤겔의 정반합의 논리가 성립되는 역사 과정이라고 할 수 있다.

경건주의의 아버지는 필립 스페너(Philip Spener : 1635-1705)였다. 초기에는 스트라스부르크(Strasburg)와 후에는 프랑크푸르트(Frankfurt)

에서 루터교 목사였던 스페너는 영성 개발을 조직적으로 추진함으로써 그의 양떼들의 영적 수준을 높이려고 노력하였다. 기도와 성경 공부를 위한 오두막 모임(cottage meetings)을 통해 주일 설교를 보강하였고 성도들의 교제의 분위기를 돈독하게 하였다. 경건주의 신학은 몇 줄로 요약할 수 있다. '복음 선교의 열정 없이 선교의 비전은 있을 수 없고, 개인적인 경건한 삶이 없이 복음전도의 열정이 있을 수 없고, 친밀한 회심의 경험 없이 개인의 경건이 있을 수 없다. 경건주의자들의 진실한 종교는 머리가 아닌 가슴의 문제이다.' 따라서 경건주의자들은 오직 영성개발에 중점을 두었던 것이다.

이전의 다른 개혁자들과 마찬가지로 스페너는 교권주의자들의 진노를 사게 되었다. 정부와 기성 교회 권위자들은 그와 그의 운동을 비난하였다. 그러나 반대와 핍박에도 불구하고, 경건주의는 전염성이 강하여 루터 교회에서 많은 지지자들을 얻었다. 색슨 대학이 새로운 종파들에게 문을 닫자 경건주의자들이 그들 자신의 대학을 1694년에 할레(Halle)에 개설하였다. 10년간 스페너는 그 학교를 건축하였다. 1705년 그가 죽은 후 가장 영향력 있는 지도자는 어거스트 프랑케(August Francke :1633-1727)였는데 그는 그의 일생을 바꿔놓은 깊은 신앙 체험을 한 후 라이프지히 대학에서 해고되었었다. 그는 전심으로 경건주의를 받아들였다. 그의 영향력으로 할레는 경건주의 운동의 교육적 중심지가 되었고 18세기 선교 활동의 샘터가 되었다. [이 대학은 빈민 학교, 청소년 학교, 고아원, 라틴어 학교 등으로 둘러싸여 있었는데 약 6천명의 성직자들이 독일에서 가장 규모가 큰 할레 대학의 신학부에서 교육을 받았다. 보가츠키(Bogatzky)가 할레의 가장 영향력 있는 영적 작가들 중의 하나였고 프레이링하우젠(Freylinghausen)은 주요 찬송가 작가였다. 라인 강 하류 지역의 개혁적 경건주의자들조차도 할레 대학에 정기적으로 공헌을 하였다.

아메리카의 식민주의 루터 파들은 할레로부터 대부분 복음화 되었다.]167

3. 덴마크의 할레 선교회

할레 대학에서 최초의 프로테스탄트 선교 기구인 덴마크 할레 선교회
(The Danish Halle Mission)가 시작되었다. 선교사들과 대부분의 지원
은 할레로부터 주어졌고 초기의 기동력은 덴마크에서 시작되었다. 따라
서 그 이름이 덴마크 할레 선교회이다.

1620년에 덴마크는 인도의 동해안의 트랭쿠바(Tranquebar)에 무역을
위한 최초의 식민지를 건설하였다. 초기부터 식민주의자들의 영적 필요
를 채워주기 위해 사역자들이 파견 되었다. 그러나 이것은 원주민을 위
한 선교사역을 시작하기 100년 전의 일이었다. 1705년 코펜하겐의 궁정
목사인 프란쯔 루트켄(Franz Lutkens)이 황제 프리드리히 4세에 의해 동
인도 제도에 보낼 선교사들을 모집하도록 임명 되었다. 덴마크에서 적당
한 사람들을 찾지 못한 루트켄은 스페너와 독일의 프랑케와 상의하여 경
건주의 중심지인 할레에서 지원자들을 얻어 보려 하였다. 바돌로뮤 지겐
발크(Bartholomew Ziegenbalg)와 하인리히 플루츠크(Heinrich Plutsch
며) 두 사람이 추천되었는데 이 둘은 할레에서 프랑케에게 교육을 받았다.

시초부터 이 선교활동은 유럽과 인도에서 반대에 부딪혔다. 독일의 루
터교들은 이 선교지원에 실패하였다. 대신 정신적, 물질적 지원이 할레와
관심을 가졌던 개인들로부터 왔다. 실제로 바르넥(Warneck)은 "그러나 프
랑케가 아니었다면 덴마크 선교는 잠속에 깊이 빠져 버렸을 것이다."168
라고 까지 말할 정도다. 그들의 경건주의적 확신 때문에 이 두 명의 선교

---

167 James H. Nicholas, op. cit., p.84.
168 Gustav Warneck, History of Protestant Mission(New York : Revell, 1904)
    p.44.

사들은 그들에게 안수를 해줄 덴마크 교회를 얻기가 힘이 들었다. 뒤늦게 어렵사리 안수를 받고 그들은 1705년 11월 29일 트랭쿠바로 항해해 갔다. 그들의 출발은 독일 루터파 내의 심한 저항을 불러일으켰다. 로쉬(V.E. Loscher)같은 몇몇의 지도자들은 상대적으로 비판을 관대하게 했고 선교지원에 대한 '엉성한 경고'를 하는데 만족하였다. 대부분의 비평가들은 이 연륜이 짧은 선교 활동에 과격한 비판을 하였다. 위텐베르그 대학의 신학부 교수들은 선교사들을 '소명이 불확실한 거짓 선지자들'이라고 불렀다.

1706년 7월 9일 트랭쿠바에 도착한 이들은 비록 그들이 국왕 프리드리히 4세의 신임장을 가지고 있음에도 불구하고 덴마크 총독의 노골적인 적대를 받았다. 더구나 그들의 경건주의 사상은 그들을 침입자로 간주하여 그런 식으로 대우하던 동인도 회사의 목사의 환심을 사지 못했다. 행동을 어떻게 해야 할지 확신하지 못했던 덴마크 총독은 그들을 때로는 핍박하고 때로는 보호해 주기도 하였다. 한번은 지겐발크(Ziegenbalg)를 투옥시키기도 하였다.

플루츠크의 사역기간은 겨우 5년 밖에 되지 않았다. 결코 건강하지 못했던 지겐발크는 15년 간 인도사역에 종사할 수 있었다. 그의 휴가 중(1715) 그는 유럽을 광범위하게 여행하면서 트랭쿠바 선교에 대한 관심을 많이 불러일으켰다. 그는 덴마크와 영국 왕으로부터 영접을 받았다. 그는 할레에서 시간을 보내면서 훗날 모라비안 선교 운동의 아버지가 된 젊은 진젠돌프(Zinzendorf)를 만나 그에게 많은 영향을 끼쳤다. 1719년 그가 죽을 당시 이 선교는 덴마크, 대영제국, 심지어는 뉴잉글랜드에서 많은 친구들을 갖게 되었다.

4. 모라비안 선교

모라비안 교회(the Moravian Church)의 기원은 핍박을 받으며 오래 전 체코의 존 후스(John Huss)를 추종하던 사람들이 발덴(Waldensians) 파와 모라비안 파 사람들과 연합하여 연합 형제단(Unitas Frantrum)을 형성했던 1467년으로 거슬러 올라간다. 반종교개혁에 의해서 거의 멸망 받은 후 소수의 후스 잔존 자들은 크리스쳔 데이빗의 지도하에 1722년 색슨 지방으로 이민하여 진젠도르프 백작으로부터 드레스덴 근처 그의 영지의 한 부분에 피난처를 제공 받았다. 헤른후트(Hernhut : 주님의 파수꾼)라고 알려진 이 식민지는 지구 전체를 선회하는 열정적인 선교활동의 근거지와 중심지가 되었다.

니콜라스 루드비히 진젠도르프(Nicolaus Ludwig Zinzendorf : 1700-1760)는 스페너의 대자(代子)이며 할레에 있는 프랑케의 그래머 스쿨의 학생이었다. 그는 젊은 시절에 그의 전 생애와 재물을 주님의 영광을 위하여 헌신하기로 서원하였다. 혈통과 직업상 열렬한 경건주의 자였던 그는 "나는 한 가지의 정열이 있는데 그것은 주님이요, 그 분 뿐이다." 라고 공언을 하였다. 그는 곧 이 식민지의 인정받는 지도자가 되었으며, 종교 활동을 위한 단체를 조직하기 시작하였다. 그는 1737년에 모라비안 교회의 주교가 되었다. 30년 동안 그는 세계적인 선교 활동을 격려하고 지도하였다. 그와 프랑케는 18세기의 빛나는 개신교회의 선교 지도자들이었다.

진젠돌프에게 선교의 자극은 이상한 방법으로 주어졌다. 1730년 서인도 제도의 덴마크 령 성 도마(St. Thomas) 섬에 사는 흑인 노예들을 위한 것이었다. 그 다음으로 1733년에 그린랜드에서 역시 서인도 제도의 성 크로 섬(St. Croix)에서 1734년까지 계속 되었다. 두 번째 그룹의 10명의 선교사들이 첫 해에 죽었으나 빈자리를 채우기 위해 선교사들을 모집하는 것은 어려운 일이 아니었다. 그 외의 선교지도 개설 되었다. 수리남(1735), 자메이카(1754), 엔티카(1756) 등. 1732년에서 1760년 사이에 226명의 모라비안 선교사들이 10개의 선교지에 입국을 하였다.

[모라비안 형제들이 선교사역을 시작한 이래 20년 동안 그들은 영국 성공회와 다른 개신교 선교사들이 그 이전의 200년간 했던 것보다 훨씬 많은 선교사역을 시작하였다. 그들의 이 놀라운 성공은 시초부터 그들이 세계 선교가 기독교회에 주어진 가장 중요한 임무이며 이일을 수행하는 것이야말로 기독교 공동체의 '공동임무' 임을 인식했기 때문이었다. 1930년까지 모라비안 교회는 거의 3,000명의 선교사들을 파견하였으며 그들 교인수와 선교사 비율은 12 :1이었다.][169]

거의 모든 선교지에서 그들의 노력은 열매를 맺었으며 오래지 않아 그들은 국내의 한 사람당 선교지에 세 명의 멤버를 갖게 되었다. 그리고 이 모든 일들이 정규 신학교육을 받지 못한 사람들에 의해 이루어졌던 것이다. 이러한 점은 오늘날 우리가 배울 점이 많으며, 세계 선교사상 유래가 없는 열정이며 헌신이라고 칭송할 만하다. 초대 교회 사도들과 같이 그들은 '배움이 없는 무식한 사람들.'이었다. 그린랜드에 간 초기의 두 명의 선교사들은 무덤을 파던 인부였으며, 서인도 제도에 간 두 명의 선교사 중 한 사람은 토기장이이고 다른 사람은 목수 출신이었다. 그럼에도 그들은 지식적으로 부족한 부분을 열심히 보강하였다. 그들이 스스로 선교사로 나갈 때는 스스로 여비를 가지고 갔으며 선교 현지에서는 자신의 생계를 해결하는 자비량 선교사(tent maker : 사도 바울이 수범을 보인 개척자였다)였다. 심지어는 노예로 팔려가서 그들과 함께 고생하면서 복

---

169 Charles H. Robinson, *History of Christian Mission*(New York : Scribeers, 1915), p.50.

음을 전하였다고 한다. 그들의 아내와 자녀들도 동행하였으며 선교지에서 죽어 매장되었다. 오랜 세월 동안 그들은 그들의 낮은 신분을 면치 못하였으나 말할 수 없는 겸손과 용기, 근면, 인내의 힘으로 점차 유럽인들의 편견을 극복할 수가 있었다.

230년이 지난 후에도 모라비안들은 세계 각국에서 선교 활동에 헌신하고 있었다. 그들은 네 곳의 선교 거점을 장악하고 있었는데, 서독, 영국, 덴마크, 미국이며 이들 자리에는 모라비안 선교지원 기관이 있었다. 덴마크 할레와 마라비안 두 선교기관이 18세기 전반을 통틀어 선교의 중심을 차지하고 있었다. 18세기 말엽(1979)에 이르러 네덜란드 선교회(Netherlads Missionary Society)가 활동을 개시하였다.

19세기 동안 약 15개의 대륙 선교회가 조직 되었다. 독일은 베를린 선교회(Berlin Missionary Society, 1824), 레니쉬 선교회(Rhenish Missiion, 1828), 고스너 선교회(Gossner Mission, 1836), 라이프치히 선교회(Leipzig Mission, 1849), 헤르만스버그 선교회(Hermannsburg Society, 1849) 등 5개의 선교회를 통해 선교 활동을 인도하였다. 1821년과 1874년 사이에 스칸디나비아 네 개국은 6개의 선교 단체를 조직하였다. 프랑스에서는 파리 복음 선교회(Paris Evangelical Society)가 1822년에 조직 되었다. 1815년에 시작된 스위스 바젤 복음 선교회(Bazel Evangelical Missionary Society)는 이들 중 최초의 것이었다.

이 모든 선교기구들은 계속 활동을 하였으나, 1,2차 세계 대전을 치루면서 약화되었으며 특히 독일의 선교기관들은 심한 타격을 받았다. 현재 독일 선교사들의 숫자는 1,300명 정도에 이른다.

5. 복음주의 부흥 운동

대륙에서의 선교 활동이 17세기 경건주의 운동에서 시작되었음은 주지의 사실이다. 이제 우리는 18세기의 요한 웨슬리(John Wesley)와 조지 휫필드(George Whitefield) 지도하에 일어난 영국의 선교활동의 기원과 복음주의 부흥 운동을 추적하고자 한다. 이러한 부흥 운동은 두 개의 개별적이고 특별한 활동은 아니었다. 오히려 이것은 18세기 초반에 전기독교 세계에 엄청난 영향을 끼친 성령 역사에 의한 한 가지 사건의 두 가지 양면이었다. 위대한 영적 각성의 설교자들은 영국의 웨슬리와 휫필드, 미국의 요나단 에드워드였다. 이 두 부흥 운동을 연결해 준 것은 웨슬리가 개인적으로 진젠돌프와 모라비안 교회와 접촉한 것이며, 휫필드가 프랑케의 업적을 연구한 것을 통해서이다. 요한 웨슬리는 복음 전도회(Society for the Propagation of the Gospel)의 도움으로 조지아에서 몇 년간 사역을 하였었다. 애초에는 사바나(Savannah)의 백인 거주인들의 선교사역에 헌신하였으며 인디언들에게는 소홀하였다. 그러나 그는 자신의 선교 사역에 크게 실망하였고 교인들은 그의 율법주의적이며 엄격한 방식에 거부하였기에 실망과 환멸을 느끼고 신대륙의 조지아를 떠나게 되었다. 그가 귀국하는 선상에서 자신은 좌절하고 패배감에 젖어있었으나 거칠고 무서운 풍랑 앞에서도 굴하지 않고 기쁨으로 찬양하며 뜨겁게 기도하는 모라비안 형제들을 접한 후에 깊이 감동을 받고 회개하고 귀국 후에도 모라비안 교단과 계속적인 교제를 하였다.

1738년 5월 24일 올더스게이트 가(街)에서 가졌던 기도 모임에 참석하는 중 새벽녘에 웨슬리는 일평생 그가 갈망하였던 영혼의 평화를 경험하였다. 교회사에 큰 영향과 변화를 준 순간이었다. 웨슬리는 그의 일기에 기록하고 있다. "나는 나의 가슴이 이상하게 따스해짐을 느꼈다. 나는 나의 구원을 위해 오직 예수 그리스도만을 신뢰하여야 함을 깨달았다. 그러자 그가 나의 모든 죄, 아 나의 죄조차 깨끗이 씻어주시고 죄와 사망의 법에서 나를 구원하셨다는 확신을 주셨다." 웨슬리는 모라비안에 대하여 더 이해하기 위하여 헤른후트를 방문하여 진젠도르프 백작과 수일 동안의 대회를 나누었다. 웨슬리는 자신의 영적 체험과 각성의 출발점을 삼아 선교 역사상 가장 위대한 전도사역을 시작하였다. 이 사역은 40년간 계속되었는데, 하루에 3,4회 설교를 하였다. 그리고 그는 선천적인 영적 리더십을 발휘하여 감리교를 조직하게 되었는데 처음에는 영국, 다음에는 미국으로 확대하였다. 도덕적으로 종교적으로 참담한 영국을 구출하여 시작한 영적 운동이 윌리암 케리(William Carey : 17 Aug.1761-9 June 1834[170])에 의해 시작된 근대 선교의 초석을 놓았다고 볼 수 있다.

6. 영국의 초기 선교활동

일반적으로 영국의 선교는 1792년 근대 선교의 아버지로 알려진 윌리암 케리에 의해 시작되었다고 알려져 있다. 그러나 엄격하게 말하면 이것은 사실과는 거리가 있다. 이미 세 개의 선교단체가 존재하고 북아메리카의 식민지 내에서 활동을 하고 있었다. 첫 번째의 것은 1649년 창설된 뉴잉글랜드 복음 전도회(Society for the Propagation of the Gospel in New England)였다. 그 명칭이 사사해 주듯이 이 선교회는 북아메리카의 인디언을 염두에 두고 조직되었다. 이 선교회 최초의 선교사는 존 엘리오트(John Eliot)이며, 메사추세츠 주에서 이 지역 인디언 선교를 위하여 50년을 헌신하였다. 이 선교회는 독립 전쟁때까지 뉴잉글랜드 지역에서 활동하였다.

기독교 지식 증진 협회(Society for Promoting Christian Knowledge)

---

170 구두 수선공에서 근대 개신교 선교의 아버지라고 불리며 인도의 콜카타에 그의 기념 선교 대학이 있다.

는 성공회 내 독립 선교단체로서 1698년에 조직 되었다. 이 단체의 중심은 쉘던(Sheldon)의 교구 목사이면서 런던 주교의 메릴랜드 대표자였던 토마스 브래이(Thomas Bray)였다. 원래는 신대륙의 백인 식민 자들의 신앙생활을 돕기 위하여 기독교 문서 보급과 신대륙의 성직자들의 도서실을 확장시켜주려고 하였으나 점차 신대륙 여러 지역의 선교 단체로 활동하게 되었다. 18세기에 위기를 맞이하였을 때에는 남부 인도의 덴마크 할레 선교 사업을 돕기도 하였다. 260년 이상 이 기관은 자원기구의 역할을 담당하였으며, 성공회뿐만 아니라 다른 교회들을 위해 기독교 문서를 보급해 왔다. 1835년 이래 이 기관은 자체 내에서 출판사역도 하였으며 전 세계적인 서점 망을 가지고 있다.

외국 복음 선교회(Society for the Propagation of the Gospel in Foreign Parts)는 통상 세계적으로 SPG로 알려져 있는데 가장 오래된 단체로서 거의 1세기 동안이나 영국 교회의 선교기관이었다. SPG와의 그의 자매 선교 기구인 교회 선교회(Church Missionary Society)와의 주요 차이점은 전자는 고교회파(High Church)였으며 후자는 저교회파(Low Church)171였다는 점이다.

SPCK에서와 마찬가지로 SPG에서도 토마스 브래이가 창설 당시의 주요 인물이었다. SPG는 1701년 황실의 허가에 의해 두 가지 목적을 지녔다. 하나는 신앙 지도의 부족 때문에 이교도의 관습에 빠져버릴 위험에 있는 해외 영국 식민자들의 영적 필요를 채우기 위해서이고 다른 하나는 이교도들인 토착민들을 선교하려는 것이었다. 18세기 전반을 통해 SPG는 극도로 제한된 예산 안에서 상당히 소박한 활동만을 하였다. 이 기간 중에 이들의 활동은 미국 식민지들과 서인도 제도에 국한 되었다.

---

171 高 교회란, '하나님의 주권'을 강조하고 오직 하나님께 영광을 돌리는 다소 권위적인 장로교회를 말하며, 低 교회란 저변의 회중을 중시하고 인간의 감동과 결단을 촉구하는 교회의 유형으로 침례교회와 감리 교회 등이 해당된다.

7. 선교 대국 영국과 미국에서의 선교

만약 서양의 식민 활동이 바스코 다 가마(Vasco da Gama)에 의해 시작되었다고 하면 개신교의 선교는 윌리암 케리에 의해 시작되었다고 말할 수 있다. 루터가 종교개혁의 대명사라면 윌리암 케리는 선교의 대명사이며 '근대 선교의 아버지'라고 불러도 과언이 아니다. 물론 그 전에 선교사와 선교 기구들이 없는 것이 아니고 많은 인물들이 헌신하고 희생을 불사하였으나, 본격적이며 체계적으로 근대 선교의 문을 연 것은 윌리암 케리(William Carey)이다. 단순히 식민정책의 일환으로 원주민 선교의 방계 사역이 아니라, 복음의 불모지역이며 황무지와 같은 인구대륙 아시아에 선교의 불을 던진 것은 윌리암 케리이다. 더욱이 로마 카톨릭의 막대한 조직과 재정, 인물에 비하여 일천하였던 개신교가 마침내 산업화와 민주화를 겪으면서 축적된 저력과 경건주의 운동에 힘 입어 일어서게 된 영국과 미국의 개신교가 앞장 선 것이 큰 의미가 있으며 여기에 한국 교회와 현대 선교의 공통분모가 있기에 더욱 주목하고 연구할 필요가 있다.

제2장 개신교 선교의 융성기[172](A.D. 1793-1945)

1. 선교의 위대한 세기

선교학자들은 19세기를 '선교의 위대한 세기'라고 부른다. 교회사가 라투렛이 쓴 7권짜리 [교회 확장 사] 중에서도 마지막 3권이 19세기에 관한 것일 정도로 19세기는 선교의 열매가 많이 맺혀진 세기였으며, 한 세

---

172 안승오, 박보경, [현대 선교학 개론], V. 개신교 선교의 융성기, 136-148쪽 요약.

기가 조금 넘는 길지 않은 시기 동안 기독교 복음이 세계 방방곡곡에 전파되지 않은 곳이 없을 정도로 놀라운 성장을 거둔 시대였다. 물론 이러한 열매 뒤에 '제국주의'라는 어두운 그림자가 있었던 것도 사실이지만 분명히 선교사들의 엄청난 피 흘린 헌신이 있었던 것도 사실이다. 19세기를 왜 이전의 시대에 비하여 위대한 선교의 세기라고 부르는지 몇 가지 이유들을 살펴173 보려고 한다.

1] 지리적으로 광범위하게 선교 사역이 진행된 시기

19세기는 참으로 광범위하게 선교사역이 진행된 시기였다. 범위만 광범위 한 것이 아니라 수적으로도 가장 많은 선교사들이 파송된 시기였다. 이처럼 광범위한 지역에 많은 수의 선교사들을 파송하게 된 배경은 무엇일까?

첫째, 당시에는 식민지 개척이 매우 활발하게 진행되었는데, 이와 같은 식민지 개척과 산업 혁명의 결과로 서방 국가들의 경제적 부의 축적이 이루어졌고, 이로 인해 중산층이 두터워지면서 그들의 선교사역의 여력이 활발하게 되었다.

둘째, 교통수단이 발달 되었다. 특별히 증기기관의 발명은 획기적이었다. 선교 초기에는 목적지에 도착하는 확률이 보통 1/3 정도에 지나지 않았기에 도착하기도 전에 선교사의 2/3이 목숨을 잃었다. 그러나 증기기관의 발명으로 인하여 선교사들이 속한 시일 내에 선교지에 도달할 수 있었으며, 이러한 교통의 원활로 인하여 선교사의 수와 활동과 보급이 원활하게 되었다.

셋째, 일반적인 평화상태의 유지가 도움이 되었다. 당시 선교사들이 활동하는 지역에 대하여 식민지 정부가 그 지역의 치안을 확보하였는데,

---

173 서정운, [선교와 교회], 55쪽. 황순환 [선교와 문화], 247-248쪽, 안승오와 박보경,
　　[현대 선교학 개론], 136-139쪽.

이로 인하여 선교사들은 비교적 안정적인 치안 상태에서 선교활동에 전념할 수가 있었다.

2] 선교를 위해 위대한 대가를 지불한 시기

19세기를 위대한 선교의 세기라고 부르는 두 번째 이유는 이 시기에 참으로 많은 선교사들이 선교를 위해 고귀한 피를 흘렸기 때문이다. 당시 선교지에 창궐하였던 말라리아, 이질, 티푸스, 호열자 등의 전염병은 많은 선교사들과 그의 가족들을 죽게 했다. 또 다양한 폭력과 내란 등으로 많은 선교사들과 가족들이 목숨을 잃는 사례가 빈번하였다. 예를 들면, 중국의 외국인 배척 사건이었던 '의화단 사건'으로 당시 중국에서 사역하던 선교사 180명이 단번에 목숨을 잃었다. 이외에도 선교사들은 사역을 하면서 무관심, 의혹, 증오, 학대 및 투옥 등의 어려움을 겪어야 했다. 가정이 약탈당하고, 가옥은 불에 탔으며, 교회가 폐허화 되고 생명의 위협을 받는 일들이 허다하였다. 많은 사람들이 열대성 질병으로 목숨을 잃었고, 순교를 당하였다.

아프리카 선교사였던 알렉산더 멕케이(Alexnder Mackay)는 우간다를 향해 출발하기 전, 교회 선교회(Church Missionary Society)에서 행한 연설에서, "앞으로 6개월 이내에 아마 우리 중의 한 사람이 죽었다는 소식을 들을지 모릅니다. 그런 소식이 들려도 절대로 낙심하지 마십시오. 오히려 그 빈자리를 채울 사람을 즉시 파송해 주시기 바랍니다." 그의 예언은 결코 과장이 아니었다. 과연 3개월 이내에 8명 가운데 한 명이 죽었다는 소식이 들려왔고, 1년이 지나면서 또 다섯 명이 세상을 떠났으며, 12년의 분투 끝에 열병으로 쓰러지고 말았다. 19세기 초반 아프리카에 파송된 선교사들의 생존할 확률은 평균 2년이었으며, 10년 이상 아프리카 선교 현장에서 생존할 확률은 20명 중 1명뿐이었다. 이러한 처참한 희생으로 서부 아프리카는 '백인의 묘지'라는 별명이 붙게 되었다.174 그럼에도 불구하고 선교사들은 이처럼 엄청난 희생을 감수하면서도 망설임 없이, 후회 없이 만난을 무릅쓰고 주님의 지상 명령을 감동하였으며, 이러한 순교의 피를 주의 제단에 뿌림으로 19세기 개신교 선교의 전성기가 도래한 것이다. 예수의 피로 우리가 죄 사함을 받았듯이, 19세기 선교사들의 피를 흘림으로 지구촌에 하나님의 나라가 열리게 된 것이다.

3] 위대한 선교사들이 많이 배출된 시기

19세기는 참으로 위대한 선교사들이 많이 배출된 시기였다. 우리가 현재 알고 있는 이름 있는 선교사들은 대부분 19세기의 선교사들이라고 해도 과언이 아닐 것이다. 개신교 선교의 아버지라 불리는 영국의 윌리암 케리, 미얀마 선교의 아버지이며 미국 최초의 선교사 아도니람 저드슨, 아프리카 선교의 아버지인 리빙스톤 선교사, 중국 선교의 중요한 기반을 닦은 로버트 모리슨 선교사, 페르시아 선교를 위한 씨앗이 되었던 헨리 마틴 선교사, 중국 내지 선교의 창시자 허드슨 테일러, 이슬람교도의 사도로 불리는 사무엘 즈윔머, 크리스마스 선교 헌금으로 유명한 중국의 로티 문 선교사, 네비우스 선교 정책으로 유명한 네비우스 선교사, 아프리카 의료 선교사로 유명한 칼 벡커 선교사 등 셀 수 없이 많은 빛나는 이름들이 19세기에 활약한 선교사들이었고 이런 점에서는 19세기를 위대한 선교의 세기라 칭송하여도 아깝지 않을 것이다.

---

174 허버트 케인, [기독교 세계 선교사], 1380140쪽.

2. 19세기의 중요한 선교사와 운동들[175]

1) '근대 선교의 아버지' 윌리암 케리(William Carey, 1761- 1834) :

인도의 선교역사에서 케리가 최초의 선교사는 아니었다. 이미 독일의 지건발크가 1706년에 남인도 타밀나두 지역에서 사역을 하였었다. 그는 1761년 영국 노스햄프톤의 작은 마을 월리암에서 태어났다. 그는 어린 시절 학구열이 높아 문맹을 깨치고 글을 깨우쳤다고 한다. 고등학교를 졸업한 후에 아버지의 강권에 의하여 당시 인기 있는 직업이었던 구두 수선공의 도제 노릇을 하였다. 1779년 켈리가 19살 때 한 기도회에서 히 13 :13 "그런즉 우리는 그 능욕을 지고 영문 밖으로 그에게 나아가자."는 말씀을 통해 심령으로 깊이 깨닫고 세상과 타협하며 살아온 신앙을 회개하고, 그리스도를 위해 전 생애를 헌신하겠다고 결심하였다.[176] 회심 이후에 그는 영국 국교회를 떠나 '비국교도의 모임'에 몸담고 즉각 근처의 여러 교회에서 설교하기 시작하였다.

1781년 20회 생일을 맞기 직전에 케리는 주인의 처제와 결혼하였다. 아내 도로시(Dorothy)는 그보다 다섯 살이 많았고, 글을 읽거나 쓸 수 없었다. 처음부터 약간 삐끗했던 결혼은 케리의 학식이 넓어져 감에 따라 날이 갈수록 그 간격이 벌어지기만 했다. 신혼 초 그들의 결혼 생활은 빈곤과 비참이라는 말로 요약할 수 있었다. 한동안 케리는 아내와 자식들뿐 아니라 전 주인의 미망인과 4명의 아이들까지 부양해야만 했다. 경제적으로 쪼들리는데도 불구하고 그는 공부와 목회를 계속해 나갔다. 1785년에는 조그만 침례교회의 목사직을 맡았는데 나중에 레스터

---

175 허브트 케인, Ibid., 112-119 쪽 요약.
176 KCM search, '윌리암 케리.' 윌리암 케리편을 자세히 다루는 것은 그가 차지하는 선교의 비중과 저자의 인도 선교경험(20회 방문)과 차세대에 선교의 비전을 제시하기 위함이다.

(Leicester)에 있는 큰 교회에 부임해 갈 때까지 그곳에서 봉사하였다.

그는 후에 침례교에 가담하도록 설득 당하였으며, 26세 때 그는 존 수트클리프, 존 라일랜드, 엔드류 플러로부터 공식적인 안수를 받았다. 이 기간 중에도 구두를 고쳤고 주중에는 학교에서 가르쳤으며 주일에는 설교를 하였다. 여가 시간에는 손에 닥치는 대로 책을 읽었으며, 이러한 그의 배움에 대한 열정은 교사 출신이었던 아버지와 할아버지로부터 물려받은 것이었다. 그는 스스로 라틴어, 헬라어, 히브리어, 이탈리아어, 불어, 폴란드어를 배웠다. 그는 스스로 천재임을 부인하고 단순히 부지런한 사람이라고 주장하였다.

이상하게도 [쿡 선장의 마지막 항해]를 읽고 윌리암이 선교에 대한 관심을 갖게 되었다고 한다. 그 이후 외부 세계를 다룬 책이라면 구스라의 [지리 입문] (Geographical Grammar)를 포함한 모든 책을 섭렵하였다. 그가 요나단 에드워드의 [데이빗 브래이너드의 생애와 일기](Life and Diary of David Brainerd)를 읽었음은 말할 나위가 없다. 그는 덴마크 할레 선교회와 뉴잉글랜드의 존 엘리오트, 모라비안 선교사들에 대해 정통하고 있었다. 그는 자신이 발견한 모든 정보를 깨알같이 적어놓은 자기가 만든 지도를 가지고 있었다. 분명 그 어디에도 케리의 것과 같은 구두 수선공 가게는 결코 없었을 것이다. 한쪽 옆에 책들이 쌓여 있고 벽에는 지도가 걸려 있으며 창에는 아름다운 꽃들이 걸려 있던 마을의 구두 수선가게에 가죽 에이프런을 입고 일하는 케리의 모습을 상상할 수 있다.

1792년 케리는 그의 87페이지의 [이방인 구원을 위해 사용할 방법을 탐구할 그리스도인들의 책임에 관한 연구]라는 책을 발표하였다. 선교를 호소하는 가장 유력한 책으로 알려진 케리의 탐구(Enquiry)는 기독교 역사상 분명한 이정표를 제시하였고 마틴 루터의 95개 조항이 후세의 기독교에 끼친 영향과 맞먹는 위치를 차지하였다. 1793년 개신교 역사상 최

초의 해외선교기구인 침례교 선교회(BMW. Baptism Mission Society)
설립하였다.

케리는 의자에 앉아 탁상 공론하는 정략가는 아니었다. 그는 이론이
아닌 행동에 관심을 가졌다. 그의 즉각적인 목표는 선교사들을 해외에
파견할 선교회를 결성하는 일이었다. 케리가 움직여야 했고, 철저한 칼
빈주의자들이었던 침례 교인들에게 이것은 쉬운 일이 아니었다. 노드엠
턴쇼오에서 열린 한 교역자 회의에서 케리가 예수의 지상명령의 의미를
토론할 것을 제의하자. 당시의 저명한 존 라일랜드 박사는 대답하기를,
"젊은이, 앉게나. 하나님이 이방인을 회개시키기 원하실 때 그는 자네나
나의 도움 없이도 그 일을 해내실 걸세."라고 했다. 겁내지 않고 케리는
비기독교 세계의 필요와 요구를 그 당시의 교회에 요청하는데 자기에게
주어지는 모든 기회를 사용하였다. 그는 혼자 외롭게 투쟁하지는 않았
다. 그의 비전을 이해하는 몇 명의 친구들이 있었는데, 그들은 존 수트클
리프, 앤드류 풀러, 사무엘 피어스 등이었다. 그러나 이들마저도 신중을
기할 것과 계획의 실행을 늦출 것을 충고하였다. 케리의 착상이 너무 획
기적이었고, 새로운 것이었으며, 장애는 극복하기 어려운 것 같이 보였
기 때문이었다.

1792년 5월 30일 노팅햄의 침례교 교역자 회의에서 케리는 이사야 54
:2-3을 요지로 한 획기적인 설교를 하였다. "하나님으로부터 위대한 일
을 기대하라. 하나님을 위하여 위대한 일을 시도하라. (*Expect great
thigns from God, attempt great things for God!!!*)" 이 설교는 청중들
에게 심대한 영향을 끼쳤다. 그러나 선교회를 결성하겠다고 결정한 일과
그 일을 추진하는 일은 각각 다른 문제였다. 어려움은 가족 문제, 재정,
선교지 모든 면에서 대단히 많았기 때문이다. 케리의 아버지는 그가 미
쳤다고 했다. 그의 아내는 그를 따라서 선교지에 가기를 처음에는 거부

하였다. 그러나 문제들은 하나씩 풀려나갔다. 마침내 1793년 6월 13일 인도로 향하는 배에 오르게 되었다. 마지못해하는 그의 아내와 네 명의 자녀들, 그리고 두 명의 동료들이 그를 따라갔다. 5개월 후에 그는 인도에 도착하였으나 선교사의 입국을 꺼리는 동인도 회사와의 갈등으로 켈커타(Kolkata)에 있는 덴마크령인 세람포(Serampore)에서 활동해야만 하였다. 세람포는 곧 인도에서의 침례교 선교의 중심지가 되었다. 케리는 이곳에서 생애의 34년을 보내었다. 캐리와 그의 동역자인 죠수아 마쉬맨, 윌리암 워드는 세람포의 3인(Serampo Trio)이라고 불린다. 선교기지는 10명의 선교사와 9명의 아이들을 수용하였는데 마치 가정집과 같은 분위기였다. 그들은 사도행전에 나온 초대교회처럼 모든 것을 공유하였다. 능력에 따라 일을 분담하였으므로 선교사역은 원만하게 진행되어 갔다.

세람포에서의 선교사역의 큰 성공은 케리의 높은 인격이 첫째로 작용한 결과였다. 물질적인 희생을 감수하고 선교의 임무 수행을 위해 모든 것들을 희생하는 그의 태도가 다른 사람들의 모범이 되었던 것이다. 게다가 그는 다른 사람들의 결점을 감싸주는 신기한 능력이 있었다. 선교비를 유용하여 피해를 끼친 토마스에 대해서도 "나는 그를 사랑합니다. 그리고 우린 아무런 문제없이 함께 잘 살고 있습니다."라고 말할 뿐이었다.

세람포는 성공적인 선교팀의 모범이었으며 그 결과가 이를 대변해 주었다. 학교가 설립되고 큰 인쇄시설이 설립 되었으며, 번역 사업이 꾸준히 진행 되었다. 세람포에서 케리는 3개 언어(벵갈어, 산스크리트어, 마라디어)로 성경을 완역하였을 뿐 아니라 다른 언어로 성경이 완역되는 것을 도와주었고 다른 많은 언어와 방언들로 신약성경과 쪽 복음을 번역하였다. 계속해서 힌디어, 마하라스티아어, 오리사어, 텔링가어 등 인도 방언들과 부탄어, 버마어, 중국어, 말레이어 등 총 44여개의 언어로 번역

출판되었다. 아쉬운 것은 양보다 질에 문제점이 있다는 것이었다. 그는 자신이 누구나 쉽게 이해할 수 있다고 느껴지기까지 다시 번역작업을 하였다.

전도사업도 세람포의 중요한 사역이었다. 세람포에 선교회가 세워진 지 1년도 채 안되어 첫 번째 개종자가 나오게 되자 모두 기뻐했다. 계속 개종자가 생겨났지만 전체적으로 보아 느린 속도로 진행되었다. 인도에 침례교 선교를 시작한 지 25년이 지난 1818년 무렵에는 약 600명의 침례 받은 사람들과 수천 명의 교인이 예배에 참석하였다.

번역과 복음사역에도 바빴지만 항상 케리는 더 할 일이 없는가를 찾았다. 그의 큰 업적중의 하나는 교회 지도자들과 복음 전파자들을 양성하기 위해 1819년 세람포 대학(Serampore College)을 세운 것이었다. 이 학교는 37명의 인도인 학생으로 개교하였는데 그중 절반이 기독교인이었다. 그가 교육 부분에서 이룬 또 하나의 업적은 세속 교육에 있었다. 그는 세람포에 온 직후 캘커타에 있는 포트 윌리암 대학의 동양어과 교수로 초빙되었다. 결과적으로 거기서 나오는 수입으로 선교 사업비를 충당하였으며 동인도회사에 대해서도 어깨를 펴고 다닐 수 있었다. 그리고 학생들로부터 도전을 받게 되면서 자신의 언어 실력도 향상되었다.

1807년 51세의 나이로 도로시가 세상을 떠났다. 당시 세람포에 요양 와 있던 덴마크 왕족 출신의 살로테 루머(Charlotte Rumohr)와 친분을 맺고 있었다. 원래 불신자였던 그녀는 회심하여 1803년에 케리에게 침례를 받았다. 그 후 그녀는 시간과 재산을 선교사역에 아낌없이 바쳤다. 1808년 케리는 살로테와의 약혼을 발표했다. 평온했던 선교 팀 내에 커다란 파문이 일었지만 결혼은 성사되었다. 살로테와의 13년 결혼 생활은 꿈같은 시간이었다. 난생 처음 케리는 깊은 사랑에 빠졌다. 그녀는 언어에 탁월하여 번역 사업에 도움을 주었을 뿐 아니라 아이들에게도 이전에 받아보지 못한 깊은 사랑을 주었다.

휴식 없는 케리의 사역 중 가장 큰 불행은 1812년 화재로 귀중한 원고가 소실된 것이다. 다국어 사전, 문법책과 완역한 성경 등이 타버렸다는 소식에 큰 충격을 받았다. 그러나 다시 용기를 내어 그 일을 계속해 나갔다. 세람포에서의 처음 15년은 좋은 팀 사역으로 일했다. 그러나 새로운 선교사들이 많아지고, 선교회도 변화를 겪으면서 불협화음이 생겨났다. 신임선교사들은 독립적인 생활과 사역을 희망하였고, 선교본부는 사역에 직접 간섭하기로 결정했다. 이로 인해 잠시 케리는 선교회와 공식적인 관계를 단절하는 단계까지 이르렀다. 이는 곧 심각한 재정적인 문제를 초래했다. 결국 케리는 선교회의 요구를 수용함으로 관계를 회복하고, 의료사역도 재개하였다.

윌리암 케리는 1834년에 세상을 떠나 세람포에 잠들었다. 그가 인도에 끼친 영향은 언어학적 업적, 교육적인 공로, 목회사역뿐 아니라 과부의 화형177과 유아살해 같은 인도의 나쁜 관습을 폐지하고 좋은 전통을 계승시켜나가는데 까지 미쳤다. 그러나 그의 업적은 인도에만 국한된 것이 아니라, 인도 국외적으로도 런던선교회(London Missionary Society, 1795), 스코틀랜드와 글라스고우 선교회(Scottish and Glasgow Missionary Society,1796)), 네덜란드 선교회(Netherlands Missionary Society, 1797), 교회 선교회(the Church Missionary Society,1799), 영국과 해외 성서공회(British and Foreign Bible Society, 1804), 미국 해외 선교위원회(the American Board of Commissioners for Foreign Missions1810),

---

177 Sati : 사티는 남편이 죽어서 시체를 화장할 때 아내가 불속에 뛰어들어 남편의 시체와 함께 불타는 풍습이다. 본래는 비슈누의 아내 시타가 자신의 순결을 증명하기 위하여 불속에 들어갔다고 한다. 여성의 순결을 강제하는 반인권적인 풍습으로 정부는 금지하였으나 여전히 지방에서는 자행되고 있었다. 그러나 실제로는 과부된 여인에게 사티를 종용하는 이유는 돈 때문이다. 사티를 행한 여자는 신으로 승격이 되고 사원이 지어지고, 친척들은 막대한 기부금을 받을 수 있기 때문이다. 결국 친정과 시가에서 합심하여 인면수심의 형태가 시행되었으며, 사티를 주관하는 브라만들도 결탁되어 있었다고 한다. http ://namu.wkiki/w/사티

미국 침례교 선교협회(American Baptist Missionary Union), 미국 성서 공회(American Bible Society, 1816)가 창설되어 오늘날 선교의 기틀이 되게 한 중요한 업적이 있다.[178]

19세기 선교 활동에 끼친 윌리암 케리의 영향은 아무리 강조해도 지나치지 않다. 그에게 '근대 선교의 아버지라'는 칭호를 준다는데 이의를 제기할 사람은 없을 것이다.

2] 건초더미 기도 운동(The Haystack Prayer Group Meeting)[179]

19세기 선교 운동의 가장 핵심적인 원동력 중의 하나는 '건초더미 기도 운동'이라 불리는 기도 운동이다. 두 가지 이유에서이다. 하나는 장차 선교대국이 될 미국의 선교운동의 효시이며 다른 하나는 윌리암 케리의 선교역사가 다소 개인적인 선교영웅의 발자취라면 건초더미는 팀 선교의 백미이기 때문이다. 미국 매사추세츠 주의 윌리암스 칼리지에 사무엘 밀즈(Samuel J. Mills)를 주축으로 하여 다섯 명으로 구성된 기도 그룹이 있었다. 1806년 8월 2일 이들은 보통 때처럼 모여서 기도를 하였었다. 기도하는 중에 소나기가 와서 엉겁결에 비를 피하게 된 곳이 건초더미가 있는 창고였다. 그 속에 들어가서 비를 피하던 중에 한 사람에게 "우리가 하면 되지 않겠는가? We can do, if we will)"라는 선교 적 영감이 떠올랐다. 이것은 참으로 위대한 각성이었고 이 깨달음 속에서 위대한 선교 운동이 시작되었다. 이 각성이 바로 건초 더미 속에서 주어졌던 것이기에 이 기도 모임에 '건초더미 기도 운동'이라는 이름이 붙게 되었다. 지금도 이들이 다녔던 윌리암스 칼리지 한 모퉁이에는 "미국 선교가 여기에서 시작되었다."는 기념비가 있다.[180]

---

178 http ://cafe.daum.net/cgsbong, '기독 신앙 인물'
179 안승오, 박보경, [현대 선교학 개론], 2. 19세기 중요한 두 선교 운동, 139-140.

건초더미 기도운동을 하였던 이들은 학교를 졸업하고 엔도버(Andover, 올드 칼빈주의자들이 하버드 대학교에서 분리하여 나온 신학교) 신학교에 진학했다. 그리고 그들을 중심으로 선교의 열정을 가진 사람들이 모여, 선교의 비전을 나누었다. 그리고 미국 회중 교회의 지도자들을 설득하여 1810년에 미국 해외 선교 부(American Board of Commissioners of Foreign Missions)가 창립되도록 기여하였고, 이들은 졸업 후 안수를 받고 이 선교회의 파송으로 1812년 2월 24일 미국을 출발하였다. 이것이 미국 회중 교회 최초의 선교사의 파송이었다. 미얀마 선교의 아버지가 된 아도니람 저드슨 부부도 처음에 이 선교회의 파송을 받아 선교지로 나아갔었다.[181] 어찌되었든 이 작은 운동을 시작으로 붙은 선교의 불은 요원의 불길처럼 번져서 온 지구촌을 선교의 열정과 영향력이 넘치는 위대한 선교의 시대로 열리게 하였으며, 은둔의 땅 한반도에까지 빛을 던졌었다는 점에서 특기할 만한 영적 사건이 아닐 수 없다.

3] 세계 선교를 위한 학생자원 운동(SVM)[182]

19세기 선교의 또 하나의 원동력이었던 "세계 선교를 위한 학생자원 운동"(Student Volunteer Movement for Foreign Mission, SVM)은 1886년 헐몬산(Mt. Hermon)에서 모였던 학생 수련회에서 발단 되었다. 이 수련회에는 미국의 87개 신학교에서 251명의 학생들이 모였다. 처음에 이 모임의 주된 성격은 사경회를 위한 것이며, 선교를 위한 것은 아니었다. 그런데 이 수련회에는 선교사로서 안식년 중에 있는 분들이 강사로 많이 왔으며 주 강사는 디엘 무디, 아서 피어선(Arthur Pierson) 등이었다. 특별히 피어슨 선교사가 설교 중에 "모두가 가야 합니다. 모두에게

---

180 황순환 [선교와 문화], 245쪽.
181 D. M. 하워드, [학생운동과 세계 복음화], (서울 : 생명의 말씀사, 1980), 100-102쪽.
182 안승오, 박보경, Ibid., 140-142쪽.

가야 합니다."(All should go and go to all!) 여기에서 학생들은 큰 은혜를 체험하였다. 채플 후에 통성기도와 묵도로 예배를 마쳤는데 조용한 가운데 그날은 기도의 밤이 되었다. 이것이 SVM을 촉발시켰던 분위기였다.

이 수련회 후에 100여명이 선교를 위한 모임에 동참하게 되었다. "하나님의 뜻을 따라 해외 선교사가 되겠습니다." 프린스턴 서약(Princeton Pledge)에 사인함으로써 시작되었다[183]. 그리고 이 모임이 끝난 즈음에 대표를 선출하여 1년 동안 대학을 순회하며 간증을 하고 모임을 계속하기로 결의하였다. 그래서 4명의 대표가 176개의 대학을 순방하며 간증을 했고, 3,000여 명이 이 모임에 참여하게 되었는데 일체성의 붕괴, 열기의 냉각, 다른 단체와의 혼선 등을 막기 위하여 정식으로 SVM이라는 조직이 1888년 결성되게 된 것이다. 이 운동으로 인하여 1930년까지 50여 년 동안 파송된 선교사들은 2만 5,000명 정도가 되었다. 아울러 적극적으로 선교를 지원한 젊은이들이 약 8만 명 정도나 되었다. 참으로 놀라운 성과가 아닐 수 없다.

학생자원 운동의 지도자가 된 존 모트(John Mott : 감리교 평신도로서 연합 운동, YMCA 운동 등을 주도하였으며 노벨 평화상을 받았다.)의 영향으로 학생자원 운동은 "이 세대 안에 이 세계의 복음화"(The Evangelization of the World in the Generation)를 표어로 정했다. 모토는 "모든 기독교인은 아직도 복음을 듣지 못한 동시대의 모든 사람에게 복음을 전할 책임이 있다. 교회는 스스로 성취할 수 없는 목표를 가져야 한다. 그 목표는 세계 선교이다. 그래야만 교회는 타락하지 않는다."라고 강조하였다. 독일의 신학자들은 이러한 생각이 너무나 로맨틱한 꿈이라고 비판했다. 그러나 위대한 꿈임에는 틀림이 없었다. 그들은 컨퍼런스가 끝날 때 서약을 했는데 그것은 "하나님이 원하시면 제가 선교사가 되겠습니다."라는

---

183 허버트 케인, [세계 선교역사], 138쪽.

서약이다. 1888년 이 운동은 뉴욕 시에서 해외 선교를 위한 자발적 학생 운동이라는 공식 기구로 발족 되었고, 존 모트가 초대 회장, 로버트 월더가 여행 총무 직을 맡았다. 삽시간에 이 운동은 전 미국과 캐나다 뿐만 아니라 심지어 해외 여러 나라의 대학교들에 번져 나갔다. 월더가 만들어낸 이 운동의 표어는 "우리 세대 안에 이 세계를 복음화 시키자."였다.

이러한 서약에 따라 수만 명이 선교에 직접 헌신하거나 선교를 후원하는 일에 동참하였다. 바로 이들 중, 이 운동에 직간접적으로 도전을 받고 영향을 받은 많은 젊은 선교사들이 자원하여 한국 땅을 밟은 것이다.[184] 이 운동의 가장 탁월한 특징은 4년 마다 열리는 선교대회였는데 1891년에 오하이오의 클리블랜드(Cleveland, Ohio)에서 최초로 열렸다. 수년 동안 수천 명의 사람들이 이들 대회에 참가하여 선교사역에 대한 그리스도의 소명을 받아 프린스턴 서약에 사인을 하였다. 1920년의 데스 모네스 대회(Des Moines Convention)가 절정을 이루었고, 이후 운동은 쇠퇴의 길로 들어서게 되었다. 마지막 대회는 1936년 인디에나 폴리스에서 열렸는데 이 때 자발적 학생 운동은 실상 지친 상태에 있었다. 50년 동안에 이 운동은 대부분 북아메리카 출신이었던 20,500명의 학생들은 해외 선교지에 파견하는 도구 역할을 담당해 왔던 것이다. 실제적으로 IVF.(Inter-Varsity Christian Fellowship)의 학생 선교회(Student Missions Fellowship)가 자발적 학생운동의 후계자이다.

3. 해안 선교 시대(개신교 선교의 제1기 패러다임)[185]

랄프 윈터의 이론을 따라 개신교 선교를 크게 세 가지 패러다임으로 분류해 볼 때, 19세기에는 해안 선교 시대와 내지 선교 시대가 포함되고,

---

184 Ibid., 100-108쪽.
185 안승오 박보경, Ibid., 142-145쪽 요약.

1945년 이후의 현대 선교 시기에는 '미전도 종족 선교시대'가 포함된다. 첫 시기인 해안 선교시대는 유럽의 문명과 접촉이 용이하게 이루지는 아시와와 아프리카의 해변 지역을 중심으로 선교가 이루어진 시대라고 할 수 있다. 이 시기의 대표적인 선교사는 인도의 항구 도시인 칼카타의 세람포에 정착하여 선교한 윌리암 케리이다. 물론 앞 장에서 보았던 케리에 앞서 모라비안이나 경건주의자 선교사들, 그리고 미국 인디안 선교사들이 있었기에 케리를 근대 선교의 창시자인 것처럼 보는 것은 옳지 않을지 모른다. 그럼에도 케리를 개신교 '근대 선교의 아버지'로 부르는 데에는 다음의 몇 가지 이유가 있다.

(1) 그는 분산된 개신교회를 선교적으로 각성시켰다.

(2) 그로부터 시작하여 개신교 선교운동의 주도권이 독일어권의 교회에서 영어권의 교회들로 옮겨졌다.

(3) 케리로 인하여 많은 선교단체들이 형성되는 계기가 되었다.

(4) 경건주의와 모라비안의 선교 지역은 국한적이었으나 케리 이후에 선교지역이 전 세계로 확대되었다.

(5) 원주민 지도자 양성, 선교기지 건설, 국제적 선교 협의체, 사회 선교 성서번역 사역 등을 포함한 근대 선교 운동의 원칙들을 발전시키는 데 결정적인 공헌을 하였다.

(6) 그는 한 인간으로서 그리고 지도자로서 참 훌륭한 점을 많이 지녔다. 비록 가정적으로 인간적으로 힘들고 괴로운 과정들이 산적하였으나, 인내하며 균형 감각을 견지하며, 성경에 대한 지식과 겸손한 성품과 학구적으로 일평생 연구하며 새로운 선교 사역을 위하여 헌신한 선교사가 일찍이 없었다고 평가되기 때문이다.[186]

케리는 죠수아 마쉬멘과 윌리암 워드와 함께 유명한 세람포의 삼총사

---

186 황순환, [선교와 문화], 242쪽

(Serampore Trio)를 이루어 사역에 매진하였다. 그들의 선교전략은 다음의 5 가지 원리를 지켰다.

(1) 가능하면 광범위하게 복음을 전파한다. 지역 제한 없이 길이 열리는 데로 나간다.

(2) 원주민의 언어로 성경을 번역하고 성경을 읽도록 하여 선교 한다.

(3) 가능하면 빨리 원주민이 교회를 세운다.

(4) 지역 주민들의 의식 구조를 연구해야 한다.

(5) 가능하면 빨리 현지 사역자를 양성해야 한다.[187]

윌리엄 케리 외에 해안 선교시대에 두드러진 활약을 한 선교사들을 보면 먼저 중국에 입국할 수 없는 상황 속에서 마카오에 머물면서 중국 선교의 귀한 기초를 놓았던 로버트 모리슨(Robert Morrison) 선교사를 들 수 있다. 모리슨은 마카오에 선교기지를 설립하고 학교와 인쇄소를 설립하여 교육 사업과 출판 사업을 통해서 현지인들에게 복음을 전했다. 또한 선교사로서 모리슨은 영국의 중국에 대한 정치와 외교 활동에 처음부터 적극 관여하였다. 그는 정치와 외교 활동이 선교사업의 확대에 유용하다는 확고한 신념을 가졌었다. 물론 이러한 과정에서 1814년 모리슨이 영사 재판권의 구성을 최초로 제출함으로써 자본주의 열강의 중국 침략의 선전 인물로 평가될 소지가 있다는 점은 하나의 큰 오점이라고 할 수도 있다. 이러한 오해와 오점에도 불구하고 그에게 있어서 가장 중요한 선교의 공헌은 성경을 번역함으로써 선교의 기초를 다진 일이었다. 그의 주요 편찬사업으로는 '사도행전(1810), 신천성서(1819, 신, 구약 성경 완역), 스코틀랜드 교회와 영국교회의 기도문 번역.' 등이 있다.[188]

선교사역을 위해 온몸을 불태우다가 31세의 젊은 나이에 눈을 감은 헨

---

187 스티븐 니일, [기독교 선교사], 345쪽

188 조훈, [로버트 모리슨 : 중국에 온 최초의 프로테스탄트 선교사] (서울 : 신망애, 2003), 319-322쪽.

리 마틴(Henry Martyn)도 이 시기에 기억해야 할 선교사이다. 그는 1781년 영국 콘월(Cornwall)에서 태어났는데 태어날 때부터 몸이 매우 약했다. 마틴은 공부에 재미를 느껴 정규적인 학업을 마친 후에 케임브리지로 진학하여 수학과를 수석으로 졸업할 정도로 천재적인 학업 능력을 보여주었다. 선교지로 간 후에 그는 선교사역중에서 특별히 힌디어 성경 번역에 깊은 관심을 두었으며, 페르시아어 신약 성경과 힌디어 성경 번역에 전념하였다. 그 당시 페르시아에서 하나의 책이 널리 읽혀지려면 왕의 추천을 받아야 했기 때문에 마틴은 건강상태가 매우 열악한 가운데서도 빨리 성경 번역을 마치려고 많은 애를 썼다. 그러나 그의 건강은 그로 하여금 성경 번역을 마치기는 하였으나 번역된 성경이 출판되는 것을 보지 못하고 결국 1812년 31세의 꽃다운 나이에 눈을 감게 되었다.[189]

미얀마 선교의 아버지로 불리는 **아도니람 저드슨(Adoniram Judson)**이다.[190] 그는 미국 메사추세츠 주의 한 회중 교회 목사의 아들로 태어났다(1788. 8. 9). 어린 시절 천재성이 있었으며, 미국 명문 브라운 대학을 3년 만에 수석 졸업하고, 한 때 극작가가 되려고 연극 협회에 가입하여 신앙적으로 방황함으로 부모에게 슬픔이 되었다. 불신 친구의 갑작스러운 죽음을 통하여 극적인 회심을 경험하고, 건초더미 기도회와 미국 선교운동의 발원지가 된 엔도버 신학교(Andover Theological Seminary)에 입학하였다. 신학교를 졸업하고 유명한 교회의 청빙을 받았으나 선교사가 되기 위하여 거절하였다. 1812년 부인 낸시와 함께 미국 회중 교회에서 인도 선교사로 파송을 받았다. 윌리암 케리의 영향으로 침례교로 교단을 옮기며, 당시 동인도 회사의 방해로 인도 선교를 중단하고, 버마로 가는 배에 승선하여 황금해안에 도착하였다. 버마 최초의 선교사이며

---

189 룻 A. 타커, 박해근 역, [선교사 열전 : 인물 중심의 선교 역사] (서울 : 크리스찬 다이제스트, 1990), 168-169쪽.
190 허버트 케인., Ibid., 116-119쪽 요약.

미국에서 파송된 처음 선교사이기도 하였다.

저드슨은 1813년에 미얀마에 도착한 후 자그만치 6년의 세월이 흐른 후에야 겨우 한 명의 개종자를 얻을 수 있었다. 그는 그의 집 정원사인 '멍나우' 집사였다. 미얀마 선교가 이처럼 어려웠기에 저드슨은 "버마 불교인들이 기독교인 되는 것보다 호랑이 입에서 이빨을 뽑는 것이 쉽다." 는 말을 하곤[191]하였다. 선교사역 중 그는 '영국-버마 전쟁'이 일어나 스파이로 의심을 받아서 약 17개월의 시간을 감옥에서 갇히는 고통을 당하기도 하였다. 그가 감옥에 있는 동안에 그의 아내의 구명 노력은 너무나도 눈물겹고 극적인 일로 알려져 있다. 아내의 극진한 정성 덕분에 그는 감옥에서 풀려나왔지만, 사랑하는 아내는 병약한 몸으로 쓰러져 영원히 눈을 감고 말았다. 그 여파로 어린 딸 메리도 얼마 후에 목숨을 거두고 말았다. 이런 고난 속에서도 저드슨은 절망과 고통을 극복하고 일어나서 버마어 사전을 편찬하고, 1834년에는 신구약 성경 전체를 문어체로 번역하여 미얀마 선교의 가장 중요한 기반을 닦았다. 그는 또한 버마인들에게 사랑방 같은 장소인 '자아틀'를 활용하여 전도 집회 장소로 만들었고, 거기서 교회를 시작하여 카렌족 가운데서 많은 선교의 열매를 거두어 미얀마에 침례교회가 크게 성장하도록 기여하였다.[192] 저드슨의 말년에 미얀마 기독교인은 210,000명에 이르렀다. 이는 당시 미얀마 사람 58명 중의 한 명이 복음화 된 것이다.[193] 그의 세 아내는 병사했으며, 13명의 자녀 중에 두 명은 출산 중 사산했으며, 5명은 질병으로 사망하였다. 저드슨의 자녀 중 선교사로 활동한 에드워드 저드슨은 1890년 뉴욕에

---

[191] 햇불 선교 센터 편, [아시아의 상황과 기독교 선교], 국가 선교 정보자료집 제3집(서울 도서출판 햇불, 1998), 70-71쪽.

[192] Ibid., 71쪽.

[193] 2014년 현재 미얀마 기독교인 수는 센서스에 의하면 6.2%이며 내전 중인 카친 주가 빠졌기에 실제로는 전체 인구의 8%로 본다.

부친을 기념하여 저드슨 기념 교회를 세웠다.

그가 젊은 시절 아내 앤의 아버지께 결혼 승낙을 청하는 편지가 남아 있다. "저는 지금 당신께 내년 봄, 당신의 딸과 이별하여 이 세상에서 다시는 못 보게 될지도 모를 이 결혼에 동의하실 것인지 묻고자 합니다. 당신의 딸이 바다의 위험, 인도 남부 기후의 치명적인 영향, 극심한 가난과 빈곤, 박해, 그리고 어쩌면 참담하게 죽을 수도 있다는 것에 동의하실 수 있으신지 묻지 않을 수 없습니다." 저드슨의 무모하고도 위협적인 청혼에 그녀의 아버지는 승낙을 하였고, 그의 부인과 자녀들까지 선교의 제단에 바친바 되었으며, 저드슨 자신도 1850년 4월 12일 질병 치료차 미국으로 돌아가는 선상에서 결핵으로 소천하여 버마 앞 바다에 수장되었다(62세).

그러나 아도니람 저드슨이 막강한 불교사원을 향하여 사자후를 토한 도전장은 지금도 살아 있다. "머지않아 나의 목소리보다 훨씬 더 강력한 음성이 너의 왕국의 모든 흔적을 쓸어 없애버릴 것이다. 예수 그리스도의 교회들이 곧 이 우상숭배의 신전을 대신 할 것이며, 열렬한 불교도의 노래 소리는 그리스도인의 찬양 앞에 사라지게 될 것이다." 비록 그는 고생을 하고 사랑하는 아내와 자녀들을 선교지에 묻어야 했으나 그의 가슴 속에서 열망하였던 선교의 꿈, "나는 여기에 십자가를 심을 때까지 영원히 떠나지 않겠다."는 맹세는 지금도 선교를 지향하는 많은 영혼들을 뜨겁게 도전하고 있다.[194]

4. 내지 선교시대(개신교 선교의 제2기 패러다임)[195]

개신교 선교 제1기인 해안 선교 시대에는 복음이 주로 해안에 머물렀

194 한국 기독일보, 선교행전(2), [아도니람 저드슨], 네이버 블로그, [세상의 빛]
195 안승오. 박보경., Ibid., 145-148쪽 요약.

다. 당시에는 육로와 육지 교통수단이 많이 발달되지 않았기에 선교사가 내륙 깊숙이 들어가서 복음을 전한다는 것은 거의 불가능한 일이었다. 그래서 선교는 주로 해안 가까이에서 행해졌으며 대두분의 선교기관들은 아시아와 아프리카의 해안 지역이나 태평양상의 섬들에 그들의 선교를 국한 시켰다. 그런데 이러한 전통을 깨고 과감하게 내지 깊숙이 들어가서 복음을 전해야 한다고 주장하는 사람이 있었다. 그가 바로 내지 선교 시대의 막을 연 허드슨 테일러였다.

허드슨 테일러의 역사 : 허드슨 테일러(Hudson Taylor, 1832-1905)는 1832년 5월 21일에 영국 요크셔주 반슬레에서 태어났다. 허드슨 테일러는 복음적인 부모의 영향을 받아 5살이 되자 두 동생을 앉혀 놓고 설교를 하곤 했다. 그의 아버지는 웅변이 뛰어난 감리교 지방 설교자이자 약사이며, 그의 어머니는 매우 온화하고 인내심이 많은 여인이었다. 허드슨 테일러는 아버지의 능력과 어머니의 온유한 성품을 물려받았다. 그의 어머니 아멜리아가 허드슨 테일러를 임신했을 때부터 남편 제임스 테일러와 그 아이를 놓고 중국의 사역자로 부르시길 서원 기도하였다. 허드슨 테일러의 부모님은 약제사였는데, 항상 그의 약국에는 사람들로 가득 찼으며, 그의 친구들은 모이면 항상 감리교회의 발전상황과 선교사역에 대해 대화를 나누곤 하였다. 특히 중국에 특별한 관심을 가졌다. 허드슨 테일러는 어려서부터 어른들의 말을 곧잘 듣고, 또한 그의 여동생들과 함께 이야기하는 것을 좋아했다. 그러한 허드슨 테일러는 막연하나마 어릴 때부터 중국선교사로 헌신하겠다고 생각했다.

그러나 11세에 그는 학교 동무들의 비웃음에 신앙을 잃어버리고, 학교를 중퇴하고, 은행에 취직을 하게 되었으며 돈을 버는 일에 집중하였다. 그러던 중에 시력이 나빠져서 낙심하고 있던 17세가 되어서 회심을 하게 되었다. "성령께서 내 영혼에 기쁨과 확신의 빛을 비추셨다. 영접하고 그 앞에 무릎을 꿇을 수밖에 없었다." 어린 시절부터 부모와 온 가족들의 성원에 힘입어 테일러는 마침내 중국 선교에 헌신하게 되었다. 그러나 사랑하던 여인이 말하기를, "당신처럼 헌신적인 사람은 처음 봐요, 그래서 너무 부담스러워요!" 라며 청혼을 거절하였다. 테일러는 결국 선교를 위하여 결혼을 포기하고 만다.

그가 처음 내지 선교를 주장했을 때에 사람들의 반응은 한결같이 부정적이었다. 힘들고 어려운 곳은 안전문제와 의료문제 등이 있기 때문이다. 해안 지역에도 아직 할 일이 많은데 왜 굳이 내륙으로 들어가려 하는가? 그러나 그는 이와 같은 엄청난 반대를 무릅쓰고 하나님으로부터 받은 선한 뜻을 실천에 옮기기 시작했다. 19세기 후반 선교 열이 식어지자 아직 선교는 상륙한 것에 불과한 것이고 아직도 내지 선교가 남았으며 이 일에 매진해야 한다는 철학으로 그는 '중국 내지 선교회'(China Inland Mission)를 만들었다. 또한 당시 모든 선교 기관들이 선교본부를 서구에 두는 것과 달리 그는 선교 본부를 중국 선교 현장에 두었다. 이렇게 함으로써 그는 선교를 원격으로 조정하는 것이 아니라, 가장 가까운 곳에서 신속하고 현실적인 지도를 할 수 있었다. 또한 이 선교회는 테일러의 지시로 중국식 머리 스타일인 변발을 하고 중국 전통 옷을 입음으로 현지인들과 하나가 되고자 노력하였다. 아울러 이 선교회는 교회와 사람들에게 선교비를 요청하지 않는다는 원칙을 세우고 오직 하나님에게만 요청하였다. 이러한 이유 때문에, "테일러가 중국에서 선교하는 동안 동쪽에 무릎을 꿇지 않은 채 태양이 떠오른 날이 없었다."는 말이 나올 정도로 테일러는 기도에 힘쓰는 사람이었다.

테일러는 사실 인간적으로 썩 내세울 조건을 갖추지 못하였다. 그는 대학교육도 받지 못하였으며, 고작해야 실업학교에서 배운 초급 의술과 선교단체에서 배운 기본적인 선교 훈련 밖에 받지를 못하였다. 그는 또한 지나치게 개인주의적 행동을 함으로 말미암아 이전의 선교지에서도 좋은 평판을 받지 못하였다. 그러나 하나님이 그를 높여주셨다. 그의 비전과 열망이 복음이 미치지 못하는 지역의 사람들에게 향하였기 때문이었다. 그의 영향력으로 6,000명 이상의 남녀들이 중국 내지 선교 선교에 주력하게 되었으며, 40여개의 새로운 선교기관들이 생겨났는데 대표적인 기관들을 살펴보면, '수단 내지 선교회', '아프리카 내지 선교회, 아프리카 중심부 선교회, 복음화 되지 않은 지역 선교회, 미개척지 선교 연맹 등이었다. 또한 신생 교회들도 선교사들과 힘을 합하여 전도활동을 편다면 남은 미개척 지역들을 복음으로 정복할 수 있다는 확신을 얻게 되었다.196

테일러가 세운 중국 내지 선교회의 주요한 특징은 1) 중국 내지 선교회는 초교파적인 선교를 전개했다. 신학적으로는 보수성이 강하였으나 선교사를 모집할 때에는 교파를 초월하여 선교사를 모집하였다. 2) 고학력자가 아닐지라도 선교에 열의가 있는 사람이면 누구든지 선교사로 허입(許入)을 하였다. 3) 선교의 초점을 파송 교회보다는 선교지에 두었다. 실제로 선교본부도 영국이 아니라, 중국 현지에 두었다는 점이 특이하였다. 4) 선교사들은 가능한 한 현지인의 복장과 두발 등 문화와 관습을 현지인들과 동일화하려는 노력을 했다. 5) 마지막으로 테일러는 선교의 주된 목적은 실제적인 전도와 복음화에 두었다.197

테일러는 위대한 선교 전략가였다. 그는 그의 아내와 함께 [중국의 영적인 궁핍과 요구들](China's Spiritual Need and Claims)이라는 소책자를 썼는데 이것은 윌리암 케리의 [탐구]라는 책과 함께 19세기에 선교적 관심을 불러일으켰던 가장 중요한 쌍벽을 이루는 책으로 꼽히고 있다.

---

196 필립스 톰슨, 문창수 역, [허드슨 테일러], (서울 : 정경사, 1979), 35쪽.

197 S. Neil, A History of christian Missions (Harmondsworth : Penguin Books, 1966), 333-334.

그는 또한 훌륭한 행정가였다. 수천 명의 선교 동역자들을 잘 관리하여 거대한 중국 땅 깊숙이 복음이 들어가게 하였다. 그러나 그의 최대의 관심은 항상 영혼 구원이었다. 학교와 병원들 큰 기관 사업이 확장되고 선교의 몸집이 대형화 되었으나 그의 주된 관심은 영혼 구원이며 전도이고 복음화에 우선순위를 두었다. 그에게 가장 안타까운 일은 수억의 중국 영혼들이 그리스도를 알지 못하고 죽어가는 것이었다.

이 시기에 선교한 테일러처럼 내지를 향해 들어가서 선교에 헌신한 이들이 많았다. 먼저 아프리카 지역을 보면 남아프리카 선교회(South African Mission)의 창시자로서 50년 이상 남아프리카 선교의 큰 영향을 끼쳤으며, 데이비드 리빙스턴의 장인으로도 유명한 로버트 모펫(Reobert Moffat), 런던 여선교회(LMS)의 파송을 받아 남아프리카에서 의료 선교사로 놀라운 선교열정을 보이며 현지인을 아내로 맞아들이기도 한 존 데어도어 벤더캠프(John Theodore Vanderkemp), 수 많은 탐험과 개척을 통하여 아프리카 내지의 문을 열고 [남아프리카 선교사 행적의 연구](Missionary Travels and Research in South Africa)라는 저술을 통하여 많은 젊은이들을 선교로 도전한 데이비드 리빙스턴(David Livingston), 리빙스턴의 사역에 깊은 감명을 받고 아프리카 개척 사업에 뛰어들어 서부로부터 동부를 잇는 선교기지를 건설하겠다는 원대한 비전을 가지고 일생을 뛰었던 조지 그렌펠(George Grenfell, 1849-1906), 백인의 힘이 전혀 미치지 못하는 미지의 부족들 사이로 들어가서 40년 이상을 흑인들과 함께 살면서 그들의 교사, 간호사, 문제 해결가 등으로 일하면서 복음을 전했던 메리 슬레서(Mary Slessor) 등이 있다.

제3장 20세기 개신교 선교와 다양한 여건들[198]

19세기가 위대한 선교의 시대였다면 20세기에서는 더욱 다양한 선교 전략의 변화(paradigm shift)와 시대적 환경의 변천과 미국과 영국 등 서구 중심의 선교에서 제3세계와 전 세계, 즉 지구촌 선교(Global Mission)로 전환 되고 있다. 이제는 모든 나라와 민족이 선교의 대상이며, 또한 선교사이고, 후원자가 되어야 하는 시대를 맞이하게 되었다(missional church paradigm). 차후에는 더욱 복잡다단하고 섬세하고 유기적인 선교 전략이 요망되는 시대를 맞이하게 되었다. 다소 중복되고 시대의 순서상 바뀌는 감이 있으나 먼저 세계 선교의 역사를 마무리하고 권역별 선교의 개관을 다루고, 마지막으로 한국 선교의 장을 확장하려고 한다.

세기가 바뀌면서 세 가지 중요한 선교 운동이 기독교 선교사에 큰 영향을 미쳤다. 신앙선교 운동(Faith Mission Movement), 성경학교 운동(Bible Institute Movement), 그리고 앞장에서 다룬 자발적 학생 운동(Student Volunteer Movement)으로서 19세기에 태동하여 20세기에도 계속되는 선교 운동이다. 이 세 가지 운동은 모두가 미국의 시대적 상황에서 출현하였으며, 지금도 계속되고 있으나 자발적 학생운동(SVM)은 1930년대에 막을 내렸다.[199]

1. 신앙 선교 운동(Faith Mission Movement)[200] : 흔히 요즘에 말하는 '페이스 미션'이다. 이 용어는 다수의 초교파적 기관들에게 사용되어져 왔다. 그 이유는 선교기관들이 어떤 '확실한 지원처(Captive constituency)'

---

198 한국 선교 신학회, [선교학 개론], 대한 기독교 서회, 서울, 2001. '혼돈의 역사 속의 20세기 선교' 114-116쪽.
199 허버트 케인, [세계 선교 역사], 135쪽.
200 허브트 케인, [세계 선교 역사], 8. 20세기 프로테스탄트 선교의 발전, 136-151쪽 요약.

를 갖지 않고 그들의 필요한 공급을 위해 오로지 주님만 바라보기 때문이다. 그러나 이들 스스로는 그들이 신앙을 독점하고 있다고는 주장하지 않는다. 이들의 선교사들은 확정된 수입이 없으나 그들이 유지하고 노력하는 범위의 지원은 받고 있다. 그들은 빚을 지지는 않지만, 남아도는 자금도 갖고 있지 않다. 그들은 기독교 대중들에게 그들의 필요에 대해 알리고 주님께서 그의 백성들의 마음을 움직여 때를 따라 도와주실 것을 기대한다. 이들이 정신적 사표로 삼는 인물은 5만 번의 기도응답을 받은 '고아의 아버지, 조지 뮬러'(George Muller)이다.201

  신앙 선교사들은 그들이 주요 교단과 경쟁적인 존재라고 여겨 본 적이 없다. 그러나 교단 본부는 신앙 선교단체들을 신데렐라와 같은 존재로 간주하고 그들에게 '종파들'(sects)라는 칭호를 붙여주었다. 모든 신앙 선교부는 그들의 멤버가 시인하도록 하는 신앙 진술서가 있다. 이러한 방법으로 그들은 보수적이고 복음적인 자세를 견지하는 것이다. 신앙 선교의 탁월한 특징의 하나는 그들의 인내심이었다. 여러 개의 단체들이 100년 이상 되었으면서도 강력한 활동을 하고 있다. 다른 몇몇 기구들은 1세기에 가까운 역사를 가졌다. 19세기에 시작된 선교부가 하나도 문을 닫

---

201 [본 헤럴드]의 조지 뮬러의 서평 인용, 독일 크로펜스타트 태생 영국의 목회자. '5만 번 이상 기도 응답을 받은 사람', '브리스톨 고아들의 아버지'로 잘 알려져 있다. 젊은 시절, 그는 아버지의 돈을 훔치던 좀도둑이자 술과 도박에 빠진 불량소년이었다. 그런 그가 20살 때, 할레대학에서 신학을 공부하면서 설교할 자격을 얻었으나 여전히 영적으로는 힘든 시기였다. 그러나 1825년, 기도모임에 참석한 뮬러는 모든 가르침과 물질의 공급은 오직 하나님께만 구해야 한다는 것을 깨닫게 된다. 1829년 23살 나이에 선교사 후보생으로 런던으로 향했으며, 1833년 6월 12일, 윌슨 가에 주택을 빌려 30명의 고아들로 고아 사역을 시작한 조지 뮬러. 그 수가 늘어나면서 애슐리 다운에 고아원을 건축하였다. 그의 사역은 60여 년 동안 이루어졌으며, 720만 달러가 넘는 기부금을 하나님으로부터 공급받았다. 70살이던 1875년부터 17년 동안 42개국에서 300만 명에게 복음을 전했다. 1832년 브리스톨의 베데스다 교회에서 목회를 시작하여 93세의 일기로 하나님의 부르심을 받기까지 그의 기도응답은 계속되었다. 그의 사역은 사위 제임스 라이트에 이어 후계자들에 의해 지속되고 있다.
출처 : 본헤럴드(http ://www.bonhd.net)

은 곳이 없다는 것이 경이적이다. 흔히 선교에서 말하는 '모달리티 (Modality)'와 '소달리티'(Sodality) 선교구조를 보면 교회중심으로 선교하는 대표적인 경우가 로마 카톨릭 교회의 선교를 보면 알 수가 있으며 개신교회는 모달리티의 구조였으나 여기에서 자발적으로 설립된 수많은 선교단체는 소달리티의 선교구조라고 할 수가 있다. 서로의 장단점이 있으므로 이를 잘 융합 또는 협조함으로 하나님의 선교를 성취할 수가 있을 것이다.202

---

202 배진기의 "교회의 두 가지 특징 구조" 교회의 두 가지 특징적 구조 : 세계적인 선교 전략가 랄프 윈터 박사는 세계 선교의 구조를 두 가지로 설명하였습니다.
첫째는 모달리티(Modality)이며 둘째는 소달리티(Sodality)입니다.
모달리티는 1차적 헌신 집단으로 지역 교회가 대표적인 예입니다. 소달리티는 1차적 헌신 집단에서 다시 2차적인 헌신을 한 걸러진 집단을 말하는데 역사적으로는 수도원이나 선교 단체 등이 그 대표적인 예입니다. 역사적으로 하나님께서는 이 두 조직을 사용하셔서 그 분의 나라를 확장시켜 오셨습니다. 특별히 소달리티는 세계 선교의 역사를 진척시키는데 그 공헌이 두드러진 구조였습니다. 바울 선교사도 모달리티였던 안디옥 교회의 파송을 받아 바나바, 마가, 디모데, 디도 등의 동역자들과 함께 선교단 (Missionary Band)를 통하여 소달리티의 사역을 감당하하였음이 그 대표적인 예입니다. 중세 때에는 수도원 운동의 확산이 유럽으로 번지면서 미전도 지역에 복음을 전하고 수도원을 개척하는 소위 "전방개척 선교운동"이 소달리티 운동을 주도했었습니다.
현대 선교 시대에는 윌리엄 캐리의 주창으로 유럽과 미국에 수 많은 선교 단체가 세워지면서 세계 선교의 박차를 가할 수 있었습니다. 이러한 소달리티의 선교 주도적 측면에서 볼 때 모달리티적인 지역 교회도 소달리티적인 성향을 띨 때에 보다 선교적 교회로서의 면모를 발휘하게 됨은 자명한 일일 것입니다.
모달리티의 구조가 중심이 되는 지역 교회 안에서도 소달리티의 성향을 가진 부서가 있습니다. 선교 후원회나 선교 위원회와 같은 부서들입니다. 선교위원회는 교회로 하여금 선교를 하게 하는 지휘 부서의 역할을 합니다.
또 지역교회의 구조 가운데 여호수아와 갈렙(청년. 대학부)이 바로 교회 안에서 소달리티의 역할을 수행하는 부서라고 볼 수 있습니다. 선교 위원회의 계획과 전략을 실행할 수 있는 가장 큰 잠재력을 가진 연령 계층이 바로 청년.대학생들 입니다. 이러한 현상은 지역 교회에서 선교의 시작과 확산되는 진원지로서의 청년들의 역할에서 그 증거를 찾을 수 있습니다.
지역 교회의 선교 운동의 출발점에는 언제나 청년들에게 있었습니다. 선교 중보기도 모임이나 단기선교는 늘 청년들이 교회의 시발점 역할을 해왔습니다. 진취적이고 헌신된 청년들이 먼저 세계 복음화에 대한 개척적인 노력을 했을 때 그 운동이 교회 전체로 확산되는 예를 많이 볼 수 있습니다.
또한 선교 역사적인 관점에서도 세계 복음화에 있어서는 언제나 청년들이 그 중심에 있었습니다. 미국에서 있었던 학생 자원자 운동은 그 대표적인 예입니다. 언더우드 선

또 하나의 특징은 그들의 끈기 있고 역동적인 성장이다. 오늘날 신앙 선교는 세계에서 가장 규모가 큰 선교로서 그들 중 몇몇은 1,000명에 가까운 멤버를 보유하고 있다. 위크리프 성서번역 회는 4,200명의 회원이 있으며, 대학생 선교회(CCC. Campus Crusade for Christ)는 150개 국가에서 수많은 젊은 회원들이 사역하고 있다.

또 다른 특징은 그들의 창의성이다. 20세기 선교 활동의 대부분의 진보는 신앙 선교에 의해 소개되는 바, 라디오, 항공, 성경 통신강좌, 복음의 녹음테이프, 카세트, 침투 선교, 분교 설치에 의한 신학교 교육 등이다. '은둔한 사람들'(Hidden Peoples)은 최근의 발상이다.

여러 해를 지나면서 신앙 선교는 독립성서, 침례, 공동체 교회들로부터 재정적 지원을 받으며, 성경학교들로부터는 인적 지원을 받았다. 해외 선교 활동 시 그들은 복음 전도와 교회 설립에 중점을 두었다. 의료사업에서는 수많은 병원들과 보건소들을 운영하였다. 교육 부분에서는 특히 아프리카 지역에 수천 개의 초등학교를 설립하였으나 고등교육기관은 소수에 불과하였으며 대학은 한 곳도 없다. 신학교육에서는 그들은 성경학교들로 만족하고 있었으나 최근에 이르러서야 소수의 신학교를 설립하였을 따름이다.

2. 성경학교 운동203 : 성경학교 운동은 1880년대에 시작이 되었는데 신앙 선교 운동보다 더욱 아메리카적 현상이 되었다. 1962년에 발간된 위트머(S. A. Withmer)의 [차원이 있는 교육] (Education with Dimension)

교사가 조선에 왔을 때 그의 나이 약관 24세였습니다. 캠브리지 7인으로 불리는 현대 선교의 개척자들이 인도, 중국, 아프리카로 헌신해서 떠난 나이가 20대 후반이었습니다. 역사적으로 소달리티 구조는 주로 개혁과 적극적이고 진취적인 밖으로의 사역을 통하여 세계 복음화에 앞장서 왔습니다. 이런 측면에서 분명히 대학. 청년부는 소달리티의 성향이 강하다고 볼 수 있습니다.

203 용어 사용에 있어서 일반적으로 '성서'는 WCC계, 자유주의 신학자들이며, '성경'은 보수적인 복음주의자들이 주로 상요하는 용어임을 밝히며 같은 내용으로 이해하기 바람.

에 미국과 캐나다의 247개 성경학교와 대학들의 목록이 담겨 있다. 오늘
날 그 숫자는 더욱 많아져서 캐나다만도 50개 이상의 성경학교가 보고되
고 있다. 최초의 학교들은 나약(Nyack, 1882), 무디(Moody, 1886), 온타
리오(Ontario, 1894), 바링턴(Barrington, 1900) 등이었다. 초기부터 이
들 성경학교들은 국내와 해외 선교지의 필요성과 전도 활동, 성경 교육
에 중점을 두었다. 최근에 이르러 많은 성경학교들이 그들의 교과과정에
인문과목을 추가하여 학사 학위를 수여하고 있다. 오늘날 미국 성경학교
협회(American Association of Bible Colleges)에 소속된 96개의 학교들
이 1981년 가을 학기 36,254명의 등록 학생을 보유하고 있다. 이에 덧붙
여 29개의 학교들이 추가로 회원권 신청을 하고 있는 중이다.

여러 가지 변화에도 불구하고, 이들 성경학교들이 신앙선교의 지원자
들을 가장 많이 배출하고 있다. 수많은 세월 동안 콜롬비아 성서대학
(Columbia Bible College), 나약 대학(Nyack College), 멀트노마 성서대
학(Multnomah School of the Bible), 프래리 성서학교(Prairie Bible
Institute), 온타리오 성서대학(Ontario Bible College), 랭카스터 성서대
학(Lancaster Bible College)과 기타, 다른 대학들이 해외 선교사들을 꾸
준히 배출하고 있다. 무디 성경학교는 놀랄만한 기록을 내어왔다. 1890
년 이래 5,800명 이상의 무디 졸업생들이 세계 각국의 180개 국에서
255개의 선교 본부 아래 사역해 오고 있다. 이 숫자 중에서 2,300명 이상
이 1981년 현재 활동하고 있는 숫자이다. 이것은 오늘날 세계에서 활동
하고 있는 북아메리카 선교사 18명 중 하나가 무디 성경학교 출신임을
의미하는 것이다. 이 추세는 줄어들지 않고 계속되고 있는 바 1981년에
85명의 무디 성경학교 졸업생들이 선교지를 향해 떠났던 것이다. 이것이
미국의 저력이며 선교대국의 면모를 보여주고 있다.

북아메리카 학교들만큼 많은 숫자는 아니지만 유럽과 영국의 성경학

교들도 선교사 훈련에 주요 역할을 담당해왔다. 오늘날 약 40개의 성경 학교가 유럽 대륙에 있고 29개가 영국에 있는데 학생 수는 약3,000명 가량이 된다. 오랜 역사를 가진 몇 개의 학교들은 선교운동에 지대한 공헌을 해왔는데 이들 중에는 런던 스펄전 대학(Spurgeon's College in London, 1856), 글래스고우 성서학원(Bible Training Institute in Glasgow, 1892), 치스윅 레드클리프 선교 훈련대학(Redclffe Missionary Training College in Chiswick, 1892) 등이 있다.

3. 자발적 학생 운동(Student Volunteer Movement) : 19세기에서 시작하여 20세기에 이르기까지 개신교 선교에 위대한 영향을 끼친 SVM 자발적 학생 운동은 이미 앞 장에서 충분히 다루었기에 참고하기를 바란다. 이는, 그 중요성을 간과함이 아니고, 19세기의 선교 관련 운동과 관계가 중복되기에 앞장과 연결하여 보완하기를 바라는 바이다(참고 : 5장 개신교의 선교역사 2. 19세기의 선교 운동 2) 학생 자발적 운동).

4. 식민주의의 붕괴 : 1945년 이래 유엔의 회원국은 51개국에서 157개국으로 증가하였다. 이들 중 대부분의 나라가 소위 제3세계 국가로서 선교사들이 항시 활동하던 지역들이다. 아시아와 아프리카의 광대한 식민제도의 붕괴는 20세기 최대로 의미심장한 사건이었다. 이것은 유엔과 세계의 세력 균형을 변화시켰을 뿐만 아니라 국내와 해외의 기독교 선교의 명분과 과정에도 심오하게 영향을 미쳤던 것이다. 특히 세 가지의 주요한 변화가 일어났는데 그것은 기독교에 대한 인상이 달라졌고, 국가 교회들의 위치가 달라졌으며, 선교사들의 임무가 달라졌다는 것이었다.

1) 제3세계에서 기독교는 언제나 '외국 종교'라는 인식을 받아왔고, 더욱 나쁜 것은 식민주의와 동일시해 왔다는 점이었다. 이제 식민제도가

더 이상 존재하지 않게 되면서 그 오명은 벗겨지게 되었다. 19세기에 서구의 선교사들은 식민주의자들과 함께 입국했었다.[204] 그들이 식민주의자들과 함께 떠나지 않았던 것은 다행이었다. 그랬더라면 그들과의 동일시는 완벽하게 되었을 것이다. 이제 기독교는 스스로 설 수 있게 되었다. 예전의 유럽제국과의 '뒤얽힌 동맹'(entangling alliances)으로부터 자유롭게 되었다. 더 이상 선교사들을 '문화적 식민주의자들'이라고 매도하거나, 자국의 크리스천들을 '외국의 식민주의자들의 구주'라고 부를 수 없게 되었다.

2) 토착교회의 지위도 달라졌다. 소수의 예외를 제외하고 교회들은 독립을 얻었다. 그들은 더 이상 서구의 '모 교회'에 얽매이지 않게 되었다. 최초로 그들이 원하는 대로 활동할 자유를 얻었다. 그들의 현지 지도자들은 이제 절대적으로 선교사들과 동등한 위치에 서게 되었다. 사실 그들이 원하면 선교사 입국을 거절 할 수도 있게 되었다. 교회 지도자들은 이제 교회의 주인들로서 선교사들의 지시나 지도에 의해서가 아니라 오직 성경과 성령의 권위에만 복종하면 되었다.

3) 선교사들의 임무에도 변화가 동반되었다. 이제까지는 주인으로 시작하였으며, 상당한 권한을 가졌었다. 지식적으로 영적으로 그리고 실제 식민지의 경우에는 권력층과의 교감으로 갑의 위치에 있었다. 그러나 이제 제3세계 지도자들은 선교사들과 동등한 위치에 서게 되었다. 더 나아가 선교사들은 토착 교회를 섬기는 종의 위치가 되었다. 이것은 예사의 일이 아니었으나 시대가 변함으로써 각자의 역할도 달라진 것이다.

제3세계가 식민주의에서 독립을 쟁취함으로 근본적인 변화중의 하나

---

[204] 대부분의 로마 카톨릭 교회는 식민주의자들과 합세하였으나 개신교는 다소 거리감이 있었다. 예를 들면 미국의 초기 식민지에도 선교사들과의 동행하는 것을 꺼렸으며, 영국의 동인도 회사의 경우는 선교사들을 경원시하기도 하였던 것을 윌리암 케리의 경우에서 보았다.

는 동양의 위대한 민족 종교들이 고개를 들기 시작한 것이다. 이제까지 그들은 방어적인 태도에서 공격적인 태도로 바뀌었다. 불교와 힌두교, 이슬람교 등이 두각을 나타내고 정치와 결탁을 하고, 근본주의 종교화 하는 경향이 강해졌다. 심지어는 미신과 토속 종교가 문화라는 이름으로 미화되어 안방을 위협하게 되었다. 어떤 종교들은 외국 선교사들을 축출 할 것을 주장하고 재산과 신분의 불이익을 주고 있으며 제도적으로 반종 교법(anti-conersion law)을 만들어 선교사에게 비자를 주지 않고 기독 교를 노골적으로 위협하는 나라들이 늘고 있는 현실이다. 어떤 종파에서 는 그들의 선교사들을 서방에 보내어 서양인들을 개종시키려는 시도를 하고 있다. 예를 들면 미국에서 동양의 신비주의 명상, 요가, 선불교 등의 관심이 높아지게 되었으며 한국의 수도 서울과 항구인 부산에 이슬람 사 원들이 들어서고 있다.

5. **공산주의의 출현** : 제2차 대전 이후 모든 종교의 무자비한 적수인 공 산주의가 러시아의 유라시아 대륙을 붉게 물들이더니, 아시아에 주요한 고지를 확보하게 되었다. 아프리카와 라틴 아메리카에도 스며들기 시작 하였으며, 세계 최대의 역사와 인구를 가진 중국, 몽고, 북한, 베트남, 라 오스, 캄보디아에서의 모든 선교 활동이 종식되었다. 러시아와 중국은 아프리카의 불안정한 나라들의 혼탁한 정세를 이용하여 반기독교 전선 을 확대하고 있다. 라틴 아메리카에서는 오래 동안 공산 혁명을 준비해 오고 있었다. 어떤 나라들에서는 로마 카톨릭 신부들이 해방 신학의 일 념으로 정부를 전복하려고 시도하는 게릴라들과 합세하기도 하였다. 지 구상 어디서든지 공산주의가 득세하는 곳에는 교회와 선교사들이 고난 을 당하였다. 근본적으로 실제 공산주의는 기독교와 함께 할 수 없으며, 가장 무서운 대적이 되기 때문이다. 공산주의는 더 이상 단일조직이 아

니며 복합적으로 야합을 하고 수단 방법을 가리지 않고 있다.

6. 선교사의 감소 : 최근 전후 세대의 미국 주요 교단의 선교 활동과 관심은 현저히 쇠퇴하고 있다. 몇몇의 예외를 제외하고 그들은 계속 쇠퇴의 길을 가는 듯하다. 이러한 상황이 유발하게 된 요인이 있다.

1) 토착 교회들이 독립과 성장을 이룩함에 따라 정책적으로 선교부들은 점차 의도적으로 해외 선교 활동을 줄여왔다.

2) 제3세계의 수구적 민족주의로 인하여 선교지에서의 생활과 사역이 더더욱 어려워졌다. 문을 닫는다는 말은 없지만 국내 선교 부는 전과 같은 선교사 지망생들을 더 이상 모집하지 않고 있다.

3) 신학교에 등록하는 숫자가 적으므로 목회 사역과 선교 활동을 위한 지원자들이 부족한 상태에 있다.

4) 수많은 주요 교단들은 행정 예산에 대한 지원이 현저한 감소를 겪고 있다. 직원들과 교역자들을 구조조정하며 전임자보다는 파트 타임 직원을 선호하고 있다. 자연스럽게 교인들의 헌신과 헌금도 위축되고 감소하는 추세이다.

5) 신보편구원설(Neo-Universalism)과 같은 신학적 자유주의가 서서히 그러나 확실하게 크리스천으로서의 선교의지를 약화시키며 죽도록 충성하여 복음을 전하려는 선교 열정에 찬물을 끼얹고 있다. 예수 그리스도의 지식 없이, 그의 이름 외에도 구원이 있다고 하면 누가 애써 가난과 핍박과 위험을 무릅쓰고 선교에 헌신 할 것인가?

그러나 모든 주요 교단들이 일선에서 물러나고 선교에 부정적이고 소극적인 것은 아니라는 사실에 주목해야 할 것이다. 대체로 보수적이고 복음주의적인 교회들은 동서양을 막론하고 선교에 헌신하고 있으며 무엇보다 부흥하고 앞서가는 교회들은 열정적으로 선교하는 것을 쉽게 볼 수 있다. 최근의 작은 선교기관들이 계속 성장 추세에 있으며 그 중에는 급속하게 성장하고 있는 기관들이 있다. 1942년에 창설된 '미전도 종족 선교회'는 이제 950명의 선교사를 보유하고 있다. 1935년에 창설된 '위 클리프 성서 번역회'는 3,500명의 사역자를 가지고 있다. 몇 몇의 선교부들은 세계 2차 대전 이후에 발족되었다. 그들은 이미 100-200명의 회원들을 확보하고 있다. 이 범주 안에 대유럽 선교회(Greater Europe Mission)와 극동복음 선교회(Far Eastern Gospel) 등이 있다. 독일과 영국과 그리고 미국의 선교기관을 이어 받은 선교대국 한국의 선교 현황과 도전은 20세기 후반에서야 대두하며 활동을 개시하게 된다. 이제까지는 서구의 선교역사를 위주로 살펴보았다.

제4장 권역별 개신교 선교 현황

1. 이슬람 세계 선교[205]

"아라비아 반도를 폭발시켜 지중해 세계의 절반가량을 회심시킨 사건 이야말로 중세사의 가장 특출한 현상이다." 빌 두란트가 말한바가 있다. 기독교회에 가장 위협적인 존재로 등장한 것이 7세기 이슬람교의 출현과 급속한 전파였다.

이슬람교의 창시자인 모하메드는 622년에 죽었다. 그가 죽은 후에 그의 추종자들은 아라비아 반도의 전투적 부족들을 정복, 통합하고는 기세 등등하게 정복과 개종을 위한 그들의 강권적인 선교활동을 개시하게 되었다.

---

205 허브트 케인, [세계 선교 역사], 9 이슬람 세계 선교, 153-164쪽 요약.

순식간에 그들은 다마스커스, 안디옥, 예루살렘, 가이사랴, 알렉산드리아를 정복하였다. 650년경에는 페르시아 왕국이 몰락하였다. 그들은 서쪽으로 방향을 돌려 북아프리카를 휩쓸고 거기에서 그 당시 전 기독교 세계 교회들의 1/4에 해당하는 900교회를 파괴하였다. 715년에는 스페인의 대부분의 지역이 그들의 세력 아래에 들어가고 말았다. 피레네 산맥을 넘어 프랑스로 진격해 들어가려다가 732년 '투르' 전투에서 찰스 마르텔(Chales Martel)에 의해 저지당했다는 역사적 사건을 거론하였었다. 그 후 그들은 동양에서 대단한 승리를 거두어 중앙아시아를 지나 카이버(Khyber Pass)를 통과하여 서북 인도의 펀잡 지방까지 진출하였다. 그 이후 500년간의 정체 기간을 가졌었다.

이슬람 세력의 제2차 정복 활동은 13세기와 14세기에 오토만 투르크와 중앙아시아의 몽고족이 모하메드 추종자가 되면서 일어났다. 그들은 가는 곳마다 여세를 몰아 날뛰며 약탈하고 파괴를 자행하였다. 15세기에 이르러 오스만 터키는 그리스의 발칸 반도를 침략하였다. 동로마 제국의 중심지인 콘스탄티노플은 1453년에 함락 되었다. 연이은 침략 활동으로 모슬렘들은 북인도를 정복하고, 16세기에는 인도 반도에 무갈제국을 세워 영국의 식민주의가 등장할 때까지 통치하였다.

이슬람교는 인도로부터 말레이시아 반도, 인도네시아 해협까지 번져 나갔다. 그곳으로부터 동북으로 필리핀까지 파급되었고 북진하던 이슬람 세력은 남쪽으로 진출하던 로마 카톨릭 세력에 의해 민다나오 섬에서 저지를 당하였다. 이슬람교는 수세기 전에 정복한 땅을 아직도 소유하고 있다. 최근 20세기에 이슬람교는 아프리카 동서부로 진출하여 아프리카인들의 영혼을 놓고 기독교와 경쟁하고 있다.

이슬람교를 세계의 여러 종교 중 독특하게 만드는 몇 가지 요소들은,

1) 약7억 정도의 신도를 가진 비기독교 종교 중 최대 규모의 종교이다.

2) 세계적이라 주장하는 비기독교 종교 중 유일무이하다.

3) 기독교를 제외한 세계 선교를 주장하는 유일한 종교이다.

4) 기독교보다 늦게 시작한 유일의 이방 종교이다.

5) 기독교와 싸워 세계의 막대한 지역을 정복한 유일한 종교이다.

6) 수 세기를 거치면서 비기독교 종교 중 가장 저항적이며 공격적이며 강력한 영향력을 행사하는 종교이다.

오늘날 세계의 비기독교인들 중에 복음화하기 가장 어려운 사람들이 무슬림이라고 말하는 것이 옳을 것이다. 스코틀랜드 장로교회가 80년 이상이나 아라비아 주변국에서 선교활동을 벌여왔으나, 오늘날까지 약 30명 정도의 교회 한 개를 가지고 있을 뿐이다. 북 아프리카, 이집트 서부에서 거의 100년 동안 사역을 하였으나, 한 군데로 이렇다 할 규모의 토착인 교회도 없는 실정이다. 수년 동안 중동에서 사역한 장로교 선교사인 펙 존슨(R. Park Johnson)이 말하기를, "이슬람 교도는 너무도 많은 제약을 받고 있는데, 그것은 중동 지역의 어느 나라들에서는 다른 종교로 개종하는 이슬람교도의 출생신고서, 시민권 증명서, 선거권, 노동허가증을 찢어버려 마치 나라가 없는 사람과 같이 되는 것을 말한다."[206]

1] 이슬람 세계의 복음화 토양이 척박한 이유

1) 이슬람교는 기독교보다 후발주자이다.

이 사실은 모하메드로 하여금 유일신을 믿는 유대교와 기독교로부터 충분히 모방이 가능하였다(bench marking effects). 결과적으로 이것은 유명한 다른 어떤 종교보다도 기독교와 공통점을 많이 갖고 있다. 그것

---

[206] R. Park Johnson, Middle East Pilgrimage(New York : Friendship Press, 1958). p. 142.

은 현실에 대항하여 이슬람교를 전파할 만큼 기독교적인 것을 가지고 있었다. 즉 기독교와 여러 면에서 공통점 또는 모방의 여지가 많다는 것이 선교의 여지를 없애는 것이다.

이슬람교도들은 하나님으로부터 네 가지 계시를 받았다고 믿는다. 모세의 율법(5경), 다윗의 시편, 예수의 복음, 모하메드의 코란 등. 이것은 이슬람교도들이 구약과 복음을 하나님의 계시로 받아들인다는 것을 의미한다. 이 점은 선교사들에게는 선교의 접촉점이 될 수가 있을 것이다. 그러나 이슬람교에서는 나중에 받은 계시가 전자보다 우세하며 우선하다고 믿는다. 이것은 예수의 복음이 모세의 율법보다 더 권위적이나 코란이 복음보다 더 권위 있다고 믿는다. 만약 코란이 복음과 다르면 그것은 분명한데, 코란이 옳고 복음은 그르다는 것이 결론이다.

2) 이슬람교는 예수의 신성과 죽음을 부인한다.

예수는 코란에 여러 차례 언급이 되는데 언제나 명예로운 대우를 하고 있다. 그는 마리아의 아들로서, 위대한 선지자로서, 심지어 죄가 없는 사람으로까지 언급되고 있다. 코란은 예수가 기적을 베풀었다는 것을 인정한다. 그러나 코란의 예수는 복음서의 예수와는 다른 두 가지 중요한 점에서 다르다. 그의 신성과 죽음을 모두 부인한다.

예수의 선성에 관한 교리는 이슬람교들이 가장 싫어하는 것이다. 왜냐하면 하나님이 아들을 가지려면 반드시 부인을 전제로 한 것으로 이것은 신성 모독이기 때문이다. 더구나 둘이 아닌 오직 한 분의 신만이 존재하기 때문이다. 알라(Allah) 이외의 어떤 다른 신을 숭배하는 것은 우상숭배이며, 코란에서의 우상 숭배는 절대로 용서 받을 수 없는 죄이다. 만약 선교사가 예수의 신성에 대해 언급만 해도 광신적 이슬람교도는 그의 그림자 위에 침을 뱉음으로써 그와 같은 신성 모독적 발언에 전적으로 결별한다는 것을 보여주는 것이다.

예수의 죽음에 관해서 코란은 그가 십자가에서 그의 종말을 맞이하지 않았다고 가르친다. 세계의 주관자인 하나님이 그의 선지자로 하여금 이와 같은 수치스러운 종말을 맞도록 허용하지 않을 것이라는 것이다. 이와 같은 비극은 하나님의 인격에 대한 중상모략일 것이고 그는 이와 같은 극악무도한 행동을 허용하지도 또 할 수도 없을 것이므로 예수는 십자가상에서 죽지 않았으며, 마지막 순간에 대리자가 나타나고 예수는 휴거 당했다는 것이다. 이슬람 선교를 방해하는 이 두 가지 장애에 대한 어떤 다른 방법이 제시될 것 같지 않다. 예수 그리스도의 신성과 그의 십자가 죽음은 타협할 수 없는 기독교의 핵심 교리이자, 이슬람으로서는 결코 용납할 수 없는 성질의 교리이기에 곤혹스러운 장애물로 여기고 훼방하는 논리야 말로 건널 수 없는 강이다.

3) 이슬람교의 변절자에 대한 취급

지구상의 종교 간에 변절자에 대한 처리가 있다. 힌두교를 대다수 신봉하는 인도에서는 그의 종교를 배반한 자들을 불쾌하게 바라본다. 그러나 이슬람교도들에게는 변절법을 고안하여 아예 그들의 신앙을 버린 사람은 공동체 사람들로 하여금 죽이기까지 허용하고 있다. 물론 이 법은 헌법에 기록되어 있지 않고 정부가 행정력을 동원하지도 않지만 코란의 지지와 승인을 갖고 있다. "누구든지 그의 종교를 배반하면 그것 때문에 죽게 하라. 그는 불신자이다." 이슬람에서 불신자는 알라의 은총 밖에 있으므로 죽여도 좋다는 논리이다. 이슬람교로의 개종은 일방통행로이다. 즉 어떤 사람이 이슬람교로 개종은 할 수 있으나, 이슬람교로부터는 다른 종교로 결코 개종할 수는 없는 것이다.

4) 이슬람 사회의 결속성

이슬람교는 교회와 국가의 분리라는 것은 있지 않다. 종교는 정치와 불가분적으로 얽혀있다. 기독교로 개종한다는 것은 신앙의 변절자가 되는 것이며, 국가의 반역자가 되는 것이기도 하다.

[이슬람교는 종교 이상의 것이다. 그것은 완전한 삶의 법칙이요, 정치 조직이며, 경제제도이다. 그것은 모든 것이다. 이슬람교는 그것이 완전하기 때문에 위대한 실용적 종교이다. 한 사람의 이슬람교도는 스스로 하나님과 그의 법에 굴복한 자로서 다른 이슬람교도와 함께 사회를 구성하는 사람이다.]207

이러한 결속성이 이슬람교도로 하여금 기독교로 개종할 것을 고려해 보는 것을 방해하는 요인으로 작용한다는 것은 의심할 여지가 없다. 물론 중동지역에서 기독교 교회들이 소수 종교로서 특정한 권리와 배려를 받고 있는 것이 사실이다. 그들은 자신의 자녀들에게 세례를 주고 젊은 이들을 결혼시키며 조상을 장사 지낼 수도 있다. 교회 예배는 교회 건물 내에서만 제한되고 허용되나 '전도하려는' 어떤 시도도 결국 문제를 일으키는 소지가 된다. 이런 이유 때문에 교회들은 완전히 자체적으로 유지되며 수세기를 거치면서 '고립집단'으로서 유지 되어 왔다. 그들은 이슬람교도의 이웃과 그들의 신앙을 나누려는 기도를 하지 않았고 서구로부터 온 개신교 선교사들이 그런 행위를 하는 것에 호의적인 눈으로 보아주지도 않았다.

5) 이슬람 종교의 공공 표현

서구의 기독교 상대자들과는 달리 이슬람교도들은 그들의 종교를 자

---

207 Freeland Abbott, Islam and Pakistan(New York : Cornell University Press, 1968), p.181.

신의 옷 소매에 붙이고 다닌다. 이슬람교는 삶 전체에 스며들어 있는 종교이므로 사적으로보다는 공적으로 더 많이 실행한다. [이슬람교도들과 친분이 있는 그 누구도 종교가 그들의 삶에 차지하는 대단한 비중에 감탄하지 않는 사람이 없다. 유대인이 아닌 그 어떤 사람들도 이슬람교도들이 하는 것처럼 이토록 종교의식을 심각하게 받아들이는지는 의심스럽다. 모하메드의 세계의 경우에서 종교는 그 법령과 의무로서 삶의 모든 영역에 영향을 미치고 있다.]208

이슬람교의 5개 지시 중 하나는 기도이다. 매일 정해진 다섯 번의 기도 시간이 있다. 이슬람 사원의 첨탑에서부터 기도를 알리는 종소리가 들리면 모든 신실한 이슬람교도는 그 당시에 그가 무엇을 하고 어디에 있든지 불문하고 그의 기도 방석을 꺼내들고 나가 메카를 향하여 기도를 한다. 농부는 들판에서, 선생은 교실에서, 상인은 상점에서, 여행자는 길 위에서, 죄수는 감옥에서 모두 그들의 무릎을 꿇고 머리를 땅에 조아리고 기도문을 외운다. 5만 명의 이슬람교도들이 모두 흰 가운을 입고 공중 연합 기도를 하려고 똑 같이 무릎을 꿇고 있는 모습은 실로 장관이기도 하다.

이것은 1년에 한 두 번씩 절기나 특수한 때에 있는 일이 아니다. 그것은 매일 5차례씩 행해진다. 그의 모든 동포들이 무릎을 꿇고 있는 때에 혼자서만 외롭게 서 있는 사람은 사람들의 주목을 끌게 마련이다. 기독교 개종자나 혹은 그리스도 안에서의 새 삶을 고려하고 있는 사람이 군중 속에서 드러나지 않을 방법은 전혀 없다. 그는 잠행하여 여행할 수도 없다.

6) 십자군 전쟁의 상처

서양의 기독교인들에게 십자군 전쟁은 악몽이므로 그것에 대해 우리

---

208 Charles Watson, What Is This Moslem World? (New York : Friendship Press, 1937), p.53.

는 희미한 기억만을 가지고 있으나, 무슬림들에게 십자군 전쟁은 기독교인들이 이슬람교도에 대한 증오를 분명히 드러낸 사건들이었다. 800년의 세월이 흘렀지만 무슬림들은 십자군 전쟁에 대한 기억을 지우지 못하고 있다. 오늘날까지도 그것들은 이 지역 세계의 통일체 국가에서 상처가 되고 있는 것이다. 종교적으로 영원히 지워지지 않는 트라우마가 된 것이다. 오늘날에 돌이켜보면 차라리 없었으면 좋았을 십자군 전쟁이며, 당시 그리스도의 이름으로 십자가의 기치를 내걸고, 교황청과 교회들, 그리고 유럽의 군주들과 기사들이 일으킨 일대 운동이나 결과는 처참하였으며 돌이킬 수 없는 과오를 남겼다. 무엇보다 전 이슬람 세계를 고립화시키고 적대화한 것이다. 교회가 성지를 탈환하기 위하여 전쟁이라는 방법을 동원하였다는 것 자체가 비 복음적이며, 반 기독교적이라고 할 수 있다. 공격의 희생자가 변하여 이슬람의 공격자가 되었으니 오늘날 무슨 면목으로 전도를 하고 선교를 할 수 있겠는가? 역사적인 과오를 뉘우친다고 하여도 통하지 않고, 이슬람권에서는 계속 들먹이며 숙명적인 원수로 치부할 것이다.[209]

2] 이슬람 선교의 가능성

비록 이슬람 선교가 교리적, 역사적, 사회적으로 전도와 선교의 토양이 척박함에도 불구하고, 시대의 변화에 따라 작은 틈이 생기고, 인류의 보편적 가치의 공유를 통하여 시도할 가능성이 보인다는 것은 의미 있는 변화라고 여긴다.

---

[209] 십자군이 저지른 참상은 이미 본서 II. 세계 선교의 역사, 제3장 '이슬람의 도전과 선교의 위협', 1.2 십자군 전쟁과 교훈 참고.

1) 인권 운동의 시작

카터 대통령이 인권 운동을 시작하기 훨씬 전에 국제연합(United Nations)은 인권 선언서(Universal Declaration of Human Rights)를 채택하였다. 18조항에서는 이보다 강력한 주장을 그 누구도 바랄 수 없을 만큼 종교의 자유문제를 다루고 있다.

[누구든지 사상, 양심, 종교의 자유를 갖는다. 이 권리는 그의 종교의 신념을 바꿀 자유를 포함한다. 또한 개인적으로든 단체로든 공적이든 사적이든 그의 종교나 신념을 가르치고 실행하여 예배하고 준수함으로써 표현할 자유를 포함한다.]

많은 이슬람 국가들을 포함한 대부분의 회원 국가들이 이 선언서에 사인을 하였다. 물론 그들이 모두 이 항목을 이행할 준비가 되었다는 것을 의미하지는 않지만 적어도 그들이 그것에 사인을 했다는 점은 의미 심장한 일이다. 이런 종류의 선언서는 최근 유럽의 35개국 국가가 사인한 헬싱키 조약에서 보여주듯이 언제나 약속과 실행에 차이가 있다. 그러나 종교의 자유가 미래의 흐름이 되고 있다는 사실에 대해서는 의심할 나위가 없다. 공산주의 국가이건 이슬람 국가이건 모든 나라는 현대 세계에서 보조를 맞추어 살기 원한다면 조만간 이러한 현실에 부응해야만 할 것이기 때문이다.

아놀드 토인비(Arnold Toynbee)는 지성인이라면 관습과는 상관없이 그 자신의 종교를 선택할 정보와 능력을 갖고 스스로의 선택을 할 수 있는 시대가 도래 하고 있다고 논쟁하였다. 이것이 사실일진대 회교국가 정보가 그들의 국민들을 어린이 취급하는 것은 언제까지나 계속할 수 없게 될 것이다. 그들이 종교적 자유를 승인할 수밖에 없는 때가 오고야 말 것이라는 긍정적인 기대를 해본다.

2) 서방 세계와의 접촉의 증가

매년 수천 명의 이슬람교도들, 대부분 학생들이 유럽과 미국을 방문하고 있다. 그들은 여행, 사업, 교육, 기술연수 등의 목적을 가지고 온다. 그곳에 머무르고 있는 동안 그들은 서구의 개방된 사회, 관용정신, 공정한 태도, 무엇보다도 종교의 자유를 알게 된다. 그들은 그곳 서방 세계에서 발견되는 다양한 사회에 감명을 받을 수밖에 없다. 세계적으로 교육 받은 사람들은 그들의 교육 받지 못한 동포들보다 더욱 관대한 경향이 있다. 무슬림들이 고등 교육을 더욱 많이 받을수록 관용 정신이 이슬람국가들 사이로 파급되고 있다.

만약 이것이 소도시나 마을에 사는 뮬라들(Mullars : 이슬람교의 율법과 교린 선생들)에게 지대한 영향을 미치지 못한다 하더라도 종교의 자유란 그것보다 훨씬 중요한 것이다. 고위층 정부 관리들은 공중 여론이 그들로 하여금 그들의 나라 안에서 기독교 행사를 허용하도록 강제할 때 당황하곤 한다. 이슬람 선교사들은 기독교 국가에서의 그들의 활동에 자유를 누린다. 얼마나 오래 동안 그들은 기독교 선교사들에게 그들의 나라에서 같은 자유를 누리는 것을 거부할 것인가? 상호평등과 형평의 원칙에 반하는 일방적인 통로는 비합리적이며 비양심적이기 때문이다.

3) 정치적 상황의 변화

얼마 전까지만 해도 사우디아라비아는 거의 금단의 국가였다. 오늘날 수만 명의 서구 기술자들이 그 나라 정부를 도와 막대한 원유 자원을 이용하여 20세기의 발전하는 국가로 부상하고 있다. 때에 맞춰 광대한 규모의 근대화 물결이 이 나라의 정치적 기류를 바꾸고 있다. 이미 한 명의 기독교인 비행사가 메카에 그의 비행기를 착륙시켰다!

방글라데시가 파키스탄의 일부였을 때 그 나라는 코란의 가르침에 근거하는 이슬람국가였다. 독립을 획득하자마자 새로운 수상인 무지바 라만(Mujibur Rahman)은 방글라데시가 이슬람 국가가 아닌 평범한 자유국가라고 선포하였다. 수개의 광신적 무슬림 정당들이 해체 되었다. 만약 순수한 종교의 자유가 방글라데시에 찾아온다면 많은 숫자의 무슬림들이 그리스도에게 돌아오는 것을 볼 수 있지 않겠는가? 간단한 문제는 아니지만 그 변화는 좋은 것이다. 아프가니스탄도 마찬가지이다. 수세기 동안 이 나라도 코란에 바탕을 둔 이슬람 국가였다. 1973년 쿠테타 결과 코란에 대해 전혀 언급이 없는 새로운 헌법이 제정 되었다. 1979년 12월의 소련의 아프가니스탄 침공이 이 상황을 전적으로 변화시켰다. 그리고 오늘날에는 역전이 되어 있는 어중간한 상태이다.

4) 기독교 라디오 방송의 침투 증가

한 동안 이슬람 정부들은 그들의 국민들의 외부 세계의 모든 접촉에서 차단시킬 수 있었다. 그러나 이것이 더 이상 불가능하게 되었다. 전파는 국경을 넘어서 철의 장막도 뚫을 수 있는 문명의 이기가 된 것이다. 기독교 방송이 현재 라디오 방송을 통하여 이슬람권으로 침투하고 있다. 세이셸 군도, 모나코, 키프로스, 몬로비아 등지의 강력한 방송국들이 매일 복음 방송 프로그램으로 이슬람 세계를 겨냥하고 있다. 교회를 방문하지 않는 무슬림들도 그들의 외부와 차단된 가정에서 기독교 복음을 듣는 것을 혐오하지 않는다. 매주 관심과 축복을 담은 감사 편지가 날아들고 있다.

5) 통신 성경 공부

1960년 모로코 복음 선교연합(Gospel Missionary Union)은 지방 신문에 기독교에 관한 무료 통신강좌를 제공한다는 광고를 게재하였다. 이것은 사상 최초로 있었던 일로서 선교사들은 어떤 반응을 얻을지 아무런 예상을 할 수 없었다. 18,000명이 요한복음 수강신청을 했을 때 얼마나 그들이 놀랐었는지 상상해 보라. 몇 년 후에 북아프리카 선교부가 같은 계획을 실시하여 20,000명이 튀니지에서 응답하였다. OM선교회(Operation Mobilization)도 이란에서 비슷한 경험을 하였다. 수천 명이 성경 통신강좌를 신청하였다. "업무가 과중하여 선교사들은 그들의 업무를 줄여 논문검사를 해야 할 지경이었다. 방글라데시에서도 비슷한 보고가 들어왔는데 거기서는 50,000명 중에 무슬림이 절반, 힌두교도가 절반이였으며, 1960년 이래로 성경 통신 강좌에 등록해 왔다.

6) 문호 개방과 폐쇄

다른 세계와 마찬가지로 이슬람 세계에도 변화가 있다. 하나의 문호가 개방되는가 하면 다른 문호는 폐쇄 된다. 1964년 남 수단(Southern Sudan)은 17년간의 내란 중 문호를 폐쇄 하였다. 1970년대 중반에야 선교사들이 다시 초청되었다. 소말리아는 1953년에 기독교 선교사들에게 문호를 개방했으나, 20년 후에 다시 폐쇄 하였다. 1973년 대부분의 비전문적 선교사들은 아프가니스탄으로부터 추방을 당하였다. 몇몇은 잔류하도록 허락 받았고, 여러 명은 최근에 이르러서 다시 입국하도록 허락되었다. 리비아, 이라크, 시리아는 현재까지도 폐쇄 되어 있으나 비전문적 선교사들, 소위 '자비량 평신도 선교사들'(tent makers)은 세속적 원조 하에 입국할 수 있다. 사우디아라비아에는 수 천 명의 미국 기술자들이 있으며 그 중에 일부는 헌신된 크리스천들로서 이후 전국에 조용히 그러나 의미심장한 영향을 끼치고 있다.

7) 자유가 인도네시아에 맺은 열매

인도네시아는 법적으로 그리고 실제적으로 종교의 자유가 보장된 이슬람 국가로서 그 결과는 상당히 고무적이다. 선교의 관점에서 보면 인도네시아에서 얻는 개종자들이 다른 여타의 이슬람 권역에서 얻는 숫자를 능가하고 있다.

인도네시아의 국가 이념의 기반은 국부 스카루노 대통령이 최초로 건국할 때에 제정한 판짜실라(Panjasila)라고 알려진 5개항의 원칙에 기술되어 있다. 초월자에 대한 신앙, 공정하고 개화된 인간주의, 인도네시아의 통일, 제한된 민주주의, 사회 정의 등, 비록 이슬람교가 주요 종교이지만 정부는 3개의 전통과 역사를 가진 종교를 인정하고 있다. 힌두교, 불교, 기독교(로마 카톨릭과 개신교 포함)이다. 매년 6월 1일을 판짜실라의 날(Pancasila Day)로 지키고 있다.

인도네시아의 이슬람교는 상당히 관대한 경향이 있고, 2종류의 이슬람교-명목상의 무슬림과 과격한 무슬림을 인정하고 있다. 첫째 이슬람교의 중심지 중동으로부터 멀리 떨어진 이슬람 권역일수록 덜 과격하다. 둘째 역사상 인도네시아 사람들은 종교를 여러 차례 바꿔왔다. 정령 숭배(Animism)의 고대로부터, 인도에서 힌두교, 이후에 불교로, 그리고 근래에 불교에서 이슬람으로 바뀌었다. 이제 이슬람교에서 기독교의 개종자들을 내어주고 있는 것이다. 그것은 다른 종교와 마찬가지로 이슬람교도 외국에서 수입된 종교라는 생각이 내면에 깔려 있기 때문이다. 이러한 제도와 사고방식이 기독교 선교에 상당히 긍정적이고 우호적인 토양을 제공하여 근래에 기독교 복음의 전파율이 폭발적이어서 수도 자카르타의 경우에는 통계 수치 이상의 실적을 보이고 있다. 인도네시아의 인구는 2억 7천만 명이며, 150여 종족이 17,000여개의 섬을 가진 다양하고도 저력 있는 동남아시아 최대의 국가이며 성장과 선교의 가능성은 무한하며, 최근에는 정치와 경제, 사회, 교육의 지도층 인사들 중에 기독교인들이 증가하고 있으며 특히 식자층과 중산층과 청년층, 그리고 중국계에서는 기독교가 확산일로에 있다. 20세기 말에 인도네시아에 불어온 성령의 바람은 지금도 살아있으며, 수십만 명이 모이는 셀 교회들이 보고되는 실정이다.210

8) 선교기구 내에서의 낙관주의 팽배

수세기 동안 기독교인들은 이슬람 세계를 기독교 복음으로 공략할 수 없는 난공불락의 요새로 간주하는 경향이 많았었다. 그러나 이 태도는 변화하고 있다. 최근에 이르러 조심스러운 낙관주의가 자라나고 있다. 아마도 이슬람 세계 복음화에 대한 하나님의 때가 도래한 것 같다는 생각이 비쳐지고 있다. 지난 2년 동안 여러 차례 이슬람 세계 선교에 대한 특별 연수회가 미국 여러 지방에서 열렸고, 이 주제에 관한 책들도 출간되기 시작하였다. 기독교인들은 성령께서 그들의 마음의 문을 열어 그들이 그들의 영혼을 구원할 수 있는 말씀을 온유함으로 받아들이도록 무슬림들의 개종을 위해 이전과는 달리 기도하고 있다.

아랍 세계를 향하여 베이루트 전 TEAM 선교사인 헤리 게네트(Harry Genet)가 다음과 같이 전하고 있다. "지난 10년 동안 대도시로의 이주, 세속적 고등교육 등으로 인한 외부 세계와의 접촉으로 이슬람교가 주도하는 사회가 조금씩 무너지고 있다. 기독교 신앙을 접할 수 있는 개방적 상황이 동시에 표면적으로 상승하고 있다. 한때 요지부동으로 간주되었던 중동지방이 분명 승리할 수 있는 기지로 변화하고 있다."211

아무도 중동지방이 변화하고 있음을 부인할 수 없다. 특히 어린이와

---

210 kcm.co.kr/mission/map/asia/Indonesia/pso/가정 교회.
　　"인니의 작은 가정 교회 또는 셀그룹이 활성화 되어 세계 개신교회에 충격과 도전을 주고 있다. 랄프니버(Ralph W. Neghbour)목사와 Jimmy 목사가 21세기 교회를 위한 대안으로 소개하며, Eddy목사는 간증하고 있다. 자카르타와 수라바야의 초대형 교회들은 서울 '순복음 교회의 소그룹 구역 조직 원를 적용하여 획기적으로 부흥하고 있다."
211 "Penetrating the Muslim World," Moody Monthly, May 1974, p.63.

여성인권 차원에서 이슬람권은 사각지대이며 아직도 가부장적인 폭력과 일부다처제의 치하에서 신음하고 고통 받는 사람들이 허다하다. 앞으로 수 십 년간 이슬람교가 어느 정도 사람들의 마음을 붙들고 있을 것인지는 두고 볼 일이나 사명감을 가지고 명석하게 과거와 현상을 통찰하고 저들에게 적합한 선교의 정책과 전략을 세워서 꾸준하게 실행한다면 분명히 승산이 있을 것이다. 무슬림 형제들을 도외시 하고는 선교가 불가능하다. 유럽의 경우는 이미 무슬림 인구의 폭발로 자연증가 수로도 미국의 기독교인수를 능가할 것이 분명하기에 무슬림의 복음화는 절대 절명의 과제이다 이 분야에 많은 투자와 헌신이 필요하고 전문적인 선교 기관이 절실한 실정이다.

2. 아시아 선교[212]

1] 개관

기독교는 아시아에서 시작되어 불교가 인도로부터 중국에 전해지던 시기에 바울과 그의 동료들에 의해 유럽으로 전파되었다. 거기서 기독교는 겨자씨의 비유에서 예수 그리스도가 말한 거대한 나무로 자라 번성하였다. 한동안 기독교는 이슬람 정권이 페르시아 제국을 멸망시킬 때까지 메소포타미아에서 번영하였었다. 그 이후 기독교는 아시아에서 서서히 쇠퇴를 거듭하여 마침내 소수 종교로 전락하고 말았다. 그럼에도 다음의 몇 가지 사실만으로도 아시아의 중요성은 간과할 수 없으며 장차 선교의 대상 지역이 되고 있다.

---

212 허버트 케인, [세계 선교 역사], 10 아시아 산교, 165-183쪽, 요약.

1) 아시아는 지구상 가장 인구 밀도가 높은 지역이다.

세계 인구의 절반이 카라치(파키스탄의 항구 도시)와 동경 사이의 반원 안에 거주하고 있다. 세계의 총인구는 77억 1,000만으로 그 중 46억명(60%)이 아시아 대륙에 분포하고 있다. 그 중에서도 중국과 인도 두 나라가 거대한 인구를 가지고 있는데, 중국과 인도가 세계의 인구 분포 상 차지하는 비율이 막대하다. 2020년 통계청 기준으로 중국이 14억3,932만 3,776명, 인도는 13억8천만 4,385명이다. 공산주의가 1949년 집권한 이래 중국의 인구가 증가한 폭이 러시아와 미국의 인구를 합한 것을 능가한다. 세계의 가장 큰 도시들이 이 지역에서 발견된다. 2018년 통계에 의하면 중국의 상하이 2,418만 명, 베이징 2,079만명, 카라치 1,491만명, 중국 심천 1,372만 명, 중국 광저우 1,300만 명, 인도의 뭄바이 1,308만 명, 세계 인구 10대 도시 안에 7위까지가 아시아에 있다. 이 중에서 동경과 서울은 근래에 빠져 있다. 인구 밀도 면에서도 아시아가 월등하게 높으며, 그 중에서 방글라데시, 한국, 일본이 현저하게 높다. 인도와 중국 등지의 대부분은 가난하고 의식주 환경이 척박하여 기아선상에 있는 인민들도 다수 있다.

2) 아시아는 주요 종교의 본산지이다.

인도에서 힌두교는 전체 인구의 83%가 믿는 종교이다. 불교는 석가모니의 출생지인 인도에서는 쇠퇴하고 있으나 아직도 아시아 전역에서는 '데라바다 형식'(Theravada form)으로 아시아의 남동부 지역의 스리랑카, 버마, 태국, 인도네시아에는 소승 불교로 번져 갔으며, 아사의 북동 지역인 중국, 한국, 일본에서는 대승 불교(大乘 : great vehicle, Mahayana Buddhism)로 전파되었다. 도교는 중국에서, 신도(神道)는 일본에서 시작되었으며, 중국에서 시작된 유교 역시 베트남을 비롯한 극동의 아시아

지역에 전파되어 그 지역의 문화, 사회 윤리에 영향을 미치고 있다.

3) 아시아는 초기 선교사들의 주요 활동 무대였다.

예수의 사도 도마는 52년경에 인도 반도에 도착하여 해안선을 따라 전도를 하였으며, 마드라스 근처에서 순교할 때까지 20년 동안 사역하였다고 전해진다. 남부 인도의 첸나이 시(구명, 마드라스)일대에서 볼 수 있는 순교 유적들과 수많은 그리스도인들과 마도마 교회(Mar Thomas Church)는 그의 이름을 딴 것이다.

네스트리우스 교회가 복음을 인도에, 그 후 중국에 전하여 그곳에서 당나라 시기(618-907)에 200년 이상 번성하였다. 초기 로마 카톨릭 선교사들이 이 지역으로 진출하였을 때에 네스토리우교파의 저항에 시달리곤 하였다고 진술하였었다. 14세기 전반에 걸쳐 프란시스코 수도사들이 중국에서 활동한 바가 있었다. 최초의 예수회 선교사들이 1542년 인도에 상륙하였고, 16세기에 일본에서 사역에 열심을 내고, 17세기에는 중국에 입국하였다.213

개신교 선교가 시작되었을 때 최초의 선교사들 역시 아시아로 진출하였다. 덴마크 할레 선교사들이 18세기 전반에 걸쳐 인도에서 활동을 하였다. 영어권 세계의 최초의 선교사는 윌리암 케리이며 거의 40년을 인도의 칼카타, '세람폴' 지역에서 헌신하였으며, 그는 성서를 35개의 인도 현지 언어로 번역하는데 도움을 주었다. 최초의 미국 선교사였던 아도니람 저드슨은 버마에서 상거하며 그곳에 침례교회의 기초를 닦았다. 중국에 간 개신교 최초의 선교사였던 로버트 모리슨은 1807년 켄톤에서 사역을 시작하였다. 중국이 5개의 무역항을 개설하였을 때 12개의 개신교 선교회가 최초의 10년간 중국에 입국하였다.

---

213 4장 로마 카톨릭 교회의 선교에서 1. 중국 2.일본 5. 인도 편을 참고하기 바란다.

1920년대에 약16,000명의 선교사가 중국에서 활동하였는데 그 중에 반수가 로마 카톨릭 선교사들이었다. 이것은 세계 어느 나라보다 많은 수의 선교사 투입이었다. 인도에서는 그 수효가 약간 적었다. 수년 동안 아시아는 아프리카나 라틴 아메리카보다 훨씬 많은 선교사들을 투입하였다. 수만 명의 선교사들이 아시아에서 헌신하고 순교를 하였으며 수백만 달러의 천문학적인 선교비가 투입되었었다.

4) 아시아에서의 결과는 노력에 비례하는 것은 아니었다.

카톨릭 교회는 이 지역에서 거의 500년 동안, 개신교는 275년 간 활동을 하였으나 이 많은 시간이 지난 후 겨우 3%의 아시아인들이 그리스도인이 된 것을 고백하고 있다. 중국은 3백 만 명의 로마 카톨릭 교인들과 1백 만명의 개신교인들을 가지게 되었으나 이는 전 인구의 1% 미만이었다. 인도는 조금 낮기는 하였으나 별로 차이가 없었다. 인구의 2.9%만이 로마 카톨릭과 개신교, 정교를 믿고 있었다. 125년의 선교 사역 이후에 일본에서는 전체 인구 1억 1,800만 명 중에서 겨우 1백만 명의 개종자를 축적하게 되었다. 전 세계의 기독교 인구보다 더 많은 비기독교 인구가 중국과 인도에 있다는 사실은 빈약한 성적표이다. 그렇게 많은 유수한 선교사들을 일찍부터 투입하고, 막대한 선교 비를 쏟아 붓고, 집중하여 기도하였으나 아시아의 선교는 요원할 따름이다.

그럼에도 이외의 지역에서는 상당한 성과를 보이고 있다. 네덜란드 개혁주의 선교사들이 인도네시아에서 거둔 성과는 대교회들이 상당히 많고, 수마트라의 바탁 교회(Batak Church)는 1백만 명 이상의 신도를 보유하고 있다. 자바 섬에도 상당한 교회들이 부흥하고 성장하고 있다는 보고서가 있다. 술라베시(Sulawesi) 섬에는 복음화율이 높은데 미나하시족(Minahas)들은 90%가 복음화 되었다. 1960년대 후반의 부흥 운동의 결과 많은 교회들이 성장하고 있으며 기독교인들이 약진하고 있다.

로마 카톨릭 교회가 선교의 성공 사례로 꼽는 필리핀의 경우에는 입장에 따라 다른 통계 수치를 보인다. 전인구의 82%가 신자라고 말하지만, 명목상의 교우들이고, 실제의 신앙생활과 내용은 빈약하고 기독교적이지 못하여 현재 개신교 선교사들이 새롭게 복음을 전하고 교육하고 있는 실정이다. 버마(미얀마)와 태국의 경우에는 불교세가 워낙 세고 토착화되어 있어서 선교가 쉽지 않은 상태이나 소수종족과 산지 족들에게 열심히 선교를 하고 있으며 큰 성과를 내어 근래에는 선교의 전진기지 또는 후반 병참기지 역할을 하고 있다. 베트남에서는 오랜 기간 동안 활동하였던 개신교 선교본부인 기독교 선교연맹(Christian and Missionary Alliance)은 60,000명의 신도를 가진 교회를 이룩하였다.

그럼에도 가장 수적으로 영적으로 큰 성공을 거둔 곳은 대한민국이다. 3개의 미국 선교회가 막중한 업무를 담당하고 있는데 그들은 장로교, 감리교, 그리고 OMS 국제 선교본부이다 오늘날 한국의 기독교인들은 전체 인구의 20%를 상회하며 로마 카톨릭 교인수까지 합하면 30%에 육박할 것이다. 대부분은 개신교이며 그 중에서도 장로회 교인들의 비율이 유난히 높다[214].

교회의 모든 영역에서 활동을 하고 있으며 주일 예배는 물론이고 전도와 구제, 교제와 선교에서도 괄목할만한 업적을 보이고 있다. 세계의 10대 교회의 다수를 점하고 세계에서 가장 큰 교회인 여의도 순복음 교회와 가장 큰 장로교회, 가장 큰 감리교회와 그리고 침례교회 등이 줄지어 있다. 중국과 일본의 선교기관과 선교사들에 비하여 무명의 젊은 선교사들이 헌신을 하였으며, 일본 식민주의 통치아래에서 건강한 신앙관을 세

---

214 한국에서 장로교회세가 큰 것은 초기에 헌신적이고 도전적이며 순수한 열정의 장로교 선교사들과 지도자들이 헌신하였던 결과이며, 한국인의 전통 문화가 가부장적이며 다소 권위적인 유교 문화에 힘입어 크게 번성할 수 있는 토양을 제공한 것이다.

우고, 1907년의 평양 대부흥 운동과 같은 기폭제가 있었으며, 한국의 실정에 맞는 네비우스 정책 등의 선교정책들을 실행한 결과 빛나는 열매를 보게 된 것이다. 한국 교회 선교와 성장과 비결은 뒤 장에서 다루기로 한다.

5) 개종자들은 주로 하층 계급 출신들이었다.

이러한 현상은 인도의 경우에 카스타의 가장 낮은 계급출신이 많았는데, 개종자의 60%가 불가촉천민(Un-touchables)이었다. 이들의 개종은 오래 전에 일어난 대중 운동의 결과였다고 한다. 이들 중 대부분은 크리스천이 된 후에 삶의 질이 향상되었다. 그럼에도 여전히 그들의 생활수준은 열악한 편이다. 인도의 카스트 제도는 선교정책면에서 보다 더 깊은 연구와 성찰과 대책이 필요한 사회 문화적인 관습으로 이슬람교회의 복음화처럼 쉽게 이해되거나 해결될 성질의 것이 아니다. 천민 출신의 교인들이 많아지고 목사가 배출되면 좋은 일이나 그 교회에는 더 이상 상위 신분의 인도인들을 기대하기 어려우며, 지도자가 어느 신분이냐에 따라 편중되는 경향이 강하다. 물론 법적으로나, 공식적으로는 이미 카스트 제도와 신분을 더 이상 거론하지 않으나 성문법보다 더 무섭고 엄격한 족쇄가 되어 있다는 것이 정설이다.

미얀마의 경우도 비슷하다. 기독교인의 97%가 다수 족인 버마 출신이 아니라, 산지족들(카렌족, 샨족, 카친족, 몬족 등)이 대부분이다. 정작 전체 인구의 68%의 버마 족에서는 그리스도인을 찾아보기는 어렵다는 것이다. 인도네시아의 경우에도 수마트라 섬의 정령 숭배자들이었던 부족 출신의 복음화율이 대부분을 차지한다. 중국의 경우에는 지식인들과 관료 계급 등의 극소수가 기독교를 받아들였다. 그러나 대부분의 크리스천들은 낮은 계급의 무산대중들이 다수를 점하였다. 일본도 이러한 현상이 예외가 아니었다. 초기의 크리스천들은 사무라이라는 무사 계급들로서 그들의 이름과 자취가 일본 교회에 남아 있을 뿐이다. 일본 교회의 경우는 중산층과 상류층으로 구성되어 숫자는 열세이지만 영향력이 상당하며, 교육 수준이 높은 목회자들을 배출하고 있다.

2] 아시아 지역 선교의 고충들

1) 발달된 고전 문화의 잔재(문화의 선입견)

이곳에서 기독교 선교사들은 3-4천년 혹은 5천 년 전의 고전문명과 조우를 하였다. 인도의 인더스 문명은 BC. 1,500년에 시작된 아리안 문명보다 앞서 있으며 중국의 한 왕조는 900년이나 지속되기도 하였다. 미국이 200주년을 기념할 때 별로 감동되지 않은 것은 이상할 것이 없는 문화적 정서이다.

아시아인들은 그들의 전래된 문화적 유산에 정당한 긍지를 가지고 있으므로 그 어느 것과도 바꾸려는 생각이 없을 수 있다. 사실 그들은 그들의 문명이 기술적이고 물량적인 것을 제외하면 서양의 것들보다 우월하다고 자부하고 있는 실정이다. 중국은 특히 그들의 장구한 역사와 발달된 문명과 지적이며 정신적인 문화유산에 대하여, 그리고 거대한 인구와 광대한 영토에 대한 자부심이 대단하다. 인도의 경우에도 마찬가지이다 그들은 주변의 나라들에 문화와 문명의 심대한 영향을 미치고 주도적으로 맹주의 자리를 지켰었다. 주기만하고 다스리는 대국의 중화사상이 팽배하였었다. 일본조차도 중국 문명의 혜택을 받았던 것이다.

19세기에 서양 선교사들이 중국에 도착하였을 때 그들은 성벽에 부딪히는 듯 당황함을 깨달았다. 그들의 외모-푸른 눈, 노랑머리, 하얀 피부만으로도 무식한 농민들을 놀라게 하기에는 충분하였다. 더 나은 칭호를 찾지 못하여 그들은 선교사들을 '양이'(洋夷,서양 오랑캐 foreign devils)라고 불렀다. 지식층들은 선교사들을 노골적으로 적대시하였다. 왜냐하면 그들의 서양 학문은 중국 문화의 수호자로서의 특권과 세력에 위협이 되기 때문이었다. 그렇게 때문에 그들은 그들이 사용할 수 있는 모든 수단을 다 동원하여 선교사들의 입국을 저지하였다.

2) 고도로 발달된 고전 종교제도와 경쟁

아시아의 종교들은 자체의 창설자, 철학자, 스승들, 개혁자들을 가지고 있었다. 유구한 역사에 빛나는 사찰들, 사리탑, 수도원들은 그 깊이와 크기만큼 화려하고 아름다운 모습을 갖추었다. 예를 들면 한국의 경주에 있는 토함산의 석굴암은 예술성이 뛰어나고, 중국의 만리장성은 지구 밖에서도 보인다고 할 정도였다. 인도 무갈 제국이 남긴 타지마할(Taj Mahal) 건축물은 세계 7대 불가사의에 들어갈 정도이다. 더구나 전통과 신앙이 어우러진 강과 산들과 성스러운 경전들을 가지고 있으며 문학적으로도 가치 있는 유산이다. 그들은 또한 성스러운 인물들-행자들, 학자들, 요가 수행자들, 구루들(gurus, 교도사)을 가지고 있었다. 또한 수 만을 헤아리는 신들과 여신들을 갖고 있음은 물론이다. 그들은 자체의 종교에서도 미륵불이라는 구세주와 보살들, 그리고 심지어 성육신의 개념인 '신의 현현' 신앙을 가지고 있었다.

힌두교도들은 그들의 경전인 라그베다(Rag Veda)가 최고의 신에 의해 선견자들에게 계시되었다고 믿는다. 고전에 의하면 이 책이 너무도 신성하기 때문에 만약 한 '수드라'(sudra, 인도 카스트 제도의 가장 낮은 천민 계급)가 입술로 경건의 말씀을 지껄이면 그의 혀를 잘라버렸다. 그리고 만약 그 귀로 경전의 말씀을 들으면 그의 두 귀에 납을 녹여 채웠다고 한다. 힌두교도가 그의 바가바드 기타(Bhagavad Gita)에 만족하고 불자가 연꽃 교리(Lotos Gospel)로 만족해하는 것은 당연하다 하겠다.

중국의 유학자들에게도 같은 사실이 적용된다. 한 때 왕좌를 보좌하던 관료들이 황제에게 기독교를 불법화하기를 요청하였다. 그는 스스로 신약 성경을 연구해 보고 황제에게 진언하기를, "이 종교를 불법화시킬 가치도 찾지 못했습니다. 십자가상에서 죽은 한 범죄자가 세상을 구원시킨다고 하는 것은 너무나 황당하고 무모하며, 어리석어서 어떤 중국인도이 같은 교리를 믿지 않을 것입니다. 우리는 이 신흥 종교를 두려워할 이유가 없습니다." 그들의 전통에 확고히 붙들린 중국인들이 복음을 듣고 나서 말하기를 "우리는 차라리 공자님을 따라 지옥에 가는 것이 당신들이 예수를 따라 천당에 가는 것보다 낫겠소!"라고 하였다.

3) 뿌리박힌 전통적인 사회와 종교제도에 의해 반대하였다.

어느 문화권이든 기독교 복음에 적대적인 관습들과 편견들이 있기 마련이다. 인도, 중국, 일본에는 각각 기독교를 수용하기에 주요 장애물이 되는 것들이 하나씩 있었다. 이 장애물들이 선교의 열매를 적게 만드는 주요 요인이 된 것이다. 대표적인 경우가 인도의 카스트 제도이다. 수 천년 동안 인도의 사회와 인종, 국가를 지배하였던 절대적인 카스트 제도였다. 힌두 사회는 네 개의 광범위한 사회경제적 집단으로 나뉘었던 것이다. 최상층에는 브라만 계급으로 전통적으로 사제요, 지식층이었으며, 둘째는 크샤트리아 계급으로 무사와 정치가들이었고, 그 다음은 바이샤 계급으로 상인들과 평민 그룹이었다. 그리고 최하층에는 수드라로서 노동자와 노예들이 해당된다. 이들은 다른 상위 계층을 위하여 천한 일을 담당하였다. 이 계층에 들지 못하는 또 다른 아웃 카스트(out-caste)들이 있다. 이들은 불가촉천민(Pariahs, untouchable)이며 마하트마 간디는 이들을 '신의 자녀들, 하리잔(harijan)'이라 불렀다. 그러나 그 보다 더 낮고 천한 계급이 있는데 이들은 '불가시천민(unseeable)'이라고 한다. 실제 이들은 목에 방울을 달고 다니는데, 재수에 옴 붙기 싫으면 알아서 피해 가라는 뜻이다. 이들은 인구 통계에도 들지 않는 자들이라고 한다. 현재 인도에서는 법적으로 카스트 밖의 천민들에게 25% 쿼터를 제공하여 교육 기회를 준다고 하지만 실제로는 저들이 받은 차별과 인격적 수모는 외부인들이 미처 알지 못하는 인권의 사각지대이다.

모든 힌두교도들은 출생에 의해 선천적으로 특정한 카스트에 속하게 되어 있다. 이것은 숙명이며 일평생 벗어날 수가 없다. 이것이 전생의 업보이다. 이 제도 안에서 위로도 아래로도 옮길 수가 없다. 그의 상황을 호전시킬 수 있는 유일한 희망은 내세에 있다. 그렇게 되기 위해서는 자기에게 주어진 그의 카르마(karma, 업보)를 인정하고 그의 의무-다르마(dharma, 덕)에 순종하여 그의 생애 동안에 인내하고 수행하는 것이다. 이생에서 주어진 그의 업보를 다 갚고, 내세에서 더 좋은 신분으로 환생하는 것만이 유일한 희망이기 때문이다. 그러므로 인도에서는 낮은 계층일수록 자기들의 신앙이나 직업, 환경을 바꾸려고 하지 않고 굴종하고 있는 것을 볼 수가 있다. 심지어는 자기 딸과 아들을 사창가에 보내고 불구자로 만들면서도 벗어나기 위한 노력은 전혀 하지 않고 있는 모습을 보기도 하였다.

그러나 기독교 선교사들은 모든 인간이 하나님의 형상대로 창조되어 하나님의 구원을 받아, 사랑 받는 가족이 되었다고 선포하였다. 더구나 그리스도 안에서 유대인이나 헬라인이나 노예나 자유인이나, 여자나 남자와 빈부귀천의 차별이 없이 모두가 예수 그리스도 안에서 하나가 되었다고 하였다. 이러한 개념이 힌두교도들에게는 전적으로 받아들일 수 없는 사상이다. 모든 인간은 평등하지 않으며, 어떤 사람들은 낮고 천하며 어떤 사람들은 선천적으로 높고 귀하다. 이것은 업보의 냉혹한 법칙에 의한 것이며 예외란 있을 수가 없는 것이다. 낮은 청소부가 학자들과 어울릴 수 없고, 도살업자가 브라만 계급과 어느 곳에서, 어느 때든지 상종

할 수가 없다. 그렇게 하는 것은 계급 제도를 부인하는 것이며, 카스트 제도를 타파하는 것은 카스트 계급에서 쫓겨나는 근본도 없으며 그나마 가진 내세의 희망도 깨트리는 불륜이며 불칙한 자가 되는 것이다. 그들에게 이생에서 카스트 제도를 무너뜨리는 것은 자신의 구원과 열반(Nirvana)을 망치는, 있을 수 없는 짓이 되기 때문이다.

선교적인 측면에서 다음과 같은 질문을 하곤 한다. "카스트 제도를 부수지 않고, 힌두교인이 기독교인이 될 수 있는가?" 그 대답은 "천만에 크리스천이 된다는 것은 카스트 제도를 부수는 것이고 그것은 그들 자신의 정의(定義)에 의한 것이지 우리들의 것은 아니다." 힌두교인이 크리스천이 될 때 그는 다른 힌두교인으로부터 국외자(out-cast)로 간주되고 또 그렇게 취급 받는다. 힌두교의 가치관으로 볼 때에 예수는 목수 출신이며, 그의 제자들은 어부였다. 상류의 브라만의 입장에서는 받아들일 수 없는 신분이며 업보이다. 그러므로 인도의 브라만들이 예수 믿는 다는 것이 얼마나 어려운지 모른다. 반면에 브라만이 회심하여 기독교인이 된 학자와 목회자들과 지도자들의 경우에는 더 많은 사람들을 가르치고 포용할 수 있는 계기가 되는 것도 사실이다.

중국에서의 큰 걸림돌은 조상숭배인데 이것은 수천 년 간 계속되어 온 것이다. 유교적 전통 사회에서는 최대의 미덕이 효성이다. 한 때의 격언에 "만약 사람이 그의 친 아버지를 공경하지 않으면 그는 결코 아무도 공경하지 못할 것이다."라는 말이 있다. 효도는 살아있는 자 뿐만 아니라 죽은 이들에게도 적용이 된다. 살아있는 자를 위한 봉제사의 공경과 효성은 신앙에 가깝다. 원칙적으로 장자가 그들을 위하여 제공하는 음식과 다른 봉헌 물에 그들의 생존과 화복이 결정되는 듯하였다. 죽은 조상들의 영혼을 무시하는 것은 산자의 몸을 살인하는 것과 다를 바 없는 범죄로 보았다.

초기 선교사들은 조상에 대한 제사를 우상 숭배의 일종으로 생각하였다. 따라서 그들은 제사에 반대하는 설교를 하였고, 중국인 교회 지도자들도 봉제사를 배격하였다. 개종자들에게 그의 친구들과 친척들이 던지는 최초의 이유는 "그래서 이제 너는 너의 조상들이 더 이상 필요치 않다는 것이냐?" 이것이 최대의 모욕이며 아들로서 살아계시건 돌아가셨든 그의 부모를 무시하는 것은 중국인들의 눈에는 용납할 수 없는 죄를 짓는 것이기 때문이다. 만약 선교사들이 기능적으로 조상 제사를 대신할 수 있는 어떤 것을 발견할 수 있었더라면 기독교 개종자는 초기부터 숫자가 훨씬 더 증가하였을 것이다. 한국의 기독교 수난도 마찬가지이다. 서울의 새남터215와 절두산216의 허다한 초대 기독교 교인들의 순교현장이 이를 증거하고 있다. 일본에서의 상황은 더욱 나빴다. 일본은 조상 제사와 더불어 한 가지 대상이 더 있었으니, 로마의 황제숭배에 해당하는 '천황 숭배'이다. 신도(神道)는 일본의 국가적 종교이다. 1888년 신도는 둘로 나뉘어졌다. 하나는 신도 종파라 알려져 종교로 간주되었다. 그것은 의식, 기도, 점술, 주문을 행하였다. 또 하나는 신사참배로서 일반 종교로 간주되지 않았으나 모든 일본인들이 받아들여야 하는 국가적 예배였다. 신사참배는 정부가 지원하고 학교에서 강요되고 후에는 군인들에 의하여 탄압되었다. 사당들은 국가적 기념 장소로 변모되었다. 승려들은 내무부 산하의 공무원이었다. 일본 신화에 따르면 최초의 황제 짐무 텐노(Jimmu Tenno)는 태양여신(Sun Goddess)의 고손자였으므로 신으로 간주해야만 한다는 것이다. 따라서 그의 모든 자손들도 신이다. 그러므로 신사참배는 황제 숭배 신앙으로 귀결되었다.

---

215 http ://www.bing.com/새남터 : 1801년 주문무 선교사 신부와 1846년 김대건 신부가 한강의 모래 사장에서 순교한 현장으로 1984년 순교를 기념하는 천주교 성당이 건축 되었다.

216 blog.naver.com/절두산 : 1866년 2월 프랑스 군함이 천주교 탄압을 문제 삼아 한강을 거슬러 양화진까지 진입하자, 격분한 대원군은 수많은 천주교인들을 참수하였던 장소이다.

결과적으로 일본의 기독교 개종자들은 조상 숭배와 황제 숭배를 거부해야만 했다. 따라서 정부와 친척들의 화를 초래하게 되었다. 2차 대전 중 일본 목사들은 황제에 충성을 바치지 않는다는 죄목으로 투옥 당하고 처벌을 받기도 하였다. 국가의 매국노로 몰리는 것도 심각한 문제이나 전시에 식민지로 있었던 한국의 유수한 교회 지도자들이 집단으로 신사참배를 강요당하고, 이를 지키지 않는다는 이유로 투옥되고, 고문을 받고 처형당하는 순교의 역사가 한국 교회 내에서도 자행되었다. 주기철 목사를 비롯한 한국 교회의 지도자들은 신사참배 배격이 항일 운동이 되었고, 국가주권 회복을 위한 희생이 됨으로 한국 교회는 서구의 식민제국주의와는 전혀 다른 교회의 역사를 간직하고 있다는 것이 특이한 점으로 제3세계의 기독교와는 다른 차원이며 이후 한국 교회 부흥의 역사는 이러한 순교와 저항 운동에 뿌리를 두고 있다.

4) 기독교와 식민주의의 결속

  동아시아 전체를 통해 서구 식민주의의 희생이 되지 않은 나라는 태국이었다. 영국, 프랑스, 스페인, 네덜란드, 미국은 아시아권에 모두 식민지를 가졌다. 심지어 서양의 국가들이 아시아에 진출 하여 세력을 구축하기 이전부터 막강한 동인도 회사가 그들의 청구권을 결정하고 이득을 보았다. 인도, 파키스탄, 버마, 말레이시아, 스리랑카 등 모두 대영제국의 식민지였다. 프랑스는 인도차이나 3개국을 차지하였다. 폴란드는 네덜란드 동인도 제도를 점령하였다. 스페인의 필리핀 점령은 미국이 20세기 초에 점유할 때까지 300년 이상이나 지속되었었다. 즉 서구의 식민주의가 아시아 지역에 침투할 때에 거의 예외 없이 기독교 선교사들과 함께 들어왔다. 대부분 로마 카톨릭 교회들이 식민지를 점유하고 선교의 미명 아래에 미화하고 교육하며, 문명을 이식하려고 하였으며 당시에 많은 토착민들은 이해관계를 따라서 신앙을 받아들이고 식민 통치와 기독교 선교에 적응을 하였다. 예외적인 나라가 있다면 태국은 애초부터 불교를 고수하였고, 대한민국은 일제의 압정에 맞서서 다소 서구의 도움을 받으려고 하였으나 토착화에 힘입어 기독교가 정착하게 된 특이한 역사를 가졌다. 이 부분은 뒤 장에서 상세하게 다루기로 한다.

복음과 군함과의 관계는 해안선 선교 구조로 볼 때에 중국에서 가장 밀접하였다. 수세기 동안의 고립 후에 중국은 아편전쟁(1839- 1842)의 결과로 체결된 난징조약으로 서양과의 무역에 문호를 개방하도록 강요받았다. 5개항의 무역항이 개방되었고, 이들 항구로 선교사들은 성경책을 들고 상인들은 아편을 들고, 입항하였다. 설상가상으로 현장의 유일한 이중 언어 구사자들이었던 선교사들이 난징 조약 당시 통역관들로 활약하기까지 하였다. 100년 동안 복음과 군함 사이의 불평등한 동맹관계가 선교사들이 현지인들에게 당하는 곤혹스러운 화근이 되었다. 이러한 흑역사가 후일에는 기독교 선교에 장애가 된 것이다.

5) 기독교 배타주의

만약 기독교가 많은 종교 중의 하나의 종교로 자처하고 신앙의 다양성을 인정했더라면 좀 더 나은 호의를 받고 박해를 피할 수가 있었을 것이다. 그러나 기독교는 애초부터 스스로 유일한 참 종교라고 주장함으로써 여타 다른 종교들은 거짓이고 헛되다고 몰아붙이는 결과가 되었다. 이런 식의 견해는 아시아 종교지도자들에게는 무례하고 독선적이며, 집중 견제를 받을 수 밖에 없는 태도였다. 한국의 경우에는 작금에 로마 카톨릭 교회가 같은 기독교이면서도 정치적으로, 사회적으로 불교와 연합하여 개신교를 공격하고 견제하는 사례가 빈번하였다.

모든 종교 중 가장 관대한 힌두교는 초기에는 기독교에 대해 기꺼이 설 자리를 내어 주었다. 그들의 신전에 수천의 신들을 모시고 있으므로 예수 그리스도를 위하여 한 자리 내어주는 것은 별문제가 아니었다. 사실 많은 인도 사람들은 그리스도를 크리슈타(Krishna)와 더불어 비슈누(Vishnu)의 많은 아바타 중의 하나로 간주해 주었다. 그러나 예수의 유일성을 고집하는 것은 그들에게 흥미 이하의 일일뿐 아니라, 그들의 종교 상식에 전적으로 반하는 성질의 것이었다. 마하트마 간디는 그리스도를 하나의 인격체로서 최고로 숭배하였고, 그가 세계의 가장 위대한 스승들 중의 하나라고 기꺼이 인정하였으나 결코 유일한 하나님의 아들이라는 점에서는 동의하지 않았다. 그는 말하기를, '예수를 외로운 왕좌에 앉혀 놓을 수는 없다.'고 하였다. 간디는 진리를 하나의 나무에 비유하였다. 한 나무에 여러 가지가 있듯이, 하나님, 인간, 구원을 설명하는 진리를 전체적으로 표현하기 위해서는 수많은 종교가 요구된다고 하였다. "내게 있어서 여러 다른 종교들은 한 정원에 피어나는 여러 종류의 아름다운 꽃들이다. 또한 그것들은 한 거대한 나무에 달려 있는 여러 개의 가지이다."[217] 심지어 그는 예수는 존경하고 좋아하지만, 교회와 기독교인들은 싫다고까지 말하였다.

또 한 가지 중국인들에게 이상하게 비쳐졌던 기독교의 모습은 인간의 죄성을 강조하는 점이었다. 2,000년 이상 유교는 맹자의 성선설에 의하면 인간의 본성은 선하고(性善說) 완벽을 위해 스스로 개발하는 일만 남았다고 가르쳐 왔다. 그러나 기독교의 기본 교리, 특히 개신교 장로교에서 인간은 죄인이며 전적으로 타락하여 하나님의 절대적인 사랑과 주권적 섭리가 아니면 구원 받지 못한다는 복음을 앞세우기에 불편하고 불안한 것이다. 이러한 호소와 불편한 반응은 불교의 나라인 태국에서도

---

217 M.K. Gandhi, Christian Missions : Their Place in India(Ahmedabad : Navajivan Press, 1941). p.126.

제기 되고 있는 실정이다. "당신네 종교는 왜 사람들의 마음을 불안하게 하는가? 그런 종교는 싫다."

3. 아프리카 선교[218]

1) 개관

아프리카 대륙은 두 개의 지역으로 나눌 수가 있다. 하나는 기독교에 익숙한 북아프리카이며 다른 하나는 검은 아프리카(Black Africa : 아프리카 대륙에서 흑인들이 지배하고 있는 부분)라고 부르는 사하라 사막 이남의 아프리카이다. 사하라 사막의 북쪽에 사는 사람들은 인종상 아랍 족과 베르베르족이며 종교적으로는 이슬람교이다. 물론 한 때는 기독교의 영역이었으나, 앞서 살펴본 이슬람교의 발흥과 더불어 중동지역과 공통점이 더 많다. 이 장에서는 아프리카 선교는 검은아프리카만을 대상으로 한다.

검은아프리카의 인구는 대략 4억 정도로 44개의 독립국가로 구성되어 있다. 이들 대부분의 국가들은 작은 나라들로서 인구 1천 만 명 이하이다. 6개의 나라가 주요 큰 나라에 속하는데, 나이지리아(8천만 명), 이디오피아(3천 3백만 명), 남아프리카(2천 6백만 명), 자이레(3천 2백만 명), 수단(2천만 명), 탄자니아(2천만 명) 등이다. 이 여섯 나라가 검은아프리카 인구의 절반을 차지한다.

지난 20년 동안 검은아프리카의 정치적 현상은 상당히 변화를 거듭하였다. 서구 식민주의의 절정기에 아프리카의 모든 나라들은 에디오피아와 리베리아를 제외하고는 유럽 열강의 틈새에서 분배되었다. 1차 대전에서 패배한 이후 독일은 식민지를 잃었다. 그 결과 영국과 프랑스가 식민지 거인 국가가 되어 각각 12개 이상의 식민지를 차지하게 되었다. 벨

---

218 허버트 케인, [세계 선교 역사], 11 '아프리카 선교', 185-195 쪽 요약.

기에는 콩고와 루안다 우른디(Ruanda Urundi)를, 포르투갈은 앙골라와 모잠비크를 차지하였다. 프랑스의 전체 13개 식민 국가들은 1960년에 독립을 하였다. 영국 식민지들은 1957년 가나로부터 시작하여 10여년에 걸쳐서 하나씩 독립을 하였다.

정치적으로 아프리카는 아직도 많은 문제를 안고 있다. 그러나 그것들은 내부 문제이고 대부분 국내 단결의 부족으로 사분오열하여 인종갈등과 내전이 그치지 않고 있다. 민주주의가 시도되기도 했으나, 그들의 모든 문제를 해결할 것으로 기대되었던 독립은 신기루로 변해 버렸다. 대부분의 아프리카 국가들은 그들이 식민치하에서보다 자유를 제대로 누리지 못하고 오히려 그들이 동족에게서 지배받는 것으로 자족하고 있는 실정이다. 물론 이 모든 혼란 상황이 이 지역의 교회와 선교 활동에 나쁜 영향을 끼치고 있는 것도 사실이다.

19세기 초에 프로테스탄트 선교가 시작되었을 때 그들은 이 대륙을 남부, 서부, 동부, 그리고 콩고 강까지의 4개의 다른 방향으로 접근하였었다.[219] 19세기의 아프리카 선교는 모험과 인내, 궁핍, 질병, 쇠약, 죽음으로 이어지는 놀라운 기록이다. 이같이 막대한 사상자로 인하여 19세기말의 선교 활동은 겨우 유지만 하는 형편이었다. 이러한 상황 하에서 개종자들이 서서히 나타났다는 것은 놀랄 일이 아니다. 급속한 성장의 시기는 1900년경에 시작되었다. 1900년부터 1950년까지 아프리카의 기독교 인구는 60배로 증가되었다. 1950년부터 현재까지의 증가율은 더욱 빠르게 진행되고 있다. 오늘날 검은 대륙은 교육받은 계층에게 아무것도 제공하지 못하는 정령숭배의 미신(Animism, 에니미즘)으로부터 벗어나 마음과 영혼에 만족할만한 것을 주는 영적 운동에 젖어 있다.

---

219 아프리카 선교의 도입부분은 19세기 개신교 선교, 아프리카 편에서 다루었기에 참고 바람.

현대의 아프리카의 지식층은 두 개의 선택지가 있다. 하나는 세계 형제주의를 부르짖는 세계적 종교인 기독교와 다른 하나는 이슬람교이다. 초기와는 달리 현재는 이슬람권의 선교속도와 확장 추세가 도전적이다. 지역에 따라서는 기독교를 능가하는 초승달 표식이 늘고 있다. 이슬람이 기독교 선교에 도전하는 강점은 1) 이슬람교가 흑인들의 종교이며 아프리카 토착의 인상을 주고 있다. 2) 이슬람교는 유럽의 식민지와 노예 상인과는 무관한 듯이 보인다는 점이다. 3) 이슬람교는 토착사회의 일부로 뿌리를 내리고 교사들이나 상인들과 같은 평신도 선교사들을 선용하고 있다는 점이다. 4) 이슬람교는 추종자들에게 인종적, 도덕적 요구를 덜 하고 있다는 점이다. 특히 이슬람교도들에게 일부다처제는 아프리카의 남존여비 사상에 전혀 문제가 되지 않는다. 한꺼번에 네 명의 부인을 거느리는 것은 저들에게 권리이자 축복이라고 생각한다. 5) 이슬람교의 어떤 분파들은 현대 선교학에서 권장하는 사회봉사와 박애 사업 활동을 광범위하게 벌이고 있기 때문이다.

기독교는 검은아프리카에서 나머지 제3세계를 다 합친 것보다 더 많은 개종자들을 얻어왔다. 아시아에 비해 후발주자이나 현재 빠른 속도로 복음화를 이루고 있다. 정확한 통계 산출은 어려우나 대략적으로 보아, 검은 아프리카의 4억 인구 중에 2억은 기독교인들이며, 1억2천 5백만이 이슬람교도이고 나머지 7천 5백만 명이 아직도 정령 숭배를 하고 있다고 하며, 아프리카의 50%의 복음화율은 아시아의 3.5%에 비하면 가히 기록적이다. 전체 인구 중에 남아프리카가 가장 높고, 서 아프리카에서 제일 낮고, 중앙과 동아프리카는 중간 위치에 있다. 로마 카톨릭을 포함한 기독교 인구가 높은 나라들로는 콩고 99%, 중앙아프리카 90%, 레소토(Lesotho) 87%, 자이레 86%, 나미비아 84%, 스와질랜드 83%, 남아프리카 공화국 83%, 앙골라 83%에 육박하고 있다. 그럼에도 개혁신앙과 복음주의 선교가 계속되어야 하는 곳이기도 하다.

서부 아프리카는 그 비율이 현저히 떨어지고 있다. 7개 국가에서는 10% 미만이다. 비교적 큰 다섯 나라들은 가나 63%, 나이지리아 46%, 리베리아 42%, 토고 30%, 베닌 20% 정도이다. 기독교도들은 4개 그룹으로 나뉘어진다. 로마 카톨릭은 8천 7백만 명, 프로테스탄트는 8천 300백만 명, 2천만 명은 분리주의자, 혹은 독립교회 소속이며, 1천만 명의 콥트교회가 있다. 가장 오래된 종파는 콥트(Copts)교로서 이디오피아 정교회 소속으로 그 기원이 4세기까지 거슬러 올라간다. 아프리카 독립 교회들은 아프리카 전역에서 찾아 볼 수 있으나, 주로 남아프리카 공화국, 나이지리아, 자이레, 가나, 케냐 등지에 집중되어 있다. 통틀어 이 운동에는 7,000개의 독립 단체들이 활동하고 있다. 그들은 에디오피아파와 시온주의자들로 크게 나뉘어진다. 에디오피아파는 대체로 피부색에 의해 좌우되며 교회는 아프리카적 성결을 강조한다. 시온주의파는 아프리카 정신을 더욱 중시하고 표현한다. 두 교파는 모두 박수치기, 춤, 토착 음악, 신유 은사 등을 포함하는 토착적 예배의식을 발전시켜왔다. 오래 동안 로마 카톨릭교에 뒤처져 있었던 개신교회가 최근 들어 대중 집회와 성령 집회(카리스마 운동)를 함으로 나이지리아, 자이레, 가나와 기타 국가들에게서 굉장한 결과를 얻어내고 있다. 부흥이 일어나는 교회들마다 목사들과 지도자들이 특별 훈련을 받고, 평신도들까지 분교를 통한 신학교육과 통신학교들을 이용하여 여러 가지 다양하고 효과적인 대중 전도를 실시하고 있다.

복음 전도와 함께 성경 번역이 이루어졌다는 점도 기억할 것이다. 이 영역에서는 개신교 선교사들의 활동이 괄목 할만하다. 860개의 부족이 각각 다른 언어를 사용하기에 자기 부족어로 성경을 번역한다는 것은 참 어려운 난제였으나 선교사들의 헌신적인 노력으로 먼저 언어를 문어체로 바꾸어 알파벳을 만들어서 문맹률 퇴치를 위하여 문자를 가르치고 성경을 번역해야 했기에 엄청 힘든 과정이었으나, 1980년 12월까지 신구약 성경은 100개의 언어로 번역되었고, 신약은 158개 언어로, 쪽 복음들은 241개 언어로 도합 전 대륙의 499개어로 완성을 보게 되었다. 그러므로 우리는 차제에 선교의 다양성과 하나님께서 영혼을 구원하기 위하여 여러 가지 은사와 사람들을 활용하신다는 겸허한 자세를 가지고 포기하지 말고 끝까지 하나님의 선교에 참여해야 할 것이다.

2] 아프리카 선교의 성공 요인들

1) 막대한 선교 활동 :

세계의 어느 지역보다 아프리카에 많은 선교사들이 있었다. 우선 첫째로 검은 아프리카는 세계의 주요 선교국가들-영국, 스코틀랜드, 아일랜드, 독일, 스위스, 스칸디나비아, 미국, 캐나다, 오스트레일리아, 뉴질랜드 등으로부터 선교사들이 몰려들었다. 더구나 이 지역에서는 주요 교단의 선교단체들, 신앙 선교단, 오순절파, 안식교, 퀘이커교 등의 토착 운동을 발견할 수가 있다. 1960년대 초에 퇴각하기 전에는 1,200백만 명 인구의 자이레에 2,000명의 선교사가 있었다. 바울이 말한 것처럼 '많이 심는 자가 많이 거둔다.'

2) 축복인 식민주의의 잔재들 :

아시아에서 식민주의는 복음 전파에 심각한 장애였다. 그러나 아프리카에서는 달랐다. 많은 단점에도 불구하고 식민주의에 좋은 점이 있었다. 그것은 부족 간의 전쟁과 악명 높은 노예무역을 근절시켰는데 이것 때문에 수많은 사람들이 죽었고, 대륙 전체에 평화의 필요성이 절실하였다. 더구나 식민 정부들은 많은 면에서 선교 할동에 유리하게 작용하였다. 초기에 그들은 토지를 제공하여 학교와 선교본부로 삼게 하였고, 후에는 기독교 학교를 지원하였다. 이러한 도움이 없었다면 선교부는 이 모든 기독교 학교를 유지할 수가 없었을 것이다. 식민지에서 막강한 세력을 가졌던 식민지 관료들은 사회에서 개인적 특권을 누렸다. 이 특권이 선교사들에게도 돌아왔는데 그들도 역시 백인들이었기 때문에 선교와 기독교인들을 위하여 십분 활용하였기에 후진국에서는 상당한 장점으로 작용하였었다.

3) 아프리카 사회구조 :

아프리카의 부족주의 사회가 선교사들이 세력을 잡는데 편리하게 해 주었다. 수세기 동안 부족의 추장들이 주요한 의사결정과 권한 행사를 독점하였었다. 부족원들은 그 명령에 단순 복종할 따름이었다. 아프리카인들이 개종을 하고 기독교인들이 되면 어느 정도 종족의 인습과 추장 지배력에서 벗어날 수 있는 안목과 힘이 생기게 되었다. 그것은 교육의 효과이기도 하며, 선교사와 교회를 중심으로 한 새로운 공동체에서 지지와 정보와 힘을 가짐으로 선교사의 신앙공동체와 일종의 동맹 관계를 가지게 되었다. 19세기 선교사들은 아프리카에서 '백인 대부'처럼 행세하였다는 이유로 비판도 지지도 받았던 것이다.

4) 막대한 교육 투자 :

초기 선교사들은 아프리카에 도착했을 때에 그들의 거의 전부가 문맹 사회임을 발견하였다. 실제로 아프리카 언어는 문자가 없었다. 선교사들은 무에서 시작해야만 했다. 문자를 고안하고, 알파벳을 가르치고, 교과서를 집필하고, 학교 설립을 하며, 수십 년 간 선교사들이 검은아프리카의 유일한 교육 조달자였다. 영국은 아프리카에서 그 누구보다도 훌륭한 업적을 이루었다. 1923년에 영국령 아프리카에서 공립학교는 겨우 100개에 그쳤으나 1961년에는 68%가 기독교 학교에 다녔다. 지금은 모든 학교들이 공립화 되었다.

비록 교육 선교가 선교사들에게는 무거운 부담이었으나, 그만큼 보람과 영향력이 증대하였었다. 교회와 학교는 밀접한 관계를 가졌다. 야외 학교들은 수만 개가 있었는데 대부분의 교사는 선교사들이었다. 들판이나 강가에서, 나무 아래를 불문하고 교육의 불을 지폈다. 쓰기, 읽기, 산수만 가르치는 것이 아니라, 성경, 기독교 교리도 열심히 가르쳤다. 오늘날 아프리카의 지식층과 지도자 중에 선교사 학교에서 교육 받지 않은 자들이 거의 없을 지경이다. 아프리카인들의 삶을 결정하는 학습 연령에 이런 저런 모양으로 기독교 신앙 교육을 받았다는 것은 저들의 특권이자, 혜택이며 하나님의 나라를 위한 중요 자산이 된 것이다.

5) 토착 종교로부터 반대가 없었다.

아시아에서 그토록 문제가 되었던 막강한 민족 종교의 벽이 아프리카 대륙에서는 찾아 볼 수 없었다. 아프리카는 정령 숭배의 미신이 득세하고 추장들이 장악하고 있었으나 이슬람교가 전해질 때까지는 기독교가 무주공산의 대륙을 점거할 수가 있었다. 간단하게 말하면 애니미즘(정령 숭배의 미신)은 가장 유치하고 단순한 영적 존재를 믿는 미신적인 신앙 형태이다. 정령이란 공간과 나무, 산과 집, 사람 안 어디에나 있다고 믿는다. 이들에게는 선한 것과 악한 것의 두 종류가 있다. 악령들은 매우 활동적이므로 끊임없이 달래줘야만 한다. 그렇지 않으면 온갖 질병과 불운을 사람들에게 가져다주기 때문이다.

애니미즘은 어떤 서적도, 성전도, 남겨두지 않았으며, 체계적인 교육이나 지도자나 사상가 또는 학자들도 없었다. 유력한 무당이나 추장들의 카리스마가 있을 따름이었다. 물론 부족별로 신통하게 병을 고치고 예언을 하는 주술가와 무당들과 귀신 춤꾼들이 있었으며 그들은 부족민들의 신임과 두려움의 대상이 되기도 하였었다. 그러나 최고의 교육과 고도의 훈련을 받고 경험이 축적된 당시의 선교사들과 교육자, 의사들과는 상대가 될 수가 없었다. 애니미즘은 서양 문화와 문명의 이기 앞에 저항 할 수 없었다. 현대식 교육을 받은 주민들에게 더 이상 미신 행위를 지속할 수가 없었다. 이것이 바로 현대 아프리카인들이 해마다 수백만 명씩 애니미즘을 저버리고 있는 분명한 이유이기도 하다.

6) 선교사들의 신뢰와 존경 :

아시아에서 선교사들은 인도의 브라만, 중국에서는 유학자들에 의해 무시당하고 배척을 받았다. 그러나 아프리카에서는 상황이 반대였다. 이곳에서는 선교사들이 '우월한' 인종이며 개인으로 존경을 받았다. 그들이 짐꾼이나 일꾼들에게 주는 대수롭지 않은 물건들-구슬, 조개껍질, 못, 빗, 거울 등 까지도 대단한 호기심의 대상이 되었다. 그들의 소지품까지도 그것을 자랑스럽게 여기며 그것들을 소유한 자들을 '개화'하는 선구자처럼 보이게 하였다. 선교사들의 좀 더 뛰어난 서양기술-읽기, 쓰기, 산수, 농업기구, 의료도구, 괘종시계, 기관총, 타자기, 계산기 등은 선망의 대상이 되었다. 단순하고 무지한 아프리카 사람들은 선교사들과 그가 가져온 서구 문물을 볼 때에 마치 바울 시대의 이고니온(Lycaonians)이 놀라서 다음과 같이 소리쳤던 것처럼 느꼈을 것이다. "신들이 사람 모양이 되어 우리에게 오셨다."(행14 :11) 19세기 선교사들은 우상처럼 행동할 필요가 없었다. 선교사는 아프리카 원주민들에게는 이미 우상시 되었던 것이다. 이것은 중국과는 완전히 대조가 되는 것이다. 거기서 선교사는 서양 귀신이라 불렸고, 심지어 '야만인' 취급을 받기까지 하였던 것이다.

7) 아프리카 원주민들의 깊은 종교심

비록 아프리카 주민들의 원시적 형태인 정령 숭배의 에니미즘에도 불구하고 저들의 마음속에는 언제나 하늘의 위대한 영(Great Spirit)을 믿어왔다. 그는 종족마다 다른 이름으로 불리어졌다. 그러나 그의 존재는 모두가 인식하였다. 실로 그의 존재는 결코 멀리 떨어져 있는 것이 아니었다. 왜냐하면 아프리카인들은 자연과 밀접한 관계를 맺고 살고 있었고 보이는 세계와 보이지 않는 세계 사이의 차이는 종이 한 장만큼 얇았다. 그들은 초월자에 대한 좌절감이라고는 가져 본 적이 없다. 그들은 모든 신들의 존재를 부인하는 테라바다(Theravada) 불교도들과는 달랐다. 그들은 또한 모든 것이 신이라고 믿는 힌두교도들과도 달랐다. 그들은 또한 밀폐된 제도 안에 갇혀있는 서구의 과학적 인간과도 다르다. 아프리카 인들은 그의 영혼에 종교를 가지고 다니면서 끊임없이 우주의 보이지 않는 세력과 교통하고 있었다. 정신없이 사는 그의 일상생활에서 그는 아마도 잡신(영)들과 귀신들에게 사로잡혀 있지만 그가 맑은 정신이 되어 있을 때에 그는 하늘에 살면서 햇빛과 비를 내려주고 농작물과 가축을 돌보고 삶과 죽음의 권세를 가지고 인간을 보호할 수도 있고 별도 줄 수 있는 위대한 영의 존재와 세력을 인식하며 살아간다.

그러므로 선교사들의 아프리카 원주민들이 가지고 있는 신에 대한 종교심을 통하여 유일한 참 하나님이신 창조주이며 구원자가 되시는 독생자 예수 그리스도에 대한 지식을 소개했을 때에 저들의 심성은 기독교의 교리를 쉽게 받아들일 수 있는 토양이 되어 성공적으로 씨를 뿌린 것이다. 무소부재하신 하나님의 신앙을 쉽게 받아들일 수 있었다.

4. 라틴 아메리카 선교[220]

1] 개관

오늘날 인구가 감소하는 현상이 전 세계에 걸쳐 나타나고 있으나 계속 증가하는 곳이 몇 군데 있으니 선교적인 측면에서 주목해야 할 것이다. 인구 대국인 중국과 인도를 제외하고도, 이슬람권은 독특한 가정의 일부 다처제로 가구당 자녀의 수가 일반 가정의 증가를 능가하고 있으며, 다른 한곳은 라틴 아메리카 지역이다. 이곳은 산아제한을 범죄시하는 카톨릭의 영향으로 지역에 따라서는 4% 이상으로 증가하고 있다. 약 3억 8천만 명의 인구가 있는 라틴 아메리카는 3개의 주요 민족으로 구성되어 있다. 순수 스페인 혈통, 순수 인디언 혈통, 그리고 혼합족인 메스티조 족(Mestizos)이다. 약 3천만 명의 원주민들이 있다. 페루, 볼리비아, 에콰도르 등 안데스 국가들에는 그들이 대부분의 인구를 구성하고 있다. 중앙 아메리카에 있는 멕시코와 과테말라 두 나라는 대부분 원주민으로 인구가 구성되어 있다. 현재 아르헨티나와 우루과이 같은 나라들은 대부분 유럽인의 후예들이다. 브라질에는 인구의 1/4이 뮬라토(mulatto)로서 이들은 포르투갈인과 니그로의 혼혈족이다.

원주민들은 결코 스페인 문화에 동화된 적이 없었다. 그들은 그들 고유의 관습, 전통, 언어를 보유하고 원시적이고 비생산적인 방법으로 영위하고, 농업을 하며 살아왔다. 이들의 문맹률은 매우 높고, 의료혜택은 거의 없다. 가옥은 전적으로 불편하기 짝이 없다. 3세기 동안의 이베리아 반도인들의 통치는 라틴 아메리카 원주민들에게 많은 물질적 혜택을 가져다주었지만, 다른 면에서는 인디언들에게는 이루 형언할 수 없는 고통을 안겨 주었다. 오늘날까지 이 고통은 보상 받지 못하고 있다. 비록 명목

---

220 허버트 케인, [세계 선교 역사], 12 라틴 아메리카 선교, 197-206쪽 요약.

상으로는 로마 카톨릭들이지만 실제로 원주민들은 기독교인이라기 보다는 이방인에 가까우며 진정한 복음화가 필요한 사람들이다.

2] 라틴 아메리카에서의 로마 카톨릭 선교

라틴 아메리카는 로마 카톨릭교가 전적으로 주도하고 있는 유일한 대륙이다. 16세기 초 스페인과 포르투갈이 도착한 이래 그곳에는 로마 카톨릭교가 존속하고 있다. 19세기 중엽에 프로테스탄트 선교사들이 남아메리카에 진출하기까지 로마 카톨릭교는 이 지역을 독점하고 있었다.

몇몇의 선교사들은 로욜라(Loyola)와 사비에르(Xavier)의 훌륭한 제자들로서 고생, 위험, 질병, 핍박을 찬양을 받을 만한 영웅적 정신으로 맞이하였다. 그러나 그들은 당시의 군사적, 성직주의, 정치적 제도의 일부였다. 그리고 그들의 열렬한 선교활동의 이면에는 원주민 살해와 진압, 그들의 토지와 재산탈취와 이상하게 혼합되어 있었다. 회심은 강요되었고, 무더기로 개종하였다. 그 결과 세례 받은 이방인들이 대량으로 교회에 들어오는 것이 라틴 아메리카에서는 너무 흔한 일이 되어 버렸다.

식민시대에 교회와 국가는 하나였다. 여러 나라가 독립을 쟁취한 후 교회는 바티칸의 협정에 따라 특혜적 대우를 요구했고 그것을 받았다. 그 대가로 카톨릭 성직 계급은 군사 독재 정치와 압제 정부를 지원하기로 하였다. 이것은 짓밟힌 대중들의 슬픔을 무마하거나 문제를 푸는 것과는 아무 상관도 없이 진행 되었다.

그러나 최근 들어 상황은 달라지고 있다. 보스턴 추기경 쿠싱(Cushing)이 라틴 아메리카에 개인적 관심을 보여 그의 영향력으로 더욱 많은 미국의 사제들이 그곳에 가고 있다. 미국 전체 카톨릭 선교사들의 45-50%가 라틴 아메리카에서 사역하고 있다. 그 결과 카톨릭 교회의 이미지가 변하고 있다. 교회는 가난과 압제에 찌들은 주민들과 좀 더 밀접하게 관련을 갖도록 시도하고 있다. 대부분의 오늘날 사제들은 진보적이다. 소수는 혁명적이기까지 하다. 수명의 메리놀(Maryknoll) 선교사들이 게릴라 활동에 가담했다는 혐의로 과테말라로부터 소환 되었다. 교회의 성경 읽는 태도가 변하고 있는 것은 매우 의미심장하다. 과거에는 성경보급원이 박해를 받고, 많은 사람들이 투옥되기도 하였다. 그런 시대는 지나갔다. 교회 스스로 신도들에게 성경을 읽도록 격려하고 있다. 교인들은 교육과 복음으로 계몽되고 그 결과 성경 판매가 대륙 전체에서 치솟고 있다.

오늘날 라틴 아메리카의 카톨릭 교회는 숫적으로는 증가하고 있다. 그러나 영적으로는 취약하다. 교세의 통계는 나라마다 다르다. 페루는 인구의 99.3%가 신자라고 주장한다. 아이티(Haiti)에서는 65.7%까지 떨어지고 있다. 바티칸은 멕시코를 제외한 모든 나라와 외교관계를 맺고 있다. 바티칸은 스스로 네 가지 형태의 카톨릭 주의를 주장하고 있다. '형식적, 맹목적, 문화적, 민속적' 카톨릭이다.

"우리는 라틴 아메리카의 20개의 나라에서 네 가지 형태의 카톨릭 주의를 쉽게 발견할 수 있다. 그러나 같은 수준이거나 서로 같은 관계로서가 아니다. 페루나 볼리비아에서 확인되는 것이 칠레와 아르헨티나에서도 똑같다고 말할 수 없다. 또한 콜롬비아나 에콰도르에서 볼 수 있는 것들이 멕시코나 과테말라에서 주목 받는 것과는 구별될 수 있다. 종교, 사회, 경제, 정치의 모든 영역에서 더욱 다양한 가운데 더욱 큰 통일성이 발견되는 곳은 라틴아메리카 외에는 없을 것이다."221

3] 라틴 아메리카에서의 프로테스탄트 선교

개신교인들이 이 지역에 도착했을 때 그들은 스스로 특수한 상황에 처

---

221 William J. Coleman, Latin-American Catholicism : A Self Evaluation (Maryknol, NY : Maryknoll Publications, 1958), p. 3.

해 있음을 발견하였다. 로마 카톨릭 교회가 300년 이상 이곳에 상주하면서 인구의 90%가 신자라는 사실은 개신교 선교에 특수한 문제의식을 안겨 주었다. 제2차 바티칸 공회 이후 최근에 이르러서야 이들 문제들이 조금씩 해결되고 있다.

프로테스탄트 선교의 몇 가지 특성을 주목할 필요가 있다.

1) 뒤늦은 시작 : 19세기 중엽에 이르러서야 최초의 프로테스탄트 선교사들이 남아메리카에 진출하였고, 1870년대에 와서야 본격적인 선교가 이루어졌다. 대규모의 세 선교기구는 연합 장로교회(United Presbyterians), 연합 감리교(United Methodists), 남침례교(Southern Baptists)였다. 오늘날까지 이 세 선교부가 라틴 아메리카에 대규모 투자를 하고 있다. 최근에는 하나님의 성회(Assembly of God)가 이들과 합세하여 이 지역에서 대규모 선교를 시행하고 있다.

2) 미국 선교의 우세 : 영국 선교사의 숫자는 601명인데 비하여 북미 출신 선교사들은 10,830명에 이른다. 유럽 선교회는 그들의 부재로 인해 더욱 뚜렷하게 보인다. 여기에는 몇 가지 원인이 있다. (1) 미국의 먼로주의(Monroe Doctrine[222] : 제5대 대통령 제임스 먼로에 의하여 미국과 유럽대륙 간의 상호 불간섭 원칙주의)가 유럽세력이 서반구에서 간섭하는 것을 막고 있다는 사실이다. 십자가가 국기를 따라가는 경향이 있으므로 영국과 유럽 선교회는 이 지역을 피하게 마련이었다. (2) 일부 사람들

---

[222] 한국의 1919년 3.1의 기미년 독립선언과 만세 사건 운동이 미국의 먼로주의에 고양되어 일어난 것은 잘 알려진 원인이다. 그러나 당시에 미국은 정치, 외교 군사력이 실천하도록 후원하지는 못하였다. 본래는 국제정치상의 선언이라기 보다는 남미의 스페인 식민지가 하나씩 독립하게 되면서 유럽의 열강들이 신생 독립국을 간섭하지 말 것과 미국은 유럽이 보유하고 있는 기존 식민지나 신생 독립국에 간섭하지 말 것을 골자로 한 것이었다(1823년). 후에 영국이 동조하면서 영향력이 증대되었다.

은 라틴 아메리카는 로마 카톨릭에 의해 선교가 되었으므로 영적인 필요가 상당하게 보살피고 있는 지역으로 간주하였다는 사실이다. 실상 1910년에 있었던 에딘버러 선교대회(Edinburgh Missionary Conference)에서 영국 성공회의 강력한 주장에 의해 라틴 아메리카는 선교지가 아니라고 분명히 밝혔다. 로버트 스피어(Robert E. Speer)와 몇몇 미국의 교계 지도자들이 이 의견에 반대하였으나 그 견해는 관철 되었다.

3) 보수적 선교사들의 주도

개신교 선교사들 중에는 그들의 신학적 배경이 자유주의인 사람들도 있고, 보수적인 사람들도 있다. 대표적인 경우가 한국에 파송된 선교사들은 대부분이 복음주의적이며, 보수적이어서 아주 강력한 보수적 교회들을 배출하게 된 것이다. 반면에 일본의 선교사들은 대부분이 진보적인 자유주의자들이어서 식자층의 작으나 내실 있는 자유주의적인 교회를 개척하였었다. 다른 지역에서는 자유주의자들과 보수주의자들이 거의 비슷한 분포를 보이고 있어서 각각의 단체는 나름대로의 교회들을 세우고 선교를 하였었다. 라틴 아메리카는 신앙 선교에서 뿐만 아니라, 주요 교단 선교활동에 이르기까지 보수적 선교사들이 대다수를 점하여 활동한 특별하고도 광범위한 지역이다. 결과적으로 라틴 아메리카의 선교 교회들은 세계에서 가장 보수적인 교회들이다. 피터 와그너(Peter Wagner)는 라틴 아메리카의 95%의 신교도들이 보수적 복음주의자들이라고 평가하고 있다. 어째서 교회 연합 운동(Ecumanical Movement : WCC)이 라틴 아메리카에서는 저조한지를 설명하는 원인 중 하나가 여기에 있다.

4) 오순절 운동(Pentecostal Movement)

오순절 운동은 현재 전 세계에 추종자들을 가지고 있다. 주요 교단은 하나님의 성회로서 미국에 거의 1백만 명의 신도가 있고, 해외에는 10배나 된다. 223교회의 성장률도 14.2%였다. 만약 그들이 이 비율을 계속 유지해 간다면 7년 후에는 전체 신도수가 배가할 것이다. 이것은 그들을 세계에서 가장 빠르게 성장하는 교단으로 만들고 있다. 1969년에 출판된 [라틴 아메리카의 교회 성장(Church Growth in Latin America)에서 피터 와그너는 언급하기를, "이 정보가 활용하게 되었을 때 많은 관찰자들을 놀라게 했던 발견 중의 하나는 모든 라틴 아메리카의 신교도들의 63.3%가 어떤 형태이든 오순절 성령운동자들이라는 사실이었다. 이 비율이 1969년 이래 계속 증가해 오고 있음을 의심할 필요가 없으며, 현재는 2/3 이상이 훨씬 넘을 것이다.

와그너에 따르면 오순절 성령주의자들이 라틴 아메리카 20개국 중 10개국에서 가장 규모가 큰 복음주의자들이라는 것이다. 칠레에서 그들은 9:1의 비율로 다른 교단을 숫자로 압도하고 있다. 브라질의 가장 규모가 큰 교회는 610만 명의 신도가 있는 하나님의 성회 교회이다. 두 번째로는 90만 명이 이상의 신도를 가진 그리스도 교회(Church of Christ)로 또다른 오순절 교회이다. 그들은 아르헨티나, 페루, 에콰도르, 콜롬비아, 파나마, 엘살바도르, 온드라스, 멕시코에서도 가장 규모가 큰 교회들이다. '당신이 오순절 교인이든 아니든 그들이 라틴 아메리카에서 뭔가 굉장한 일을 하고 있음을 인정해야 한다.'

라틴아메리카에서 오순절 교회의 급성장한 원인을 분석하면,

(1) 교회들이 초기부터 대부분 토착적이었다. 어떤 교회들은 처음부터 아예 선교사가 없이 시작하였다. 브라질의 하나님의 성회 교회는 거의 6백 만 명의 교회 공동체로서 27,000명의 평신도 사역자들과 29,000명의

---

223 서울에 있는 '여의도 순 복음 교회'(조용기 목사 개척 시무)는 무려 단일 교회로는 50만 명이 넘는 교세를 자랑하고 있다.

자격증을 가진 목회자들이 있는데 선교사는 겨우 20명밖에 없다.

(2) 오랜 세월 동안 교회들은 외국의 원조 없이 스스로 재정을 꾸리는 법을 배워왔다.

(3) 그들은 평신도 전도자들을 선용해 왔다. 모든 크리스천들은 그의 신앙을 친구들과 이웃들에게 증거 하도록 기대한다.

(4) 그들의 활동적인 교회 봉사는 토속 음악과 손뼉 치기, 간증 등을 통하여 라틴족의 감정적 기질에 호소한다.

(5) 그들은 인구의 태반을 차지하는 하층 계급에 초점을 맞춘다. 그들을 교회로 인도하여 편안한 기분을 갖게 한다.

(6) 그들은 복음을 큰 길과 샛길로 끌고 나간다. 대중 공중 집회, 성경 분배, 공공 행렬 등이 그들의 연합 전도 활동의 일반적 특징이다. (7) 그들은 성령 충만-성령세례라고 부르는-을 믿어야 할 교리가 아니라 구해야 할 경험으로서 강조한다.

(8) 믿는 자들의 기도에 응답되는 신유의 은사는 일반적 현상이다. 의료시설이 부족하거나 존재하지 않는 빈곤한 사회에서 신유의 기적은 사람들을 대거 끌어들이는 매력적인 초대장이 된다.

5) 선교와 로마 카톨릭의 관계

선교지에서는 같은 기독교이나 개신교와 카톨릭 사이에는 사랑도 이해도 빈약하다. 때때로 매우 격렬하게 충돌한다. 그 이유는 개종시키려고 경쟁하는 대상이 이방인들이기 때문이다. 그러나 라틴 아메리카에서는 상황이 더욱 결렬하다. 두 집단은 공개적으로 정면대결 양상을 보이고 있다. 이것은 단순한 경쟁상대가 아니라, 정면 도전이었다. 개신교 선교사들이 이 지역에 등장했을 때에는 개종 시켜야 할 '이교도'(heathen)들이 극소수였다. 인구의 90% 이상이 이미 '기독교인'들이었다. 콜롬비아와 같은 몇몇 국가에서는 원주민들은 로마 카톨릭 교회의 피보호자들로 간주되었으므로 개신교 선교사들은 그들에게 접근할 수 없었다. 따라서 개신교 선교사들은 어디든 발견되는 명목상의 로마 카톨릭교도 사이에서 개종자를 찾고자 하였다. 자연히 로마 카톨릭 교회는 이러한 행동을 기존 신앙을 '변절시키는 것'으로 간주하여 박해가 가해졌다.

라틴 아메리카 개신교도들은 세 가지 명확한 그룹으로 나눌 수가 있다.

(1) 아르헨티나, 우루과이, 브라질 등지에 위치한 루터교의 왈도파(Waldensian) 교회들이다. 카톨릭 교회는 이들 소규모의 교회들과는 다투지 않는다.

(2) 두 번째 그룹은 19세기 개신교 선교활동의 결과로 생겨난 복음주의 교회들이다.

(3) 세 번째 그룹은 외부의 도움 없이 스스로 발전해 온 오순절 교회들이다. 로마 카톨릭 교회는 이들 두 그룹에 대해 감정이 좋지 않다. 카톨릭 성직 계급은 이 교회들을 '변절시킨' 결과라 주장하였다.

이러한 갈등과 상충하는 현상에 대하여 서로 이해해야 할 부분들이 있다. 로마 카톨릭 입장에서는 기존의 카톨릭 교인들을 데려가는 것에 분개하는 경향이 있으며, 성령 주의자들로 하여금 교인들을 빼앗아간다고 생각한다. 라틴 아메리카의 로마 카톨릭 교회가 개신교 선교사들의 '개종 시키는 행위(proselytization)들을 불쾌한 눈으로 바라본다는 사실은 놀랄 일이 아니다. 정치적 영향력과 교권적 세력을 가진 카톨릭 교회가 개신교를 핍박하는 것을 이해하기란 어렵지 않다. 한편 신교도들은 대부분 크리스마스와 부활절 외에는 교회에 가지 않는 명목상의 카톨릭 신자들의 낮은 영적 상태를 볼 때에 자신들의 선교 활동은 정당한 것으로 느끼게 된다. 이토록 철저한 영적 황폐화 속에 내던져진 영혼들의 필요를 채워주는 노력이 결코 '변절시키는 행위'라는 말의 어떤 나쁜 의미로도

간주될 수 없다고 생각하기 때문이다.[224]

근래에 로마 카톨릭 교회에서 제안한 교회 연합 운동(ecumenical movement)도 당시 3개로 나뉘어 있던 복음주의자들에게 문제를 던져 주었다. 이러한 새로운 움직임을 환영하는 소규모의 교회들은 성경 번역을 포함한 여러 문제들을 놓고 카톨릭 교회와 협동하기를 기뻐하였다. 극보수주의자들(Ultra-conser vatives)[225]의 교회들은 최근의 변화들이 표면적일 뿐이고 복음주의자들의 방심을 조장시키려는 행위로 밖에 믿을 수 없다고 한다.

이들 두 극단주의들 사이에 대다수의 복음주의자들이 있었는데 이들은 이에 그저 혼동되기만 하였다. 그들은 복음주의자들이 된 후에 카톨릭 교회를 떠났고 이것에 대한 비싼 대가를 지불해야만 했다. 어제는 '이단자들'이었다. 오늘은 '분리된 형제들'(separated brethren)이었다. 그들은 이 새 이름에 끼칠만한 아무런 일도 하지 않았지만 박해가 끝난 것만으로 감사를 드렸다. 그들은 협동(cooperation)이 옳은 일인지 확신하지 못했고 어떻게 되어갈지도 몰랐다. 그저 전체 상황에 불안할 뿐이었다. 두 기독교 종파 사이에 끼인 라틴 아메리카의 모순이며 비극이다.

6) 교회 성장의 모형

그럼에도 라틴아메리카의 교회 성장에 많은 관심이 쏠려 있었다. 1969년에 [라틴 아메리카의 교회 성장](Church Growth in Latin America) 이 출간된 후 더욱 그러했다. 전체 라틴 아메리카를 통틀어 개신교회 공

---

224 Stephen Neill, Call to Mission(Philadephia : Fortress Press, 1970), p. 86.

225 보수주의자를 지칭하는 말은 conservatives(liberals)를 사용하며 비슷한 의미로 복음주의자(evangelist)는 복음중심의 보수이며, 교리와 교단적인 의미에서 우파를 흔히 근본주의자(fundamentalist) 또는 부정적으로 'ultraconsevatives' 라는 용어를 사용한다.

동체가 해마다 10%가 증가하고 있으며 이것은 8년마다 배가 된다는 것을 의미했다. 만약 이 추세가 계속된다면 서기 2000년에 라틴아메리카는 확실한 신교 대륙이 될 수 있을 것이라는 예상인데 사실 그렇게 될 것 같지는 않다. 성장 모형(growth pattern)이 일정하지 않기 때문이다. 많은 나라와 종족들 사이에 성장 곡선이 들쑥날쑥하며, 안과 밖의 반작용도 만만치 않기 때문이다.

또한, 인디언 원주민을 위한 사역이 쉽지가 않다는 점이다. 북아메리카의 원주민들과 같이 저들은 복음에 대하여 우호적이지 않다. 무엇보다 저들의 언어를 배우기가 쉽지 않다. 대부분의 인디언 부족은 극히 원시적이어서 아마존 강이나 멕시코 지역의 고립된 정글에서 살며 사납고 전투적이어서 외부 사람들에게 적대적이며 패쇄적이다. 대부분의 번역 활동은 위클리프 성서 번역 회에 의해 이루어질 따름이다. 1970년대에 26,000명이 그리스도에게 돌아왔다는 보고가 있었다. 이것은 라틴 아메리카 인디언 선교에서 거둔 최초의 성공이었다.

7) 자유주의자와 보수주의자의 충돌

비록 자유주의자들이 숫자로는 1 :9로 열세이지만 그들은 더 많은 교육을 받고 조직적이며 보수주의자들보다 자유로운 견해와 방법론을 가지고 있다. 지난 10년 사이에 신학적으로는 '발전 신학'에서 '해방 신학'으로 바뀌었다. 일부 자유주의 신학자들은 오직 마르크스 혁명만이 뿌리 깊이 지속되어 온 라틴 아메리카의 사회, 경제적 문제를 해결할 수 있다고 결론을 내렸다. "교회의 좌익에 있는 마르크스 이론이 라틴 아메리카의 삶의 현실이다."[226]

---

[226] C. Peter Wagner, Latin American Theology : Radical or Evangelical?(Grand Rapids : Eerdmans Publishing Company, 1970), p. 60.

자유주의자들과 보수주의자들 사이의 간격은 상당히 넓다. 자유주의 측은 보수주의 교회들에게 사회적 관심은 적고 지나치게 경건하며, 오직 개인의 구원에만 관심을 가진다고 주장한다. 그들은 과거에 북아메리카 선교사들이 끼친 공헌에 사의를 표하면서도 현재 그들이 라틴 아메리카에 남아 있는 필요에 대해서는 깊은 회의를 가지고 있다. '그린조들'(gringos : 라틴 아메리카 사람들이 영. 미인들을 경멸하여 부르는 말)은 라틴 아메리카 사회가 가지고 있는 거대한 사회악의 문제들을 이해할 수도 결코 해결할 수도 없다고 매도한다.

그러나 그들의 견해가 전적으로 옳은 것은 아니다. 오순절 교회를 포함하여 보수주의 교회들도 점차 복음의 사회적 적응 문제에 관심을 가지고 모든 착취행위에 대항하는 발언을 하고 있다. 평민들 수준에서 그들은 사회적 운동에 참여하여 해결해 보려는 노력을 하고 있으나 그들이 극좌파의 혁명적 방법에는 동의하지 않고 있다는 점이다. 그것은 전복을 전제로 하는 혁명이 아니라, 기존 체제 안에서 개혁을 하면서 점진적인 변화를 모색하고 있는 점에서 방법과 과정에서 차이가 있다. 그러나 서로의 벌어진 틈을 그대로 남겨두면, 개신교회의 연합전도 활동은 하나 되지 못하고 외부에 약점을 내보일 수밖에 없을 것이다.

5. 다시 유럽 선교[227]

1] 개관

AD. 800년 경 신성로마 제국의 탄생 이래 유럽은 기독교 대륙이라고 자타가 공인하였었다. 그러나 이제는 더 이상 사실이 아니다. 케네스 라토렛, 한스 릴레(Hans Lilje)를 비롯한 유력한 교회 지도자들과 역사가들

---

227 허버트 케인, [세계 선교 역사], 13 유럽 선교, 207-215쪽 요약.

은 유럽이 급속히 비 기독교화 되어 갈 것이라고 경고하여 왔으며 이미 현실이 되고 있다.

여러 가지 요인이 이 슬픈 상황을 만들어 냈다. 세속주의와 인문주의가 르네상스에 의해 산란되었다. 독일의 이성주의와 고등비평이 거룩한 성경의 진실성과 권위를 좀 먹게 하였다. 서구의 소위 기독교 국가들 사이에 일어난 두 차례의 세계 대전과 독일 기독교회에서 나찌 주의에 대한 저항의 표시 이상을 하지 못한 점 등이 유럽에서의 기독교 이미지를 손상시키고 회복하기 어렵게 만들었다. 소비에트 공화국(USSR : 구 쏘련)의 발흥과 동유럽의 공산정권의 출현으로 이들 나라의 전통과 뿌리 깊은 교회의 활동에 심각한 타격을 주게 되었다. 일부 서유럽 개신교 지도자들의 새로운 신학과 신 도덕주의 운동은 고대의 특징을 제거하고 명목상 교인들에게 영적 공허함만을 남겨 주었다.

제2차 바티칸 공회와 기타 로마 카톨릭 교회에서 일어나는 급속한 변화는 신실한 신자들을 혼돈 속으로 몰아넣었다. 동방으로부터 비기독교 종교들, 특히 불교, 힌두교 등의 신비주의와 비전(祕傳, esoteric)의 의식들과 함께 들어와서 많은 이들의 관심을 끌었다. 파키스탄과 북아프리카로부터 이슬람교도들이 직업과 높은 임금, 더 나은 삶을 찾아 이민해 왔다. 그 결과 이슬람의 모스크가 대도시에 교회가 있던 자리에 들어서게 되었다.

2] 쇠퇴일로의 종교

유럽의 약 1억 6천만 명의 인구가 종교를 갖고 있지 않다. 아직도 기독교와 관련 있다고 믿는 이들 가운데서도 그들의 종교를 심각하게 받아들이는 사람들은 극소수이다. 명목상 로마 카톨릭 교인 프랑스가 유럽에서 가장 이교도 국가이다. 특히 시골지역에서 두려움과 미신이 유행하고 많은 사람들이 강신술에 빠지고 있어, 로마 카토릭교회도 이제 프랑스를 선교지로 간주하고 있다. 영국에서는 60%의 인구가 영국 국교회에 세례를 받고, 20%는 견신례[228]까지 받았으나 겨우 6%만이 정규적으로 교회에 출석하고 있는 실정이다. 독일의 루터교의 5%, 스웨덴의 루터교인의 3%만이 정기적으로 교회에 출석을 한다. 어떤 상상력을 동원하여도 더 이상 유럽을 기독교 대륙이라고 부를 수는 없게 되었다. 이상하게도 현재 기독교가 가장 활발한 지역은 동유럽과 구소련의 영향권에 있었던 이전의 공산주의 국가들이다.

전 유럽을 통틀어 겨우 하나의 기독교 라디오 방송국이 있을 뿐인데 그것도 미국 선교부인 트랜스 세계 라디오 선교회가 건립하고 운영하는 것이다. 방송의 시간대 중에서도 시청률이 높은 시간대는 엄청나게 비싸다고 한다. 심지어 영국에서 조차 일반 교회들이 영국 국영 방송국(BBC. British Broadcasting Corporation)의 방송 시간을 살 수가 없다. 지난 2세기 동안 유럽은 찰스 피니(Charles G. Finney), 드와이트 무디(Dwight L. Moody) 또는 빌리 그래함과 같은 위대한 부흥사들을 배출해내지 못하였다. 사실 우리가 알고 있는 대중 집회는 미국적 현상이며 대부분의 유럽 교회 지도자들에게는 이해가 되지 않는 선교 방식이 되고 말았다. 유럽에서 가장 큰 두 개신교단은 영국 성공회(Anglican Church)와 루터교(Lutheran Church)이다. 이들은 세례 중생 설(baptismal regeneration)을 신봉하여 개인의 구원보다는 종교교육에 중점을 둔다. 전통적으로 회개와 믿음이 구원 경험에서 핵심이라고 가르쳐 온 감리교와 침례교는 더 이상 유럽에서는 아주 소규모 교단이 되고 말았다.

---

228 로마 카토릭 교회에서 세례와 성찬을 받은 신자에게 성령과 그 선물을 주어 신앙을 성숙하게 하는 성사로서 견신, 견진이라고도 한다. 개신교 장로교회에는 입교 절차만으로 만족한다.

3] 선교지로서의 유럽

극히 최근에 이르러서야 유럽이 선교지라고 간주되기 시작했으나 아직도 미국의 역사적 교단들은 이 견해에 동의를 하지 않고 있다. 유럽에서 선교활동을 하고 있는 교단은 남 침례교단이 유일하다. 그러나 오늘날 유럽에서 선교활동을 하고 있는 대부분의 기독교 단체들은 복음주의자로서 그들의 교단적 배경과는 상관없이 모든 거듭나지 않은 사람들을 선교의 대상으로 삼아야 한다고 이해하고 있다. 명목상의 기독교인들에게도 비기독교 국가의 소위 이교도들 못지않게 복음이 필요한 것이다.

현재 유럽에는 122개의 북아메리카 선교부와 더불어 통틀어 3,054명의 선교사들이 있다. 거기에 덧붙여 영국을 비롯한 민주국가들 출신의 600명의 선교사들이 있다. 유럽이 선교지라는 개념은 제2차 세계 대전이 끝날 때까지도 확실하게 인식되지 못했는데 이후 북 아메리카로부터 갑작스러운 선교사들의 유입이 있었다. 물론 그 이전에도 여러 개의 확고히 설립된 미국 선교단체들이 유럽에 존속해 있었다.

1960년 모나코에서 방송을 시작한 트랜스 세계 라디오 방송선교 부(Trans World Radio : TWR)의 라디오 방송 사역에 대한 특별한 활동이 있었다. 오늘날 이 방송은 러시아, 북아프리카, 중동 전역에 31개의 언어로 복음을 투입시키고 있다. TWR. 방송은 50만 와트 이상의 출력을 가진 단, 중, 장파의 송신기로 일주일에 7일간 방송하고 있다. 유럽과 중동 지역의 여러 지방에 있는 스튜디오에서 테이프를 제작하여 몬테카를로에 보낸다. 독일 지부 방송국인 복음 방송(Evangeliums-Rundfunk)은 이제 TWR.의 지부로서 50명의 전임직원들이 5일간 독일어로 프로그램을 작성하고 있다. 독일 지부는 믿음의 소산으로서 전적으로 자체 지원을 하고 있다. 철의 장막의 여러 나라에서 이 독일 방송이 독어를 사용하고 있는 크리스천들에게 유일한 영적 영양 공급이 되고 있는 실정이다.

국가교회들의 신학교육은 대학교수준이며 신학교 졸업생들은 성경보다는 발트(Barth), 브루너(Brunner), 불트만(Bultmann)에 대해 더 많은 지식을 갖고 있다. 영국에 29개의 성경 학교가 있으며 대륙에는 40개가 있다. 대륙에 있는 성경 학교의 절반이 전후 미국의 선교사들에 의해 설립되었다. 이 지역의 지도자들은 대유럽 선교회(Great Europe Mission)로 9개의 성경학교들과 1개의 신학교를 운영하고 있다. 해결하기 어려운 문제는 국가 교회들이 겸손한 성경학교 졸업생들을 '성직자들'(Men of the Cloth)로 인정해 주기를 꺼린다는 점이다. 그러나 목사들의 만성적 부족으로 인해 이들 일부 국가교회들이 성경학교 졸업생들을 부교역자들로서 받아들이지 않을 수 없게 되어가고 있다.

어떻게 하면 유럽 복음화를 할 수가 있겠는가? 국가 교회 혹은 유사 국가교회들인 기존 교회의 벽을 뚫고 사역해야 할 것인가? 아니면 새로운 교회를 세워야 하는가? 대부분의 사람들은 기존 교회들과 협동하는 것이 바람직한 방향이라고 생각한다. 그러나 그것이 쉽지 않다. 전례를 찾아보면, 19세기 초기에 개신교 선교사들이 중동 지역에 진출하여 그들은 동방 교회를 부흥시켜서 그들을 통하여 무슬림들을 복음화 하겠다는 생각을 품고 접근하였으나 실패하였다. 왜냐하면 동방 선교회는 부흥되기를 원하지 않았으며, 서구 선교사들이 자기들의 영역과 기득권에 침투하려는 시도에 분개하였던 것이다. 이것이 교파주의이며 분파주의로서 기득권에 연연하는 지극히 유치한 주도권 싸움일 수도 있으며, 개신교회의 병폐이다. 똑같은 상황이 유럽의 국가 교회들에도 적용되고 있다. 신학적, 문화적인 이유로 이들과 협조하는 것이 쉽지 않다는 것이 증명 되었다.

대부분 교회 설립에 관여하고 있는 선교사들은 국가 교회 밖에서 활동하고 있다. 자유 교회들과 일부 독립단체들 사이에서 그들은 성공을 거두고 있다. 자유가 없는 일부 지역에서 선교사들은 출발선에서부터 시작하여 그들의 자체의 교회를 설립해야만 하였다. 유럽에서 활동하는 대부분의 초교파 선교단체들을 교회 설립에 종사하고 있다. 유럽에서의 선교 활동은 세계의 다른 지역들과는 여러 면에서 달랐다. 문맹의 문제는 없다 아프리카 선교에 중요한 역학을 했던 선교학교들도 없다. 의료 활동도 마찬가지이다. 성경이 오랫동안 대부분의 유럽 언어로 번역되어 있으므로 성경 번역은 전혀 문제가 되지 않는다. 실상 대부분의 유럽 국가들은 수십 년 동안 그들 자체의 성서 공회를 가지고 있다. 선교사 자녀들을 위한 학교도 필요하지 않다. 어린이들은 그 지역 공립학교에 다니면 된다. 이러한 것들이 선교사들로 하여금 복음 전도, 교회 설립, 라디오 방송, 신학교육 등에만 전념할 수 있도록 해 준다.

4I 유럽의 개신교

유럽에는 대략 1억 1천만 명의 신교도들이 살고 있다. 가장 큰 두 교단은 루터교(6천만)와 영국 성공회(약 3천만)이다. 루터 교는 독일과 스칸디나비아 4개국에 많이 있다. 동독 개신교 중 약80%와 서독 개신교의 약 50%가 루터파이다. 스칸디나비아에서는 90% 이상이 루터파이다. 3천만 명의 영국 성공회 교인 중 거의 2천 8백만 명이 영국에 있다. 나머지는 스코틀랜드, 웨일즈, 북아일랜드에 나뉘어 있다. 국외 추방자들 외에는 대륙에는 성공회가 없고 영국에는 루터교가 없다.

침례교, 감리교, 오순절 교회, 메노나이트 파(Mennonites)[229], 장로교, 개혁파 등의 기타 개신교는 상대적으로 소규모로 유럽 각지에 흩어져 있다. 세계에서 가장 오래된 왈도파(Waldensian Church) 교회는 이탈리아

---

[229] 1536년 네덜란드 종교개혁자 메노 시몬스(Menno Simons)에 의해 생겨난 재세례파 중 최대의 교파로서 현재는 미국과 카나다에 집중 되어 있다. 농업에 종사하면서 상업에 눈을 돌려 부유화 되었으며 도시화 되었다.

에 있다. 이 교파는 35,000명의 신도가 있다. [230]

　유럽의 개신교는 대부분 국가교회로서 국가의 자금 지원을 받고 정부의 통제도 받는다. 이러한 제도 하에서 모든 국민은 기독교인이든 아니든 교회를 지원할 의무가 있다. 이런 식의 재정 보조는 비 기독교인들에게는 짜증을 내는 원인을 제공하고, 교회 성도들은 교회의 재정에 아무런 의무감을 느끼지 않게 하여 교회 성도들의 솔선수범하는 정신에 막대한 지장을 초래하고 있다. 목사들의 입장에서는 잃은 자들을 구원하고 교인들의 자리를 채워야 할 어떤 긴박감을 갖지 않는다. 그의 위치는 확보 되었고, 수입도 업무 수행의 잘잘못을 떠나서 보장되어 있는 것이다.

　영국에서는 교회의 신도수와 신학교 등록수가 급속히 줄어들고 있다. 종교는 요한 웨슬레 시대 이후 가장 저조한 쇠퇴기를 맞고 있다. 장로교가 숫자적으로 강세를 보이고 있으며, 교회 출석률도 높은 스코틀랜드와 북아일랜드의 상황이 훨씬 나은 편이다. 그럼에도 불구하고 영국이 스칸디나비아 국가들보다 나은 입장이다. 성공회는 강력한 복음주의 진영이 있기 때문이다. 덧붙여 영국에는 약 6백만 명의 비국교도들이 있는데 이들의 교회 출석률은 성공회보다 훨씬 높은 편이다. 비국교도 중에는 복음주의적 교단들이 있고 모든 교단 중에는 복음주의적 교회들과 설교자들이 있다.

5] 유럽의 카톨릭

　2억 5천 200백만의 로마 카톨릭 교도가 있는 유럽은 아직도 분명한 로마 카톨릭 대륙이다. 그러나 2억 5천만 중 5천만이 철의 장막 뒤에 있고 나머지는 대략 2억의 로마 카톨릭 교도들은 자유 유럽에 살고 있다. 3개

---

[230] 왈도(Valdez Peter Waldo)에 의해 시작된 교회 개혁 운동, 1176년 리용의 부자 상인 왈도가 자신의 재산을 다 처분하여 빈자를 위하여 구제하고 청빈과 구제, 복음 전파를 지속한 교회 사상 가장 오래된 개혁 교회이며 종교개혁의 시발점이 되기도 하였다.

의 중심 국가는 프랑스, 이탈리아, 스페인이다. 이들 3개국은 북아메리카로부터 수많은 선교사들을 끌어들이고 있는데 프랑스에 652명, 이탈리아에 248명, 스페인에 346명 등이다.

교회 내의 갈등이 계속되고 있는 가운데 카톨릭교와 개신교 사이의 긴장은 수그러들고 있는 상태이다. 교황 요한 23세가 개신교인들을 '이단자들' 대신 '갈라져 나간 형제들'이라는 용어를 사용하기 시작한 이래 세계 전역에서 로마 카톨릭과 개신교 사이에 일반적 화해무드가 조성되어 가고 있다. 3명의 켄터베리 대주교들이 바티칸을 방문하였다. 교황 요한 바오르 2세가 1982년에 그 경의에 보답하였다. 로마 카톨릭 교회와 세계 교회 협의회 사이에 협조 정신이 증가하고 있다. WCC의 사무총장이 바티칸에 여러 차례 방문하였고, 교황 바오로가 1969년 6월에 제네바에 역사적인 방문을 하였다. 합동사무위원회(Joint Working Committee)는 이 두 세계 기관의 수많은 협동 기구 중의 하나에 불과할 뿐이다. RCC가 WCC에 가담하는 것이라고 하기에는 너무 이른 반면, RCC는 현재 분명 세계 교회 연합(WCC) 운동의 일부가 되어있는 것이다.

바티칸에 불어 닥치고 있는 변화의 바람은 지구 끝에서도 느껴지고 있는데 로마 카톨릭 국가에서 활약하고 있는 개신교선교사들은 이 엄청난 양의 종교적 자유에 크게 감사하고 있다. 이것은 특별히 이탈리아와 스페인에서 그러하며 포르투갈에서는 그 정도가 좀 약한 편이다. 1974년에 있었던 쿠데타로 인해 포르투갈에는 새로운 자유의 물결이 밀려 왔고, 1977년의 선거는 40년간의 독재정치를 마감하고 스페인에 민주정치를 회복시켜 주었다.

6) 유럽의 공산주의 국가들

소비에트 공화국(USSR)을 제외하고 동유럽에는 8개국의 공산주의 국가들(구소련의 위성국가라 불림) : 동독, 폴란드, 루마니아, 체코슬로바키아, 헝가리, 불가리아, 유고슬라비아, 알바니아 등이다. 이들 국가 중 3개국, 즉 폴란드, 헝가리, 체코슬로바키아는 로마 카톨릭교가 우세하고, 3개국은 불가리아, 루마니아, 유고슬라비아는 동방 정교회가 우세하다. 동독은 루터교가 대세이고, 알바니아는 70%가 이슬람교이다. 소련에는 아마도 4천만 명이 러시아 정교회의 신도들이며, 5백만 정도가 복음주의자들이다. 동유럽의 상황은 일정하지 않다. 종교적 자유가 나라마다, 지역마다 다른 경우가 적지 않다. 폴란드에는 상당한 자유가 있어 교회학교도 가능할 정도이다. 동독에서 성경은 국가에서 소유한 가게에서 사고 팔린다. 알바니아는 세계에서 유일한 자칭 무신론 국가인데 종교는 불법화 되어 있다. 루마니아는 교회 성장이 부흥의 수준까지 미치고 있는데 침례교와 오순절 교회는 성장 비율 중 높은 편이다. 한 도시의 보고에 의하면 1년 안에 600명에서 1,500명까지 성장했는데 젊은이들이 기도 모임과 성경공부 모임을 가져 대학에서의 종교에 대한 압박을 상쇄시키고 있다고 한다.

교회의 지도자가 계속적인 문제점이다. 루마니아의 침례교회들은 1,035개의 교회에 겨우 150명의 훈련 받은 목회자들이 있을 뿐이다. 부다페스트에 있는 신학교는 1977년에 수용할 수 있는 인원보다 10배나 많은 지원자가 몰려들었다. 정교회에서는 신학교육에 대한 관심이 높아 대학 수준의 신학기관에 1,200명의 학생들이 있고 신학교 수준에는 더욱 많은 학생들이 있다. 대부분의 동유럽에서 교회들은 시설물들이 최대한 사용되고 있으며, 목회자들은 그들의 업무에 부응하느라 최선을 다하고 있다. 그들은 자신들이 현재 가지고 있는 제한된 종교의 자유를 감사하며, 조용한 성장과 교회 출석을 통한 지원으로 증명하고 있다.

60년 이상의 종교적인 억압에도 소련에서 종교는 사라지지 않았다. 가장 큰 교회는 러시아 정교회인데 대략 4천만 명의 신도를 가지고 있다. 메노나이트 파, 플리머서 형제단(Plymouth Brethren)231 오순절 교회를 포함하는 복음주의 기독교 침례교 전연합회(All Union Council of Evangelical Chiristians-Bapists)는 약5백만의 공동체이다. 최근 들어 복음주의자들 사이에 틈이 벌어지고 있으며 정부와 친소관계를 따라 서로 분열하여 강제노동 수용소로 보내지고, 자녀들은 공산주의로 사상 무장시키는 국가기관으로 강제 이동되기도 하였다. 대부분 라트비아와 에스토니아에서 발견되는 루터 교인의 수는 약 1백만에 달한다. 로마 카톨릭의 신도는 3백2십만이라고 보고되었다. 감리교와 안식일교는 소수 그룹에 속한다.

철의 장막 뒤에 갇힌 기독교인들에게 현재 주어지고 있는 가장 효과적인 외부원조는 라디오 방송사역이다. 그리고 서구의 기독교 지도자들이 공산권에 단기간 방문하고 지역 교회에서 설교를 허락받기도 하였다. 특히 빌리그래함의 집회가 유명한데 1977년 9월 헝가리에서 1주간 집회를 하였으며, 1982년 5월에는 러시아 정교회 대주교 피맨(Pimen)의 초청으로 모스크바의 성당에서 저녁에는 침례교회에서 세계 각국에서 모인 수백 명의 종교지도자들과 공산당 지도자들 앞에서 '핵무기 시대에 기독교 신앙과 평화'라는 제목으로 강력한 메시지를 전하였다. 미국의 언론에서는 부정적인 논평을 내었으나 그의 메시지와 복음주의 기독교의 영향은 지대하였었다. 1990년에 마침내 베를린 장벽이 무너지고 동서독이 통일

---

231 1820년대 아일랜드 더블린에서 기독교 근본주의 성격의 복음주의 운동으로 태어난 개신교 교파이다. 존 넬슨 다비(John Nelson Darby, 1800-1882)을 중심으로 영국 성공회의 지나친 교파주의와 형식적인 교인들의 생활에 환멸을 느낀 사람들이 모여 형제단이라는 이름으로 교회 모임을 결성하였다. 성서 제일 주의를 표방하여 하나님 앞에 자신이 죄인임을 깨닫고 예수 그리스도의 보혈을 의뢰하는 믿음을 강조하며 만인제사장 주의를 따라서 성직자와 평신도의 구분이 없다. 한국에는 1959년에 미군 교회에서 전래되어, 2014년 현재 230개에 달하는 교회가 세워져 있다.

이 되었으며, 종주국 소련이 1991년에 붕괴되고 구소련 연방은 해체 되고 철의 장막은 지구상에서 사라지게 되었다. 마르크스 레닌의 무신론 공산주의 사상으로 무장한 공산정부가 기독교를 대항하여 '종교는 인민의 아편이며 지구상에서 사라져야 할 허구.'라고 주창하였으나 80년을 채우지 못하고 멸망한 것은 종주국 소련의 공산주의 정권이었으며 오늘날 그 아류들이 지구상에 잔존하여 인민을 수탈하며 혹세무민하고 있을 따름이다. 가장 대표적인 국가가 북조선 인민공화국과 중화인민 공화국이 있을 따름이다.

제3부

한국 선교의 역사

제1장 개신교의 선교 초기(1882-1903)

  기독교가 한반도에 전래된 것은 일반적으로 조선시대에 이승훈이 18
세기에 로마 카톨릭 교회 신앙을 처음 들여올 때부터 한국의 기독교 역
사가 시작되었다고 본다. 그러나 저자는 개신교 선교의 역사 서술을 우
선적으로 다루는 것은, 오래 전에 이 땅에 전래된 천주교회의 고난 어린
역사를 생략하는 것을 저들의 업적과 허다한 순교자의 희생을 간과해서
가 아니라, 본서의 주제가 개신교 선교의 역사 중심이기에 그 부분에 있
어 양해하기를 바란다. 그러나 초창기의 신·구교 간의 문제와 갈등에 대
해서는 언급하는 것이 이후 한국 기독교의 이해를 위하여 필요할 것이다.
  한국의 기독교는 두 집단으로 나뉘는데 대한민국 통계청 자료 2015년

기준 약 980만 명의 개신교와 약 380만 명의 천주교로 구성된다. 중국의 1300년 교회사와 일본의 400년 역사에는 일천하지만, 현대 한국교회의 부흥과 성장, 그리고 선교대국이라 불리는 활약상은 세계 교회사에서 유례를 찾아 볼 수 없을 발전이라 할 수 있다.232 본장에서는 한국의 개신교 선교를 중심으로 한국 기독교 선교 초기의 가장 큰 특징을 1) 성경번역과 성경의 광범위한 배부 2) 네비우스 정책에 따른 선교사역 3) 평양 대부흥 운동 4) 고난 받는 한국 교회의 사건들을 다루려고 한다.

1. 개신교 선교의 선구자들233

1882년 한미 수호조약 체결 이전 한국에 복음을 전한다는 것은 대단히 위험한 일이었다. 그것은 법적으로 금지되어 있었다. 이전에 조선 땅에서 천주교의 시작은 몇몇 북경을 왕래한 유학자들 가운데서 부터였다. 그들이 북경에서 서양 천주교 선교사들과 접촉한 것은 서양 과학에 대한 흥미 때문이었다. 마침내 1784년 그들 가운데 이벽이라는 사람이 북경에서 세례를 받고 천주교 신자가 되어 종교서적, 십자가, 마리아 상 등을 가지고 한국으로 돌아왔다. 그를 통하여 많은 동료 유학자들이 천주교 신앙에 귀의하였으며, 5년 후에는 4,000명의 신자가 생기게 되었다. 1793년 처음으로 중국인 신부가 북경에서 조선으로 파견되어 왔다. 천주교가 조선에서 오해를 받게 된 것은 첫째, 조상 숭배를 반대했기 때문이다. 조상숭배의 봉제사를 거절한 천주교 신자 토마스 킴씨는 처음으로

---

232 그러나 기독교의 전래라는 역사적인 관점에서 보면 이미 신라시대에 네스트리우스판의 경교(景教)가 당의 문물과 함께 수입되어 경주 불국사에서 '경교'라는 금석문자와 돌 십자가와 성모 점토 상, 그리고 영주에서 발견된 분처 상과 도마와 관련된 유적 등은 연구할만한 가치가 있다. 네이브의 [한국사 이야기]

233 이영헌 저, [한국 기독교사], 컨콜디아사, 서울. 1983. 제4장 신교 선교의 선구자, 57-69쪽 요약

처형을 당하였다. 둘째, 정치적인 관습에서 온 오해 때문이었다. 천주교 측에서 북경 감독에게 보낸 편지 중에, 유럽 카톨릭 국가가 조선을 정벌하여 종교적 자유를 얻게 해 달라는 내용이 발각되었다. 핍박은 110년간 (1791-1901) 계속되었고 그 동안 순교 당한 신자들은 수만에 이르렀으며 외국인 신부들도 10여명 이상 순교를 당하였다. 지금도 서울 한강변의 새남터와 절두산의 순교 역사가 이를 증거하고 있다.

이러한 천주교에 대한 종교적인 편견과 오해 때문에 개신교 선교의 시작은 순탄하지 않았다. 그리고 100년 전에 들어온 천주교의 갈등과 마찰도 없지 않았다. 크게 보면 같은 기독교의 흐름 속에서 동병상련의 고초를 겪으면서도 전혀 다른 양상을 보이며 선교가 진행된 것은 미묘한 하나님의 섭리라고 생각한다. 무엇보다 전래되는 길과 방법론이 서로 달랐을 뿐 아니라, 천주교가 가지는 중앙집권적인 로마 카톨릭의 방식과 개신교회가 가지는 각개 약진 또는 풀뿌리 선교의 차이점이라고 볼 수도 있다. 이후 한국 교회사에서는 서로 다른 길을 걷게 되었다.

민경배 교수는 한국 천주교회의 형태적 특징을 세 가지로 보았다. 첫째, 카톨릭 교회의 바탕인 교회적(ecclesiastical)인 교권 교회의 성립을 성공시키지 못하였다. 둘째, 성사와 교리의 기독교로 소개, 이식 되었기 때문에 성서적이고 복음적인 신앙이 결여되거나 약화되어 합리적이고 체험적인 신앙의 소외와 은총 종교로서의 계시의 신비에 이르지 못하였다. 셋째, 이러한 둔세의 신앙경건이 참여의식의 둔화를 불가피하게 초래하고, 그것은 동시에 참여와 비판의 기독교적 차원을 전혀 무관하거나 망각하는데 기울어졌다는 사실이다. 마지막으로 천주교가 남긴 불행한 몰민족적(沒民族的) 인상이다. 당시의 자료가 희소하여 남아 있는 사료를 통하여 볼 때에 외국과 밀통하여 조선을 고발하고 치리해 달라고 하는 탄원은 민족 주체의 입장에서는 양해할 여지가 없었다.234

민경배교수는 결론적으로, "이 조선 천주교회는 그 다음 시기에 도입하는 프로테스탄트 교회와 아무런 역사적 연결점이 없다. 그것은 어떤 의미에서 한국 교회사의 서술을 신구교로 단절할 수 밖에 없게 만드는 요인이 되기도 한다. 그런 의미에서 그것은 불행하다. 그러나 역사적으로 그렇지 못하다 할지라도 신앙 형태상으로는 최소한도의 공약수가 거기 있었다. 하류층의 신앙 심리와 신비적 경건과 고난의 신학이 그것이다. 이 다듬어진 하나의 공통분모 속에서 우리는 한국 기독교 교회사의 사실상의 연결점을 찾고자 한다."235

그러나 중국과 일본에서 활동하던 개신교 선교사들과 신자들은 조선의 선교를 위하여 기도하였었다. 조선의 쇄국 정책과 양학에 대한 박해와 감시를 피하여, 그들은 먼저 성경을 한글로 번역하는데 힘을 쏟았다. 이러한 성경 번역은 천주교 선교사들이 하지 않았던 사역이다. 천주교는 1784년부터 1866년까지 성경번역이 전혀 없었다. 이 점에서 신교와 구교가 성경 말씀을 강조하는 차이점을 보여주고 있으며 이후에 더욱 차별화되는 것을 알 수가 있다.

역사적으로 최초로 조선의 땅을 밟은 개신교 선교사는 네덜란드 성서 공회 소속의 칼 구츠라프였다. 1832년 그는 중국으로 내왕하는 길에 조선의 서해안에 상륙하여 40여 일을 체류하면서 몇 가지 종류의 전도지와 중국어 성경, 그리고 한글로 된 주기도문 등을 전하였다. 당시 조선 왕에게도 성경을 전하려고 하였으나 거절당하였다고 한다. 해안선 선교의 한계를 보이는 대목이며, 이 땅에 진정한 복음을 전한 선교사들은 따로 준비되어 있었다.

한국 땅에서 복음을 전하려다 죽임을 당한 첫 순교자는 스코틀랜드 성

---

234 민경배,[한국 기독교회사], '조선 천주교회의 신앙형태' 114쪽.
235 Ibid.,115쪽.

공회 목사인 로버트 제이 토마스(Robert J. Thomas)목사였다. 1865년 그는 한국 서해안에 상륙하여 두 달 반 동안 성경을 배부하면서 전도한 바 있었다. 그전에 만주를 거쳐 북경에 도착하여 한국 사신에게 성경을 전하고 전도도 하였다고 한다. 그가 남긴 마지막 서간에는 이런 말을 남겼다. "나는 상당한 분량의 책들과 성서들을 가지고 떠납니다. 조선 사람들한테 환영 받을 생각을 하니 얼굴이 달아올라 희망에 부풉니다......(런던 선교회의) 이사들이 이 성서의 교리를 전하기 위해, 아무 인간의 과오와 혼합되지 아니한 심정으로 미지의 나라로 떠나는 나의 노력을 언젠가는 반드시 시인해 주리라 믿으면서 나는 갑니다."236 마침내 1866년 8월 9일 한국 땅에 복음을 전하기 위하여 미국 상선 제너럴 셔먼호를 타고 대동강 어구에 이르렀다. 당시 대원군의 철통같은 쇄국 정책으로 무장한 군대와의 교전이 있었고, 상선은 불타고 승무원들은 모두 죽임을 당하였으며 토마스 목사 역시 대동 강변에서 참수를 당하고 죽게 되었으며, 마지막으로 처형하는 군인에게 성경책을 전해 주고 순교를 하였다. 이 사람이 무관 박춘권(1839-1920)이며 당시에 받은 한문 성경책을 읽고 예수를 믿게 되었고, 나중에 안주 교회 영수가 되었다고 한다. 그는 이런 글을 남겼다. "내가 서양 사람을 죽이는 중에 한 사람(토마스)을 죽인 것은 내가 생각할수록 이상한 감이 든다. 내가 그를 찌르려고 할 때에 그는 두 손을 마주 잡고 무삼 말(기도)을 한 후 붉은 베를 입힌 책을 가지고 웃으면서 나에게 받으라고 권하였다. 그럼으로 내가 죽이기는 하였으나 이 책을 받지 않을 수 없어서 받았노라."(오문환 [토마스 목사전])

　토마스 목사는 참수 당하기 전에 다른 사람에게도 성경을 나누어 주었는데 최치량이라는 당시 12세 소년이 받아서 박영식이라는 당시 평양성 관리(영문 주사)에게 갖다 주었다. 그가 성경책의 종이가 좋아서 자기 집

<hr>

236 민경배,[한국 기독교회사], '로버트 토마스' 143쪽.

방에 도배를 하였다. 아침저녁으로 밥을 먹을 때마다 성경책을 보게 되고 몸을 뒤척일 때마다 도배한 성경책을 읽다가 예수를 믿고 영접하였다. 이렇게 성경을 도배한 집이 후일 널다리 교회가 되었으며, 나중에 평양 장대현 교회로 바뀌었다. 장대현 교회에서 1907년 평양 대 부흥 운동이 일어난 것은 결코 우연이 아니었다.237 그의 아내가 세상을 떠난 그 방 책상 위에는 역시 돌아오지 못한 토마스 선교사에게 부친 편지 한 통이 놓여 있었다. 런던 선교회 총무가 1866년 12월 10일에 써 보낸 글이었다. "무장한 선박을 타고, 조선에 가다니, 이것은 위험을 자초하는 것이요, 더욱이 당신의 의무를 저버리는 것입니다..... 곧 북경에 돌아와서 당신이 맡은 임무에 충실하십시오." 몇 년 후에 조선이 개화되고 사무엘 마펫 선교사가 들어와서 박영식의 집에 들어가서 깜짝 놀랐다. 성경책이 벽에 도배가 되었고, 자기보다 먼저 조선에 들어와 복음을 전한 토마스 목사가 있었고 순교하였다는 사실 앞에 그 자리에서 뜨겁게 기도하였으며, 그래서 마펫 선교사는 평양을 떠나지 않고 선교하였다고 한다.

2. 성경 번역과 전파

성경 번역 분야에서 존 로스와 그의 매부 존 맥킨타이어 목사를 잊을 수가 없다. 저들은 스코틀랜드 연합 장로교 소속 목사들로서 1872년 만주 우장에 와서 만주인들에게 선교하는 한 편 조선의 선교에도 관심을 가졌었다. 1873년 그들은 동 만주 지역의 선교여행을 하면서 고려 문에 와서 시도하였으나 뜻을 이루지 못하고, 로스는 의주 청년들 학자 네 사람 이응찬, 이성하, 백홍준, 김진기를 만나 이응찬을 어학교사로 채용하고 한국어를 익히면서 성경 번역에 착수하였다. 1876년 메킨타이어 목

---

237 blog.daum.net/토마스 선교사, 박춘권, 박영식.

사에게 세례를 받고, 1882년에 시작한 번역은 1887년에 신약 전서를 번역하는데 성공하고 스코틀랜드 성공회에 의하여 출판되었다. 이 성경을 '로스역'이라 한다. 그를 감히 한국의 위클리프라고 칭송할 만하다. 그들이 한국어를 배우고 성경 번역을 하는 기간에 1876년 4인의 한국인에게 세례를 주었다. 그 중 한약재 상인 서상윤(의주 출신)을 권서(勸書)로 삼아 만주 일대에 흩어진 한국인들에게 전도하게 하였다. 그의 전도 결과로 1884년에 만주에서 75인이 세례를 받았다.

1883년 서상윤은 중국어 성경들과 로스역(신약성경)을 가지고 압록강을 건너 한국으로 들어오다가 관리에게 발각되어 감옥에 투옥되었다. 당시 그의 죄는 죽음에 해당되는 것이었다. 그러나 그는 간수들의 방조로 탈출에 성공하여 몇 권의 성경책을 가지고 자기 고향 소래에 와서 그들을 전하였다. 처음에는 성경책이 숫적으로 희귀하여 베껴서 보아야 했고, 후에는 인천항을 통하여 대량으로 인쇄된 책을 입수하여 권서인들을 통해 각 촌에 팔게 되었다. 서상윤은 소래 마을에서 100여명의 신자를 얻고 한국 신교사상 처음으로 최초의 개신 교회를 세웠다. 1887년 언더우드 선교사가 그곳을 방문하고 7인에게 세례를 주었다. 서상윤의 동생 서경조는 한국 최초의 목사가 되었다.

한편 이수정은 울산 이씨 문중으로 관상감으로 있던 사람으로서 1882년 임오군란 이후에 수신사 박영효 일행과 함께 일본으로 건너가 기독교를 접하고 신앙교육을 받아, 1883년 4월 29일 주일 동경 스유쯔끼 교회에서 야스가와 목사에게 세례를 받았다. 이수정은 복음서들과 사도행전을 번역하였다. 그것들은 브리티시 해외 성공회에서 출판하게 되었다. 그는 재일 한국인들을 위하여 전도하였다. 마가복음 증보판은 미국 성서공회에서 출판하였다. 초기 미국의 선교사들이 한국에 올 때 번역한 마가복음을 가지고 왔다. 이수정은 또한 미국 교회에 한국 선교사들을 파송해 줄 것을 요구하였다. 성경 번역과 보급에 두 가지의 흐름이 있었으니 하나는 중국을 거쳐서 의주출신들이 전하고 선교한 북방 루트이며 다른 하나는 미국에서 일본을 거쳐 전해진 성경 번역과 보급의 선교 루트로 구별할 수가 있다.

3. 한국의 선교사들이 세운 초대 교회들

1882년 한미 수효 조약 체결 이후 북미 선교단들과 오스트레일리아 선교단들은 차례로 한국에 들어와서 곳곳에 교회를 세우기 시작하였다. 1884년 9월 20일 알렌 의사가 내한 하였으며, 그는 갑신정변의 우정국 사건으로 중상을 입고 중태에 빠진 고종의 외척 민영익을 외과수술로 살려낸 공로로 고종에게 10만량의 포상금(현재 시세로 50억에 해당)을 받고, 홍영식의 집을 하사 받아 한국 최초의 근대식 병원이며 국립 병원인 광혜원이 설립되었다. 그러나 광혜원이라는 명칭은 2주 만에 백지화되고, 그해 3월 12일에 새로 제중원(濟衆院, House of Universal Helpfulness)이라는 이름을 붙여 개원 당시부터 소급 적용하였다. 후일 그의 공로를 인정한 조정에서 그를 당상관의 벼슬을 내리고 미국 공사로서 활약하게 하였다. 제중원은 에비슨 선교사의 주도 아래에서 운영되었으며, 선교기금을 쾌척한 세브란스 씨의 이름을 따라서 병원명이 세브란스 병원이 되었다.

1885년 4월 5일 부활절 아침에 제물포 항을 통하여 미국 북장로교 소속의 호레이스 언드우드목사와 미국의 북감리교의 소속의 아펜셀러 감리교 목사가 동시에 상륙을 하였다. 한국 선교사상 미 북장로교 선교단의 선교 사업이 가장 규모가 큰 것이었는데 언더우드 선교사는 전도하고 교회 개척하는 일에 매진하였다. 그는 한국어를 익힌 후에 노방 전도를 하여 1887년 가을 황해도 소래를 방문하고 1887년 9월 12일에는 자신의 사택에서 서울 최초의 교회인 새문안 교회를 시작하였다. 1889년 2개월 간 한국 서북 지구를 순회하였는데 의주에서 100여명의 구도자가 있음을 발견하고, 33인에게 세례를 주었다. 언더우드가 순회 전도를 할 때에 이미 서상윤을 통해 성경책을 받았든지, 복음전도를 받아 세례 받기를 소망하고 준비한 사람들이 있음을 알았다. 북 장로교는 부산, 원산, 평양 등에 선교부를 두었다. 1906년 46인의 선교사 가족과 13인의 의사들, 140인의 전도사와 20여명의 교사와 여전도사들이 활동하고 있었다. 843개 처소의 교회와 56,943명의 교인들이(14,353명이 세례 교인) 산하에 있었다.

북 감리교 아펜셀러 목사는 언더우드 목사와 동시에 입국하였으나 그는 주로 교육, 의료 사업을 통하여 전도에 중점을 두었다. 그 방면의 결과는 장로교의 그것보다 훨씬 능가하였다. 감리교 선교사들 역시 전국적인 전도 여행을 하였고 전국적으로 교회 설립을 시도하였다. 1905년까지 북 감리교 전도 결과는 2,457명에 달하였다. 1892년 한국에 처음으로 남 장로교 선교사가 내한하였다. 그들은 주로 호남지역 선교를 맡았다. 호주 장로교는 1889년 첫 선교사가 내한하여 부산에서 그 지역을 위한 선교를 전개하였다.

4. 한국 교회 초기의 선교 정책들[238]

1889년 북 장로회와 호주 빅토리아 장로회 선교사 장로회 정치를 쓰는 선교사 공의회를 조직하고, 1893년에 제1회 선교사 공의회에서 선교 정책의 방향을 제시하였다. 이때에 채택된 선교 정책은 다음과 같으며 [네비우스 정책]에 기초했다.

---

[238] 이영헌, [한국 기독교사], 서울 : 컨콜디아사, 1983. 93-95쪽.

(1) 상류 계급보다 근로 계급을 상대로 하여 전도하는 것이 낫다.

(2) 부녀자에게 전도하고 크리스천 소녀들을 전도하는데 특별히 힘써야 한다. 왜냐하면 어머니들은 후손들에게 큰 영향을 주기 때문이다.

(3) 시골에서 초등학교를 세우고 기독교 교육을 실시하여 많은 효과를 거둘 수 있다. 그러므로 젊은이들을 훈련시켜 장차 교사로 내보내도록 한다.

(4) 앞으로 한국인 교역자도 이런 곳에서 배출되기에 이 점에 유의해야 한다.

(5) 사람의 힘이 미치지 못하는 곳에서도 하나님의 말씀은 회개시킨다. 그러므로 모든 노력을 다 하여 성경 번역을 하여 사람들 앞에 내놓는 것이 가장 중요한 일이다.

(6) 모든 종교서적은 순수히 한국어로 쓰도록 한다.

(7) 진취하는 교회는 자급하는 교회이어야 한다. 될수 있는대로 선교부의 보조를 받는 사람을 줄이고 자급으로 바치는 개인을 늘여야 한다.

(8) 한국의 대중은 동족의 전도에 의하여 그리스도를 믿게 돼야 한다. 그러므로 우리가 나가서 전도하기 보다는 소수의 전도자를 철저히 훈련시켜야 한다.

(9) 의료 선교사들은 병실에서나 또는 환자의 집에서 오랫 동안 친절히 치료하는 기회를 이용하여 가르치고 본을 보여 깊이 마음에 박히도록 할 수 있다. 시약소만으로는 별로 효과가 없다.

(10) 지방에서 와서 오랫동안 치료 받은 환자들은 그 고향까지 찾아가 주어야 한다. 왜냐하면 친절한 대접에 대한 그들의 경험은 전도자를 위하여 넓은 문을 열어주기 쉽기 때문이다.

네비우스 선교 방법 : 1890년 6월 장로교 선교부는 중국 산동성 치푸에서 선교하던 존 네비우스(John Nevius)를 초청하여 서울에서 약 2주간 앞으로의 선교 정책에 대한 토의 연구를 하였다. 이 때의 주요 토의 대상이 네비우스가 쓴 책 [선교교회의 설립과 발전](The Planning and Development of Missionary Church)이다. 클라크(C.A. Clark, 곽안련) 목사는 [한국 교회와 네비우스 방법]이라는 책에서 아래와 같이 말했다.

(1) 광범위한 순회를 통한 선교사 개인전도

(2) 자립 선교 : 모든 신자는 가르치는 자인 동시에 보다 더 나은 사람으로부터 배우는 자이다. 모든 개인이나 단체는 교회 발전과 확장을 위하여 힘써야 한다.

(3) 자립정치 : 각 교회는 그 택한 무보수의 전도사 밑에서 치리 받도록 하며 여러 교회를 돌아보는 조사(助事)는 각 교회에서 봉급을 분담하도록 한다. 조사는 후일 목사가 되도록 한다.

(4) 모든 교회는 신자들에 의하여 자급하되 설립 초로부터 순회 조사의 봉급을 담당하도록 한다.

(5) 신자들은 성경반 지도자와 순회 조사의 지도 아래 조직적인 성경 연구를 하도록 한다.

(6) 성경의 교훈을 따라 엄격한 훈련과 치리를 한다.

(7) 다른 교회와의 협조와 일치, 특히 같은 지역의 교회와의 일치 협조를 힘쓴다.

(8) 소송 사건이나 또 그와 비슷한 일에 있어서 타 교회에 간섭하지 않는다.

(9) 그 외에 있어서는 가능한 한 경제적으로나 일반적으로 돕도록 한다.

알렌 클락(Allen D. Clark)은 네비우스 방법에 대하여 아래와 같이 논평하였다. "이로 보건대 네비우스의 방법은 단순히 자급과 보조금 지급 거부의 제도만이 아니라는 것이 명백하다. 그 진정한 핵심은 모든 그리스도인으로 하여금 성경을 연구하고 거기서 터득한 것을 다른 사람에게 전달할 수 있도록 격려하는 성경 연구의 체제에 있었다.”[239]

민경배 교수는 “강력한 자립성과 광범위한 순회 선교, 성경에 대한 압도적인 강조가 그 기조였다. 그러나 또 한 가지 이 원칙의 핵심에는 차세적 생활과 의무에서의 둔퇴가 종교의 본분이 아니라 일상생활에서 평범한 통상의 생활을 하면서 교리를 구체적으로 실천하는 것이 기독교의 참모습이라고 설파하는 정신도 깔려 있다.”[240]

이상은 대체로 장로교 선교사들의 선교정책이었다. 이에 대해 감리교 선교사들은 문서상으로는 남은 것이 별로 없으며, 순회선교를 선교 방침의 원칙으로 하였다. 그리고 교육 분야에서는 상당히 포괄적으로 시행하였다. 장로교가 주로 교역자 양성을 목적으로 한 교육정책이라면, 감리교는 복음 전도의 한 수단으로 폭 넓은 방법을 채용하였다. 감리교는 특히 여선교사가 많아서 부녀 사업에 공헌을 많이 하였다. 당시에는 무당들이 판을 치던 때에 전도 부인들을 양성하여 무당 종교를 누르는 전도 활동에 큰 성과를 거두었다는 사실은 주목할 만한 일이다.

5. 선교 지역의 구분

좁은 한 반도에 장로교, 감리교 양 교파 외에도 9개의 교파가 들어옴으로 자연히 경쟁과 중복 투자 또는 갈등의 소지가 우려 되었다. 성결교와 구세군은 후발주자였으며, 북감리교와 남감리교, 북장로교와 남장로교, 호주 장로교, 카나다 장로회 사이에는 일찍이 이러한 움직임이 있었다. 1893년 1월 28일 치리 체계를 가지는 선교 연합회(The Counil of Mission Holding the Presbyterian Form of Government)가 조직 되었

---

239 Allen D. Clark, A History of the Church in Korea, 1971, p. 115.
240 민경배, [한국기독교회사], 1972, p. 157.

다. 경쟁과 분열을 인정하고 조장하는 비판적인 시각을 피력하는 이들이 있으나, 애초에 한국에서는 하나의 장로교회를 설립할 목적이었다. 첫 회합에서 남 장로회는 충청도와 전라도에서 선교하며, 선두 주자인 북 장로회는 모든 지역에서 하기로 합의하였다. 부산과 그 부근은 북 장로회와 호주 장로회 공동 선교지역으로, 낙동강 이남 경상도는 호주 구역, 그 이북은 북 장로회 구역으로 결정을 보았다(1910). 1914년 경상남도 전 지역을 호주 선교부가 맡기로 하였다. 1898년 케나다 선교부도 연합회에 가입하여 함경 남북도에서 선교하기로 하였다. 약간의 갈등과 분열의 조짐이 있었으나, 1896년 남 감리회가 황해도의 선교를 포기하고, 송도 이동과 한강 이북 그리고 아무도 점유하지 않은 강원도 남부 여러 지역으로 선교지를 정하였다. 이때에 1년 4차의 정기 심방을 하는데 그 중 2차는 선교사의 순회 심방이 있어야 하며, 이명증서가 없을 때에는 타 교회 교인을 자교회로 받지 못한다. 교회는 타교회의 치리를 존중하고 타 선교부에 소속한 유급 사역자를 그 선교부의 허락이 없이는 고용 못한다. 서적을 파는 것이지, 무상으로 주는 것은 아니다. 등등의 결정을 보았다.

1905년 장로교와 감리교 양선교회 사이에는 다시 지역 조정을 하여 영변을 중심으로 한 지역은 북 감리회에서 그 외의 평북 지역 선천 강계 등지는 북 장로회에서 선교하기로 결정하였다. 남 감리회는 강원도 북부 3분의 2와 경기도의 서울 이북에 북 장로회가 선교하던 모든 지역을 맡기로 하고 북 장로회는 강원도 남부 3/1과 서울의 동부와 서울의 남 감리교인을 다 떠맡기로 하고 서울은 공동의 선교지역으로 합의를 하였다. 그리하여 하룻밤 사이에 "자고나니 4천명의 감리 교인이 장로 교인이 됐고, 또한 같은 수의 장로 교인이 감리 교인이 되었음을 발견하였다."라는 일화가 생기게 되었다.[241] 한반도가 비록 아시아의 다른 지역에 비하여

---

[241] S.H. Moffet, The Christmas of Korea, p.46.

선교 후발지역이었으나 어느새 황금 못자리처럼 열매가 많아지게 된 것은, 한국 교회의 열심들이 나타나면서 생긴 자연스러운 경쟁 구조가 아닌가 생각하며 굳이 부정적으로 볼 필요는 없을 것이다.

6. 전도의 방법들

위에 약술한 선교의 정책은 대체로 한국 초기 선교사들의 선교의 방법이기도 했다. 이 선교의 방법 외에도 선교사들이 채택한 구체적인 전도의 방법들은 아래와 같다.

1] 노방 전도

선교사들이 한국어를 어느 정도하게 되었을 때에 이들은 즐겨 거리에 나가서 책을 소리 내어 읽었으며 선교가 자유로운 때에는 사람들이 모이는 곳에서는 어디서나 전도를 하였다.

2] 사랑방 전도

이것은 가장 효과적인 개인전도 방법의 하나였다. 한국인의 가정에서는 대체로 사랑방에서 손님 접대를 하게 되어 있었다. 한가한 농한기에는 사람들이 사랑방에 모여 담소도 하고 옛 소설도 읽고 하였다. 이때에 선교사들이 사랑방을 찾아가 전도를 하였으며, 여선교사들은 안방을 찾곤 하였다. 가두 전도나 공중 설교가 금지 될 때에는 선교사들은 이러한 방법으로 전도를 하였으며, 선교사들이 마련한 자신의 집 객실에서 그들을 찾아오는 이들을 맞이하여 복음을 전하기도 하였다.

3] 순회 전도

순회 전도를 나서게 된 동기는 여러 가지로 분석된다. 민경배 교수는 말하기를, "초대 선교사들이 지방을 광범위하게 순회하면서 전도했다는 것은 이들의 활동 범위를 시사하는 말도 되고, 또 이들의 교파적 신앙형태가 부흥회적인 복음 전도의 전략에 있었다는 말도 되지만, 동시에 이와같은 교인들을 찾아 신앙의 순도를 확인하고 지탱해주는 목회적인 관심의 의미도 가지고 있었다고 하는 중대한 말도 된다."[242]

실제로 한국에서 복음 선교가 선교사들의 손을 통하기 전에 서상윤 같은 전도자가 고향 송천에서 복음을 전하여 한국 최초의 교회를 세워 온 마을의 58세대 중 50세대가 예수를 믿었고, 또 서울에서 1887년 9월 최초의 한국인 교회를 세웠을 때에 교인수 14명 중 13인이 서상윤의 전도를 통하여 신자가 된 사실이 밝혀졌다.

이와 같은 선교사들과 지방의 한국 교인들 중심의 순회전도가 청일 전쟁이 일어나기 전까지 서울을 필두로 하여 전국을 골고루 순회한 셈이 된다.

4] 교육 전도

의료 전도와 마찬가지로 교육 사업은 그 자체가 복음 전도를 떠나서도 독립적인 사업으로 훌륭한 의의와 목적을 가지고 있었다. 그러나 한국에서 최초로 선교사업을 시작할 때에는 그 사업 자체를 위해서라기 보다는 복음의 전도의 길잡이며 복음 전도의 문호를 개방하기 위한 방편으로 사용되었다. 이 사실은 게일(Gale) 선교의 말에서도 입증 된다. "한국인들은 서구의 교육과 고등 교육을 필요로 하지 않습니다. 복음의 전수를 위한 준비 단계로서의 그것은 더욱 그렇습니다. 그들은 벌써 다 그만한 준비를 갖추고 있습니다."[243]

---

242 민경배, 상계서, p. 146.
243 민경배, 상계서, p. 194-195.

1885년 8월 3일 아펜셀러는 정동 그의 사택 사랑방에서 시작하여 감리교 선교부의 공인을 얻어서 1주년이 되는 다음 해에 고종황제로부터 배제학당이라는 사액간판을 하사 받았다. 최초의 여학교로는 1886년 10월 22일 명성황후로부터 이화학당이란 이름을 하사 받았다. 1886년 봄 정동 언더우드의 사랑방에서 고아원 형식으로 시작한 학교가 1891년 예수교 학당으로 1905년 경신학교로, 1887년 엘러스 양에 의하여 예수교 여학당이 설립되어 1895년에 정신여학교 개교, 1894년에 장로교회 측으로 숭실학당과 숭의여학교가 설립되었다. 감리회 측에서는 광성학교의 전신인 격물학당과 정의여학교가 설립되었다.

1909년 까지 세워진 학교를 교파별로 보면, 장로교가 605개 교에 학생수 14,708명, 감리교가 200교, 학생수가 6,423 명, 기타 성공회, 천주교, 안식교를 합한다면 학교 수가 950여교에 달하고 있었다.244 한국 최초의 대학인 숭실 대학과 세브란스 의학교가 1906년 설립 되었고, 1909년에는 이화학당이 설립 되었고, 1915년에는 연희 전문학교가 설립 되었다. 당시 한국을 무단통치하였던 총독 데라우찌는 첫 시정 연설에서 기독교 학교의 우세를 인정하고 시급히 기독교의 세력을 꺾으려고 탄압하게 된 것이다.

5] 의료 전도

의료 사업이 한국 선교의 문을 연 사실과 그 후 광혜원을 세우고 크게 활동한 사실과 스크랜톤 박사가 따로 나와 정동에 시병원(施 病院)을 세운 일이 있다. 광혜원은 1885년 3월 12일 제중원으로 이름을 바꿨다. 첫 한해 치료한 환자 수는 병원에서 265명이었고 그 중 150명이 수술을 받았고, 10,460명이 시약소를 드나드는 병자들이었다. 1895년에 콜레라가

---

244 민경배, 상게서, p. 198.

발생하여 창궐하였다. 1개월 반만에 서울과 그 주변을 휩쓸어 5,000명의 사망자가 발생하였다. 2,000명이 넘는 환자를 선교사의 집에서 치료하였다고 한다. 모화관과 언더우드의 집에서는 200명의 환자를 수용하여 치료하였다. 1902-1903년에는 콜레라와 함께 천연두, 홍역이 창궐하였다. 몰려드는 환자의 수에 비하여 시설이 턱 없이 부족하여 1900년 5월에 귀국한 어비슨 박사의 보고를 들은 세브란스(Mr. L.H. Severance)씨가 10,000불을 그 후에 남대문 기지와 건물을 위하여 3배를 더 기증하였다.245 이렇게 하여 세브란스 병원은 1904년 9월 23일 개원하고 14분과의 대병원이 되었다. 또한 의학교와 간호학교를 설립하여 1908년 7인의 졸업생을 배출하였다. 이들이 한국 최초의 의사들이다.

선교사들이 한국의 전염병 예방과 공중위생의 관념을 처음으로 불러일으킨 은인들이기도 하였다. 1895년 콜레라가 전국을 휩쓸 때 정부는 어비슨 박사의 지시에 따라 콜레라 예방, 소독, 주의사항 등을 포고하였고 그해 5월 14일 콜레라 예방 규칙을, 6월 4일에는 소독 규칙을 제정하였다.246

6) 문서 전도

세종대왕이 훈민정음을 제정하여 다시없는 우리의 문자, 한글을 남겼어도 당시 사대사상에 젖어 지식인들과 세도가들은 한글을 천대하고 서민은 불쌍한 처지에 있었다. 그러나 선교사들이 우리나라에 와서 이렇게도 쉬운 한글을 통하여 복음을 전하는 방법을 발견 하였다는 것은 역사를 두고 후한 평가를 받을 위업이었다. 만주에서 번역한 로스 번역의 신약성경, 이수정이 일본에서 번역한 마가복음들은 지방의 사투리와 오역이 적지 않았으나 초기에 그 역할은 지대한 것이었다. 1887년 언더우드,

---

245 Rhodes, 상계서, p. 199; 김양선 교수는 15,00불, 상계서, p.65.
246 고종 실록, 고종32.5.14; 관보 제83호, 내부령 제4, 제5, 제 85호; 김양선 상계서, op. cit.

아펜셀러, 스크랜튼, 헤론 등이 성경 번역 위원회를 조직하였으며, 1900년에 신약 성경 전서가 발간 되었다. 구약은 1911년에 완역 출판 되었다. 신약성경은 1907년까지 877, 712권이 간행되었으며, 고종을 비롯하여 수백 만 명에게 읽혀졌다.

성경 번역 외에 찬송가도 동시대에 편간 되었다. 처음에는 큰 종이에 써서 벽에 붙였다가 1892년 감리교 존스 목사의 찬미가, 1893년의 언더우드의 찬양가, 1895년에 마펫의 찬송시가 나와 교파와 지방별로 사용되다 1908년 장로교와 감리교 양교파 합동 찬송가가 나왔다.

1890년 6월 25일 조선성교서회(The Korea Tract Society)가 조직되었고, 그 전해에 삼음사(The Trillingual Press)가 배제 학당에 설치되어 교리서들도 출판되기 시작하였다. 언더우드의 성교촬리(거룩한 교리 총괄)와 1903년 25만권의 기독교 서적이 출판되었다. 마펫의 장원양우상론, 게일의 천로역정, 헐바트의 사민필지는 교회 내외에서 널리 읽혀진 책들이었다.

교회 신문으로서는 1897년 2월 2일 아펜셀러가 주관한 조선 그리스도인 회보가, 1899년에는 대한 그리스도인 회보로 개제 되었고, 1897년 4월 1일에 창간된 언더우드 주간인 그리스도 신문은 1902년에 예수교 신보, 1910년에는 예수교보회보로 개재되어 속간되어 오다 1915년 12월 7일 전기 양 신문이 합병되어 기독신보로 1937년까지 속간 되었다. 이외에도 선교사들은 선교사의 길잡이로 한국의 역사, 지리, 문화, 언어, 풍습, 종교 등을 연구하여 출간하는데 열정을 쏟았다.

제2장 한국 교회의 역사를 결정한 1907년 "평양 대부흥운동."

이씨 조선왕조 말기(신생 대한민국 탄생 전)에 개신교가 무지와 미신, 가난과 굴종으로 얼룩진 이 땅에 들어온 이후 일본제국주의 식민지 시대를 통한 선교 역사에서 가장 큰 사건이 있다면 모름지기 1. 1907년 대 부흥 운동 2. 1919년 3.1 운동 3. 1935년 이후 일제의 신사참배 강요 사건일 것이다. 물론 이 세 사건은 서로 다른 사건으로 보이지만 내용적으로 볼 때에 흐르는 정신은 기독교와 관계되는 사건이었다. 즉 부흥 운동은 그리스도인의 내적 신앙 각성 운동이며, 3.1 운동은 민족 공동체 의식 속에서 숨쉬는 기독교가 앞장을 선 구국 행동이며, 신사참배 문제는 다신교의 일제의 탄압하에 수난 받은 유일신 신앙 고수 운동이라 할 것이다.

1. 시대적 배경

당시 조선은 깊은 좌절감에 빠져 있었다. 나날이 더해 가는 일제의 압력과 탄압은 쇠약해 가는 조선의 목을 조이고 있었다. 일제는 조선에 더 큰 영향력을 가진 청국을 밀어내기 위하여 '조선은 자주지방'이라는 구실을 내걸고 청일 전쟁을 일으켜 조선을 일제의 세력권 내에 넣으려 하였으며 극동에 부동항을 구축하고자 마수를 뻗치는 러시아의 세력을 물리치기 위하여 1902년 영일 동맹을 맺어 러시아를 견제하고, 1904년 로일 전쟁을 일으켜 서울에서 러시아의 세력을 몰아내었다. 드디어 조선을 합병하기 위하여 1904년 2월 16일 일본은 '군전략상 필요한 지점을 점유할 수 있다.(제4조)' '양국의 승인을 거치지 않고 본 조약 취지에 위반하는 협약을 제 3국과 맺을 수 없다.'(제5조) 등의 조항을 포함한 6개 항의 한일의정서를 강압적으로 수락케 하였다. 1905년 4월에 조선을 일본의 보호국가화하기로 결정하고, 통감부를 한국에 두도록 하고 11월 이또오 히로부미가 서울에 와서 고종 황제를 알현하고 치욕스러운 [을사 보호조약]을 강요하였다. 비밀리에 체결한 조약이나, 황성신문에서 사장 장지연씨가 11월 20일 "시일야 방성대곡(是日也 放聲大哭)"이라는 논설을 써서 일본의 침략성을 규탄하고 조약 체결에 찬동한 대신들을 성토하였다. 분격한 국민들이 들고 일어나 조약의 무효를 부르짖으며 5족을 규탄하는 소리가 비등하였다. 그러나 고종 이하 누구도 도리 없이 당해야만 하였다.

을사조약이 체결 된지 5일 후에 미국인 헐버트(H.B. Hulbert)에게 부탁하여 미국 정부에 고종의 뜻을 전하게 하였으나 묵살되고 일본 측에 통고되기까지 하였다. 1907년 네덜란드 헤이그에서 열리는 만국 평화회의에 이상설, 이준, 이위종을 밀사로 보내어 호소하였으나, 일본의 방해와 열강들의 비협조로 회의장에 들어가지도 못하고, 신문을 통하여 을사조약의 무효를 외쳤으나 이 또한 실패하고 이준 열사는 7월 14일 분격하여 연일 애통하다가 순국하고 말았다.[247]

전 국민이 애통해 하며 호소하였으나 국제 정치와 외교적으로 실효를 거두지 못하게 되자, 죽음으로써 조국의 수호를 외치는 순국열사들이 일어났다. 이응한, 민영환, 조병세, 홍만식, 이상철, 김봉학, 송병선, 이건석 등이 순국하였고, 나철, 오기호, 기산도 등은 비록 실패하였으나 매국노 암살 운동을 벌였다. 전국에서 종교를 초월하여 국민 계몽과 비밀 결사, 항일 운동이 일어났으며 의병들이 일어나 직접 무력으로 일본과 항쟁을 시도하였다. 민종석, 최익현, 임병찬, 신돌석 등이다.

그럼에도 일본통감 정치는 1907년 친일 이완용 내각을 세우고 노골적

---

247 이영헌,[한국 기독교회사], pp. 105-107. 일부에서 할복자살 설은 사실이 아니다. 1962년 건국 공로훈장 대한민국 장에 추서되었으며, 유해는 1963년 10월 4일 수유리 묘소에 안장 되었다.

인 침략 정책을 취하였다. 고문 경찰제로 경찰권을 장악하여 민족의식을 말살하려고 했으며 헤이그 밀사 사건을 빌미로 고종 황제를 퇴위시켰고, 한일 신협약을 체결하여 차관 정치제를 실시하였으며 그 부대각서를 구실 삼아 8천명의 군대도 재정과 징병 제도를 내세워 해산시켜 버렸다. 1907년 기유각서를 조인시켜 언론과 정당, 그리고 사법부까지 장악해 버렸다. 모든 지하자원과 토지도 강탈하여 농토를 잃어버린 이들은 만주로 이민 가는 사례가 많았으며, 깊은 좌절감이 삼천리강산의 백성들의 가슴에 엄습하였었다. 이러한 깊은 탄식과 슬픔이 온 누리에 가득 차던 때 1907년에 대 부흥 운동이 터지고 말았다.

2. 부흥 운동의 발단

평양 대 부흥 운동을 가능하게 한 도화선은 두 군데서 흘러왔다.[248] 한 흐름은 직접적인 동인으로 원산 선교사들의 기도회에서 연원하였다. 그리고 다른 한 흐름은 한국 교회 교인들의 정서에 기인한 신앙생활의 경건에서 왔다. 국가의 비운에 통회하는 기독교인의 내성, 하나님의 도움 밖에는 기댈 곳이 없다는 절박한 심정에서 오직 하나님만 바라고 부르짖었던 절규가 있었기 때문이다.

1903년 겨울 원산에서였다. 두 여선교사, 중국에서 사역 중에 방문중인 미스 화잍(M.C. White)과 카나다 장로회 선교사가 한국에서 부흥운동이 일어나기를 기도하며, 원산에서 선교사들의 성경 공부와 기도회를 갖기로 제의하고 화잍 선교사의 인도로 한 주간 기도회가 계속 되었다. 다음 주일 예배 후 한 한국인 신자가 자기 아내를 돌보지 않아서 죽게 한 죄를 자복하였다. 마침 중국에서 온 선교사 푸란손(Rev. F. Franson) 목사

---

248 민경배, [한국 기독교회사], 대한 기독교출판사, 서울, 1990 개정판, 250.

가 하디(R.A. Hardie) 선교사의 집에서 한 주간 기도회를 한 후에 장로교와 감리교, 침례교회까지 합하여 창전 교회에서 다시 기도회와 성경공부를 하게 되었다. 이 기간 중에 특히 의료선교사 하디가 특별한 은혜를 받은 것이었다.

하디 선교사는 케나다 YMCA 파송 선교사로 1890년 내한하여 부산, 서울, 원산에서 선교를 하였으나 선교회 관계도 불편하고, 현지인들과의 불화 등으로 선교는 실패하고 말았다고 낙심하였었다. 하디는 당시의 선교 실패의 원인이 조선인들에게 돌렸다. "저는 조선 사람들은 나와는 다른 사람들이라 어쩔 수 없다는 편견에 사로잡혔습니다. 저는 성령 충만하지 못하였습니다." 그러나 하디가 큰 은혜와 은사를 체험하고, 그 해 여름 하디 선교사의 주도 아래에 열린 제직사경회에서 큰 성령의 은사를 체험하고 어떤 이는 40일을 연장하며, 모인 곳에서 터져 나온 통회 자복하는 곡성이 마치 상가 집과 같았다고 한다. 이 소식이 평양에 전해졌다.

3. 평양 장대현 교회의 사경회에서

1906년 8월 선교사들은 하디를 초청하여 요한 1서를 공부하며 성령의 세례를 받기를 기도하며 겨울에 평양에서 있을 사경회를 위하여 기도할 것을 약속하였다. 평양의 사경회에 이어 9월에는 서울에서 선교사들의 연례회가 계획되어 있었다. 이 때 미국에서 존스톤(Rev. Howard Agnew Johnston D.D.) 목사가 와서 인도와 웨일즈에서 일어난 성령의 부흥 운동에 대하여 전하여 선교사들과 한인 신자들에게 깊은 감동과 도전을 주었다.249그러나 처음부터 성령의 은사가 쏟아진 것은 아니었다. 엄동설

---

249 영국의 웨슬레와 조지 휫필드에서 시작된 19세기의 부흥운동은 이반 로버츠(Evan Roberts, 1878-1951)를 중심으로 기도와 찬양을 통하여 성령의 은혜와 기쁨이 충만한 부흥의 역사이다. 인도는 1904년 웨일즈 부흥 운동의 영향을 받아 1905년 11월과

한의 영하 30도까지 내려가는 날씨였다. 분위기가 냉담하고, 알 수 없는 불안감이 엄습하기도 하였다. "주일날 밤 이상한 경험을 하였다. 설교가 끝난 후 몇 사람의 형식적인 기도가 있은 후 우리는 괴로운 몸으로 집에 돌아왔다. 마귀의 역사가 이기는 것 같았다."250 당시에 한국인 목사가 없어서 부흥회는 선교사 주관으로 설교를 하였으며 한국 최초의 새벽 기도회를 길선주 전도사가 인도하였다. 1월 14일 저녁 길선주가 "맛을 잃은 말라빠진 사람들아!"라고 외치면서 충격과 변화가 일기 시작하였다.251그리고 자신을 아간과 같은 악한이라고 부르며 자신의 죄를 자복하기 시작하면서 회개 운동이 시작되었으며 걷잡을 수 없는 강력한 성령의 역사로 이어졌다. 이길함(Gaham Lee)선교사의 "우리 모두 함께 기도하자!"는 소리에 통성기도가 터져 나왔다. "많은 물소리가 쏟아지는 것 같은 소리였다. 이어 일어나서 죄를 자복하고 넘어져서 죄의식에 몸부림치며, 땅을 치고, 온 청중은 울음바다 되었다. 이렇게 기도가 새벽 두 시까지 자백과 울음과 기도로 계속되었다."252

김영선 교수는 당시의 정경을 다음과 같이 말하고 있다. "인간이 범할 수 있는 가능성이 있는 죄는 거의 다 고백되었다. 사람의 체면은 이제 다 잊어버리고 오직 이 때까지 자기들이 배반하던 예수를 향하여 주여, 나를 버리지 마옵소서! 울부짖으며, 국법에 의하여 처벌을 받는다든가, 또

1906년 11월 사이에 인도의 아삼 주 카시아에서 시작하여, 북부 편잡 주, 동남부의 타밀나두 주와 케릴라 주와 카르나타카 주로 부흥의 불길이 타올랐다. 지금도 상기의 지역은 인도에서 기독교 강세 지역으로 교회가 부흥 하는 곳이다. 당시의 3대 부흥운동 중의 하나가 1906년 미국 LA. 우주사 거리에서 윌리암 세이무어에 의해 시작되어 빌리그램함의 크루세이드, 네비게이토와 CCC 캠퍼스 운동이 태동한 1931년까지 미국 전역을 확산되었으며 특히 1907년 평양 대 부흥 운동과 연결이 되었다.

250 Allen A. Clark, *A History of the Church in Korea*, p.161.
251 김양선, [한국기독교사 연구], p. 86. S.A. Moffet, 자료, *An Educational Ministry in Korea*, 1907. 2.14.
252 H.A. Rhodes, 상게서, p.282.

비록 죽음을 당한다 하더라도 문제가 아니었다. 다만 하나님의 용서를 받는 것만이 그들의 유일한 소원이었다. 심지어 어떤 여신도는 청일전쟁 때에 어린 아기를 업고 도망가다가 무서워서 빨리 갈 수가 없어서 나무에 아기를 부딪쳐 죽이고 혼자 달아났던 참혹한 일을 자백하였다."253 당시에 이를 목격한 한 여선교사는 그 광경을 아래와 같이 증언하였다. "저런 고백들! 그것은 마치 감옥의 지붕을 열어 제친 것이나 다름없다. 살인, 강간, 그리고 상상할 수도 없는 모든 종류의 불결과 음색, 도적, 거짓, 질투...부끄러움도 없이! 사람의 힘이 무엇이든 이런 고백을 강제로 할 수는 없을 터이다. 많은 한국 교인들은 공포에 질려 창백해지고 마루에 얼굴을 가리웠다."254

부흥의 물결은 학교에도 번져갔다. 김찬성의 인도로 숭덕 학교 300여 명의 학생들이 죄를 뉘우쳤고, 채정민 목사의 인도로 감리교 학교 학생들에게도 부흥의 물결은 홍수처럼 밀어닥쳤다. 숭실대학에도 이 부흥은 요원의 불길처럼 타올랐다. 부흥의 불길은 평양 여자 고등 성경학교에도, 감리교 교역자들 사이에도 그리고 신학교에도 번졌다. 비단 평양에서만 아니라, 전국적으로 번졌으며, 정월달 사경회가 끝난 후에 선교사들과 한국 교회 지도자들은 여러 지방으로 갈라 나섰다. 이길함은 선천으로, 소알론(W.L. Swallon)은 광주로, 헌트(W.B. Hunt)는 대구로, 길선주는 의주와 서울에서, 또 전년도 1906년에는 남감리회 게르딘(J.S. Gerdine) 목사가 목포에서 큰 성령의 역사를 일으켜 이를 계기로 전라도 지방에 넓고 깊숙하게 파고드는 영향으로 작용한 것이다.255

---

253 김양선, 상게서 p.87.
254 W.W.Baird, *The Spirit Among Pyeung Yang Students,* K.M.F. Vol.III, 1907 May, pp.66 : 민경배, [한국기독회사] p.210.
255 J.E. Preston, *A Notable Meeting, The Missionary,* Jan., 1907. p.21 : 민경배, 상게서 p.210-211.

4. 부흥 운동의 성격과 영향

1] 순수한 영적 도덕적 운동이었다.

부흥 운동을 지도하는 선교사들과 그리고 멀리서 지켜본 미국 선교본부 당사자들도 애초에는 이 운동이 정상적이 아닌, 이상심리 현상의 발작을 동반하지 않을까 염려하였던 것이 사실이다.256그러나 이러한 염려는 많은 이들의 선교보고와 간증과 결과로서 해소 되었다. 1908년 일본 주재 메소디스트 교회 감독 해리스(M.C. Harris)는 볼티모어의 4년 마다 열리는 총회에서 증언하였다. "이 운동의 결과는 매우 좋았다. 교회는 높은 영적 수준으로 올라갔고, 미리 주의 깊은 성경 교육 때문에 광신적인 것은 거의 찾아 볼 수 없었다. 정신이 돈 일은 한 번도 없었고, 수천 명의 사람들이 다 정상적인 상태이다. 성직의 소명을 느낀 사람들이 수십 명이나 되었고, 한 장소에서 200명이나 되는 많은 사람들이 모여 성경 공부를 하고 있다. 수 천 명의 사람들이 글읽기를 배우고 질문을 한다. 주정뱅이들, 도박군들, 도둑놈들, 간음한 자들, 살인자들, 스스로 의인 행세를 하는 유교 신자들, 죽은 거나 다름없는 불교도들, 수 천 명의 마귀 숭배자들이 그리스도 안에서 새 사람이 되어 옛 것은 영원히 사라졌다."257

남감리교 선교부 크람(W.G. Cram) 목사는 말하였다. "이 역사는 진정한 것이었다. 어떤 거짓말도 없었고, 어느 선교사도 죄의 고백을 순수성의 증거라거나 중생케 하는 성령의 증거라고 시도하지도 않았다."258

2] 선교사와 한국교인 사이의 상호이해와 화해의 기운이 조성되었다.

한국 선교의 초창기에 선교사들과 한국이 신자 자이에 서로 이해가 되

---

256 Rhodes, ibid., p.285.
257 L.G. Paik, ibid.,p.361.
258 Op. cit.

지 않았다. 민족성의 차이, 풍속, 습관의 차이, 사고방식의 차이, 그리고 감정의 차이는 상호이해의 길을 막는 벽이 되었던 것이 사실이다. 선교사들이 일반적으로 한국인 신자들에 대하여 우월감을 가졌던 것은 부정할 수 없을 것이며 이로 인하여 초대 교회 당시에 상당한 상충과 불협의 여지가 있었다.

"이때까지(1907) 나는 다소간 동은 동이고 서는 서, 양자 간에는 진정한 친화와 공동으로 만날 광장이 없다는 건방진 생각을 가졌었다. 나는 다른 이들에게 한국인들은 서방이 가졌던 것 같은 종교적 체험을 가질 수 없다고 말한 적이 있다. 그러나 부흥운동은 내게 두 가지를 가르쳐 주었다. 첫째는 표면상으로는 다양성이 있음에도 불구하고, 근본적으로 한국인들의 마음이 서방의 형제들과 일치한다. 둘째는 기도와 신앙의 단순성에 있어서 동방은 서방을 가르칠 많은 것들이 있으며 깊은 것들을 가지고 있다는 사실을 알기까지는 그리스도의 복음을 완전히 모른다는 것을 가르쳐 주었다."[259]

선교사들에 대한 증오심은 단순히 이러한 개인적 감정이나 민족성의 차이에서 오는 오해만이 아니었다. 정치와 신앙의 문제를 둘러싼 선교사들의 태도와 한국 신자들의 마음의 차이에서 오는 미움과 증오도 심각한 문제였다. 물론 교회에 들어와 민족 운동을 하려던 독립지사들도 있었으나, 일반적으로 선교사들은 한국 신자들의 애국과 신앙의 사이에 아무런 상충을 느끼지 않는다는 사실에 놀랐다. 서양에서는 일반적으로 정교분리의 원칙에 따라 정치적 활동이나 독립 운동과는 거리감을 두었으나 한국인의 정서는 종교와 정치 특히 나라 잃은 백성으로서의 애국심은 뜨거웠으며 일관성이 강하였다는 것이다. 당시 기독교인의 집이나 교회에는 작은 국기가 펄럭이고 있었으며, 고종이 강제로 양위를 했을 때에 교인

259 J.Z.Moore, The Great Revival Year, K.M.F. vol.III. No.8. Aug., 1997, p.118.

들은 매일 기도회를 열고, 통곡 기도를 계속하였다. 이외에도 믿은 사람으로서 직접 애국 저항운동에 무력을 행사하기도 하였다. 헤이그 밀사를 파견할 때에도 민족운동의 요람이었던 상동교회의 청년들이 중심이었다.260 일본의 주구 스티븐슨을 미국에서 살해한 장인환, 이완용 암살 미수의 지재명은 다 관서의 열렬한 신자였다. 애국과 신앙 사이에 아무 모순을 느끼지 않았던 것은 안중근과 손잡고 싸우던 우연준의 경우도 마찬가지이다. 조국이 이렇게 어지러워지고 일본 침략의 마수에서 벗어나기 위하여 몸부림치던 사람들은 그래도 교회에 나와 마지막 힘이나마 모아 보려했고 하나님께 매달려 구원의 손길을 애타게 기다렸던 것이다. 때문에 교회는 신자의 수가 이 기간 중에 급증하였다. 1895년부터 1907년 사이에 교회는 놀라운 성장을 하였다. 530명의 교인들은 26,057명으로 늘어났다. 당시의 평양의 인구가 40,000명 내지 50,000명이나, 교인 수는 14,000명으로 실로 3분의 1에 이르렀다. 평안북도 정주는 한 2만의 신도를 가졌는데 이는 전체 정주의 인구와 비슷한 수준이었다.

한국에는 엄밀한 의미에서 주도적인 종교가 없었으며, 서구 문명을 알리는데 교회가 선도적인 역할을 했으며, 그것은 한말의 비운과 좌절 속에 기댈 곳이 없어 우국충정을 지닌 젊은이들이 교회를 찾아온 큰 이유 중의 하나였을 것이다. 당시 한국에 파송 받아온 영국과 미국의 선교사들이 이를 이해하지 못하고 오히려 정교분리와 현상유지를 선호하고, 친일 행각을 벌린 이들도 상당히 있었다. 백낙준 박사는 선교사들의 이러한 태도를 아래와 같이 이해하였다. "그들의 잃어버린 대의를 위하여 싸우는 것이 소망 없음을 이해했을 뿐만 아니라, 신생 한국교회를 정치적 기관으로 만드는 위험을 예견하였다."261

---

260 민경배, 상계서, p.186-187.
261 그리스도 회보, 1901. 10.3 : 민경배, 상계서, p.213.

이러한 이유로 한국 신자들과 선교사들 간에는 좋지 않은 감정의 기류가 있었다. 선교사들도 나름대로 곤경에 빠지고, 좌절감에 헤매었다. 본국의 훈령이나 외교정치적인 입장은 달랐을 것이다. 지금까지 선교사들이 선교한 바와는 달리 이 민족 교회가 국가의 비운에 정치적으로 개입하는 사실과 교회의 인종(忍從)과 중립을 강조한 후에도 도래할 숱한 후유증들을 예견하였다는 사실이다. 원산에서 하디 선교사가 "이러한 정치적 교회적 상황에서의 해결을 하나님께 기도하면서, 성령의 세례 밖에는 이 난관을 돌파할 길이 없다는 확신을 가졌다." 1907년 대 부흥을 지도하고 결실하게 한 원리는 한국 교회의 비정치화 그것이었다.[262] 원산에서부터 시작한 부흥회에서 항상 인용하고 설교한 성경 구절로 요한 1서가 텍스트로 사용되었다는 점은 시사하는 바가 크다.

3] 공동체적인 교회 의식의 발로

1907년의 부흥은 신앙 형태의 대전환을 이룩하였다. 처음에는 그 신앙의 유형이 '소박한 신앙', 인격적인 경건의 신앙으로 개인의 영혼 구원에 두었으나, 점차 그리스도의 몸된 교회로 발전하게 되었다. 고린도 전서 12장을 강론하면서 하나님과 개인 영혼의 인격적 관계의 개념에서 교회의 성례적인 개념, 교회의 공동체적 개념으로 변했던 것이다. 개교회적인 것을 탈피하여 교단 조직으로 발전하게 되었다. 1906년 침례교는 대한 기독교회로 명칭을 정하고, 선교사 펜 위크를 초대 감독으로 추대하였으며, 장로 교회는 1907년 독노회를 조직하여 그것이 발전된 것이 1912년 조선 예수교 장로회 총회가 된 것이다.

뿐만 아니라 각 교회 사이에는 융화와 협조의 기운이 조성되었다. 평양에서 병원을 장로교회와 감리교회가 공동 운영하기로 했으며, 교육 사

---

262 민경배, 상게서, p.215-216.

업도 장로교와 감리교 양 교단이 공동 운영하기로 하였다. 선교회 간의 지역 분할의 마지막 매듭도 이 부흥 운동의 좋은 유산의 하나이다.

4] 성경공부와 새벽 기도회

부흥 운동에서 시작된 영속적인 영향에는 한국 사람의 신앙생활의 핵심이 된 성경공부와 새벽기도회가 있다. 그 때 이후로 세계 어느 곳의 교회와 신자들보다 한국의 그리스도인들이 성경을 애독하고 새벽마다 기도하는 전통은 널리 알려진 사실이다. 길선주 목사가 장대현 교회에서 시작한 새벽 기도회는 후일 해방과 6.25 전쟁이 일어난 후에도 전국의 거의 모든 교회에서 매일 지키고 있으며 이는 한국 교회의 미덕이며 저력이라고 할 수 있다.

5] 전도 사업

1907년 부흥 운동은 상기한 바와 같이 성경공부와 기도회에 주력하였다. 불신자들을 상대로 저녁 집회는 대전도 집회로 진행하였고, 성경공부가 끝나면 교인들은 흩어져서 축호전도에 힘썼다. 그러므로 매일 저녁 집회는 새로 믿기로 작정한 사람들이 계속해서 나왔던 것이다. 이 때를 계기로 교회는 전도 사업에 대한 기구 설치와 전도사를 파송하는 일을 하였다. 1907년 장로교는 전도국을 설치하고 그해에 이 기풍 목사를 제주 선교에 파송하였다. 다음 해 평양 여전도회는 여선교사 이광선을 제주도에, 1909년 숭실 대중학교 학생회는 김형재를 제주도에 파송하였다. 1908년 남감리회는 간도 선교회를 조직하고, 이화춘을 북간도에 파송했고, 장로회도 1910년 김영제를 동지에 파송했다. 1909년 장로회는 한석진을 동경에 파송하여 유학생 선교에 힘썼고 최관흘 목사를 해삼위에 파송하여 거기 있는 교포들에게 복음을 전하였다. 1910년 북 감리회는 손정도 목사를 북중국에 파송하였다. 동년 장로회는 김진근 목사를 남만주로 파송하였다.

1907년 대 부흥이 끝난 후에 이른바 백만 명 구명운동을 주창하였다. 1909년 9월에 모인 남 감리회 선교회 연회는 20만 명 구령을 표어로 결정하였다. 이에 호응하여 장로회도 백만 명 구령운동을 내걸고 전국적인 전도 캠페인을 벌렸다. 이때에 전국적인 전도 운동과 집회들이 연이었다. 수백만 매의 전도지와 70만권의 마가복음을 판매하였다. 그러나 이 운동은 1911년에 끝났으며, 유감스럽게도 백만 명 구령 운동이란 구호는 구호로 끝나고 실제로 전도한 숫자는 10분의 1도 못되었다. 그 이유는 한일 합방의 비운에 싸이던 때라 나라를 잃은 충격과 좌절에서 헤어나지 못한 것이 아닌가 한다.

그럼에도 부흥운동은 사경회란 이름으로 부단하게 교회에서 지속되었다. 매년 정기적으로 시골에서는 농한기, 또는 구정초를 이용하여 사경회가 시찰회에서는 도 제직사경회, 노회에서는 도사경회를 정기적으로 열어 신앙부흥을 힘쓰는 동시에 전도를 힘썼다. 이 시대 부흥회를 전국적으로 이끌었던 부흥사는, 길선주(1869.3.15.-1935.11.26.)와 김익두(1874.11.3.-1950.10.14.) 목사이다.

길선주는 평남 안주 출신으로 젊은 시절 방황을 거듭하다, 친구의 인도로 이길함 선교사를 만나 예수를 믿고, 6개월 후에 세례를 받고, 그 다음해인 1898년에 영수가 되었으며, 1901년 장대현 교회 장로가 되고, 1902년 조사가 되어 평안도와 황해도 지방을 맡아 전도하였다. 1903년 평양신학교에 입학하여, 1907년 1회 졸업색으로 양전백, 한석진, 이기풍, 소인서, 방기창, 서경조와 함께 졸업하고 평양 노회에서 제1대 목사로 안수 받고 장대현 교회 목사가 되었다. 길목사는 입교한 첫날부터 하루 세 번 정시기도를 하였고, 1919년 3.1 운동 때에는 33인 중 한 사람으로 옥고를 치르고, 계시록을 만 독하였다.

　김익두 목사는 황해도 안악 출신으로 장사에 실패한 후에 성격이 포악하고 잔인하였다고 한다. 그러나 어느 장날 여선교사에게 전도지를 받은 후에 교회에 나가 설교를 듣고 회개를 하였다. 믿은 지 1년이 지난 후에 세례를 받았고, 매서인이 되어 성경을 팔고 다녔다. 29세 때 재령 교회 전도사가 되었으며 1910년 평양 신학교에 입학하였다. 전국 각지로 다니면서 부흥회를 인도하였다. 집회수가 776회, 설교회수가 2만 8천회, 교회 신축이 150처, 그의 감화로 목사된 이가 200명이며 치유 받은 자가 1만여 명이었다. 1950년 10월 14일 새벽 기도회를 인도한 후에 북한군에 의하여 이천실 여전도사, 임성근 장로 등 6명과 함께 순교를 하셨다.

제3장 한국교회의 수난기(1910-1945)

　1910년 한일 합방된 이래 1945년 해방을 맞이하기까지는 한국 교회의 수난기였다. 암흑의 상황 속에서도 한국 교회는 일제의 강점 하에 군화발에 짓밟히는 잡초와 같은 근성과 끈기로 버티고 견디며 생존하였으며 우여곡절을 겪으면서도 하나님의 보호하심으로 마침내 세계 열방에 빛나는 선교 대국의 꿈을 잉태하게 되는 연단의 계기가 된 것이었다. 그 동안에 이루 말할 수 없는 많은 순교자의 피와 애국애족의 기독신자들의 희생이 있었던 것은 불문가지이다.

1. 일제의 야욕과 한일 합방

　1905년 러일 전쟁이 일본의 승리로 끝나자 일본은 한국을 일본의 보호국으로 선포하였고 이로써 한국은 외교권을 상실하게 되었다. 1910년 이르자 일본은 한일합방을 선포함으로 500년의 역사를 가진 이씨 조선을 끝장내고 말았다. 이제 한국은 일본제국 속의 한 지역으로 전락하고 말았다. 더 이상 세계 지도에서 존재하지 않는 나라이며 민족은 있으나 주권은 없는 허수아비 같은 존재였다. 그러나 한국 교회는 강성하여 가고 있었다. 망국의 설움을 안고 사람들은 교회에서 위로와 확신을 찾았다. 교회는 그런 사람들을 위한 정신적인 위안처이며 피난처가 되었다. 한국의 다른 모든 단체들은 일본의 수중에 들어갔으나, 기독교회만은 그렇지 않았다.

기독교회에서는 한글을 사용하였으며, 민족혼이 그대로 살아있었다. 뿐만 아니라 기독교는 외국의 선교사들을 통하여 외부의 접촉을 하고 정보를 나누며, 막연하나마 도움을 청할 기대치가 높았다. 이러한 사실은 일본 당국으로서는 눈에 가시와 같았다. 그래서 일본 당국자들은 합병 초기부터 기독교를 경원시하고, 박해의 손을 뻗치기 시작하였다.

2. 105인 사건 조작

1912년 일본은 한국 개신교회를 박해하기 위하여 하나의 연극을 꾸몄다. 그들은 149명의 한국인들을 체포하였다. 이유는 데라우찌 총독 암살을 모의했다는 혐의였다. 한국에서 많은 기독교인들이 투옥되고, 소수 교회들은 불태워졌으며263 한국 교회는 문을 닫는 예배당이 속출하였다. 권서와 성경을 파는 일이 금지되었고, 선교사들의 순회도 금지 되었다.

---

263 대표적인 사례가 화성 제암리 교회의 학살 사건이다.
1919년 3월 31일 발안 장터에서 있었던 만세 운동 후 계속되는 시위에 대한 경고와 보복으로 4월 15일 경기도 화성시 소재 제암리 교회에서 일본육군에 의하여 민간인 29명이 학살당한 사건이다. 의료 선교사 스코필드와 언더우드에 의해 외부에 알려졌다. 1982년 교회가 있던 터에 사적 제 299호로 지정되었다. Daum. 백과사전 참고,

이로써 그리스도인들은 애국자임이 세상에 널리 알려지게 되었다. 그리스도인들은 감옥에서 동료 불신자들에게 예수 그리스도를 증거함으로 믿게 하였다. 그들 중에 3명은 고문으로 죽었고, 23명은 석방 되었으며, 123명은 재판에 회부 되었다. 105명은 형을 구형 받고, 옥살이를 하였는데, 몇 년 후에 고등법원은 그들 모두가 무죄임을 선포하였다. 3.1 운동의 서곡이 된 105인 사건이다. 일제는 심한 고문으로 그들에게 죄를 자백하도록 한 것이었다. 1915년 2월 이들이 감옥에서 풀려 평양역에 도착하였을 때 시민 9,000여 명이 역 광장에서 겨레와 신앙을 위해 옥고를 치른 이들을 환영하였다.264

그것을 시초로 일본 당국은 계속 박해를 그치지 않았다. 예를 들면, 내한하는 의료 선교사들은 일본 당국에서 실시하는 시험을 통과해야 면허서를 받도록 하면서 그 시험을 대단히 어렵게 만들었다. 1910년에 기독교 계통의 학교가 공립계보다 많았다. 일본은 그것을 1915년 이후에는 성경을 가르치는 것을 금지시킴으로 교육의 위기를 맞이하였다. 일본 사람들에게 토지를 빼앗기고 살 길을 찾아 만주로 이주한 사람이 100만 명이나 되었다. 국내에서의 사역이 어려워지자 선교부는 1914년 만주 하얼빈에 선교부를 두고 선교활동을 하였다. 1912년에 1,566명이었던 교인이 1914년에는 10,503명으로 불었다.

1897년 평양에서 8개처에 주일학교가 시작되었는데, 1905년과 1911년 사이에 주일학교가 전국 각 지역에서 확대되었다. 1913년 처음으로 주일학교 대회를 서울 경복궁에서 가졌는데 14,700명이 모였다. 1921년부터 1930년까지 계속 주일학교 총회가 서울에서 모였다. 1915년 가을, 일본당국은 서울에서 산업 박람회를 개최하였는데 일본 통치 5주년을 기념하기 위한 의도였다. 일본 당국에서는 반강제적으로 사람들을 동원

---

264 이영헌, [한국 기독교사], 152쪽.

하여 관람케 하였다. 이 기회를 이용하여 한국 교회는 오히려 복음을 사람들에게 전하는 기회를 삼아 전도 집회의 허가를 받아서 서울 지역 교회의 인원을 동원하여 성경 이야기를 담은 영화와 설교를 상영하였다. 그 결과 100,000명이 참석자가 있었으며, 그 중에 11,000명의 구도자를 얻어 가까운 교회로 인도하는 성과를 올렸다.

3. 1919년 기미 독립만세 사건

1919년에는 또 하나의 운동이 일어났다. 그것은 기독교인이 주동이 되어 일본에 항거하는 세계사에 길이 남은 독립 운동이었다. 그것은 처음으로 한국에서 전국적으로 행하여진 민간주도의 비폭력 독립 운동의 만세시위 사건이었다. 33명의 민족 대표가 서명한 독립 선언서의 서명자들 중에는 3인의 불교인, 15인의 천도교인, 15인의 기독교인이었다. 기독교인이 주동임을 안 일본은 기독교에 대한 박해를 가하고 행패가 심하였다. 1941년 대동아 전쟁(-1945년 9월 2일)이[265] 일어나자 많은 선교사들은 본국으로 귀환하게 되었다. 이로써 한국 교회는 사실상 지하 교회와 같이 예배와 신앙의 자유를 빼앗긴 채 신음하게 되었다. 사회적으로, 정치적으로 또는 역사적인 의미에서 3.1 만세사건은 중차대한 서술이 필요하나, 한국 선교의 차원에서는 앞서 소개한 대 부흥 운동의 전말로 유추하고 본론에서는 약술하고자 한다.

---

[265] 일본제국과 미국, 영국, 네덜란드, 소련, 중국 등의 연합국 사이에 벌어진 '태평양 전쟁'을 일본 제국주의가 미화하여 부르는 전쟁으로 대한민국은 전쟁의 참화를 당하고 물자와 인력을 공출 당했으며, 특히 작금 문제가 되고 있는 위안부 문제는 지금도 쟁점이 되고 있다.

4. 신사참배의 굴욕

이러한 절망적인 상황 중에도 한국 교회는 전도와 선교하기를 그치지 않았다. 일본 당국은 한국 교회를 완전히 붕괴시키기 위하여 일본 천황을 신으로 모시는 신사참배를 강요하였다. 2,000년 전 로마 황제의 숭배를 우상화한 것과 흡사한 20세기에 있을 수 없는 불경스러운 범죄를 한국교회에 시행한 것이었다. 1910년에는 대구, 평양 등지에 11개의 신사를 세웠고 1919년 말에는 36개의 세웠으며, 1918년에는 서울 남산에 조선신궁이라는 거대한 신사를 착공하여 1925년 6월에 완공하였다. 조선총독부는 헌법으로, "모든 종교는 최고의 신인 천황 아래에서만 자유롭게 활동 할 수 있다."고 선언하였다. 처음에는 개 교회에, 그 다음은 노회와 지방 회에, 그리고 마침내 전국 총회에 압력을 가하였다. 1938년 제27차 총회가 평양 서문 밖 교회에서 모였다. 당시 일본은 경찰을 동원하여 교회 밖을 에워싸고, 97명의 경관들이 교회 안 강단 뒤와 총대회원들 사이에 앉아서 결의를 강행하였다. 목사 회원 86명, 선교사 22명, 장로회원 85명, 계193명이 모인 자리에서 총회장 홍택기 목사가 신사참배를 가결하자 선교사들은 아니요 라고 외치며 퇴장하고 부총회장 김길창 목사의 인솔로 각 노회별로 평양 신사에 가서 참배를 하고 다시 회무를 진행하였다. 그 해 12월 12일에는 신사참배에 주도적 역할을 한 장로교 목사들과 감리교, 성결교 등 각 교단 목사들이 일본으로 건너가 일본 신궁들을 참배까지 하고 돌아왔다. 이때에 선교사들이 설립하였던 신학교는 폐교하고, 미션 스쿨도 자진 폐교하였다. 비록 총회가 신사참배를 결의하였으나 이북에서는 주기철 목사를 비롯하여 많은 목사 장로들이, 이남에서는 박연세목사 등 많은 목사, 장로들이 반대하다가 옥고를 치루었다. 감옥에 끌려간 수가 2,000명이 넘었으며, 이중 순교한 분들도 50여 명이나 되었다. 일본 당국은 그리스도의 재림과 다니엘서와 요한 계시록을 설교하지 못하도록 하였으며, '예수의 이름 권세여,'라는 찬송가등을 금지시켰다. 말세 사상을 강조하는 성결교, 침례교는 1945년 폐지시켰으며, 일본 총독부는 한국의 모든 교단을 합쳐 단일 기독교단을 만들었다. 그것은 정부가 감독하는 하나의 선전기관에 불과하였다. 주일학교는 폐지되었고, 주일 설교는 한번만 허락되었었다. 투옥되지 않은 사람들 중 목사들은 그들의 시국강연에 동원 되었다. 많은 사람들이 이민의 길을 택해 만주로 갔고, 어떤 사람은 신앙을 저버렸다. 한국 교회 최악의 불미스러운 배교행위이며 수치이다. 신사참배 사건으로 인하여 해방 이후에 한국 교회의 분열상이 점화되었다. 신사참배는 일제의 최악의 단말마에 불과하였으며, 1945년 일본제국주의는 연합군의 맥아더 장군 앞에서 무조건 항복을 선언하게 되었다.

제4장 한국 선교에 대한 제언들266

1. 바른 신학을 가지고 계속 전진해야 한다.

한국 교회가 가져야 할 사명은 단순한 한국 복음화만이 아니라, 세계 복음화를 염두에 두고 기본에 충실하며, 계속 전진해야 할 것이다. 구미의 선교의 열기와 동력이 위축되고 있는 시점이며 선교 전략면에서는 전통적인 선교 신학을 버리고 혁명적 선교 신학과 사회구원에 역점을 내세우는 경향이 강하다. 참된 변화는 그리스도 안에서 내적 변화에서 출발하여 사회적 영역에 까지 미치는 변화여야 한다. 변화의 절정은 주께서

266 채은수, [선교학 총론] 309-313쪽 요약.

능력과 영광으로 오시는 그 때임을 기억하고 기독교인의 삶은 최선을 다하고 고대하는 삶이어야 할 것이다.

2. 한국 교회는 성공적인 경험을 나누어 가지도록 한다.

한국 교회는 세계 교회에서 유례를 찾아 볼 수 없는 성장과 저력을 구비하고 있기에 침체기를 맞이한 구미 열강의 교회들은 물론이고, 제3세계의 교회들에게 복음 선교의 경험을 공유하고 협력하고 섬겨야 할 것이다. 초기의 네비우스 정책을 통한 자립과 자전과 자치의 정신은 지금도 한국 교회의 저력이다. 각종 기도회와 성경 공부의 활성화, 교회를 위한 봉사정신과 투철한 책임감의 발효이다. 주일을 성수하며 십일조를 생활화하고, 전도와 선교를 사명으로 삼고 실행하는 의지는 충분히 귀감이 되기 때문이다.

3. 반면에 한국 교회의 치명적인 약점을 고쳐야 할 것이다.

그것은 분열상이다. 신앙은 투철하나, 사랑이 따르지 못하고 성경은 열심히 읽고 기도에 열심이지만 서로를 배려하고 긍휼히 여기는 마음은 빈약하다. 한국 교회는 신앙과 사랑을 분리시켜 생각하고, 지행이 일치하지 못하는 모순을 안고 있다. 이러한 양상은 한국 교회의 주류를 이루는 보수신학과 칼빈주의적 엄격하고 경건한 신앙과 관계가 있을 것이다. 이러한 분열상은 선교지에서 더욱 극대화되어 불신자들에게조차 지탄의 대상이 되고 있다.

4. 연합의 길을 모색하고 상호 협력하는 길을 가야 할 것이다.

애초에 한국 교회는 타종파간에 심지어 다른 종교와도 국가의 대사를 위하여 구제와 긍휼 사역을 위하여 서로 협력하였었다. 그러나 일제의 식민지 시대를 거치면서 서로 다투고 분열하게 되었다. 물론 개신교 특유의 경쟁의식과 남에게 지기 싫어하는 국민성과도 연관이 있을 것이다. 그러나 이제는 다원화 시대에 다양성을 존중하고 서로를 인정하며 합력하여 선을 이루는 길을 찾아야 할 때이다.

5. 현지 선교부와 설립된 교회는 조화 있는 관계를 이루어야 한다.

신교는 구교와는 달리 선교부에 의하여 설립된 교회를 언제나 선교부의 후원이나 지배 아래에 두어서는 안 된다. 그것은 비효과적이며 비민주적이고 참여도를 낮추게 된다. 이를 방지하기 위하여서, 1) 선교부와 교회의 분리를 통하여 자율적으로 운영하고, 독립채산제로 하는 것이 좋다. 당회의 행정권이 평신도들이 구성한 선교부의 창의적이고 자발적인 발전을 막을 수 있기 때문이다.

2) 우회적인 참여. 선교기구가 교회의 봉사기관이나 자원 봉사자들의 모임처럼 되어 행정 편의주의로 상명하복 한다면 선교회의 역동성은 떨어지고 말 것이다. 서로 격려하고 칭찬하는 시너지 효과를 높여야 할 것이다.

3) 용해됨. 선교부는 선교부의 지위를 버리고 교회의 온전한 회원이 될 뿐 아니라, 교회의 어떤 직무를 맡고 나아가며, 장비나 재산들을 현지 교회 감독 아래에 두는 것이다. 파송 교회와 선교지의 교회가 서로 혼연일체가 되어야 더 큰 일을 감당할 수가 있다. 4) 동등과 상호성의 관계. 선교부는 현지 교회에 충분히 포함되어야 하고 교회와 더불어 일해야 한다는 원칙이다. 선교사는 선교부의 회원일 뿐 아니라 현지 교회의 회원이 되는 것이다. 그러므로 양측의 지배를 다 받아야 한다.267

6. 정직과 성실의 기본에 충실해야 한다.

현재 국내에서 가장 선교를 많이 하고 있는 모 교단의 선교부에서 최근에 발생하는 재정사고와 부실 경영, 그리고 선교현지에서 들려오는 크고 작은 추문은 교단 내에서 뿐만 아니라, 한국 사회의 물의를 일으키고 있다. 힘들고 어려울 때에는 드러나지 않았던 내부의 부정과 탐욕이 사고를 치는 것이다. 이럴 때 일수록 초심으로 돌아가 복음 지상주의로 정직하고 성실하게 사역에 임해야 오해를 불식하고 이러한 시험에서 자유할 수 있을 것이다. 돈과 명예욕, 그리고 이성의 유혹은 국내에 뿐만 아니라 선교지에서 예외 없이 준동하기 때문이다.

---

267 채은수, [선교학 총론], '한국 교회의 선교 결론과 제언' 309-313쪽 저자는 1967년 대만 선교사로 봉직한 경험으로 제언하고 있으며 총신대신대원의 선교학 교수로 재직하였다.

Ⅲ. 선교 활동에 대한 회고

선교 활동에 대한 회고[268]

사람이 하는 일이 100% 성공한 것은 역사상 없었다. 인간은 유한하고 타락한 피조물이기에 인간의 가장 뛰어난 노력도 불완전과 실패로 망쳐지게 마련이다. 선교사업도 예외는 아니다. 스티븐 닐이 다음과 같이 술회하고 있다.

"기독교 선교 활동은 이 세상에서 가장 어려운 작업이다. 그것이 시도되었다는 것조차 놀라운 일이다. 이토록 놀라운 성공을 거두었다는 것은 더욱 놀라운 일이다. 그리고 엄청나게 많은 실수가 저질러졌다는 것은 전혀 놀라운 일이 아니다."[269]

물론 선교사들의 한 일에 대한 공과에 대한 견해차가 있으며, 단적으로 말할 수는 없으나, 유사 이래로 주의 복음을 들고 물설고 낯 설은 외지에서 위험을 감수하고 오직 자기에게 주어진 사명과 복음과 함께 헌신하였다는 것은 변함이 없을 것이며, 현대에 와서 지난날의 역사를 성찰하며, 좀 더 객관적이고 타당한 입장에서 평가하면서 함께 숙고하는 시간을 가지는 것이 필요할 것이다. 개인으로서는 인간이기에 겪게 되는 모순과 갈등이 있을 것이며, 공인으로서 감당해야 할 환경과 사회적 요청도 무시할 수 없었을 것이다. 그리고 선교가 한창 이루어질 때가 오늘 같은 문명화와 민주화와 정보화와는 거리가 먼 미개하고 계층 간의 간격이

---

268 허버트게인, [세계선교의 역사], 217-222쪽 요약.
269 Stephen Neil, *Call to Mission*(*Philadelphia* : Fortress Press, 1970), p.24.

크고, 절대 권력이 지배하던 시절임을 감안하면 당시의 선교사들과 헌신자들에게 존경과 감탄을 올려드릴 따름이다. 그럼에도 본장에서 시도하는 것은 좀 더 나은 선교의 전략과 자세를 가다듬고 앞으로 21세기의 지구촌에서 어떠한 선교가 타당할 것인가를 진단하고자 한다. 특히 두 가지 관점에서 기술하려고 한다. 하나는 한국 선교역사의 관점이며 다른 하나의 축은 선교 토착화의 관점이다.

1. 선교사들의 과오

1] 선교사들은 우월감을 가지고 있었다.

거의 예외 없이 그들은 서구문명이 다른 문화보다 우월하다고 생각하였다. 그들은 문명과 기독교를 동일시하였다. 선교사들은 현지의 사람들을 '원주민'(natives)이라고 부르면서 집으로 보낸 편지에 그들이 게으르고 더러우며 부정직하고 무책임하고 신용할 수 없다고 묘사하였다. 선교사들이 우월감을 가진 유일한 존재들이 아니라는 것이다. 19세기에 이러한 견해는 아주 일반적이었다. 교수들, 성직자들, 정치가들, 지식인들 모두가 이 점에 있어서는 맹목적이었다. 미국에서는 이것은 '명백한 운명'(Manifest Destiny)주의에서 뚜렷이 나타나고 있다.

그러나 사실은 아무리 서양의 문명이 발달하여도, 선교사들의 출신지역에서도 외지고 미처 돌보지 않는 사각지대가 있으며 무지하고 미신적이며, 가난하고 더러운 인생들이 있기 마련이다. 그리고 당시의 선교사들이 헤아리지 못하는 것은 문명의 충돌 개념이며, 동양은 동양 나름대로, 라틴 아메리카와 아프리카의 오지에도 그들 나름대로의 문명과 문화, 그리고 자부심을 가지는 체계와 질서를 도외시하고 서양인의 관점에서 보고 행동했다는 사실이 숨어있다.

2] 선교사들은 이방 종교에 대한 견해가 부족하였다.

그들은 현지 종교에 대하여 불필요한 편견과 부정적인 태도를 가지고 현지인들에게 매우 무례한 말로 폄하하기가 쉽다. 많은 경우에 토속 인들에게는 우상숭배 또는 토템, 민속적인 것 등에 대하여 적대적으로 말하곤 하였다. 토착 종교를 충분히 조사하지 않고 그것들이 전적으로 거짓이며 악한 것이라고 즉석에서 배척함으로 나중에야 자신들의 방법이 오히려 자폐적임을 깨달아 그러한 견해와 방식을 버렸다. 그 동안에 선교사의 행동이 저질러졌고, 명망은 흔들리게 되었다. 동양의 경우에 저들은 기존 동양의 문화와 문명이 역사적으로 실제적으로 서구를 앞선 것을 인정하려고 하지 않았다. 문명의 충돌이라는 개념을 이해하지 못한 것이다.

3] 그들은 기독교와 서구 문명을 구별하지 못하였다.

선교사들은 영국의 대헌장(마그나카르타,Magna Carta)270에서부터 로버트의 질서법271(Rules of Order)에 이르기까지 과다한 짐을 꾸려서 선교지에 들고 와서 도덕적, 사회적 금기들(taboos), 개인적 편견과 편애, 윤리적, 법적 규범, 경제적, 정치적 제도 등을 도입하고 강요하여, 피선교지의 주민들에게 견딜 수 없는 불필요한 멍에를 그들의 목에 짐 지웠다. 제3세계에서 자라난 기독교는 미국산(Made in USA)이라는 도장이 찍히고 말았다. 아시아에서 기독교가 외국 종교로 아프리카에서는 '백인들의 종교'라고 불리운 것은 놀라운 일이 아니다. 그들은 서구적인 관습

---

270 12015년 6월 15일 영국의 존 왕 시절에 왕권을 제한하고 인권을 명문화한 최초의 의미 있는 헌장으로, 인권과 민주 정체의 진일보한 대 선언으로 1776년의 미국의 독립선언서 이상의 비중이 있다.

271 토론과 회의의 원칙을 담은 것으로 1876년 미국 육군 대령, 로버트가 만든 '회의체를 위한 회의 소교본'이었다. 일명 '로버트 룰'이라고 불리우며 전 세계적으로 보급된 것으로 한국에서는 1896년 윤치호에 번역되었다. 흔히 만국 통상 회의법이라고 한다.

의 특징을 고수하였기 때문이다. 비록 어쩔 수 없는 인간의 습관이며, 사회의 통념이며 관례라고 할지라도 좀 더 분별하여 피선교지의 주민들을 대하였다면 복음을 전달하는데 좋았을 것이었다.

4] 선교사들은 복음과 함께 교단주의를 수출하였다.

초기에 그들은 이렇게 하지 않겠다고 말했다. 그러나 그들은 선의의 의도를 잊어버렸다. 선교사역을 마치기 전에 그들은 서구의 모든 주요 교파와 소규모의 종파를 재생산하였다. 남 침례교가 북부 중국에, 북 침례교가 남부 중국에 있게 되자 중국인들에게는 너무도 혼동이 되었다.

교파적 분리의 특징은 서구의 경우에는 자연히 역사적인 배경과 의미가 있었다. 그러나 대부분의 교파는 제3세계의 교회 설립에는 아무런 의미도 없는 것이었다. 힌두교, 불교, 이슬람교로부터의 개종자는 아마도 예수 그리스도에게 충성을 바치는데 대한 값비싼 대가를 치렀다. 그들의 아내, 가족, 생명까지도 내어주고, 기존의 공동체에서 소외 자가 되는 희생을 치렀다. 저들은 자연히 새로운 신앙이 자신을 교회로 인도하는 여권(passport)이 될 것이라 기대하였다. 그러나 그들이 그리스도인만이 되는 것이 아니라, 장로교인 혹은 루터교인, 또는 침례교인이 되어야만 하다는 사실에 놀라고 낙망하였다. 그리고 선교사들이 개종자를 놓고 서로 경쟁할 때에 추문은 더욱 많아졌다.

5] 선교사들은 기독교가 토착화하도록 격려하는데 실패 하였다.

선교사들은 기독교가 비서구적 형태로 표현되면서도 핵심적인 본질을 유지될 수 있으리라는 생각을 해보지 못하였다. 그들은 형식이 본질에 필요불가결한 것으로 생각하여 영원히 서구적인 특징을 가져가는 것으로 생각하였다. 예를 들면 교회 건물을 지을 때에는 뾰족탑의 고딕식 예배당, 종탑과 십자가 등으로 마무리 하였다. 서양식 가사와 곡조의 찬송가를 소개하였다. 아프리카 인들에게는 고상하고 상식적인 토착인의 드럼과 춤은 금기시하였었다. 그 대신에 서양의 악기를 도입하였다. 예배의식도 서양식이었으며 로마 카톨릭에서는 심지어 라틴어를 사용해야만 한다고 고집을 부렸다. 영국 성공회는 성경과 더불어 일반기도서(Book of Common prayer)를 번역하여 사용하였다. 의식을 집전하는 사제와 주교들이 입는 가운도 서구에서 입는 것들과 똑 같았다. 뉴델리에서의 영국 성공회는 런던 성공회와 모든 것이 동일하였다. 심지어 신학교육까지도 서구에서 행해지는 고전적인 형태로 답습하였다.

6) 선교사들의 간섭주의가 지나쳤다.

이 부분에 있어서는 선교사들에 대해 소송을 제기할 수도 있을 것이다. 물론 선교사역이 계몽하고 양육하는 과정에서 간섭주의가 항상 나쁜 것은 아니며, 피치 못할 경우도 있을 것이다. 그것은 대부분의 초기 개종자들이 도망한 노예들과 부족 사회의 무뢰한들이었던 아프리카에서는 그러하였다. 선교사들이 현지 토인들에게 농토와 씨앗과 연장을 주었으며 무역을 가르쳤다. 그 대가로 그들이 요구한 것은 순종이었다. 만약 그들이 공동체 훈련을 거부하면 징벌을 받았으며, 심지어 매질을 당하기도 하였다. 최악의 징벌은 축출이었다. 당시의 정황을 이해하면서도 분명한 사실은 이것은 극심한 간섭주의이며, 가장 큰 문제는 간섭주의가 선교의 목적을 달성한 이후에도 여전히 계속되었다는 데 있었다. 선교사들의 리더십은 주인 행세를 하고, 주도권을 쉽게 넘겨주지 않음으로 2세대와 3세대 피선교지에서의 갈등과 반목이 발생하였고 후에는 역선교의 부작용이 일어날 수가 있었다. 성공적인 한국 선교의 경우에는 현지인들을 앞세우고, 주도권을 양도하고 위임함으로 시너지 효과를 거둔 사실을 알 수 있다.

7] 선교사들이 서구에서 지원한 자금을 현명하게 사용하지 못하였다.

재정 문제는 대단히 중요한 이슈가 되곤 하였다. 서구에서 지원되는 선교재정이 너무 오랜 세월 동안 개발도상에 있는 교회들에게 해롭게 사용되었다. 초기부터 기독교는 사랑이 덕목이었다. 관대함에 지나칠 수가 있었다. 또한 현지의 원주민들은 개종함으로 많은 불이익을 감수해야 했다. 반면에 선교사들의 보수가 낮은 수준이었으나, 선교지에서는 엄청난 부자들로 간주되었으며, 현지에서 어려운 문제들이 있을 때에 선교사들은 돈으로 문제를 해결하려는 유혹이 대단히 컸으며, 이 방법에 의존한 경우가 적지 않았다. 현재에도 동일한 사안은 아니나, 일생을 험지에서 헌신하고 희생하였던 선교사들에게 재정의 투명성이 요구되며, 부동산의 향배는 문제의 소지가 많은 것은 유감이 아닐 수 없다.

8] 선교사들이 식민 제도와 너무 밀접하게 관련 되었었다.

그들 자신의 잘못은 아니나, 선교사들은 19세기 유럽 국가들의 거대한 외압세력의 일부였으며, 그것을 통하여 아프리카, 아시아, 태평양의 모든 지역의 제국을 쉽게 접근하고 접수할 수가 있었다. 식민주의 행정관들과 기독교 선교사들은 같은 배를 타고 항해하였으며, 같은 국기 밑에서 봉사하였고 같은 군대의 비호를 받았으며, 동일한 지역에서 활동하고 상호 협조적이었다. 선교사들은 '원주민들(Natives)'사이에서 '문명화'(civilization) 선교 활동을 수행하였다. 그들은 선교지의 지도급인사와 중산계급의 주민들이 서양 세력에 호의적이 되도록 하고, 서양 법률에 순종하도록 유도하여 결과적으로 식민주의자들이 그 영역을 통치하기에 용이하도록 해주었다. 식민행정부는 선교사들에게 땅을 주어 선교본부를 삼게 하고 학교 부지를 허락하여 위험시에는 보호를 해주는 등 그들의 호의에 친절하게 보답하였다. 이러한 맥락에서 서양 선교 역사의 뒤 끝이 아름답지 못하였으며, 엄청난 인적 재정적 정성과 기도를 드렸으나 유종의 미를 거두지 못한 것이 아쉬울 따름이다. 한국 선교가 이렇게 아름다운 결실을 맺을 수 있었던 것은 오히려 선교사들과 선교주민이 일본 제국주의에 항거하며 핍박을 받으면서도 복음적인 본질에 충실하며, 견디고 버티며 생존하였기 때문이다.

2. 선교사들의 공적[272]

이 부분은 앞장의 과오와 모순되고 상충되는 것 같으나 사실은 양면성을 지니고, 공과에 대한 평가는 공정해야 할 것이다. 그럼에도 불구하고 기독교회사 이래로 선교사들의 헌신과 희생이 없었다면 오늘날 우리의 위치는 불가능했을 것이며, 1940년 윈스턴 처칠(Winston Churchill)이 한 말이 그것을 대신한다. "인류 역사상 그토록 많은 사람들이 그토록 많은 것을 그토록 소수의 사람들에게 덕을 본적은 없었다." 구체적으로 소개하면,

1] 선교사들은 그들이 사역한 사람들을 사랑했다.

그들의 간섭주의마저도 사랑에서 나온 것이었다. 바울도 겸손히 개종자들에게 이 같은 말을 할 수 있었던 것이다. "우리가 이같이 너희를 사모하여 하나님의 복음으로만 아니라 우리 목숨까지 너희에게 주기를 즐겨함은 너희가 우리의 사랑하는 자 됨이니라"(살전 2 :8) 선교사들에게 많은 과오를 지적한다 하여도 사랑의 결핍은 없었다. 그들 자신의 자녀들과는 연중 떨어져 살았으나 현지 주민들을 자녀처럼 부형모매처럼 섬겼다는 사실은 변함이 없다. 저들은 추호도 받으려고 간 사람이 아니라 그리스도의 복음을 전하기 위하여 모두 다 희생하려고 간 사람들이었다.

---

272 허버트 케인, [세계 선교 역사], 222-233 요약.

남인도의 순회 복음 전도의 개척자인 위대한 토마스 래글랜드 (Thomas Cajetan Ragland)가 1858년에 사망하였다. 그가 죽은 지 40년이 더 지났을 때 한 선교사가 그에게 훈련 받은 한 현지 목사에게 래글랜드 선교사가 그의 학생들에게 훈련시킨 방법에 대해 질문하였다. 그 노인은 잠시 생각해 본 후에 대답하기를, "그는 우리를 사랑했습니다. 그는 우리들을 대단히 사랑했습니다. 예, 너무너무 많이 우리들을 사랑했지요."라고 대답하였다.273

그들은 선교지의 주민들의 생명을 구하기 위하여 자신들의 생명을 아끼지 않았다. 장티푸스, 황달병, 페스트, 말라리아 등 무서운 전염병이 유행하였을 때에 선교사, 의사, 간호사들은 병든 자들을 간호하고 죽은 자들을 매장하느라 그들의 선교부를 떠나지 않고 지켰다.

2] 선교사들은 토착문화에 대한 진실한 평가를 시도하였다.

선교사들은 자주 토착 문화를 훼손하고 서양 문화로 대치시켰다는 비난을 받았다. 그들이 서양 문화를 도입했고, 기존의 문화와 교육제도를 손상시켰음이 사실이나, 선교사들이 토착 문화를 파괴하기 시작했다고 말하는 것은 옳지 않다. 오히려 그들은 원주민의 토착 문화를 보존하려는 최선의 노력을 했던 것이다. 일단 저들이 기존 문화에 적응을 하고, 그 문화에 대한 이해를 했을 때에는 달랐다. 예를 들면, 유명한 중국인 학자 후취(Hu Shih)가 고대 중국의 웬리어(Wenli)를 위해 남긴 것처럼 윌리암 케리는 뱅골어에 대해 많은 업적을 남겼다. 케리는 두 편의 위대한 힌두교 서사시인 라마야나(Ramayana)와 마합하라타(Mahabharata)를 영어로 번역함으로써 인도 문화에 대한 감사를 표시하였다. 홍콩 선교사였던 제임스 레그(James Legge)가 중국의 사서오경을 번역했을 때도 마찬가지

---

273 Ibid., p.49.

였다. 선교사이며 영국의 주교인 로버트 코드링턴(Robert H. Cordington)이 유명한 고전인 [멜라네시아 인들](Melanesians)이라는 책을 비롯하여 그들의 문화와 언어를 연구한 여러 권의 저서를 남겼다. 남아프리카의 선교사였던 에드윈 스미스(Edwin W. Smith)는 왕립 인류학회(Royal Anthropological Institute)의 회장이 되었고 [아프리카인의 신의 개념](African Idea of God)과 [황금걸상](The Golden Chair)을 비롯한 다수의 저서를 남겼다.

3] 선교사들은 토착 언어를 습득하였다.

사람들에게 표할 수 있는 최대의 경의는 그들의 언어를 배우는 것이다. 선교사들은 토착인들의 언어를 습득하기 위하여 상당한 고통과 수고를 감수하였다. 원시사회일수록 더욱 지난한 과업이었다. 저들에게는 문어체가 없었으며, 문자가 없는 경우가 허다하였다. 먼저 구어를 배운 후에 언어의 입문서와 사전의 도움이 없이 문자를 고안하여 그들의 개종자들에게 그 문자를 가르쳤다. 이것은 국가적인 사업으로 수십 년이 소요되기도 하였다.

예를 들면, 아프리카에서는 860종류의 언어와 방언들이 있다. 수십 년 전 만 하여도 20개 미만의 문어체만 있었다. 그 이후 500개의 언어가 문어체를 갖게 되었는데 이 모든 것이 선교사들의 업적이었다. 모든 아프리카족의 언어들이 원시적이라고 무시하면 안 된다. 단 크로포드(Dan Crawford)에 의하면 중앙아프리카에서 12개의 성을 가진 명사와 32종류의 시제를 가진 동사가 있는 언어를 발견한 적이 있다.

4] 선교사들은 성경을 번역하였다.

대부분의 사람들은 성경 번역이 얼마나 엄청난 작업인지 모른다. 번역

작업을 시작하기에 충분할 만큼의 언어 실력을 얻기 위해서는 보통 선교사들은 10여 년이 걸린다. 그들의 문법과 구문, 어형론을 비롯하여 언어의 세밀한 부분을 알아야 할 뿐 아니라, 그 민족의 문화를 철저히 익혀야만 했다. 그렇기 때문에 영국 해외성서공회(British and Foreign Bible Society)에서는 번역자가 그 문화 안에서 10년 이상 살지 않았으면 출판을 허락하지 않았다고 한다.

예를 들면, "도가니는 은을 풀무는 금을 연단하거니와 여호와는 마음을 연단하시느니라"(잠 17 :3)를 번역하는데, 어떤 문화에서는 은이나 금을 사용하지 않고 도가니와 풀무를 본적이 없을 때, 선교사들은 어떻게 번역해야 하는가? '마음'(heart) 대신에 '창자', '신장', '간'이나 기타의 다른 신체 기구로 대치해야 할 때가 있다.

선교사들의 기념비적인 업적은 기적과 다를 바가 없다. 오늘날 신구약 성경은 세계 인구의 90%에게 활용 가능하게 되었다. 신약 성경은 95% 인구에게 읽혀질 수가 있다. 서기 2,000년까지 위클리프 성서 번역 회는 4,400명 이상의 회원이 작업을 하여 전 세계 전 인류에게 성경을 보급하려는 야심찬 목표를 향하여 매진하고 있다. 1981년 12월 31일 현재 성경은 세계의 1,739개의 언어와 방언으로 번역되었다. 만약 선교사들이 성경번역만을 하였어도 인류는 그들에게 영원토록 빚을 졌다고 말할 수 있다. 한국 선교의 경우 선교사의 입국 전에 한글로 번역된 성경이 먼저 들어왔으며, 암울한 시절에도 성경책이 얼마나 소중하고 위대한 일을 하였는지를 생각해 볼 때에 고개 숙여 감사하지 않을 수가 없다.

5] 선교사들이 제3세계의 사람들에게 근대적인 교육을 시켰다.

앞서 언급한 성경 번역은 거기에 머물지 않고 영혼 양육과 근대적인 교육으로 나가는 디딤돌이 된 것이다. 특히 한국을 비롯하여 아시아 여러 나라에서는 서양학문=신학문=성경 교육이라는 등식이 성립하여 앞다투어 이 학문을 수용하였다. 특히 당시 사각지대였던 여성교육과 어린이의 인권 중시 교육은 인문학적으로 볼 때에도 지대한 공로가 있었다. 인도의 경우에 이사벨라 토번 선교사가 가가호호 다니면서 최초의 여학교를 세우기 위하여 부모들에게 호소 하였을 때 반발이 심하며 적대적이었다. 특히 힌두교에서의 여성 교육은 고려의 대상이 아니었다. 그럼에도 1970년대에 인도의 여성 수상이 나온 것은 기독교 교육의 공로이다. 한국교회의 초기 1900년대에 서울 도성 내에 공립학교보다 선교사들이 세운 양질의 사립학교가 더 많았으며 당시 일제의 침략에 맞서 싸운 것도 선교사들이 세운 미션 스쿨 출신들이었으며 여기에서 수많은 독립투사들과 민족 지도자들이 배출되었다. 한국이 오늘날 세계 최저의 문맹률과 교육입국으로 선진국 대열에 서고, 선교대국이 된 것은 선교사들의 근대적인 교육열이며 공로이다.

6] 선교사들이야말로, '원주민'(natives)들의 잠재력을 인정한 최초의 지성인이었다.

스페인 사람들이 신대륙에 당도했을 때에 식민주의자들은 야만적인 인디언들을 무시하고 열등한 인종으로 문명의 초보도 불가능한 사람으로 매도하였었다. 그러나 선교사들은 여기에 반대하였다. 1537년의 교황의 교서에 저들도 분명한 인간으로서 기독교 신앙을 받을 수 있는 가능성을 표명하였다. 라스 카사스(Las Casas), 존 드 줌바라가(John de Zumbarraga) 등 많은 선교사들이 그들의 일생을 멕시코와 남미 인디언들의 사회적 문화적 해방을 위해 헌신하였었다.

아프리카에서도 '원주민'(natives)들의 잠재력을 최초로 발견하여 아프리카인들 스스로 깨닫도록 도운 사람은 문화 인류학자가 아니라, 기독교 선교사들이었다. 아무도 그런 생각조차 할 꿈도 꾸지 않고 있을 때에, '흑인은 아름답다.'라고 주장한 것이 바로 선교사들이었다.274

7] 선교사들은 병원, 보건소, 의과대학을 설립한 은인들이었다.

교육제도에 이어서 그들은 근대 과학적인 의술도 소개하였다. 초기에 그들은 무지한 주민들의 미신과 두려움은 말할 것도 없고, 마술사와 마법사들과 싸워야만 했다. 한 카메룬의 선교사는 아프리카인이 용기를 내어 백인 의사에게 자비를 구하러 오게 하는데 8년을 기다렸다고 한다. 그러나 인내는 보상을 받았으며 끈기는 결국 승리를 하였다. 한 두 번의 성공적인 외과수술이 반대를 몰아냈고, 두려움을 좇았다. 그 이후 사람들은 떼를 지어 몰려왔고, 그 중의 많은 사람들은 위독한 상태에서 귀한 생명을 구한 것이다.

초창기 중국에서는 270개의 병원을 운영하였는데 전체 인구에 비하면 약소한 것이었으나 그 나라 전체의 병원들의 반수 이상이었다. 인도에서도 비슷한 양상이었다. 인도의 벨로어(Vellore)에 있는 기독교 의과대학과 병원(Christian Medical College and Hospital)은 세계 의과대학 병원들 중에 가장 뛰어난 것이다. 그녀가 시작한 최초의 건물은 빈 오두막집이었고 그녀가 사용한 기구들은 두 권의 책과 현미경 한 대와 몇 개의 뼈다귀들이었다. 그러나 지금은 직원들이 319명이며, 전임 의사와 418명의 전문 간호사들과 207명의 준의료 종사자들이 활동하고 있다.

대한민국 서울 연세대학교 의과대학 병원인 신촌 세브란스 병원은 1894년 제중원(광혜원)을 운영하던 올리버 R. 에비슨과 언더우드 미국 북 장로회 소속 선교사들이 정보의 보조금 없이 자율적으로 운영하였고, 미국을 왕래하며 후원금을 얻기 위하여 동분서주 하였었다. 당시 무지와

---

274 Max Waren, *I believe in the Great Commission*(Grand Rapids : Edermans Publishing company, 1976), p.110.

미신, 가난으로 점철 된 조선에는 콜레라와 홍역 등 염병이 창궐하고 있었다고 한다. 선교사들의 간절한 호소와 애원으로 1899년 당시 미국의 저명한 사업가인 루이 헨리 세브란스 씨의 지원금으로 한국 최초의 근대병원으로 발돋움하게 되었다. 현재 세브란스 병원은 신촌(2,471병상), 강남(815병상), 용인(105병상) 세브란스 병원 분원으로 운영되며, 한국 굴지의 병원이자 세계적인 병원으로 명성을 보여주고 있다. 사실 세브란스 씨는 한국 외에도 중국, 일본, 인도 등지에도 많은 자선 사업을 하였었다.

8] 선교사들은 사회적, 정치적 개혁을 소개하였었다.

그들은 직접적으로 사회 변혁과 정치 참여를 한 것이 아니라 간접적인 방법으로 이 일을 해내었다. 초대교회와 마찬가지로 당시의 정치와 사회적 구조에 대하여 전면 공격을 하지 않았으며, 할 수도 없었을 것이다. 조용히 꾸준히, 조심성 있게 그들은 혁명적인 메시지를 그들에게 가르치고 선교하는 임무를 수행하였었다. 교훈과 모범을 통하여 그들은 기독교의 가르침과 이상들-성결한 삶, 개인의 존중, 노동의 신성함, 사회적 정의, 고결한 인격, 사랑과 언론의 자유, 즉 국제연합이 인권선언서에 이미 밝혀두었던 인류의 보편적인 가치들을 되풀이하여 가르쳤다. 인도의 천민학대제도, 과부의 화형, 중국에서의 전족, 축첩제도, 또 다른 나라에서의 쌍둥이 살해 등은 이제 국가법에 의해 불법화되었다. 아직도 남아 있는 지역들이 없지 않으나, 이러한 반인륜적이며, 부당한 처사에 대하여 통렬하게 비난하고 개혁하기 위하여 최전선에서 싸운 사람들은 기독교 선교사들이었다.

9] 선교사들은 동서양 사이에 다리를 놓았고, 상호 이해와 선린 관계를 갖도록 도왔다.

세계의 상호이해는 평화를 위한 필수불가결한 요소이다. 특히 한 순간에 세계 문명을 파괴할 수 있는 핵무기 시대에는 더욱 그러하다. [정글북]의 저자인 러디어드 키플링275은 동양과 서양이 결코 화합하지 않을 것이라고 선언했었다. 그러나 선교사들은 이러한 장애와 벽을 허무는데 최대의 공헌을 하였다. 그들은 기독교와 서구 문명을 땅 끝까지 전파했을 뿐만 아니라 동양의 위대한 문화를 서양 사람들에게 전달하기도 하였다.

윌리암 케리는 인도 문화에 대한 태도와 이해가 남달랐는데 그는 인도 문화를 깊이 이해하여 기념비적인 작품인 [산스크리트 언어 사전] (Dictionary of All Sanskrit-derived Languages)을 편찬하였다. 중국 선교사들이 중국 문명에 대한 진단은 사실 대단하였다. 제임스 브래시포드 (James W. Brashford) 주교는 공자를 소크라테스, 에필테투스, 마르쿠스 아우렐리우스와 함께 세계에서 가장 위대한 스승으로 평가하였다. 선교 사역에 별로 호감을 갖지 않았던 프린스턴 대학의 펄벅(Paul Varg) 여사는 다음과 같이 말하였다.

"선교사들이 아니었더라면 서구인들은 중국에 대해 거의 알지 못했을 것이다. 반 계몽주의적 신학적 견해로 인한 반감에서 나오는 냉소로 그들을 치부해 버리는 사람들은 그들을 불공평하게 대우하는 것이 된다. 동양을 이해하려고 노력하는 사람은 선교사들이 쓴 많은 기사들을 발견할 것이다."276

아프리카를 염두에 두고서 하바드 대학의 후탠 교수(E.A. Hootan)는 말한다. "인류학자로서 나는 선교사들에 대한 나의 견해를 완전히 바꾸

---

275 러디어드 키플링(Joseph Rudyard Kipling, 1865-1936) 인도 태생의 영국작가, 역대 최연소 노벨문학상 작가로서 영국인이 가장 선호하는 시인 1위라고 한다.

276 Paul A. Varg, Missionaries, *Chinese and Diplomats : The American Protestant Missionary Movement in China* 1890-1952(princeton : Princeton University Press, 1958),pp.120-121

었다. 이들 남녀들은 세상 사람들에 관한 우리의 지식에 여행가와 탐험가들을 다 합친 것보다 훨씬 많은 공헌을 해 주었던 것이다. 그들은 인류학자들 자신보다 더 많은 일을 해 내었다."277

10] 선교사들은 세계의 거의 모든 나라에 기독교 교회를 세웠다.

근대 선교의 초기에는 교회가 거의 전적으로 유럽과 미국에 국한 된 서구적 기관이었다. 그러나 오늘날 선교사들의 활동 덕택에 교회는 진실로 전 세계적인 기관이 되었다. 세계 곳곳에, 한국의 경우는 사방팔방, 도서지방이나 산골짜기에도 교회의 십자가가 눈에 띄인다.

최초의 독일 루터교 선교사들이었던 지겐발크(Zigenbalg)와 플루츠크(Plutsch)가 1705년 인도에 갔을 때, 그들은 도저히 인간적으로 불가능한 임무를 맡게 되었다. 1723년 서인도제도에, 그리고 1733년에 그린랜드에 갔던 모라비안 선교사들이 그들의 선례를 따르게 되었다. 19세기 초에 영국에서 시작하여 그 후 미국으로 옮겨간 이 운동은 결국 세계의 전 지역에서 활기를 띠게 되었다. 불과 30년이라는 기간 안에 남태평양제도, 버마, 중국, 아프리카, 중동 지역에 선교기관이 설립 되었다. 20세기 초에 이르러 모든 국가에서 선교사들을 찾아 볼 수가 있었다.

오늘날 기독교회가 존재하지 않을 만큼 작고 접근하기 힘든 나라는 여섯 곳도 채 되지 않는다. 이들 나라에서 조차 어둠 속에 빛을 밝히고 있는 개개의 크리스천들이 살고 있다. 예수 그리스도가 오신 이후 2,000년, "각 족속과 방언과 백성과 나라 가운데서"(계 5 :9) 하나님의 나라의 완성과 주 예수의 재림의 때가 가까워지고 있다. 이 도도한 선교의 물결과 열정, 그리고 말로 다할 수 없는 희생과 기도는 사람이 한 것이 아니며 특정

---

277 Christian World Facts(New York : Foreign Missions Conference of North America, 1941), p.96.

선교 단체의 것이 아니라, 오직 하나님의 은혜로 주의 영광을 위한 순교자의 피 값이었다. 이름도 없이 빛도 없이 숨겨간 선교사들의 자취와 기도의 제단에 깊이 존경과 찬사를 보내드릴 따름이다.

Ⅳ. 현대 선교의 전략 변화들

현대 선교의 전략 변화들

1945년 제2차 세계 대전이 막을 내리면서 이후 많은 식민지들이 독립을 얻게 되었다. 이러한 시대적 변화 앞에서 교회의 선교는 크게 두 가지 방향으로 나뉘어 이해되기 시작하였다. 하나는 그 동안 잘못된 제국주의적 선교를 반성하고, 교회의 선교적 사명을 새롭게 인식하면서 성경이 보편적으로 추구하였던 대 사회적이며 인간적인 '샬롬'(shalom)의 추구에 선교의 초점을 두어야 한다는 입장이었다. 다른 하나는 시대가 아무리 변하여도 선교의 우선순위는 양보할 수 없기에 여전히 예수 그리스도의 지상명령을 따라 땅 끝까지 모든 족속을 제자로 삼는 증인의 삶을 살아야 한다는 원칙론적 선교관이다. 흔히 전자는 '에큐메니칼'(ecumenical)이라 부르는 WCC 계통의 교회 운동이며 사상이다. 후자는 보수적이며 성경의 원론적 주장이라고 하여, '에벤젤리칼'(evangelical) 복음주의 선교 방향이다.278

1. 미전도 종족 선교(개신교 선교의 제3의 패러다임)

개신교 근대 선교의 제1기가 해안 지대의 사람들에게 먼저 복음을 전하는 것이었으며, 제2기는 내륙 깊숙한 지역에 대한 선교로 특징 지어 진

---

278 개신교회의 장로교 계열 일부와 감리교, 성결교, 오순절 계열일부와 루터교와 성공회, 그리스 정교회는 WCC를 지지하고, 개신교의 보수교단들인 예장 합동과 예장 고신 등 침례교와 오순절 계열 일부 보수 교단은 교회 일치 운동에 참여하지 않는다.

다면 제3기는 '숨겨진 사람들'을 찾아 나선 선교라 할 수 있다. 이 일에 기초를 놓은 사람은 위클리프 성서 번역의 창시자 카레론 타운젠트 (Cameron Townsend)와 교회 성장학의 대부로 불리는 도날드 맥가브란 (Donald McGavran)이다. 이것은 대략 1930년대부터 시작되었다고 할 수 있는데, 이러한 선교 운동으로 말미암아 국가 중심의 선교에서 종족 중심의 선교로의 발상의 전환(paradigm shift)이 이루어졌다.

예를 들면, 과테말라에서 선교를 하면서 타운젠트는 스페인어로 된 성경을 나누어 주었다. 그러나 상당수의 부족들이 스페인어를 사용하지 않음을 알게 되었다. 타운젠트는 과테말라가 많이 복음화 되었지만, 상당수의 부족들은 여전히 언어의 장벽 때문에 복음으로부터 멀리 떨어져 있음을 발견하였다. 이런 발견을 통하여 그는 선교의 대상이 언어와 종족이 다른 그룹임을 깨달았고, 이러한 선교의 필요를 충족시키기 위하여 1934년에 '켐프 위클리프'를 설립하고 언어 선교사들을 훈련시키기 시작하였다. 이 켐프 위크리프가 후일 '하계 언어학교'(Summer Institute of Lingustics, SIL)와 위크리프 성서 번역 선교회(Wycliffe Bible Translators, WBTS)가 되었다. 그는 세계에 약 500여 개의 복음이 미치지 못한 언어 부족 그룹이 있을 것을 생각하면서 이들의 복음화를 위하여 선교회 즉 위크리프 성서 번역회를 조직하여, 지금까지 약 4,000여명이 넘는 선교사들이 이들의 복음화를 위하여 일하고 있다.[279]

타운젠트가 동일 언어를 사용하는 부족 그룹을 발견하였다면, 맥가브란은 같은 문화로 묶여 있는 동질 집단을 발견했다. 맥가브란은 이러한 동질 집단은 대부분 개인적인 회심보다는 핵심 지도자의 지도에 의한 집단 개종이 훨씬 효율적임을 깨달았다. 서구 사회는 대부분 개인주의적인 사회이지만, 아직도 복음이 들어가지 못한 대부분의 동질 집단들은 집단

---

[279] 이현모, [현대 선교이해], 165-166쪽.

적인 사고가 강한 지역이므로, 개인으로 접근하면 복음 전도의 열매가 맺혀지기 어려움을 발견하고, '종족 집단 운동(Peple Movement)' '동질집단의 원리(Homegeneous Unit Principle) 등의 선교 전략을 주창했다.280

타운젠트와 맥가브란의 공헌으로 제3시기는 감추어진 혹은 아직 접촉되지 않은 미전도 종족을 찾아 이들 가운데 스스로 서가는 교회를 세우는 것이 선교의 마지막 과제로 여겨지고 있다. 현재 이러한 미전도 종족의 숫자에 대하여는 여러 가지 의견이 많이 있지만 대략 6,500여개 되는 것으로 알려져 있으며 많은 교회들이 이 부족들을 입양하기 위하여 전도와 선교에 헌신하고 있는 실정이다.281

2. 단기 선교 활동

1960년대에 두 가지 새로운 프로그램이 발달하였다. 단기 해외 선교 활동과 여름 선교활동이었다. 단기 선교 활동은 실상은 1960년대 이전부터 시작되었으나, 최근에 이르러서야 주목을 받고 많은 청년과 평신도들이 참여하게 되었다. 두 가지 선교 활동 모두 자본주의를 살아가는 오늘날의 청년들에게 적합한 활동이다. 지금까지는 전임사역자로 또는 일평생 헌신해야 한다고만 생각해 왔던 선교 개념이 아니라, 방학과 휴가를 이용하여 단기간에 선교의 경험을 쌓고, 본국에서 지원하는 선교사와 유대 관계를 가지며 차후의 선교 전략과 후원에 유익한 계기가 될 수 있

---

280 안승오, [건강한 교회 성장을 위한 핵심 원리 7가지] (서울 : 대한기독교서회, 2006), 2430249쪽.

281 조장연, "종족 중심 선교로의 패러다임 전환", [선교 신학], 제15집, 2007, 57-58쪽
"미국 침례교 선교부(IMB)는 전 세계에 11,355개의 종족이 있고, 이 중 6,411개의 미전도 종족이 있다고 정의하고 여호수아 프로젝트는 전 세계에 15,988개의 종족 중에 6,572개의 미전도 종족이 있다고 정의하며, 세계 기독교 데이터 베이스는 13,903개의 종족 중에 4,174개의 미전도 종족이 있다고 규정한다. 이러한 통계의 차이는 미전도 종족의 기준에 따른 수치의 차이로 향해 할 수 있다.

기 때문이다. 요즘 주요 교단들이 선교사를 허입할 때에 단기 봉사의 경험이 있는 자들을 우선시하는 것을 볼 수 있다.

여름 선교 활동은 더욱 인기가 있다. 수천 명의 대학생들이 여름 방학을 이용하여 선교단체의 후원을 받거나 아니면 자비량하여 현지에서 숙식을 제공받으면서 선교지에 도전해 본다. 그들은 수많은 종류의 업무를 담당하고 친구들과의 교제와 경험을 공유하고 교제를 나눈다. 상당한 수의 교회와 선교기관 또는 대학생 동아리에서 이러한 여름 선교 활동이 연례적으로 기획되고 실행되는 곳이 많이 있다.

이들 두 프로그램이 많은 주목을 받고, 참여도가 높으며, 선교의 도전과 저변을 확대시키는 효과가 있으나 실제로 최종 결과에 대한 판단은 아직 이르다고 할 수 있다. 그러나 최근 보고에 따르면 25%의 단기 선교사들이 경력 선교사로 헌신하고 있다고 한다. 어떤 선교부의 경우는 이 통계수치보다 높게 나온다. 1949년에서 1974년 사이 25년간 OMS 국제 선교부는 108명의 단기 선교사를 파견하였다. 평균 활동 기간은 2년 2개월이었다. 이들 중에 64명(63%)이 OMS 선교부의 장기 선교사가 되었다. 덧붙여 그 외 15%가 현재 목회자로서 활동하고 있다는 것이다. 자유 감리교도 비슷한 기록을 갖고 있다. 해외 선교 지원자들(Volunteers in Service Abroad)이라는 프로그램 활동 초기에 10년간 1,000명 이상이 참가하였다. 최근 5년간 62%의 새로운 경력 선교사들이 VISA의 활동에 참가한 바가 있다는 것이다.

최근의 조사에 따르면 단기 선교활동에 대한 근본 동기가 두 가지로 나타난다. 선교사의 목적과 목표에 대한 보다 나은 이해와 다른 문화에 대한 이해를 돕기 위한 것이다. 98%의 조사에 응한 이들은 이러한 통찰이 선교사들을 돕는 것보다 더욱 중요하다는 것을 보여주었다. 전체적으로 단기 선교활동에 참여하는 이들이 상당한 만족과 성취도를 가지고 돌아온다. 겨우 3.1%만이 옆길로 빠지고, 0.4%만이 향후 선교에 대한 부정적인 견해와 자세로 방해꾼이 된다는 것이다. 분명 그들이 봉사한 선교부에 좋은 인상을 받았으며 54%-74%의 참가자들이 설문지 조사에서 '극히 생산적', '발전적', '현실적', '창의적', '개선적'이라고 응답하였다. 실제로 구원의 확신이 없는 새신자, 또는 냉신자의 경우에 단기 선교 활동에 참가한 이후 영혼에 대한 사랑과 복음에 대한 확신을 가지고 선교에 적극 후원하거나 헌신하는 경우를 많이 볼 수 있다.

3. 전파 선교 시대

라디오 선교와 성경 통신 강좌, 교회 성장, 심도 있는 복음 전도-EID, 분교를 이용한 신학교육-TEE

거의 100년 동안 교회들은 선교 모임에서마다 "바람에게 우렁찬 소리를 내어주시오."라는 노래를 불렀다. 이 귀에 익은 가사들은 최초의 라디오 선교 방송인 HCJB가 에콰도르에서 1931년 크리스마스에 겨우 퀴토(Quito) 시에만 들리는 소형 250 와트짜리 송신기를 가지고 방송하게 되었을 때 새로운 의미를 갖게 되었다. 이 초라한 시작 이래 오늘날에는 여러 선교 단체들이 소유하고 경영하는 수 만개의 기독교 방송 프로그램이 전파를 타고 온 지구촌에 방송되며 그 중에는 유력한 TV. 방송국을 운영하는 곳이 무수히 많다. 세계적으로 유명한 매스컴의 역할을 하며, 흑자 경영으로 선교에 활력을 불어넣고 있다. 그리고 21세기에서도 당분간 유력한 선교의 매체가 될 것이다.

마닐라에 위치한 극동 방송국(Far East Broadcasting Company, FEBC)의 활동이야말로 오늘날 라디오 선교 방송이 하고 있는 전형적인 성공적 사례라고 할 수 있다. 1945년 창설된 FEBC는 현재 28개의 송신기를 사용하여 매주 1,900개의 프로그램 시간 동안 세계의 91개 주요 언어와 방언으로 복음 방송을 하고 있다. 방송 시설은 필리핀의 루손섬, 인도양의 세이켈레스(Seyshelles), 그리고 샌프란시스코에 산재하여 있다. FEBC는 동경, 뉴델리, 벵갈로르(Bangalore), 자카르타, 홍콩, 방콕, 사이판, 서울, 싱가포르 등지에 자체 녹음 스튜디오를 가지고 있다. 아시아 전역에 퍼져 있는 타선교부에 속해 있는 협동 스튜디오에서 그들 각국의 국어를 녹음하여 방송이 되도록 마닐라로 보낸다. 세계 각국의 100여 개국으로부터 한 달 평균 30,000통 정도의 우편물이 전해진다. FEBC는 겨우 65개 라디오 선교 방송 중의 하나에 불과하다.

다른 방송국들에 관한 비슷한 이야기를 접할 수 있다. 리베리아의 ELWA와 수단 내륙 선교부(Sudan Interior Mission), 에콰도르의 HCJB (World Radio Missionary Fellowship, 세계 라디오 선교 협회), 한국의 HLKY(NCC), 한국의 KLKX.(The Evangelical Alliance Mission, 복음 연합 선교회), 몬테카를로, 스와질랜드, 사이프러스, 스리랑카, 괌, 보내어(Bonaire) 등지의 트랜스 세계 라디오 방송국(Trans World Radio) 등이 그것이다. 일본에서는 태평양 방송 협회(Pacific Broadcasting Association)가 상업 방송 뒤에 방송될 라디오와 텔레비전 프로그램들을 준비하고 있다. 이디오피아의 RVOG 방송국(Lutheran World Federation, 세계 루터 연맹)은 1977년 군사 평의회에 의해 점유된 바도 있다. 현재 대학민국 서울에서는 로마 카톨릭과 불교 방송에 비하여 기독교 방송국들은 다양하면서도 왕성하게 전파력을 높이고 있는 실정이다.

라디오 방송과 더불어 **성경 방송 통신 강좌**가 실시되었다. 대부분의 방송국들은 자체의 성경 학교를 방송으로 운영하고 있다. 수년 동안 수백 만명이 이들 과정에 등록하였다. 인도의 경우 24개 언어로 실시되는 성경 공부를 돕는 생명의 빛 통신학교(Light of Life correspondence

School)는 1940년대 시작된 이래 백만 명 이상의 학생들이 등록했었다. 이들 통신 과정은 두 가지 이점들이 있다. 하나는 무료로 제공되며 가정에서 사사로이 공부할 수 있다는 장점이다. 심지어 사람들이 감히 교회에 출석하는 것이 어려운 이슬람 지역에서도 수만 명이 현재 성경 통신 강좌의 방법으로 하나님의 말씀을 공부하고 있다. 환경이 척박한 지역이나 다문화권에서, 그리고 공개적으로 복음을 전하거나, 들을 수 없는 제3세계의 4각 지대에서는 안성맞춤이라고 할 수 있다. 예를 들면 북한과 중국의 지하 교회에서 복음을 영접하고 통신 강좌를 통하여 목회자가 된 경우가 상당 수 있다. 오늘날의 땅 끝은 지역적인 의미가 아니라, 복음을 쉽게 접하지 못하는 곳이라고 할 수 있다. 아울러 1960년대에 세 가지 중대한 발전이 있었는데 그것은 '교회 성장', '심도 있는 복음화 운동', 그리고 '분교에 의한 신학교육'이었다.

이들 발전 중 **교회 성장**은, 본래 오래곤 주의 유진(Eugene)에 위치하였으나, 후에 켈리포니아의 파사대나로 이전한 풀러 신학교(Fuller Theological Seminary)의 교회 성장연구소(Institute of Church Growth)에서 시작 되었다. 전 인도 선교사였던 도날드 맥가브란(Donald McGavran) 박사가 창시자로서 수 년 동안 교회 성장 연구소의 관리자였다. 그는 어느 선교학자보다 더욱 국내 교회들과 해외 선교부들에게 크리스천 활동에서 성장의 탁월한 중요성을 깨닫도록 하는데 공헌을 하였다. 맥가브란이 말하는 성장이란 언제나 영적 성장을 의미한다. 그는 좀 더 많고 큰 예산이나 건물 또는 행정조직에는 관심이 없다. 그에게 있어서 성장은 개종자들을 얻고 모든 족속을 제자 삼아 교회를 증가시키는 것 즉 교회 성장이었다. 그것이야말로 그에게 있어 그 이름에 부끄럽지 않을 모든 선교 활동의 목적이요 목표였다. 다른 모양의 업무들도 가치가 있고 꼭 필요하겠지만 복음 전파와 교회 건립이 언제나 우선이 되어야 만 한다.

목회와 선교 현장에서의 진솔한 목표 의식이 있다면 교회 성장이라고 할 수 있다. 이보다 더 큰 도전과 매력은 없을 것이다. 한국 교회와 선교 사례 발표를 할 때에 많은 제3세계 교회들이 관심을 가지고 조언을 구하는 것은 '교회 성장'에 대한 갈증 때문이다. 문제는 자칫 주객이 전도되어 단순히 물량 주의와 숫자 성장에 급급하게 될 때에 부작용이 있는 것이다. 그럼에도 인도와 같은 선교지에서는 교회 성장이라는 동기는 개인은 물론 공동체와 대사회적인 역할에서도 중요한 변수가 될 수 있다.

세 가지 부수작업이 시작되었는데 교회 성장 회보(Church Growth Bulletin)라는 월간지 발행, 교회성장 도서 클럽, 윌리암 케리 도서관 등이었다. 실제로 풀러 신학교의 석사 학위 논문들이 윌리암 케리 도서관에서 발간되기도 한다. 매년 안식년을 맞고 있는 선교사들이 미국 교회의 목사들의 유익을 위해 미국 각처에서 교회 성장 연구회를 열고 있다.

두 번째 발전인 **심도 있는 복음 전도(Evangelism-in-Depth)**는 전 라틴 아메리카 선교부의 총무였던 케네스 스타라첸(R. Kenneth Strachan) 박사의 업적이다. EID라고 간단하게 표현하는 이 운동은 주어진 나라의 교회들이 가진 전체의 자원을 활용하여 그 나라의 모든 국민에게 구어체든 혹은 문어체 형식으로든 복음을 전하고자 하는 시도이다. 이 착상은 불이 붙어 세계 각국으로 퍼져가서 다양한 이름으로 부르고 있다. 만인을 위한 생명(New Life For All, 나이지리아), 만인을 귀한 그리스도(Christ For All, 자이레), 역동적인 복음 전도(Mobilization Evangelism, 일본), 복음의 진보(Evangelical Advance, 과테말라) 등이 그것이다. 조지 피터스(George W. Peters) 박사는 '침투 선교'(Saturation Evangelism)라는 구호를 창시하여 다양한 활동을 설명하는데 사용하고 있다.

EID에 깔려 있는 철학은 네 가지 전제에 근거하고 있다.

1) 넉넉히 씨를 뿌림으로 넉넉히 거둔다.

2) 크리스천들은 복음 전도를 위해 합력하여 일할 수 있고 그렇게 해야만 한다.

3) 크리스천들이 그들의 자원을 사용할 때 하나님께서 그것을 증가시킨다.

4) 헌신된 소수가 민족 전체에 큰 영향을 미칠 수 있다.

EDI의 특징은 유동성(mobilization)이라는 말로 요약할 수 있다. 스트라첸 박사는 공산주의, 여호와의 증인과 기타 역동적인 그룹들의 선전 방안들을 집중적으로 연구한 후 다음과 같은 원리를 선언하였다. "어떤 운동의 성장은 전체 회원들이 자신들의 믿는 바를 꾸준히 선전하도록 이끄는 것을 성공하는 데에 정비례한다."

분교를 이용한 신학 교육(TEE) : 라디오 선교의 세 번째 운동은 '분교를 통한 신학교육이다.' 이것은 앞서 언급한 성경 통신 강좌의 발전된 과정이라고 할 수 있다[282]. 즉 국내의 영적 진공 상태에서 자라나 선교지로 전달된 아름다운 이론은 아니었다. 실상 그것은 라틴 아메리카의 실존적 상황에서 자라났다. 그곳에는 급속한 교회 성장과 기존 신학교들이 정상적인 역할을 감당하지 못하는 결과로 거의 6만 명의 목회자들이 성경이나 신학의 정규교육을 받지 못하고 있던 상태였다. 분명히 무엇인가 다르고 획기적인 일이 일어나야만 했다. 이들 목회자들은 나이가 든 사람들로서 이미 목회를 하고 있었고, 일정 기간 동안 그들의 농장, 가게 또는 가족을 떠날 수 없는 이들이었다. 만약 그들이 어떤 종류의 훈련을 받아야만 한다면 신학교가 그들에게 찾아가야 하는 것이지, 그들이 삶의 터전을 떠나 장거리의 신학교에 갈 수는 없었다.

1960년 과테말라의 장로교에서 시작되었다. 이 문제에 있어서도 다른 활동에서와 마찬가지로 랄프 윈터(Ralph Winter)가 지도적 역할을 담당

---

282 오늘날 한국에서 인기 있는 사이버 대학과 학점 은행제를 알면 이해가 쉬우며 누구든지 자기가 원하는 자격증과 학위 과정을 받을 수 있으며 이는 해외와 국제대학 간에도 가능하다.

하였다. 이 제도는 라틴 아메리카의 다른 나라들로 전파되었고 결국 아프리카와 아시아에까지 확장 되었다. 해외 교육 목회 조력 위원회(The Committee for Assisting Ministry Education Overseas, CAMEO)가 이들 연수회의 조직과 재정을 도왔다.

이들 지방 분권적 신학교의 초석은 잘 짜여진 교과서였다. 이것이 교육 받는 목사들이 자기 방식에 따라 편리한 시간에 편리한 진도로 공부할 수 있도록 해 주었다. 정규적으로 배우는 목회자들은 어떤 정해진 장소에서 신학교수와 만나 짧은 시간 동안 상담, 격려, 감독, 시험을 받는 기회를 가졌다. 이는 배우는 기간은 아니었는데 그것은 이미 학습자가 스스로가 했을 것이라는 전제하에서의 만남이었다.

4. 제3세계 선교론

20세기에 들어서면서 선교의 개념과 대상, 방법론에서 엄청난 도전이 일어났다. 그 중에 한 가지 발상의 전환이 선교의 주체가 전환한 것이다. 사도행전 이후에는 누구든지 성령을 받은 사람이면 주의 복음을 땅 끝까지 전하려는 열망과 헌신이 불타올랐으나, 사도 바울이 아시아가 아닌 마케도니아로 건너간 이후, 그리고 네스토리우스 파의 기독교(경교)가 중국 방향으로 전해지고, 중근동과 북아프리카의 기독교회가 십자군 원정의 패배로 이슬람교에 의하여 말살 되면서 기독교 선교의 주도권은 완전히 서구의 로마 카톨릭으로 넘어가게 된다. 비록 중세의 미신과 어둠을 헤치고 종교 개혁의 기치를 들었으나, 선교의 전선에 합류할 수 있는 여력이 개신교회에서는 당시에 찾아 볼 수 없으며, 로마 카톨릭 교회가 교황의 비호아래에 스페인과 포르투갈의 식민주의 정책에 힘입어 아시아와 아메리카, 아프리카의 나라와 민족에게 독점적으로 선교를 하게 되었다. 이 당시에 로마 카톨릭의 선교단의 희생과 약진은 군사작전을 방불하게 하였다. 그러나 산업화를 이룩하면서 구미 각국의 개신교회와 교인들이 중산층이 되고, 민주화를 이루면서 개인주의가 발달하고 복음에 각성을 하고, 이러한 저력과 열정이 선교에 집중 되자, 마침내 위대한 19세기의 선교 부흥기가 찾아온 것이었다. 그러나 20세기를 거치면서 선교의 주체가 전환하게 되었으며, 선교의 개념이 확대되었고, 더 이상 선교는 서양인의 것도 아니고 백인의 전유물이 아니게 되었다.

1] 선교 운동의 중심이 선교부에서 교회로 옮겨지게 되었다.

20세기에 들어서면서 일어난 중요한 선교의 변천 경향은 선교 운동의 중심이 선교부에서 교회로 옮겨진 것이다. 과거에는 선교부 또는 선교회 중심으로 선교가 수행되었다. 그리하여 선교사들을 많이 양성하기 위하여 선교회는 본국의 목사 후보생과는 별도로 선교사를 양성하였고, 자연히 선교사들은 본국의 교회에서는 목회할 기회와 권리를 갖지 못하는 것이 상례였다. 즉 선교사와 목회자는 애초부터 길이 다르고 자질이 다른 것으로 고정 관념을 가졌다. 그러나 20세기에 들어서면서 선교 운동의 중심이 선교부에서 교회로 옮겨지게 되었다. 교회가 선교의 주된 주역으로 등장하였다. 그 이유는 교회는 하나님이 지상에 세우신 유일하고 유구한 선교 사명을 가진 무기이기 때문이다. 교회가 가진 인적, 재정적, 그리고 기도의 역량이 배가되는 선교의 못자리가 되기 때문이다. 선교에 관한 지식이나 경험과 훈련의 과정은 더 이상 선교기관이나 특별한 선교부의 전유물이 아니게 되었다. 누구나 공유할 수 있으며 교통과 통신의 발달로 단기 선교를 통하여 충분히 경험할 수 있는 정보화 시대가 되었기 때문이다. 물론 지금도 상당수의 선교사들이 특정 분야에서의 정보와 네트워킹을 위하여 복수 선교회원권(dual membership)을 소유하고 있다. 뿐만 아니라 이제는 선교사와 목회자의 벽과 간격이 좁혀졌다. 더 이상 선교사와 목회자는 운명 지워진 것이 아니라, 얼마든지 목회자들도 선교사로 지원할 수가 있으며, 중견 목회자들이 선교사로 또는 은퇴한 이후에 선교사로 자원하여 가는 경우가 많아지고 있다. 뿐만 아니라 중견 선교사들 중에 파송 교회의 담임 목사로 청빙을 받아 모범적인 목회를 할 뿐만 아니라, 선교의 후원자이며 병참 기지의 지도자로 역할을 감당하는 경우가 낯설지 않다.

이러한 현상과 정책은 에큐메니컬 운동에서도 나타났는데, 1961년 WCC와 IMC(International Missionary Council, 세계 선교사 협의회)가 합병될 때에, 선교적 사명이 선교단체의 일이 아니라 모든 교회의 책임이 되도록 하기 위하여 합해져야 하다는 주장에 근거하여 두 기구가 합병되면서 천명하였다.

2] 선교의 개념이 세계에 대한 책임을 포함하는 것으로 확대되었다.

두 번째 변화는 선교의 개념이 폭 넓게 변화되었다는 사실이다. 복음 전파만이 선교의 핵심 개념으로 생각하였던 전통적 개념으로부터 20세기에는 교회의 대 사회적이며, 나아가 세계에 대한 책임 발견과 더불어 선교의 범위가 확대되게 되었다. 19세기가 복음 전파를 위하여 몸 바친 선교사들의 시대였다면 20세기는 교회의 하나 됨과 세계에 대한 책임을 다하기 위하여 활동한 에큐메니컬 운동가와 선교의 이론화를 위해 노력한 선교 신학자들이 전면에 출현한 시기라고 볼 수 있다. 반면에 현대의 관점에서 필자가 볼 때에 선교의 확대 개념이 보편적인 하나님의 사랑과 그리스도의 복음 실천이라는 견지에서는 일면 이해 할 수 있으나 진보적인 좌파운동으로 정치에 개입하고, 해방신학이라는 미명하에 제3세계에서 사회적 쟁론과 물의를 일으켜 복음주의 선교와 더욱 간격이 멀어지게 되었다는 것도 기억해야 할 것이다. 거기에 종교 다원화라는 이름 하에서 불신자들을 향하여 '익명의 그리스도인'이라고 미화함으로 전도와 선교의 동력을 상실하게 된 것도 문제점으로 지적할 수 있다.

3] 서구 중심의 선교에서 서구와 비서구의 협력 선교 시대로의 변환이다.

세 번째의 변화는 전통적인 서구 중심의 선교에서 이제는 비서구 세계와의 협력 선교 시대로 변환이 이루어졌다는 사실이다. 이제는 한 지역에서 다른 지역으로 가는 선교 시대가 가고 세계 모든 교회가 세계 모든 미전도 지역을 위하여 함께 선교에 동역하는 시대로 변하게 되었다. 이러한 경향은 1947년 휘트비 선교대회에서 대두되었었다. 즉 기존의 서구 교회들의 약화 현상과 함께 서구 교회와 피선교지 교회들의 선교의 동역 필요성을 느끼게 되면서 모든 족속에게 복음을 전하라는 명령에 모든 교회가 복종하여야 한다고 보게 되었다. 이러한 배경에는 몇 가지 이유가 있다.283

1) 양차 대전을 겪으면서 입은 서구 기독교의 도덕적 지도력의 상실을 들 수 있다. 선교국을 자처하면서 우대를 받아온 서구의 교회들이 전쟁을 통하여 보여준 집단적 이기심과 부도덕성으로 인해 지도력을 많이 상실하게 되었다.

2) 서구 교회 지도자들의 각성과 반성이다. 서방 기독교 국가들의 무자비한 식민지 확충과 제국주의적 통치, 그리고 양차 대전에서 나타난 비도덕적 활동을 방치하거나 동조한 서구 교회의 존재와 역할에 대한 뼈아픈 자기반성이 교회 지도자들에게 있었다.

3) 피 선교 지역의 민족주의 운동의 결과이다. 1945년 제2차 세계대전이 종식 될 때까지 비 서방 세계의 99.5%가 식민지였다. 그러나 그 후 25년 사이에 이들 중 99.5%가 독립하게 되었는데 이 과정에서 표출된 민족주의, 전통 문화, 전통 종교의 복고 운동 등이 자연히 기독교와 선교활동

---

283 서정운, "'선교와 선교사." [장신 논단], 17집, 2001, 455쪽

을 배척하는 성향을 동반하게 되었고, 이런 이유로 서구의 일방적인 선교는 더 이상 가능치 않음이 인식되었다.

남태평양 지역에서 토착민들이 선교 활동에 가담한 적이 있었으나, 최근에 이르러 제3세계의 신생 교회들이 국내와 해외의 선교 사역에 대한 책임을 떠맡기 시작하였다. 이러한 배경으로 1963년 멕시코 선교대회에서 나온 "6대륙의 선교"나 "교회들의 상호협력" 등의 말이 1960년대 세계 선교 계에 가장 유명한 구호가 되었다. "세계의 모든 교회들이 모든 교회들을 위하여,"(from and for all the churches) 동서남북으로 왕래하며 협력하는 시대로 탈바꿈 되었다는 의식 변화가 뚜렷하게 나타나게 되었다. 이러한 의식 변화와 더불어 실제적으로 1970년대부터 3분의 2 세계 교회들이 부흥하고 선교 열도 고조되기 시작한 반면에 상대적으로 선교를 주도해 오던 서방 교회들은 현저하게 쇠퇴의 기미를 보여주었다. 이제 바야흐로 선교는 지리적 개념으로 차이를 구분하기 어려워지게 되었다. 그리스도께서 제자들에게 '땅 끝까지 이르러 증인이 되라'고 하신 그 땅 끝은 어디인가? 바로 내가 서 있는 곳, 여기 일 수도 있고, 아니면 나의 불우한 이웃이 서 있는 곳, 저기 일수도 있으며, 사랑하는 자가 눈물 흘리며 가슴 아파하는 그곳이 될 수도 있을 것이다.

4] 제3세계 선교의 도전이 시작되었다.

오늘날 15,250명의 유색인종 선교사들이 타 문화권에서 사역하고 있다. 기대하는 바와 같이 아시아가 차세대 선교의 길을 향도하고 있다. 그 선구자들이 대한민국이며, 일본, 필리핀, 그리고 중국과 인도의 분발을 기대한다. 마닐라에 있는 은혜 복음 교회(Grace Gospel Church)라는 한 교회에서 국내와 해외의 50명의 선교사들을 지원하고 있다. 1973년 최초로 전 아시아 선교대회(All-Asia Mission Consultation)가 서울에서 열렸다. 14개국에서 초청된 25명의 대표자들이 참석하였었다. 이 대회로부터 아시아 선교협회(Asia Mission Association)가 1975년에 결성되었다. 같은 해에 선교 연구와 발전을 위한 동서양 협력 기구(East-West Center for Missionary Research and Development)가 역시 서울에서 조직 되었다. 이 기구가 제시한 목적은 서기 2,000년까지 최소한 10,000명의 아시아인 선교사를 육성한다는 원대한 목표를 제시하였으며 실제적으로 이미 달성하였다.

1976년 8월 세계 각처로부터 1,600명의 중국인들이 세계 선교를 위한 중국인 합동회의(Chinese Congress)를 위해 홍콩에서 모였다. 1981년에 싱가포르에서 열린 제2차 대회에서 사절들은 선교와 교회 성장을 촉진하기 위한 10년 계획을 결정하였다. 그들은 중국 이외의 지역에 사는 4천만 명에 달하는 그들의 동포들의 영혼 구원에 특별한 관심을 표명하였다.

1977년 1월 인도 복음협회(Evengelical Fellowship of India)는 선교와 복음 전도에 관한 전 인도대회를 후원하였다. 이 대회는 374명의 참석자를 인도 전국으로부터 불러들였고 인도, 한국, 일본, 스리랑카, 영국, 미국 등지로부터 25명의 업서버들을 초청하기도 하였다. 공식 회보인 데브랄리 편지(The Devlali Letter)는 이미 20개 이상의 인도 언어로 발행되고 있었다.

아프리카와 라틴 아메리카의 교회들도 뒤늦게 시작했으나 나름대로의 공헌을 하기 시작하였다. 브라질은 전 라틴 아메리카 선교사의 75%를 공급하고 있다. 아프리카에서는 서아프리카의 복음주의 교회들이 주로 복음이 미치지 않는 곳에 사는 나이지리아 부족들 사이에서 활약하는 해외 선교사들과 국내 전도 활동을 하는 부부 선교사들 260쌍을 지원하고 있다. 선교를 받았던 나라와 민족이 이제는 선교하는 나라가 되었다. 이것이 의심할 나위 없이 20세기 선교활동의 가장 감격스러운 발전이라고 할 수 있다.

■ 나가는 말

30여 년 전 담임 목회 초창기부터 인도 현지 선교지를 탐방하고 허다한 선교사님들을 만나고 배우며, 특별히 현지인 사역자님들을 섬기며, 지금까지 지내왔습니다. 돌아보면 선교가 나의 목회에서 주요 아젠다인 것을 알았습니다. 그럼에도 제대로 선교학 개론 한권 독파하지 못한 채, 신학교 수업 시간에 받은 정보가 전부였기에 은퇴를 앞두고 마침 불어온 코로나19 사태를 만나 선교학 만은 공부를 하려고 작심하고 수개월 선교학 관련 도서를 섭렵하였으며 점입가경 공부 할수록 더욱 재미가 나고 탄력이 붙어서 제법 통통한 교재가 되었습니다. 그러나 선교학자가 아닌 필자로서는 저술이라기보다는 이제까지 선진들의 지식과 정보와 필자의 경험을 바탕으로 일관성 있게 그리고 선교학을 배우는 신학생이나 평신도들에게 쉽게 접하고 이해할 수 있도록 설명을 붙여서 편집했습니다.

신구약 성경에서부터 하나님의 선교 이념을 확인하고, 현대 선교의 화두를 접하며 2,000년 세계 선교의 역사를 통하여 많은 감동이 있었습니다. 처음에는 연연히 작은 시내처럼 흐르던 복음의 줄기들이 로마 카톨릭 교회의 위세 앞에 십자군 전쟁을 겪으면서 구교의 선교 전성기를 겪으며, 19세기 개신교 선교의 황금기를 거쳐서 마침 한국 선교에 이르러서는 감개무량한 발전과 도전을 맛보게 되었습니다.

선교에서도 목회에서도 중요한 요소는 사람이며 경제력이 뒷받침 되어야 한다는 사실입니다. 즉 선교의 지도자 배출이 중요하며, 선교를 위하여 경제력이 축적 되어야 한다는 현실입니다. 개신교 선교가 로마 카톨릭 선교에 뒤처졌던 이유가 여기에 있습니다. 물이 높은 곳에서 낮은 곳으로 흘러가듯이 복음 선교도 선진국에서 후진국으로 개발도상국을 거쳐서 다시 선진 사회가 되면 선교의 땅 끝 또는 사각지대를 찾아가게 되는 것을 한국 선교를 통해 익히 알 수가 있습니다. 이러한 논리로 볼 때에 소위 선진국이라는 일본과 유럽, 그리고 미주에 역선교를 시도한다는 것은 대단한 도전이 아닐 수가 없습니다.

특히 전 세계를 풍미하고 있는 이슬람 선교는 난제 중의 난제입니다. 단순한 경제 논리와 계몽주의적인 접근으로는 한계에 봉착하고, 역사적으로 인류 문화적으로, 종교철학과 실제 삶의 문제로 쉽게 풀 수 없는 낭패를 직면하게 됩니다. 아울러 저자가 오매불망 기대하는 인도 선교도 예사가 아닙니다. 아무리 해도 넘을 수 없는 중국의 만리장성보다 더 높고 강력한 카스트 제도의 장벽이 있습니다. 이미 선교의 결실로 자랑하는 필리핀과 남미의 카톨릭에서 보듯이, 복음주의 개혁 신앙의 재선교가 필요합니다. 사실은 기독교를 믿는 사회와 국가에서도 진정한 신앙은 '날마다 개혁되어져야'(always reformed) 한다는 당위성을 찾을 수 있습니다.

선교사 사도 바울이 고린도 교회에 전한 말씀으로 결어를 삼으려고 합니다.

"내가 내 몸을 쳐 복종하게 함은 내가 남에게 전파 한 후에 자신이 도리어 버림을 당할까 두려워함 이니라"(고전 9 :27).

■ 주요 참고 도서

안승오, 박보경, [현대 선교학 개론], 서울, 대한 기독교서회 2008.

허버트 케인 저, 신서균, 이영주 공역, [세계 선교 역사], 서울, 기독교문서 선교회, 1993.

한국선교신학회 엮음, [선교학개론], 대한기독교서회, 2001.

채은수, [선교학총론], 서울, 기독지혜사, 1991.

J. H. 바빙크 저, 전호진 역, [선교학개론] 서울, 성광문화사, 1980.

김양선, [한국기독교사 연구], p. 86. S.A. Moffet, 자료, An Educational Ministry in Korea, 1907.

강문석, [선교신학개론], 서울, 성광 문화사, 1985.

허버트 케인 저, 박광철 역, [기독교 세계 선교사], 서울, 생명의 말씀사, 1981.

T. S. 솔토우저, 신홍식 역, [현재 선교전략], 서울, 크리스탄 헬럴드 사, 1972.

이광순, "요나서를 통해 본 선교". [선교와 신학] 1집(서울 장로회 신학대학교 출판부, 1998).

이영헌, [한국기독교사], 서울 컨콜디아 사, 1983.

민경배, [한국기독교회사], 서울대한기독교출판사, 1982.

장중열, [교회 성장과 선교학], 서울: 성광 문화사, 1978.

휘체동 게으르크 F., (박근원 역), [하나님의 선교] 대한 기독교 출판사, 1980.

Andrew Walls, "개종이냐 회심이냐: 신약에 나타난 복음과 문화", [선교와 신학] 9집(서울 장로회 신학대학 출판부, 2002).

Arthur Glasser, The Story of God's Mission in the Bible, Grand Rapid: 2003.

Adorf Harnack, The Mission and Expansion of Christianity(New York: Har per and Brothers, 1962).

Basil Mathews, Forward through the Ages, (New Your: Friendship Press 1960).

Beyerhaus Peter, *Shaken Foundation,* Grand Rapids: Zondervan Pub., Co., 1972.

Charles Watson, What Is This Moslem World? (New York: Friendship Press, 1937).

Chae Eun Soo, *"Toward Full Maturity of the Korean Presbyterian Church"*

(논문), 1976.

Charles H. Robinson, *History of Christian Mission*(New York: Scribeers, 1915).

Conybeare and Howson, LIfe and Epistles of St. Paul(London and New York:Longmans, Green and Co., 1901).

C. Peter Wagner, Latin American Theology: Radical or Evangelical? (Grand Rapids: Eerdmans Publishing Company, 1970).

David G. Firth, That the World May Know: Narrative Poetics in 1 Samuel 16-17, Text and Task: Scripture and Mission(Paternoster Press, 2005).

Dieter Manecke, *Mission Als Zeugendienst,* Wuppertal: Theologischer Verlag Rolf Brockhaws, 1972.

Donald A. McGavran, *Understanding Church Growth,* Grand Rapids: Eerdmans pub., 1970.

D. M. 하워드, [학생운동과 세계 복음화], (서울: 생명의 말씀사, 1980).

Ernest Wright, The Old Testament and Theology(New Your: Harper & Row, 1969).

Freeland Abbott, Islam and Pakistan(New York: Cornell University Press, 1968).

George Eldon Ladd, The Pattern of New Testament, Grand Rapids: Eermans Pub., Co., 1968.

George Peters, A Biblical Theology of Mission(Chicago; Moody Press, 1972).

Gustav Warneck, History of Protestant Mission(New York: Revell, 1904).

Harold R. Cook, *Christian Mission,* Chicago: Moody Press, 1977.

Harry Boer, Pentecost and Mission (Grand Rapids: Eerdmans, 1961)

H. H. Rowley, The Missionary Message of Old Testament(London; 1955).

Johannes Verkuyl, *Contemporary Missiology: An Introduction,* 최정만 역, [현대 선교 신학 개론] 서울: 기독교 문서 선교회, 2006.

Johannes Blauw, The Missionary Nature of the Church 전재옥. 전호

진. 송용조 역, [교회의 선교적 본질] (서울: 한국 장로교 출판사, 2002),

Johannes Nessen, New Testament and Mission: Historical and Hermeneutical Perspectives, 최동규 역, [신약성경과 선교: 역사적 해석학적 관점들] (서울: CLC, 2005).

John Piper, Let the Nation be Glad, 김대영 역, [열방을 향해 가라.] 서울 좋은씨앗, 2005).

Joseph Schmidlin, Catholic Mission History(Techny, III.:Dicine Word Mission Press, 1933).

J. C. Hoekendijk, *the Church Inside Out* Philadelphia: Westminster Press, 1964.

 K.S. Latourette, The First Centuries(New York: Hapter and Brothers, 1937).

Lloyd E. Kwast, "Understanding Culture," in Perspectives on the World Christian Movement: A Reader, eds., by Ralph D. Winter and Steven c. Hawthorne(Pasdena: William Carey Library, 1991).

Lucien Legrand, Unity and Plurality: Mission in the Bible (Maryknoll: Orbis Books 1990).

Marvin K. Mayers, Christianity Confronts Culture: A Strategy for Cross-Cultural Evngelism(Grand Rapids: Academic Books, 1987).

Max Waren, I believe in the Great Commission(Grand Rapids: Edermans Publishing company, 1976).

M.K. Gandhi, Christian Missions: Their Place in India(Ahmedabad: Navajivan Press, 1941).

Orlando E. Costas, *The Integrity of Mission,* New York: Harper & Row, 1979.

Paul A. Varg, Missionaries, Chinese and Diplomats: The American Protestant Missionary Movement in China 1890-1952(princeton: Princeton University Press, 1958).

Peter Beyerhaus, *Missions; Which Way?* Grand Rapids: Zondervan pub., Co. 1961.

Richard J Payne, Francis and Clare: The Complete Works(Ramsey: Paulist Press, 1982).

R. Park Johnson, Middle East Pilgrimage(New York: Friendship Press, 1958).

Stephen Neil, A History of Christian Mission(Baltimor: Penguin Books, 1964).

Stephen Neill, *Call to Mission*(Philadephia: Fortress Press, 1970),

S. Neil, *A History of christian Missions* (Harmondsworth: Penguin Books, 1966).

Tames Scherer, *Missionary, Go Home*, Englewood cliffs: Prentic-Hall, Inc, 1964.

Thomas E. Breweser and Elizabeth S. Brewster, Bonding and Missionary Task(Pasadena: Lingua House, 1982).

Waldron Scott, *Karl Barth's Theology Mission*, Dewners Grove: InterVarsity Press.

Walter Brueggermann, *First and Second Samuel.*
(Louisville: John Know Press, 1990).

Walter Oetting, The church of the Catacombs(Saint Louis, Mo.: Concordia Publishing House 1964).

William J. Coleman, Latin-American Catholicism: A Self Evaluation (Maryknol, NY: Maryknoll Publications, 1958).

Will Durant, The Age of Faith(New York: Simon and Schuster, 1950).

W. Pakenham Walsh, Early Heroes of the Mission Field, New York: Fleming H. Revell Co.

W.W.Baird, The Spirit Among Pyeung Yang Students, K.M.F. Vol.III, 1907 May.

＊ 기타 다양한 인터넷 사이트와 주요 참고 도서에서 재인용하였음.

부 록

인도의 토착화 선교, YMBB 리포트

인도의 토착화 선교,
YMBB 리포트

■ 들어가는 말

"선교비 보내는 것이 전혀 부담이 되지 않고, 보고 싶은 선교사님, 가고 싶은 선교지"

대길교회가 인도 선교를 시작한지가 어언 35년이나 되었다. 많은 세월과 재정지원과 인력을 투자하였으나, 여전히 자립하지 못하고 대외 의존도는 높아지고, 계속적인 기도와 후원을 요구하기에 이르러, '밑 빠진 독에 물 붓기'라는 자조어가 등장하게 되었다. 특히 한국 선교의 일천한 역사에 비하여 인도 선교는 이미 유구한 역사와 쟁쟁한 선교인력이 투자되었고 상당한 노하우가 쌓여 있음에도 자립 선교의 길은 요원하고 후원하는 교회로서는 지치고 실망하여 볼멘소리가 들려지며 작금에 선교비 후원금은 한계에 다다르고 있으나, 현지에서 추진하고 소요되는 예산서는 갈수록 높아져가고 있는 실정이었다.

처음에는 주력 선교가 아니라, 구제 차원에서 시작하였으나 나중에는 부스러기를 줍는 심정으로 이어져가던 주변 선교가 주목 받게 된 것은 소요 예산과 인력에 비하여 눈에 띄는 발전과 결실이 있어서였다. 현재 대한 예수교 장로회(합동) 선교기관인 GMS가 후원하는 선교비에 비하여 턱 없이 작은 금액의 월보조금으로 시작되었다. 그러나 현지 선교사의 활동은 가성비가 뛰어나 신기하고 놀라워 많은 사람들의 주목을 받으며 점차 알려지게 되어 급기야 CTS에서 두세 차례 방영되고 뜻을 같이 하는 후원자들이 답지하였다. 여하한 불경기에도 불구하고 운영이 되고 있으며, 2020년 Corona19 사태에도 불구하고 코로나 보너스(corona bonus)와 선물 키트를 몇 차례 보내기에 이르렀다.

혼자만 알고, 매년 받아보는 보고서로 묵혀두기에는 아까워 작은 논문 형식으로 작성하여 제3세계의 경제적이며 효과적인 선교를 꿈꾸는 이들에게 좋은 소식이 되기를 바라는 심정으로 필을 들었다. 앞서 선교학 개론을 집필 한 후에 가장 절실하고 실제적인 선교를 '미전도 종족 선교' 혹은 '제3세계 선교론'으로 규정하였다. 구제와 선교를 받던 나라와 민족이 이제는 남을 돕고, 선교하는 나라로 도약하는 그 꿈이 현실화 된 것이다. 바로 한국 선교의 실상이며 장차 나아갈 방향성을 찾은 것이다. 우리의 신앙이 전하고 기도할 때에 성장하듯이, 교회의 성장과 부흥도 하나님이 기뻐하시는 선교에 진력할 때에 더욱 발전하고 심령이 뜨거워지는 것을 믿으며 목격하였기 때문이다.

한국의 네비우스 정책과 오늘날의 YMBB. 선교의 접촉점과 차이, 그리고 나아갈 비전을 제시하는 것이 본 논문의 목적이다. 물론 필자의 안목이 그리 넓지 못하여 좁은 시각으로 보는 한계가 있으며 다소 주관성을 떨치고 객관적으로 서술하려고 하였으나 독자의 시각에 따라서는 동의하지 않을 수도 있을 것이다. 다양하고 복합적인 선교의 전략과 견해가 있을 수 있다.

그럼에도 필자의 견해와 경험으로는 가장 안전하고 항구적이며, 경제적으로도 누구나 시도할 수 있는 선교 전략이라고 생각한다. 가장 중요한 것이 사람이기에 토착민 동역자를 만나고, 교제하며 신뢰를 쌓고, 우의를 다지며, 마침내 본 궤도에 연착륙하는 것이 관건이라고 할 수 있다. 이것은 우연히 행정적으로, 단기간에 되어지는 것이 아니며 이는 목회의 현장에서도 통하는 인사일 것이다.

2020년 3월에 YMBB 선교지를 순회하면서, 일행들이 현장을 돌아보고, 소속된 교인들과 학생들, 동네 사람들을 보면서 공감하고 인정하는 것이 결코 작은 일이 아니었으며, 20여년의 공든 탑이 눈에 띄며, 이제는 자립 선교를 할 수 있으며, 저들의 교회와 부락이 깨어나고, 살 길이 열린 것을 목도하게 되었다는 것은 감사한 일이다. '인도의 선교는 인도인의 손으로' 세워지고 학교와 공동체가 자립할 수 있다는 것은 꿈같은 일이었다. 더 이상 선교사는 매니저와 딜러가 아니다.

인도라는 대륙은 한두 번 방문하여 이해할 수 있는 곳이 아니며 다양한 민족과 언어와 전통과 역사가 있기에 상당히 조심스러운 면이 있는 것도 사실이다. 신학교 시절에 스스로 '국내용'으로 자처하며 선교에 담을 쌓고 있었으나, 인도 선교의 선두주자인 대길 교회의 담임 목사로 부임하여 인도 선교 여행을 20여 차례 하면서 안목이 열리며, 경험을 축적하게 되었으며, 현지를 방문하여 선교 동역자들과의 오랜 교제를 통하여, 깨닫게 되었다. 특히 초창기 고 이기섭 장로 선교사와 칼카타의 Sukrit Roy(GMS 소속)선교사님의 도움과 안내에 힘입은 바가 적지 않았다.

YMBB.는 'Youth Mission Band of Brothers'(청소년 선교를 위한 형제들의 모임)의 약자이다. 본 선교회를 후원하는 작은 손길들이 모이고, 같은 선교의 뜻과 우정이 모여서 큰일을 도모하게 된 것은 전적으로 주의 은혜이며, 구성원들의 빛과 소금 같은 헌신에 힘입었음을 고백하는 바이다. 그럼에도 대길교회 선교위원회와 실업인 선교회, 그리고 허다한 후원자들을 잊을 수가 없다.

목 차

"YMBB의 자립 선교"

인도의 토착화 선교 리포트

제1부

인도와 한국의 만남

제1장 신화와 역사적 교우

1. 신화와 역사 사이에서 만나다.

"아득한 옛날, 어디서 닭 우는 소리가 들렸을까?"

인도와 한국은 전혀 상이한 나라와 민족으로 보이며 그렇게 생각한다. 그러나 아주 오랜 과거에 신화적인 인연의 끈이 있었으니, 이는 단순한 설이 아니라 실제이며 역사적인 고증이 따른다. 삼국유사 가락국기에 따면, AD48년 7월27일(음력으로 추정) 붉은 돛을 단 배가 오늘날 김해를 중심으로 일어난 가락국(후에 가야로 변함)에 도착하였다. 배에서 여러 명이 내렸다. 그 중에 한 여인이 수로 왕 앞에 나아가 자기를 소개하였다.

"저는 아유타국 공주입니다. 성은 허씨, 이름은 황옥284이고 나이는 16세입니다. 저는 배를 타고 멀리 증조(蒸棗)를 찾고, 하늘로 가서 반도(蟠桃)를 찾아 이제 아름다운 모습으로 용안에 가까이 하게 되었습니다."

왕이 대답하기를, "나는 나면서부터 사뭇 성스러워서 공주가 멀리에서 올 것을 미리 알고 있어서 신하들이 왕비를 맞으라는 청을 하였으나 따르지 않았다. 이제 현숙한 공주가 스스로 왔으니 이 사람에게는 매우 다행한 일이다."라고 하였다. 드디어 그와 혼인해서 함께 이틀 밤을 지내고 또 하루 낮을 지냈다.

허황옥이란 사람의 고향은 아유타국이며 배를 타고 왔으며 김수로285 왕의 왕후가 되었다. 이 허 황후는 아들 10명을 낳았는데 맏아들은 김씨 성을 잇게 하고, 두 아들은 황후의 뜻을 살려 허씨로 성을 받았다. 김해 김씨는 부성(父姓), 허씨는 모성(母姓)을 각각 계승했다는 전설 때문에 두 성씨는 오늘날에도 성혼을 피한다. 허씨는 한국성씨 통계에 의하면 현재 326,770명으로 조사되어 한국 성씨의 인구 순위로 29위이다. 본관은 양천, 김해, 하양, 태안, 함창 등이 있다.

아유타국이란 어디에 있는가? 갠지스 강변의 아요디아(Ayodhia)를 뜻한다. 아요디아는 힌두교의 중흥 시조인 라마(Ram) 왕의 탄생지로 세계적인 명성을 갖고 있다. 인도의 아유디아에서 김해까지 2,000년 전에 어

---

284 대성동 고분에서 나온 허 왕후의 뼈를 서울대 김종일, 서정선 교수가 DNA를 분석하니 인도의 타밀인과 일치하는 결과가 나왔다. 인도에는 크게 두 종족 : 아리안 계통과 드라비다 계통이 있으며 타밀족들은 남부의 드라비다 족이며 2,000년 전에는 북부에 상주하였으며, 후일 아리안족에게 밀려 남부로 이동한 것으로 보인다. 도마가 선교하고 복음을 받아들인 마도마 교회와 마드라스 인근의 복음화 율이 높다.

285 수로왕(首露王,재위 42년-199년) 또는 김수로는 가락국의 초대 국왕으로 김해 김씨의 시조이다. 김수로가 내려 올 때의 구지가가 유명하다. "거북아, 거북아 머리를 내놓아라. 그러지 않으면 구워서 먹으리." 허황옥 왕비로 무려 158년 동안이나 살았다는 신화적 인물이다. 그 때에 그가 선원들에게 내린 하사품이 450필의 비단이었는데 당시의 교역 물량이라고 한다. 그의 후손으로 김유신 장군이 있으며, 문무대왕은 김수로왕의 15대 외손이라고 한다. http ://ko.wikipedia.org/wiki/수로왕.

떻게 올 수 있었고, 그 증거는 무엇일까?

일설에 의하면 중국의 사천에 도착한 인도인들은 보주(오늘날 안악)에 잠시 정착하였다. 이들은 이곳에 아유타국의 분국 같은 것을 세우고 지내다 중국의 한 나라와 충돌하였다. [후한서]에 따르면 서기 47년 봉기후 소수민족들이 보주를 떠나 강하로 강제 이주 당하였으며, 다음 해에 허황옥 일행은 황해를 건너 김해에 도착했다는 설이 있다. 현재에도 중국의 보주에 허씨들이 15만 명이 살고 있다고 한다.

허황옥이 가져온 결혼 예물 중에는 인도와 미얀마의 특산품 중 하나인 경(옥의 일종)과 구(루비의 일종)가 포함되어 있었다. 가락태조 왕릉 중수비에 있는 이수는 우리나라 그 어느 비각에서도 찾아 볼 수 없는 독특한 문양을 수놓고 있는데 태양빛 같기도 한 것이 중앙에 있고, 그 주위에는 이상한 형체의 동물 같은 것들이 새겨져 있다. 이것은 인도 아요디아의 태양 왕조를 상징하는 것으로 붉은 바탕에 흰색의 깃발에 그려진 문양과 똑 같다는 것을 알 수 있다. 또 수로왕릉 정문에 있는 신어상인데 이 상은 인도 아요디아의 관공서와 성문 그리고 저택 등에 조각된 것과 똑 같은 모양이라고 한다286.

2008. 3.8 KBS 스페셜 방송에 의하면 허 왕후는 가락국기에 의하면 하나님(상제, 엘샤다이)의 계시가 인도 아유타 국왕인 허 왕후 아버지에게서 있어서 시집왔고, 기독교인이었다고 한다. 당시의 유물 중에는 '목자상'과 성도상의 두 개의 석상도 발견되었다. 전설에 의하면 허왕후가 시집 올 때에 차를 가져왔는데 근래에 허 왕후가 가져온 대엽종 차나무의 군락지가 김해에서 발견되었고 이를 재배하고 영농 조합을 만들어서 '장군차'라는 이름으로 시판하고 있다. 경남 하동권 진교면 백련리 새미골 도요지에서도 대엽종이 발견되었는데 이 차의 종자는 잎의 외형도 한국의 소엽종과

---

286 경남 김해시 가야테마 파크 길161 번지의 '가야 테마 파크'에서 전시 되어 있다.

다를 뿐 아니라 성분도 다른 것이 생물학 분석 결과 입증되었다.287

결론적으로, 김해 허씨와 김씨는 다 합해서 한국에는 600만 명 정도 되는데 인도인의 피가 흐른다고 볼 수 있다. 그러므로 한국은 인도와 유례를 찾아 볼 수 없을 만큼 특별하고도 친밀한 혈통관계를 가지고 있다.288

제2장 해외 선교역사의 현장

1. 동서양의 만남 : 알렉산더 대왕의 인도 원정사

인도가 세계사에 등장하는 역사는 인더스 문명과 연결하면 아득한 고대에 속하지만, 서양사에서는 알렉산더 대왕이 페르시아를 정복한 이후에 부하 장군들의 반대에도 불구하고, 인도 북부의 원정길에 오른다. 인더스 강 유역의 피르사르를 급습하여 정복하고, 주전326년 인도의 포로스 왕의 군대와 히다스패스 강(지금의 젤롬강)을 사이에 두고 치열한 전투를 치르게 된다. 당시 인도의 막강한 코끼리 부대(200기)에 맞서 우세한 기마병으로 맞서서 승리하고 자신의 애마의 이름을 따서 부케팔로스라는 도시를 건설하였으나 부장들의 반대와 인도의 습한 기후와 병, 모기 때문에 더 이상 체류하지 못하고 다시 페르시아로 회군하였으며 이때의 잔류 병력은 1/10에 지나지 않았다.289 본래는 갠지스강을 건너 동쪽

---

287 bolg.daum.net/osowny/'주후 1세기 가야국은 기독교 국가였다.' 삼국시대에 불교 가 전래된 것은 AD. 372년 이었으니 어떤 형태로든 기독교가 먼저 전래 되었다고 볼 수 있다.

288 http ://mooneun.tistory.com/etry/허황옥.

289 http ://peacefulbreak.tistory.com/73 '알렉산더 대왕, 그리고 히드스페스 강 전투'

끝의 해안에 자신의 이름을 새긴 비석을 세우려고 하였으나 알렉산더 대왕은 인도 원정의 과로와 얻은 부상과 질병으로 결국은 고향 마케도니아에 가지 못한 채 병사하고 말았으며(BC.323), 그의 사후에 적자인 알렉산더 4세가 암살 되고, 천하는 4분 되어 카산드라는 마케도니아와 그리스, 라사마코스는 소아시아와 트라키아를, 셀레우코스 리카토르는 메소파타미아와 시리아를, 프틀레미아오스 1세는 이집트와 팔레스타인을 통치하게 된다.[290] 유대는 중간기를 거치면서 마카비 왕조 시대에 이르며 이후에 이두메 사람 대 헤롯이 등장하여 신약 성경과 연결된다.

2. 초기 기독교회의 설립

광대한 인도 대륙에는 기독교가 언제 어떻게 전해졌는가? 유세비우스는 마토마 교인들이 1세기에 도마에 의해 그들의 교회가 설립 되었다(주후52년)고 굳게 믿는다고 전한다. 도마는 남인도 첸나이(마드라스)에서 순교하였으며, 그의 무덤이 남아있으며 도시에 성 도마 교회가 타밀 족들의 기독신앙 중심지로서 건재하고 있다. 그러나 이 전설 같은 이야기에 대한 역사적 증거는 사실상 다른 사도들이 브리튼(오늘날의 영국)이나 골(오늘날의 프랑스)에 도달했다는 증거보다 오히려 더 탄탄하다고 학자들은 증언한다. 도마가 인도에 갔다는 언급은 이미 유세비우스, 히에로니무스, 나지안주스의 그레고리우스, 암브로시우스 등 초기 교부들의 증언에 일관되게 등장한다.

다른 루트로는 판테누스가 인도 선교를 위해 180년 경 알렉산드리아의 교리 학교를 떠났다고 전해진다. 분명히 인도에는 3세기 이후 기독교가 존재해왔고 마토마 교회(Mar Thoma Church)는 키베르 패스 동부 지

---

290 blog.naver.com/PostView. nhn? '알렉산더 사후의 분열과정'

역에서 가장 오래된 기독교 교회이다. 인도에 있는 기타 시리아 교회들도 오랜 전통이 있다.291 역사가들에 따르면 16세기에 포루투칼이 전한 카톨릭과는 다른 계통의 기독교가 지금도 인도에 남아있다고 한다. 남인도의 켈리라 주, 타밀나두 주, 고아 주, 마라슈트라 주에 기독교인들이 많이 거주하고 있다. 그러나 근대의 역사적 기록으로서 존재하는 인도의 선교 역사는 먼 후일 다음에 살펴 볼 수 있다.

3. 로마 카톨릭 교회의 인도 선교

바스코 다 가마가 희망봉을 돌아 1498년 인도항로를 발견하였을 때 새로운 시대가 시작되었다. 그를 수행했던 프란시스코 수도사들이 아시아의 이 지역에서 카톨릭 교회 선교 활동을 시작하였다. 이 당시에 이슬람 교도인 무굴 사람들과 포르투갈 탐험가들이 인도에 도착하였다. 몇 가지 요소가 작용하여 개종자들을 얻는데 있어서 카톨릭 교도보다 이슬람교도에게 이점이 제공 되었다. 기본적으로 무역에 관심이 있었던 포르투갈 인들은 서해안에 위치한 몇몇 작은 식민지에 만족하고 있었다. 반면 정치적 정복에 관심을 기울이고 있던 무굴 족은 이 인도 대륙의 대부분의 지역을 침략하였다. 포르투갈 상인들의 방탕한 생활 방식이 인도인들 사이에 추문을 남겨 기독교에 나쁜 평판을 남겨주었다. 힌두교의 엄격한 카스트 제도는 새로운 종교를 받아들이는 데 극복하기 힘든 장애물

---

291 인도 교회의 역사를 보존하고 있는 교단이다. 즉 도마 사도가 주후52년에 와서 세운 교회의 신앙 전승을 이어가고 있다. 이 교단의 특성으로는 예전은 정교회 방식을, 신학은 개혁주의 신학을, 교회 행정에 있어서는 대의제를, 신앙과 목회에서는 복음주의를 표방하고, 주로 남부 케랄라 주를 기반으로 하고 있으며 특히 1895년부터 시작된 마라몬 컨벤션은 1백년 이상의 전통을 가진 신앙 사경회로 연인원 10만 명 이상이 회집되고 있다. 인도 기독교인은 3%에 불과하지만, 인구수로는 3,000만 명이 넘으며 신학교도 100개 이상이며 교육부 인가 신학교도 40여개가 넘는다. [한국 기독 공보] 2002. 3. 30일 자 인용.

이 되었다. 포르투갈이 그들의 후원권을 민감하게 방어하였으므로 모든 포르투갈 이외의 선교사들의 활동에 심각한 타격이 되었다. 이러한 상황 속에서 이슬람교도가 기독교보다 많은 개종자를 얻게 되었던 것은 놀랄 일이 아니다.

모든 대규모 종교 단체들이 인도에서 활동하였는데 그들 중 예수회가 가장 큰 영향을 끼쳤다. 이미 살펴본 바와 같이 최초의 예수회 선교사였던 프란시스 자비에르가 1540년대에 3년간 인도에서 활동을 한 바가 있었다. 한 세대 후에 기독교는 북부 인도의 가장 뛰어난 무갈 지배자였던 악바르 황제의 지적 호기심을 불러일으키게 되었다. 1579년 그는 그의 웅장한 공작 보좌 궁전으로 선교사들을 초대하였다. 루돌프 아카비바 신부(Rudolf Acquaviva : 1550-1583)가 선교단의 총수로 선출 되었다. 악바르는 이 예수회 지도자에게 강한 매력을 느껴 그와 자주 종교적 토론을 하곤 하였다. 그러나 그가 기독교인 되기를 거부했을 때 예수회는 고아 지방으로 철회 되었다. 그 후 얼마 안 되어 아카비바는 광신적 힌두교도에 의해 살해 되었다. 악바르 대제는 그의 친구의 살해 소식을 듣고는 슬피 울었다고 한다. 1590년 예수회가 무굴 왕조로 돌아가자 황제가 따뜻하게 환영하였다. 황제는 그의 신하들에게 기독교를 받아들이도록 하는 법령을 발표 하였다. 한 동안 예수회 선교단은 정부로부터 보조금을 받았다. 라호(Lahore)에 기독교 교회가 설립되었으나, 개종자의 숫자는 많지 않았다.

인도의 로마 카톨릭 선교사들 중에 가장 유명한 이는 로버트 드 노빌리(Robert de Nobili) 신부인데 그는 이탈리아 귀족 출신 예수회 신부로 1605년 고아에 도착하였다. 그 다음 해에 그는 남부의 마두라(Madura)에 거주하며 활동 하였는데 개종자는 별로 얻지 못하였다. 드 노빌리는 동서간의 문화장벽이 장애가 됨을 발견하였다. 인도인들은 유럽인들이

고기를 먹고 포도주를 마신다하여 멸시하였다. 그는 자신을 로마 브라만(힌두교 최고의 카스트인 종교지도자급)으로 꾸며 음식과 의복을 포함한 인도식 생활방식을 받아들였다. 그는 힌두교 경전 연구에 몰두하여 유럽인 성자라는 명성을 얻었다. 곧 힌두교들이 그의 집으로 몰려들었다. 42년 동안 상류층에게 전도를 하여 수천 명의 개종자를 얻었다. 그의 사후 동료들이 드 노빌리가 세운 전통을 계승하였다. 17세기 말경에 마두라에는 15만 명의 기독교도들이 있었다.

4. 개신교의 인도 선교 역사

1) 근대 선교의 아버지' 윌림암 케리(William Carey, 1761- 1834) :

인도의 선교역사에서 케리가 최초의 선교사는 아니었다. 이미 독일의 지겐발크가 1706년에 남인도 타밀나두 지역에서 사역을 하였었다. 윌리암 케리는 1761년 영국 노스햄프톤의 작은 마을 윌리암에서 태어났다. 그는 어린 시절 학구열이 높아 문맹을 깨치고 글을 깨우쳤다고 한다. 고등학교를 졸업한 후에 아버지의 강권에 의하여 당시 인기 있는 직업이었던 구두 수선공의 도제 노릇을 하였다. 1779년 켈리가 19살 때 한 기도회에서 히브리서 13장 13절에서는, "그런즉 우리는 그 능욕을 지고 영문 밖으로 그에게 나아가자"는 말씀을 통해 심령으로 깊이 깨닫고 세상과 타협한 신앙을 회개하고, 그리스도를 위해 전 생애를 헌신하겠다고 결심하였다.292 회심 이후에 그는 영국 국교회를 떠나 '비국교도의 모임'에 몸담고 즉각 근처의 여러 교회에서 설교하기 시작하였다.

1781년 20회 생일을 맞기 직전에 케리는 주인의 처제와 결혼하였다.

---

292 KCM search, '윌리암 케리.' 윌리암 케리편을 자세히 다루는 것은 그가 차지하는 선교의 비중과 저자의 인도 선교경험(20회 방문)과 차세대에 선교의 비전을 제시하기 위함이다.

아내 도로시(Dorothy)는 그보다 다섯 살이 많았고, 글을 읽거나 쓸 수 없었다. 처음부터 약간 삐끗했던 결혼은 케리의 학식이 넓어져 감에 따라 날이 갈수록 그 간격이 벌어지기만 했다. 신혼 초 그들의 결혼 생활은 빈곤과 비참이라는 말로 요약할 수 있었다. 한동안 캐리는 아내와 자식들뿐 아니라 전 주인의 미망인과 4명의 아이들까지 부양해야만 했다. 경제적으로 쪼들리는데도 불구하고 그는 공부와 목회를 계속해 나갔다. 1785년에는 조그만 침례교회의 목사직을 맡았는데 나중에 레스터(Leicester)에 있는 큰 교회에 부임해 갈 때까지 그곳에서 봉사하였다.

그는 후에 침례교에 가담하도록 설득 당하였으며, 26세 때 그는 존 수트클리프, 존 라일랜드, 엔드류 플러로부터 공식적인 안수를 받았다. 이 기간 중에도 구두를 고쳤고 주중에는 학교에서 가르쳤으며 주일에는 설교를 하였다. 여가 시간에 손에 닥치는 대로 책을 읽었는데, 그의 배움에 대한 정열은 교사 출신이었던 아버지와 할아버지로부터 물려받은 것이었다. 그는 스스로 라틴어, 헬라어, 히브리어, 이탈리아어, 불어, 폴란드어를 배웠다. 그는 스스로 천재임을 부인하고 단순히 부지런한 사람이라고 주장하였다.

이상하게도 [쿡 선장의 마지막 항해]를 읽고 윌리암이 선교에 대한 관심을 갖게 되었다고 한다. 그 이후 외부 세계를 다룬 책이라면 구스라의 [지리 입문] (Geographical Grammar)을 포함한 모든 책을 섭렵하였다. 그가 요나단 에드워드의 [데이빗 브래이너드의 생애와 일기](Life and Diary of David Brainerd)를 읽었음은 말할 나위가 없다. 그는 덴마크 할레 선교회와 뉴잉글랜드의 존 엘리오트, 모라비안 선교사들에 대해 정통하고 있었다. 그는 자신이 발견한 모든 정보를 깨알같이 적어놓은 자기가 만든 지도를 가지고 있었다. 분명 그 누구에게도 케리의 것과 같은 구두 수선공 가게는 결코 없었을 것이다. 한쪽 옆에 책들이 쌓여 있고 벽에는 지도가 걸려 있으며 창에는 아름다운 꽃들이 걸려 있던 마을의 구두 수선가게에 가죽 에이프런을 입고 일하는 케리의 모습을 상상할 수 있다.

1792년 케리는 그의 87페이지의 책 [이방인 구원을 위해 사용할 방법을 탐구할 그리스도인들의 책임에 관한 연구]라는 책을 발표하였다. 선교를 호소하는 가장 유력한 책으로 알려진 케리의 탐구(Enquiry)는 기독교 역사상 분명한 이정표를 제시하였고 마틴 루터의 95개 조항이 후세의 기독교에 끼친 영향과 맞먹는 선교적인 위치를 차지하였다. 1793년 개신교 역사상 최초의 해외선교기구인 침례교 선교회(BMW. Baptism Mission Society)를 설립하였다.

케리는 의자에 앉아 탁상 공론하는 정략가는 아니었다. 그는 이론이 아닌 행동에 관심을 가졌다. 그의 즉각적인 목표는 선교사들을 해외에 파견할 선교회를 결성하는 일이었다. 케리가 움직여야 했고, 철저한 칼빈주의자들이었던 침례 교인들에게 이것은 쉬운 일이 아니었다. 노드엠턴쇼오에서 열린 한 교역자 회의에서 케리가 예수의 지상명령의 의미를 토론할 것을 제의하자. 당시의 저명한 존 라일랜드 박사는 대답하기를, "젊은이, 앉게나. 하나님이 이방인을 회개시키기 원하실 때 그는 자네나 나의 도움 없이도 그 일을 해내실 걸세."라고 했다. 겁내지 않고 케리는 비기독교 세계의 필요와 요구를 그 당시의 교회에 요청하는데 자기에게 주어지는 모든 기회를 사용하였다. 그는 혼자 외롭게 투쟁하지는 않았다. 그의 비전을 이해하는 몇 명의 친구들이 있었는데, 그들은 존 수트클리프, 앤드류 풀러, 사무엘 피어스 등이었다. 그러나 이들마저도 신중을 기할 것과 계획의 실행을 늦출 것을 충고하였다. 케리의 착상이 너무 획기적이었고, 새로운 것이었으며, 장애는 극복하기 어려운 것 같이 보였기 때문이었다.

1792년 5월 30일 노팅햄의 침례교 교역자 회의에서 케리는 이사야 54

:2-3을 요지로 한 획기적인 설교를 하였다. "하나님으로부터 위대한 일을 기대하라. 하나님을 위하여 위대한 일을 시도하라. *(Expect great things from God, attempt great things for God!!!)*" 이 설교는 청중들에게 심대한 영향을 끼쳤다. 그러나 선교회를 결성하겠다고 결정한 일과 그 일을 추진하는 일은 각각 다른 문제였다. 어려움은 가족 문제, 재정, 선교지 모든 면에서 대단히 많았기 때문이다. 케리의 아버지는 그가 미쳤다고 했다. 그의 아내는 그를 따라서 선교지에 가기를 처음에는 거부하였다. 그러나 문제들은 하나씩 풀려나갔다. 마침내 1793년 6월 13일 인도로 향하는 배에 오르게 되었다. 마지못해하는 그의 아내와 네 명의 자녀들, 그리고 두 명의 동료들이 그를 따라갔다. 5개월 후에 그는 인도에 도착하였으나 선교사의 입국을 꺼리는 동인도 회사와의 갈등으로 켈커타(Kolkata)에 있는 덴마크령인 세람포(Serampore)에서 활동해야만 하였다. 세람포는 곧 인도에서의 침례교 선교의 중심지가 되었다. 케리는 이곳에서 생애의 34년을 보내었다. 케리와 그의 동역자인 죠수아 마쉬맨, 윌리암 워드는 세람포의 3인(Serampo Trio)이라고 불린다. 선교기지는 10명의 선교사와 9명의 아이들을 수용하였는데 마치 가정집과 같은 분위기였다. 그들은 사도행전에 나온 초대교회처럼 모든 것을 공유하였다. 능력에 따라 일을 분담하였으므로 선교사역은 원만하게 진행되어 갔다.

세람포에서의 선교사역의 큰 성공은 케리의 높은 인격이 첫째로 작용한 결과였다. 물질적인 희생을 감수하고 선교의 임무 수행을 위해 모든 것들을 희생하는 그의 태도가 다른 사람들의 모범이 되었던 것이다. 게다가 그는 다른 사람들의 결점을 감싸주는 신기한 능력이 있었다. 선교비를 유용하여 피해를 끼친 토마스에 대해서도 "나는 그를 사랑합니다. 그리고 우린 아무런 문제없이 함께 잘 살고 있습니다."라고 말할 뿐이었다.

세람포는 성공적인 선교 팀의 모범이었으며 그 결과가 이를 대변해 주었다. 학교가 설립되고 큰 인쇄시설이 설립 되었으며, 번역 사업이 꾸준히 진행 되었다. 세람포에서 캐리는 3개 언어(벵갈어, 산스크리트어, 마라디어)로 성경을 완역하였을 뿐 아니라 다른 언어로 성경이 완역되는 것을 도와주었고 다른 많은 언어와 방언들로 신약성경과 쪽 복음을 번역하였다. 계속해서 힌디어, 마하라스티아어, 오리사어, 텔링가어 등 인도 방언들과 부탄어, 버마어, 중국어, 말레이어 등 총 44여개의 언어로 번역 출판되었다. 아쉬운 것은 양보다 질에 문제점이 있다는 것이었다. 그는 자신이 누구나 쉽게 이해할 수 있다고 느껴지기까지 다시 번역작업을 하였다.

전도사업도 세람포의 중요한 사역이었다. 세람포에 선교회가 세워진 지 1년도 채 안되어 첫 번째 개종자가 생겨 모두를 기뻐했다. 계속 개종자가 생겨났지만 전체적으로 보아 느린 속도로 진행되었다. 인도에 침례교 선교를 시작한 지 25년이 지난 1818년 무렵에는 약 600명의 침례 받은 사람들과 수천 명의 교인이 예배에 참석하였다.

번역과 복음사역에도 바빴지만 항상 캐리는 더 할 일이 없는가를 찾았다. 그의 큰 업적중의 하나는 교회 지도자들과 복음 전파자들을 양성하기 위해 1819년 세람포 대학(Serampore College)을 세운 것이었다. 이 학교는 37명의 인도인 학생으로 개교하였는데 그중 절반이 기독교인이었다. 그가 교육 부분에서 이룬 또 하나의 업적은 세속 교육에 있었다. 그는 세람포에 온 직후 캘커타에 있는 포트 윌리암 대학의 동양어 과 교수로 초빙되었다. 결과적으로 거기서 나오는 수입으로 선교 사업비를 충당하였으며 동인도회사에 대해서도 어깨를 펴고 다닐 수 있었다. 그리고 학생들로부터 도전을 받게 되면서 자신의 언어 실력도 향상되었다.

1807년 51세의 나이로 도로시가 세상을 떠났다. 당시 세람포에 요양와 있던 덴마크 왕족 출신의 샬로테 루머(Charlotte Rumohr)와 친분을 맺고 있었다. 원래 불신자였던 그녀는 회심하여 1803년에 캐리에게 침례를 받았다. 그 후 그녀는 시간과 재산을 선교사역에 아낌없이 바쳤다. 1808년 캐리는 샬로테와의 약혼을 발표했다. 평온했던 선교 팀 내에 커다란 파문이 일었지만 결혼은 성사되었다. 샬로테와의 13년 결혼 생활은 꿈같은 시간이었다. 난생 처음 캐리는 깊은 사랑에 빠졌다. 그녀는 언어에 탁월하여 번역 사업에 도움을 주었을 뿐 아니라 아이들에게도 이전에 받아보지 못한 깊은 사랑을 주었다.

휴식 없는 캐리의 사역 중 가장 큰 불행은 1812년 화재로 귀중한 원고가 소실된 것이다. 다국어 사전, 문법책과 완역한 성경 등이 타버렸다는 소식에 큰 충격을 받았다. 그러나 다시 용기를 내어 그 일을 계속해 나갔다. 세람포에서의 처음 15년은 좋은 팀 사역으로 일했다. 그러나 새로운 선교사들이 많아지고, 선교회도 변화를 겪으면서 불협화음이 생겨났다. 신임선교사들은 독립적인 생활과 사역을 희망하였고, 선교본부는 사역에 직접 간섭하기로 결정했다. 이로 인해 잠시 캐리는 선교회와 공식적인 관계를 단절하는 단계까지 이르렀다. 이는 곧 심각한 재정적인 문제를 초래했다. 결국 캐리는 선교회의 요구를 수용함으로 관계를 회복하고, 의료사역도 재개하였다.

윌리암 케리는 1834년에 세상을 떠나 세람포에 잠들었다. 그가 인도에 끼친 영향은 언어학적 업적, 교육적인 공로, 목회사역뿐 아니라 과부의 화형293과 유아살해 같은 인도의 나쁜 관습을 폐지하고 좋은 전통을

---

293 Sati : 사티는 남편이 죽어서 시체를 화장할 때 아내가 불속에 뛰어들어 남편의 시체와 함께 불타는 풍습이다. 본래는 비슈누의 아내 시타가 자신의 순결을 증명하기 위하여 불속에 들어갔다고 한다. 여성의 순결을 강제하는 반인권적인 풍습으로 정부는 금지하였으나 여전히 지방에서는 자행되고 있었다. 그러나 실제로는 과부된 여인에게 사티를 종용하는 이유는 돈 때문이다. 사티를 행한 여자는 신으로 승격이 되고 사원이 지어지고, 친척들은 막대한 기부금을 받을 수 있기 때문이다. 결국 친정과 시가에서 합심하여 인면수심의 형태가 시행되었으며, 사티를 주관하는 브라만들도 결탁되어 있었다고 한다. http ://namu.wkiki/w/사티

계승시켜나가는데 까지 미쳤다. 그러나 그의 업적은 인도에만 국한된 것이 아니라, 인도 국외적으로도 런던선교회(London Missionary Society,1795), 스코틀랜드와 글라스고우 선교회(Scottish and Glasgow Missionary Society,1796)), 네덜란드 선교회(Netherlands Missionary Society,1797), 교회 선교회(the Church Missionary Society,1799), 영국과 해외 성서공회(British and Foreign Bible Society, 1804), 미국 해외 선교위원회(the American Board of Commissioners for Foreign Missions1810), 미국 침례교 선교협회(American Baptist Missionary Union), 미국 성서 공회(American Bible Society, 1816)가 창설되어 오늘날 선교의 기틀이 되게 한 중요한 업적이 있다.294

19세기 선교 활동에 끼친 윌리암 케리의 영향은 아무리 강조해도 지나치지 않다. 그에게 '근대 선교의 아버지라'는 칭호를 준다는데 이의를 제기할 사람은 없을 것이다.

랄프 윈터의 이론을 따라 개신교 선교를 크게 세 가지 패러다임으로 분류해 볼 때, 19세기에는 해안 선교 시대와 내지 선교 시대가 포함되고, 1945년 이후의 현대 선교 시기에는 '미전도 종족 선교시대'가 포함된다. 첫 시기인 해안 선교시대는 유럽의 문명과 접촉이 용이하게 이루어지는 아시아와 아프리카의 해변 지역을 중심으로 선교가 이루어진 시대라고 할 수 있다. 이 시기의 대표적인 선교사는 인도의 항구 도시인 칼카타의 세람포에 정착하여 선교한 윌리암 케리이다. 물론 앞 장에서 케리에 앞서 모라비안이나 경건주의자 선교사들, 그리고 미국 인디안 선교사들이 있었기에 케리를 근대 선교의 창시자인 것처럼 보는 것은 옳지 않을지 모른다. 그럼에도 케리를 개신교 '근대 선교의 아버지'로 부르는 데에는 정책면에서 이유가 있으며 제3부에서 다루려고 한다.

---

294 http ://cafe.daum.net/cgsbong, '기독 신앙 인물'

5. 인도 개신교회의 부흥운동

인도에서는 웨일즈 부흥 운동의 영향을 받은 북부 카시아 지역 부흥운동과 묵티 부흥 운동 외에도 존 하이드를 통한 부흥의 불길이 강하게 일어났다. 미국 북장로교 출신 선교사인 존 하이드는 1892년 인도에 도착한 후 편잡 지역에 머물면서 그 지역의 부흥을 위해 기도를 시작했다. 회심자가 없는 이 지역에서 부흥을 놓고 기도하는 것은 보통 힘겨운 자기와의 싸움이 아니었다. 그러나 실망하지 않고 하이드는 "참 이스라엘, 하나님과 겨룬 자, 끝까지 싸워 이긴 왕자"가 되게 해 달라고 기도를 계속했으며, 기도를 시작한지 4년 후인 1896년 하나님께서 자신의 기도를 들어주셨다는 확신을 갖게 되었다.

1899년 경 하이드와 장로교 선교부는 밤을 지새우며 인도의 부흥과 선교 사역에 종사하는 이들의 성령 충만을 위해 기도하였다. 지속적으로 자신의 사역과 부흥을 위해 기도해야 할 필요성을 깊이 느끼고 있던 하이드는 1904년 4월 편잡 지역 및 인도의 부흥을 위해 '편잡 기도회'를 설립하고 기도 운동에 박차를 가하였다. 기도 연합회에 합류하는 사람들은 아래의 다섯 가지 질문에 답을 해야 했다.

(1) 당신은 자신의 삶, 동료 일꾼들의 삶, 그리고 교회의 삶이 다시 살아나도록 기도하고 있습니까?

(2) 당신은 자신의 삶과 사역에 성령의 더 큰 능력이 임하기를 간절히 바라고 있으며, 이 능력 없이는 계속 해나갈 수 없다는 사실을 확신하고 있습니까?

(3) 당신은 예수님을 부끄러워하지 않게 되도록 기도하겠습니까?

(4) 당신은 이 영적인 각성을 회복하는데 있어서 기도가 가장 중요한 도구라는 사실을 믿습니까?

(5) 당신은 이 각성을 위해 가능한 한 정오 이후 반시간씩 할애하여 기도하되 각성이 올 때까지 계속 기도할 예정입니까?

하이드가 펀잡 기도 연합회를 결성한지 4개월 후인 1904년 8월말 펀잡 주 시알코트(Sialkot)의 연합장로교 센터에서는 인도 전역에서 기독교에 종사하는 지도자들이 모인 가운데 제1회 대표자 회의가 진행 되었다. 회의가 열리기 1달 전부터 존 하이드, 맥셔인 패터슨(M'Cheyne Paterson), 조지 터너(George Tuner) 세 사람은 이 모임을 위해 밤낮으로 기도했다. 이 센터에서 남녀를 위한 각 기도실이 두 개 있었으며, 이 기도실에서는 기도가 끊어지지 않았다. 듀웰이 지적한대로 두 기도실은 한 번도 빈 적이 없었다. 개중에는 며칠 밤을 지새우며 기도하는 사람들도 있었다. 특히 하이드는 '정말 뜬 눈으로 밤을 새며 대부분의 시간을 기도실에서 보냈다.'

대표자의 집회에 임한 성령의 역사는 곧 지역의 미션 스쿨과 신학교로 확산 되었다. 메리 켐벌(Mary Campbell)이 사역하는 한 장로교 여학교와 이어 그곳의 신학교에 성령이 임하자 놀라운 회개의 역사가 나타났다. 대표자 회의에 참석했다 돌아온 사람들을 통해 루디아(Ludhiana)의 남자 미션 스쿨에서도 성령의 역사가 강하게 나타났다. 1906년 제2차 시알코트 대표자 회의에는 70명의 선교사들을 포함하여 1300명이 참석하였으며 다른 지역의 부흥을 위해 중보의 기도를 드렸고 실제로 1905년 11월과 1906년 11월 사이에 파테푸르(Fatehpur)와 파테가르(Fatehgarth) 지역의 많은 사람들이 성령의 은혜를 충만히 받았다. 존 하이드의 기도가 12,13년만에 드디어 응답된 것이다.

존 하이드의 시알코트의 부흥의 불길은 주변 지역으로 장로교를 넘어 타 교단으로 확산되어 갔다. 1905년 우타르 프라데시(Uttar Pradesh) 동북부, 메러트(Meerut) 처치 선교회(Church Missionary Society)에, 그리고 1906년 2월에 모라다비드(Moradabad) 감리교 여학교에서 부흥이 일어났다. 이어 1906년에 접어들면서 편잡 주 카달라(Kathala)의 스코틀랜드 교회, 캐슈미르(Kashmir)주 자무(Jammu), 랜도(Landour) 주 데라 던(Dera Dun)과 히말라야 산맥 기슭 알모라에서도 부흥의 불길이 솟아올랐다.

알리바하드(Alabahad)에 있는 힌두어를 사용하는 감리교회에서는 묵티 소녀기도단을 초청하여 영적 각성을 위해 기도하는 중 놀라운 역사가 회중 가운데 일어났다. 성령의 역사가 너무도 강해 기도회를 해산 시킬 수 없을 정도였다.

집회는 여러 주 동안 계속되었으며 그 동안 각 개인이 각성하고, 해묵은 문제가 해결되었으며, 원수와의 화해가 이뤄지고, 그리고 복음이 놀랍게 확산되었다. 부흥의 불은 곧 다른 감리교회들과 선교회로 옮겨 붙기 시작했다. 1906년 티네벨리(Tinnevelly)의 워커(Walker)가 인도한 아그라(Agra) 집회에서 그 해 2월에는 켈커타의 리(D.H. Lee)목사가 주도한 '금식과 기도의 날'을 통해 놀라운 회심의 역사가 나타났다.

리 목사가 1906년 2월 9일 금식과 기도의 날로 정하고 여러 사람을 규합하여 기도하자, 통회의 역사가 그들 가운데에 나타났고, 그 불길은 곧 벵골로 확산되어 나갔다. 3월 둘째 주 주일 저녁 예배 때, "온 회중이 울고 기도하며 찬양하는 역사가 일어났다." 예배가 끝난 후에 담임 목사가 축도하려고 하자 회중 가운데 한 명이 갑자기 일어나더니, 외쳤다. "오 하나님, 지금 우리 모두에게 성령을 부어주소서. 웨일즈 사람에게는 그토록 많은 축복을 주시면서 우리를 공수로 돌려보내지 마옵소서!" 이 일 직후에 마치 뇌관에 불을 당기 듯 온 회중이 하나님께 부르짖기 시작했다. 하나님의 자비를 구하며 큰 소리로 우는 사람도 있었고, 개중에는 기절하는 사람들도 있었다. 저녁 식사 시간도 잊은채 하나님께 간절히 기도하였다.

부흥의 소식은 남쪽에 살고 있는 루시아 구릉지대에 사는 미조 족 (Mizos)에게도 알려졌다. 카시아 족 총회에 참석하고 돌아가는 도중 작별을 아쉬워하며 발걸음을 멈추고, "우리 다시 만날 때까지," 찬송을 부르기 시작했을 때 성령께서 갑작스럽게 그들 가운데 임하셨다. 근처에 살고 있던 사람들이 합류하면서, 열기는 더욱 고조되었다. 이후 성령의 역사가 미조 족 가운데 놀랍게 확산되었다[295]. 이렇게 해서 1905년 존 하이드 목사의 시알코트에서 시작된 부흥은 1910년 그 주변 전역으로 확산되어 많은 결실로 이어졌다.

인도 북부에서 일어난 이 부흥은 몇 가지 특징을 가지고 진행되었다.

첫째 장로교에서 시작하여 초교파적으로 전개 되었다는 사실이다. 이 지역 장로교의 경우 4년 동안 11,000명이 세례를 받아 파테가르의 경우 1905년 1,200명이던 교인이 1909년에는 6,000명으로 급증하였으며, 펀잡 주의 경우는 37,695명이던 교세가 163,994명으로 무려 4배 이상이 증가하였다. 부흥 운동이 일던 10년 동안 기독교인이 69.9%나 증가하는 기록을 세웠다.

둘째는 대표자 회의가 부흥 운동의 구심점 역할을 감당했다는 사실이다. 첫 대회에 300명이 참석했으나, 두 번째는 참석자가 무려 1,300명으로 4배나 증가하였고 시알코트 대표자 회의는 그 후 수 십 년 동안 계속되면서 인도 북부의 부흥을 주도하는 원동력이 되었다. 케슈미르의 자부, 데라 던, 알모라, 무스리, 메러트, 럭노우, 모라다비드도 부흥의 불길에 휩싸이기 시작했다.

셋째는 부흥 운동으로 자연히 사역자들이 급증 하였다. 부흥 운동으로 수많은 새 신자들이 교회로 영입되면서 1900년과 1905년 사이에 복음전

---

[295] 1907revival.com/news/articleView. '다시 타오르고 있는 인도 부흥의 불길.'

파 사역자가 2배로 증가했으며 1905년과 1910년 사이에 다시 배로 증가하였다.[296]

마침 1906년 9월 한국을 방문한 존 스톤에 의해 카시 부흥 소식이 한국에 소개되어 1907년 평양 대 부흥운동의 발흥에 결정적인 역할을 했던 것처럼 2006년 인도 부흥의 소식은 평양 대 부흥운동 100주년을 맞는 한국 교회에 부흥을 주시려는 하나님의 깊으신 섭리처럼 느껴졌다. 이처럼 인도의 기독교 선교와 부흥의 역사가 한국 기독교 선교와 부흥의 역사와 역사적으로, 유기적으로 관련이 있다는 것은 흥미로운 사실이다. 그리고 전도와 부흥 그리고 나아가 선교는 불가분의 연장선상에서 있으며 이러한 맥락에서 인도와 한국 교회를 고찰하고, 형제교회로서 인도 선교를 도우며 섬기는 사역으로 발전시키려고 한다.

---

[296] blog.naver.com/postview.nhn. '인도의 부흥 운동과 존 하이드'

제2부

한국 선교의 시작과 발전사

제1장 개신교의 선교 초기(1882-1903)

기독교가 한반도에 전래된 것은 일반적으로 조선시대에 이승훈이 18세기에 로마 카톨릭 교회 신앙을 처음 들여올 때부터 한국의 기독교 역사가 시작되었다고 본다. 그러나 저자는 개신교 선교의 역사 서술을 우선적으로 다루는 것은, 오래 전 이 땅에 전래된 천주교회의 고난 어린 역사를 생략하는 것을 저들의 업적과 허다한 순교자의 희생을 간과해서가 아니라, 본서의 주제가 개신교 선교의 역사 중심이며 토착화 선교라는 주제에 집중하기에 양해하기를 바란다.

그러나 특이한 것은 중국과 일본에서 활동하던 개신교 선교사들과 신자들은 조선의 선교를 위하여 기도하였었다. 조선의 쇄국 정책과 양학에 대한 박해와 감시를 피하여, 그들은 먼저 성경을 한글로 번역하는데 힘을 쏟았다. 이러한 성경 번역은 이미 100년 전에 들어온 천주교 선교사들이 하지 않았던 사역이다. 천주교는 1784년부터 1866년까지 성경번역이 전혀 없었다. 이 점에서 신교와 구교가 성경 말씀을 강조하는 차이점을 보여주고 있으며 이후에 더욱 차별화되는 것을 알 수가 있다.

제2장 개신교 선교의 선구자들

1882년 한미 수호조약 체결 이전 한국에 복음을 전한다는 것은 대단히 위험한 일이었다. 그것은 법적으로 금지되어 있었다. 이전에 조선 땅에서 천주교의 시작은 몇몇 북경을 왕래한 유학자들 가운데서 부터였다. 그들이 북경에서 서양 천주교 선교사들과 접촉한 것은 서양 과학에 대한 흥미 때문이었다. 마침내 1784년 그들 가운데 이벽이라는 사람이 북경에서 세례를 받고 천주교 신자가 되어 종교서적, 십자가, 마리아 상 등을 가지고 한국으로 돌아왔다. 그를 통하여 많은 동료 유학자들이 천주교 신앙에 귀의하였으며, 5년 후에는 4,000명의 신자가 생기게 되었다. 1793년 처음으로 중국인 신부가 북경에서 조선으로 파견되어 왔다. 천주교가 조선에서 오해를 받게 된 것은 첫째, 조상 숭배를 반대했기 때문이다. 조상숭배의 봉제사를 거절한 천주교 신자 토마스 킴씨는 처음으로 처형을 당하였다. 둘째, 정치적인 관습에서 온 오해 때문이었다. 천주교 측에서 북경 감독에게 보낸 편지 중에, 유럽 카톨릭 국가가 조선을 정벌하여 종교적 자유를 얻게 해 달라는 내용이 발각되었다. 핍박은 110년간 (1791-1901) 계속되었고 그 동안 순교 당한 신자들은 수만에 이르렀으며 외국인 신부들도 10여명 이상 순교를 당하였다. 지금도 서울 한강변의 새남터와 절두산의 순교 역사가 이를 증거하고 있다.

이러한 천주교에 대한 종교적인 편견과 오해 때문에 개신교 선교의 시작은 순탄하지 않았다. 그리고 100년 전에 들어온 천주교와의 갈등과 마찰도 없지 않았다. 크게 보면 같은 기독교의 흐름 속에서 동병상련의 고초를 겪으면서도 전혀 다른 양상을 보이며 선교가 진행된 것은 미묘한 하나님의 섭리라고 생각한다. 무엇보다 전래되는 길과 방법론이 서로 달랐을 뿐 아니라, 천주교가 가지는 중앙집권적인 로마 카톨릭의 방식과 개신교회가 가지는 각개 약진 또는 풀뿌리 선교의 차이점이라고 볼 수도 있다. 이후 한국 교회사에서는 서로 다른 길을 걷게 되었다.

민경배 교수는 한국 천주교회의 형태적 특징을 세 가지로 보았다. 첫째, 카톨릭 교회의 바탕인 교회적(ecclesiastical)인 교권 교회의 성립을 성공시키지 못하였다. 둘째, 성사와 교리의 기독교로 소개, 이식 되었기 때문에 성서적이고 복음적인 신앙이 결여되거나 약화되어 합리적이고 체험적인 신앙의 소외와 은총 종교로서의 계시의 신비에 이르지 못하였다. 셋째, 이러한 둔세의 신앙경건이 참여의식의 둔화를 불가피하게 초래하고, 그것은 동시에 참여와 비판의 기독교적 차원을 전혀 무관하거나 망각하는데 기울어졌다는 사실이다. 마지막으로 천주교가 남긴 불행한 몰민족적(沒民族的) 인상이다. 당시의 자료가 희소하여 남아 있는 사료를 통하여 볼 때에 외국과 밀통하여 조선을 고발하고 치리해 달라고 하는 탄원은 민족 주체의 입장에서는 양해할 여지가 없었다.297

민경배 교수는 결론적으로, "이 조선 천주교회는 그 다음 시기에 도입하는 프로테스탄트 교회와 아무런 역사적 연결점이 없다. 그것은 어떤 의미에서 한국 교회사의 서술을 신구교로 단절할 수밖에 없게 만드는 요인이 되기도 한다. 그런 의미에서 그것은 불행하다. 그러나 역사적으로

---

297 민경배,[한국 기독교회사], '조선 천주교회의 신앙형태' 114쪽.

그렇지 못하다 할지라도 신앙 형태상으로는 최소한도의 공약수가 거기 있었다. 하류층의 신앙 심리와 신비적 경건과 고난의 신학이 그것이다. 이 다듬어진 하나의 공통분모 속에서 우리는 한국 기독교 교회사의 사실상의 연결점을 찾고자 한다."[298]

그러나 중국과 일본에서 활동하던 개신교 선교사들과 신자들은 조선의 선교를 위하여 기도하였었다. 조선의 쇄국 정책과 양학에 대한 박해와 감시를 피하여, 그들은 먼저 성경을 한글로 번역하는데 힘을 쏟았다. 이러한 성경 번역은 천주교 선교사들이 하지 않았던 사역이다. 천주교는 1784년부터 1866년까지 성경번역이 전혀 없었다. 이 점에서 신교와 구교가 성경 말씀을 강조하는 차이점을 보여주고 있으며 이후에 더욱 차별화되는 것을 알 수가 있다.

역사적으로 최초로 조선의 땅을 밟은 개신교 선교사는 네덜란드 성서공회 소속의 칼 구츠라프였다. 1832년 그는 중국으로 내왕하는 길에 조선의 서해안에 상륙하여 40여 일을 체류하면서 몇 가지 종류의 전도지와 중국어 성경, 그리고 한글로 된 주기도문 등을 전하였다. 당시 조선 왕에게도 성경을 전하려고 하였으나 거절당하였다고 한다. 해안선 선교의 한계를 보이는 대목이며, 이 땅에 진정한 복음을 전한 선교사들은 따로 준비되어 있었다.

한국 땅에서 복음을 전하려다 죽임을 당한 첫 순교자는 스코틀랜드 성공회 목사인 **로버트 제이 토마스(Robert J. Thomas)목사**였다. 1865년 그는 한국 서해안에 상륙하여 두 달 반 동안 성경을 배부하면서 전도한 바 있었다. 그전에 만주를 거쳐 북경에 도착하여 한국 사신에게 성경을 전하고 전도도 하였다고 한다. 그가 남긴 마지막 서간에는 이런 말을 남겼다. "나는 상당한 분량의 책들과 성서들을 가지고 떠납니다. 조선 사람

---

[298] Ibid.,115쪽.

들한테 환영 받을 생각을 하니 얼굴이 달아올라 희망에 부풉니다.....(런던 선교회의) 이사들이 이 성서의 교리를 전하기 위해, 아무 인간의 과오와 혼합되지 아니한 심정으로 미지의 나라로 떠나는 나의 노력을 언젠가는 반드시 시인해 주리라 믿으면서 나는 갑니다."[299] 마침내 1866년 8월 9일 한국 땅에 복음을 전하기 위하여 미국 상선 제너럴 셔먼호를 타고 대동강 어구에 이르렀다. 당시 대원군의 철통같은 쇄국 정책으로 무장한 군대와의 교전으로 상선은 불타고 승무원들은 모두 죽임을 당하였으며 토마스 목사 역시 대동 강변에서 참수를 당하고 죽게 되었으며 마지막으로 처형하는 군인에게 성경책을 전해 주고 순교를 하였다. 이 사람이 무관 박춘권(1839-1920)이며 당시에 받은 한문 성경책을 읽고 예수를 믿게 되었고, 나중에 안주 교회 영수가 되었다고 한다. 그는 이런 글을 남겼다. "내가 서양 사람을 죽이는 중에 한 사람(토마스)을 죽인 것은 내가 생각할수록 이상한 감이 든다. 내가 그를 찌르려고 할 때에 그는 두 손을 마주 잡고 무삼 말(기도)을 한 후 붉은 베를 입힌 책을 가지고 웃으면서 나에게 받으라고 권하였다. 그럼으로 내가 죽이기는 하였으나 이 책을 받지 않을 수 없어서 받았노라."(오문환 [토마스 목사전])

토마스 목사는 참수 당하기 전에 다른 사람에게도 성경을 나누어 주었는데 최치량이라는 당시 12세 소년이 받아서 박영식이라는 당시 평양성 관리(영문 주사)에게 갖다 주었다. 그가 성경책의 종이가 좋아서 자기 집 방에 도배를 하였다. 아침저녁으로 밥을 먹을 때마다 성경책을 보게 되고 몸을 뒤척일 때마다 도배한 성경책을 읽다가 예수를 믿고 영접하였다. 이렇게 성경을 도배한 집이 후일 널다리 교회가 되었으며, 나중에 평양 장대현 교회로 바뀌었다. 장대현 교회에서 1907년 평양 대 부흥 운동이 일어난 것은 결코 우연이 아니었다.[300] 그의 아내가 세상을 떠난 그

---

299 민경배,[한국 기독교회사], '로버트 토마스' 143쪽.

방 책상 위에는 역시 돌아오지 못한 토마스 선교사에게 부친 편지 한 통이 놓여 있었다. 런던 선교회 총무가 1866년 12월 10일에 써 보낸 글이었다. "무장한 선박을 타고, 조선에 가다니, 이것은 위험을 자초하는 것이요, 더욱이 당신의 의무를 저버리는 것입니다..... 곧 북경에 돌아와서 당신이 맡은 임무에 충실하십시오." 몇 년 후에 조선이 개화되고 사무엘 마펫 선교사가 들어와서 박영식의 집에 들어가서 깜짝 놀랐다. 성경책이 벽에 도배가 되었고, 자기보다 먼저 조선에 들어와 복음을 전한 토마스 목사가 있었고 순교하였다는 사실 앞에 그 자리에서 뜨겁게 기도하였으며, 그래서 마펫 선교사는 평양을 떠나지 않고 선교하였다고 한다.

제3장 평양 대부흥 운동

1. 부흥 운동의 발단

평양 대 부흥 운동을 가능하게 한 도화선은 두 군데서 흘러왔다.301 한 흐름은 직접적인 동인으로 원산 선교사들의 기도회에서 연원하였다. 그리고 다른 한 흐름은 한국 교회 교인들의 정서에 기인한 신앙생활의 경건에서 왔다. 국가의 비운에 통회하는 기독교인의 내성, 하나님의 도움 밖에는 기댈 곳이 없다는 절박한 심정에서 오직 하나님만 바라고 부르짖었던 절규가 있었기 때문이다.

1903년 겨울 원산에서였다. 두 여선교사, 중국에서 사역 중에 방문중인 미스 화잍(M.C. White)과 캐나다 장로회 선교사가 한국에서 부흥운동

---

300 blog.daum.net/토마스 선교사, 박춘권, 박영식.
301 민경배, [한국 기독교회사], 대한 기독교출판사, 서울, 1990 개정판, 250.

이 일어나기를 기도하며, 원산에서 선교사들의 성경 공부와 기도회를 갖기로 제의하고 화일 선교사의 인도로 한 주간 기도회가 계속 되었다. 다음 주일 예배 후 한 한국인 신자가 자기 아내를 돌보지 않아서 죽게 한 죄를 자복하였다. 마침 중국에서 온 선교사 푸란손(Rev. F. Franson) 목사가 하디(R.A. Hardie) 선교사의 집에서 한 주간 기도회를 한 후에 장로교와 감리교, 침례교회까지 합하여 창전 교회에서 다시 기도회와 성경공부를 하게 되었다. 이 기간 중에 특히 의료선교사 하디가 특별한 은혜를 받은 것이었다.

하디 선교사는 케나다 YMCA 파송 선교사로 1890년 내한하여 부산, 서울, 원산에서 선교를 하였으나 선교회 관계도 불편하고, 현지인들과의 불화 등으로 선교는 실패하고 말았다고 낙심하였었다. 하디는 당시의 선교 실패의 원인이 조선인들에게 돌렸다. "저는 조선 사람들은 나와는 다른 사람들이라 어쩔 수 없다는 편견에 사로잡혔습니다. 저는 성령 충만하지 못하였습니다." 그러나 하디가 큰 은혜와 은사를 체험하고, 그 해 여름 열린 제직사경회에서에서 하디 선교사의 주도 아래에 큰 성령의 은사를 체험하고 어떤 이는 40일을 연장하며, 모인 곳에서 터져 나온 통회 자복하는 곡성이 마치 상가 집과 같았다고 한다. 이 소식이 평양에 전해졌다.

2. 평양 장대현 교회의 사경회에서

1906년 8월 선교사들은 하디를 초청하여 요한 1서를 공부하며 성령의 세계를 받기를 기도하며 겨울에 평양에서 있을 사경회를 위하여 기도할 것을 약속하였다. 평양의 사경회에 이어 9월에는 서울에서 선교사들의 연례회가 계획되어 있었다. 이 때 미국에서 존스톤(Rev. Howard Agnew

Johnston D.D.) 목사가 와서 인도와 웨일즈에서 일어난 성령의 부흥 운동에 대하여 전하여 선교사들과 한인 신자들에게 깊은 감동과 도전을 주었다.302 당시 존스톤 목사가 청중을 향하여 성신 받기를 원하는 자 일어서라 했을 때에 길선주 목사가 일어섰으며, 존스톤 목사는 이 땅에도 성령이 장차 강림하리라 예언을 하였다. 1907년 1월 6일 평양 장대현 교회에서 선교사들과 신자들이 모인 자리에서 사경회가 열렸으며 이 자리에서 성령의 역사가 일어났다. 열흘간 계속되는 사경회에 남자 만 매일 1,500명이 되었으며 여자들과 아이들은 자리가 없어서 예배당 밖에서 참여하였다고 한다.

그러나 처음부터 성령의 은사가 쏟아진 것은 아니었다. 엄동설한의 영하 30도까지 내려가는 날씨였다. 분위기가 냉담하고, 알 수 없는 불안감이 엄습하기도 하였다. "주일날 밤 이상한 경험을 하였다. 설교가 끝난 후 몇 사람의 형식적인 기도가 있은 후 우리는 괴로운 몸으로 집에 돌아왔다. 마귀의 역사가 이기는 것 같았다."303 당시에 한국인 목사가 없어서 부흥회는 선교사 주관으로 설교를 하였으며 한국 최초의 새벽 기도회를 길선주 전도사가 인도하였다. 1월 14일 저녁 길선주가 "맛을 잃은 말라빠진 사람들아!"라고 외치면서 충격과 변화가 일기 시작하였다.304그

---

302 영국의 웨슬레와 조지 휫필드에서 시작된 19세기의 부흥운동은 이반 로버츠(Evan Roberts, 1878-1951)를 중심으로 기도와 찬양을 통하여 성령의 은혜와 기쁨이 충만한 부흥의 역사이다. 인도는 1904년 웨일즈 부흥 운동의 영향을 받아 1905년 11월과 1906년 11월 사이에 인도의 아삼 주 카시아에서 시작하여, 북부 펀잡 주, 동남부의 타밀나두 주와 케릴라 주와 카르나타카 주로 부흥의 불길이 타올랐다. 지금도 상기의 지역은 인도에서 기독교 강세 지역으로 교회가 부흥 하는 곳이다. 당시의 3대 부흥운동 중의 하나가 1906년 미국 LA. 우주사 거리에서 윌리암 세이무어에 의해 시작되어 빌리그램함의 크루세이드, 네비게이토와 CCC 켐퍼스 운동이 태동한 1931년까지 미국 전역을 확산되었으며 특히 1907년 평양 대 부흥 운동과 연결이 되었다.

303 Allen A. Clark, A History of the Church in Korea, p.161.

304 김양선, [한국기독교사 연구], p. 86. S.A. Moffet, 자료, *An Educational Ministry in Korea,* 1907. 2.14.

리고 자신을 아간과 같은 악한이라고 부르며 자신의 죄를 자복하기 시작하면서 회개 운동이 시작되었으며 걷잡을 수 없는 강력한 성령의 역사로 이어졌다. 이길함(Gaham Lee)선교사의 "우리 모두 함께 기도하자!"는 소리에 통성기도가 터져 나왔다. "많은 물소리가 쏟아지는 것 같은 소리였다. 사람들이 연이어 일어나서 죄를 자복하고 넘어져서 죄의식에 몸부림치며, 땅을 치고, 온 청중은 울음바다 되었다. 이렇게 기도가 새벽 두 시까지 자백과 울음과 기도로 계속되었다."305

김영선 교수는 당시의 정경을 다음과 같이 말하고 있다. "인간이 범할 수 있는 가능성이 있는 죄는 거의 다 고백되었다. 사람의 체면은 이제 다 잊어버리고 오직 이 때까지 자기들이 배반하던 예수를 향하여 주여, 나를 버리지 마옵소서! 울부짖으며, 국법에 의하여 처벌을 받는다든가, 또 비록 죽음을 당한다 하더라도 문제가 아니었다. 다만 하나님의 용서를 받는 것만이 그들의 유익한 소원이었다. 심지어 어떤 여신도는 청일전쟁 때에 어린 아기를 업고 도망가다가 무서워서 빨리 갈 수가 없어서 나무에 아기를 부딪쳐 죽이고 혼자 달아났던 참혹한 일을 자백하였다."306 당시에 이를 목격한 한 여선교사는 그 광경을 아래와 같이 증언하였다. "저런 고백들! 그것은 마치 감옥의 지붕을 열어 제친 것이나 다름없다. 살인, 강간, 그리고 상상할 수도 없는 모든 종류의 불결과 음색, 도적, 거짓, 질투...부끄러움도 없이! 사람의 힘이 무엇이든 이런 고백을 강제로 할 수는 없을 터이다. 많은 한국 교인들은 공포에 질려 창백해지고 마루에 얼굴을 가리웠다."307

부흥의 물결은 학교에도 번져갔다. 김찬성의 인도로 숭덕 학교 300여

---

305 H.A. Rhodes, 상게서, p.282.

306 김양선, 상게서 p.87.

307 W.W.Baird, *The Spirit Among Pyeung Yang Students*, K.M.F. Vol.III, 1907 May, pp.66 : 민경배, [한국기독회사] p.210.

명의 학생들이 죄를 뉘우쳤고, 채정민 목사의 인도로 감리교 학교 학생들에게도 부흥의 물결은 홍수처럼 밀어닥쳤다. 숭실대학에도 이 부흥은 요원의 불길처럼 타올랐다. 부흥의 불길은 평양 여자 고등 성경학교에도, 감리교 교역자들 사이에도 그리고 신학교에도 번졌다. 비단 평양에서만 아니라, 전국적으로 번졌으며, 정월달 사경회가 끝난 후에 선교사들과 한국 교회 지도자들은 여러 지방으로 갈라 나섰다. 이길함은 선천으로, 소알론(W.L. Swallon)은 광주로, 헌드(W.B. Hunt)는 대구로, 길선주는 의주와 서울에서, 또 전년도 1906년에는 남감리회 게르딘(J.S. Gerdine) 목사가 목포에서 큰 성령의 역사를 일으켜 이를 계기로 전라도 지방에 넓고 깊숙하게 파고드는 영향으로 작용한 것이다.308

3. 대부흥 운동의 성격과 영향

1] 순수한 영적 도덕적 운동이었다.

부흥 운동을 지도하는 선교사들과 그리고 멀리서 지켜본 미국 선교본부 당사자들도 애초에는 이 운동이 정상적이 아닌, 이상심리 현상의 발작을 동반하지 않을까 염려하였던 것이 사실이다.309그러나 이러한 염려는 많은 이들의 선교보고와 간증과 결과로서 해소 되었다. 1908년 일본 주재 메소디스트 교회 감독 해리스(M.C. Harris)는 볼티모어의 4년 마다 열리는 총회에서 증언하였다. "이 운동의 결과는 매우 좋았다. 교회는 높은 영적 수준으로 올라갔고, 미리 주의 깊은 성경 교육 때문에 광신적인 것은 거의 찾아 볼 수 없었다. 정신이 돈 일은 한 번도 없었고, 수천 명의 사람들이 다 정상적인 상태이다. 성직의 소명을 느낀 사람들이 수십 명

---

308 J.E. Preston, *A Notable Meeting, The Missionary, Jan.*, 1907. p.21 : 민경배, 상게서 p.210-211.

309 Rhodes, ibid., p.285.

이나 되었고, 한 장소에서 200명이나 되는 많은 사람들이 모여 성경 공부를 하고 있다. 수 천 명의 사람들이 글읽기를 배우고 질문을 한다. 주정뱅이들, 도박꾼들, 도둑놈들, 간음한 자들, 살인자들, 스스로 의인 행세를 하는 유교 신자들, 죽은 거나 다름없는 불교도들, 수 천 명의 마귀 숭배자들이 그리스도 안에서 새 사람이 되어 옛 것은 영원히 사라졌다."[310]

남감리교 선교부 크랑(W.G. Cram) 목사는 말하였다. "이 역사는 진정한 것이었다. 어떤 거짓불도 없었고, 어느 선교사도 죄의 고백을 순수성의 증거라거나 중생케 하는 성령의 증거라고 시도하지도 않았다."[311]

2] 선교사와 한국교인 사이의 상호이해와 화해의 기운이 조성되었다.

한국 선교의 초창기에 선교사들과 한국이 신자 자이에 서로 이해가 되지 않았다. 민족성의 차이, 풍속, 습관의 차이, 사고방식의 차이, 그리고 감정의 차이는 상호이해의 길을 막는 벽이 되었던 것이 사실이다. 선교사들이 일반적으로 한국인 신자들에 대하여 우월감을 가졌던 것은 부정할 수 없을 것이며 이로 인하여 초대 교회 당시에 상당한 상충과 불협의 여지가 있었다.

"이때까지(1907) 나는 다소간 동은 동이고 서는 서, 양자 간에는 진정한 친화와 공동으로 만날 광장이 없다는 건방진 생각을 가졌었다. 나는 다른 이들에게 한국인들은 서방이 가졌던 것 같은 종교적 체험을 가질 수 없다고 말한 적이 있다. 그러나 부흥운동은 내게 두 가지를 가르쳐 주었다. 첫째는 표면상으로는 다양성이 있음에도 불구하고, 근본적으로 한국인들의 마음이 서방의 형제들과 일치한다. 둘째는 기도와 신앙의 단순성에 있어서 동방은 서방을 가르칠 많은 것들이 있으며, 깊은 것들을 가

---

[310] L.G. Paik, ibid.,p.361.
[311] Op. cit.

지고 있다는 사실을 알기까지는 그리스도의 복음을 완전히 모른다는 것을 가르쳐 주었다."312

선교사들에 대한 증오심은 단순히 이러한 개인적 감정이나 민족성의 차이에서 오는 오해만이 아니었다. 정치와 신앙의 문제를 둘러싼 선교사들의 태도와 한국 신자들의 마음의 차이에서 오는 미움과 증오도 심각한 문제였다. 물론 교회에 들어와 민족 운동을 하려던 독립지사들도 있었으나, 일반적으로 선교사들은 한국 신자들의 애국과 신앙의 사이에 아무런 상충을 느끼지 않는다는 사실에 놀랐다. 서양에서는 일반적으로 정교분리의 원칙에 따라 정치적 활동이나 독립 운동과는 거리감을 두었으나 한국인의 정서는 종교와 정치 특히 나라 잃은 백성으로서의 애국심은 뜨거웠으며 일관성이 강하였다는 것이다. 당시 기독교인의 집이나 교회에는 작은 국기가 펄럭이고 있었으며, 고종이 강제로 양위를 했을 때에 교인들은 매일 기도회를 열고, 통곡 기도를 계속하였다. 이외에도 믿은 사람으로서 직접 애국 저항운동에 무력을 행사하기도 하였다. 헤이그 밀사를 파견할 때에도 민족운동의 요람이었던 상동교회의 청년들이 중심이었다.313 일본의 주구 스티븐슨을 미국에서 살해한 장인환, 이완용 암살 미수의 지재명은 다 관서의 열렬한 신자였다. 애국과 신앙 사이에 아무 모순을 느끼지 않았던 것은 안중근과 손잡고 싸우던 우연준의 경우도 마찬가지이다. 조국이 이렇게 어지러워지고 일본 침략의 마수에서 벗어나기 위하여 몸부림치던 사람들은 그래도 교회에 나와 마지막 힘이나마 모아보려했고 하나님께 매달려 구원의 손길을 애타게 기다렸던 것이다. 때문에 교회는 신자의 수가 이 기간 중에 급증하였다. 1895년부터 1907년 사이에 교회는 놀라운 성장을 하였다. 530명의 교인들은 26,057명으로 늘

---

312 J.Z.Moore, *The Great Revival Year*, K.M.F. vol.III. No.8. Aug., 1997, p.118.
313 민경배, 상게서, p.186-187.

어났다. 당시의 평양의 인구가 40,000명 내지 50,000명이나, 교인 수는 14,000명으로 실로 3분의 1에 이르렀다. 평안북도 정주는 한 2만의 신도를 가졌는데 이는 전체 정주의 인구와 비슷한 수준이었다.

한국에는 엄밀한 의미에서 주도적인 종교가 없었으며, 서구 문명을 알리는데 교회가 선도적인 역할을 했으며, 그것은 한말의 비운과 좌절 속에 기댈 곳이 없어 우국충정을 지닌 젊은이들이 교회를 찾아온 큰 이유 중의 하나였을 것이다. 당시 한국에 파송 받아온 영국과 미국의 선교사들이 이를 이해하지 못하고 오히려 정교분리와 현상유지를 선호하고, 친일 행각을 벌인 이들도 상당히 있었다. 백낙준 박사는 선교사들의 이러한 태도를 아래와 같이 이해하였다. "그들의 잃어버린 대의를 위하여 싸우는 것이 소망 없음을 이해했을 뿐만 아니라, 신생 한국교회를 정치적 기관으로 만드는 위험을 예견하였다."314

이러한 이유로 한국 신자들과 선교사들 간에는 좋지 않은 감정의 기류가 있었다. 선교사들도 나름대로 곤경에 빠지고, 좌절감에 헤매었다. 본국의 훈령이나 외교정치적인 입장은 달랐을 것이다. 지금까지 선교사들이 선교한 바와는 달리 이 민족 교회가 국가의 비운에 정치적으로 개입하는 사실과 교회의 인종(忍從)과 중립을 강조한 후에도 도래할 숱한 후유증들을 예견하였다는 사실이다. 원산에서 하디 선교사가 "이러한 정치적 교회적 상황에서의 해결을 하나님께 기도하면서, 성령의 세례 밖에는 이 난관을 돌파할 길이 없다는 확신을 가졌다." 1907년 대 부흥을 지도하고 결실하게 한 원리는 한국 교회의 비정치화 그것이었다.315 원산에서부터 시작한 부흥회에서 항상 인용하고 설교한 성경 구절로 요한 1서가 텍스트로 사용되었다는 점은 시사하는 바가 크다.

314 그리스도 회보, 1901. 10.3 : 민경배, 상게서, p.213.
315 민경배, 상게서, p.215-216.

3| 공동체적인 교회 의식의 발로

1907년의 부흥은 신앙 형태의 대전환을 이룩하였다. 처음에는 그 신앙의 유형이 '소박한 신앙', 인격적인 경건의 신앙으로 개인의 영혼 구원에 두었으나 점차 그리스도의 몸된 교회로 발전하게 되었다. 고린도 전서 12장을 강론하면서 하나님과 개개 영혼의 인격적 관계의 개념에서 교회의 성례적인 개념, 교회의 공동체적 개념으로 변했던 것이다. 개교회적인 것을 탈피하여 교단 조직으로 발전하게 되었다. 1906년 침례교는 대한 기독교회로 명칭을 정하고, 선교사 펜 위크를 초대 감독으로 추대하였으며, 장로 교회는 1907년 독노회를 조직하여 그것이 발전된 것이 1912년 조선 예수교 장로회 총회가 된 것이다.

뿐만 아니라 각 교리 사이에는 융화와 협조의 기운이 조성되었다. 평양에서 병원을 장로교회와 감리교회가 공동 운영하기로 했으며, 교육 사업도 장로교와 감리교 양 교단이 공동 운영하기로 하였다. 선교회 간의 지역 분할의 마지막 매듭도 이 부흥 운동의 좋은 유산의 하나이다.

4| 성경공부와 새벽 기도회

부흥 운동에서 시작된 영속적인 영향에는 한국 사람의 신앙생활의 핵심이 된 성경공부와 새벽기도회가 있다. 그 때 이후로 세계 어느 곳의 교회와 신자들보다 한국의 그리스도인들이 성경을 애독하고 새벽마다 기도하는 전통은 널리 알려진 사실이다. 길선주 목사가 장대현 교회에서 시작한 새벽 기도회는 후일 해방과 6.25 전쟁이 일어난 후에도 전국의 거의 모든 교회에서 매일 지키고 있으며 이는 한국 교회의 미덕이며 저력이라고 할 수 있다.

5] 전도 사업

1907년 부흥 운동은 상기한 바와 같이 성경공부와 기도회에 주력하였다. 불신자들을 상대로 저녁 집회는 대전도 집회로 진행하였고, 성경공부가 끝나면 교인들은 흩어져서 축호전도에 힘썼다. 그러므로 매일 저녁 집회는 새로 믿기로 작정한 사람들이 계속해서 나왔던 것이다. 이 때를 계기로 교회는 전도 사업에 대한 기구 설치와 전도사를 파송하는 일을 하였다. 1907년 장로교는 전도국을 설치하고 그해에 이 기풍 목사를 제주 선교에 파송하였다. 다음 해 평양 여전도회는 여선교사 이광선을 제주도에 1909년 숭실 대중학교 학생회는 김형재를 제주도에 파송하였다. 1908년 남감리회는 간도 선교회를 조직하고, 이화춘을 북간도에 파송했고, 장로회도 1910년 겸영재를 동지에 파송했다. 1909년 장로회는 한석진을 동경에 파송하여 유학생 선교에 힘썼고 최관흘 목사를 해삼위에 파송하여 거기 있는 교포들에게 복음을 전하였다. 1910년 북 감리회는 손정도 목사를 북중국에 파송하였다. 동년 장로회는 김진근 목사를 남만주로 파송하였다.

1907년 대 부흥이 끝난 후에 이른바 백만 명 구명운동을 주창하였다. 1909년 9월에 모인 남 감리회 선교회 연회는 20만 명 구령을 표어로 결정하였다. 이에 호응하여 장로회도 백만 명 구령운동을 내걸고 전국적인 전도 캠페인을 벌렸다. 이때에 전국적인 전도 운동과 집회들이 연이었다. 수백만 매의 전도지와 70만권의 마가복음을 판매하였다. 그러나 이 운동은 1911년에 끝났으며, 유감스럽게도 백만 명 구령 운동이란 구호는 구호로 끝나고 실제로 전도한 숫자는 10분의 1도 못되었다. 그 이유는 한일 합방의 비운에 싸이던 때라 나라를 잃은 충격과 좌절에서 헤어나지 못한 것이 아닌가 한다.

그럼에도 부흥운동은 사경회란 이름으로 부단하게 교회에서 지속되었다. 매년 정기적으로 시골에서는 농한기, 또는 구정초를 이용하여 사경회가 시찰회에서는 도 제직사경회, 노회에서는 도사경회를 정기적으로 열어 신앙부흥을 힘쓰는 동시에 전도를 힘썼다. 이 시대 부흥회를 전국적으로 이끌었던 부흥사는, 길선주(1869.3.15.-1935.11.26.)와 김익두(1874.11.3.-1950.10.14.) 목사이다.

길선주는 평남 안주 출신으로 젊은 시절 방황을 거듭하다, 친구의 인도로 이길함 선교사를 만나 예수를 믿고, 6개월 후에 세례를 받고, 그 다음해인 1898년에 영수가 되었으며, 1901년 장대현 교회 장로가 되고, 1902년 조사가 되어 평안도와 황해도 지방을 맡아 전도하였다. 1903년 평양신학교에 입학하여, 1907년 1회 졸업색으로 양전백, 한석진, 이기풍, 소인서, 방기창, 서경조와 함께 졸업하고 평양 노회에서 제1대 목사로 안수 받고 장대현 교회 목사가 되었다. 길목사는 입교한 첫날부터 하루 세 번 정시기도를 하였고, 1919년 3.1 운동 때에는 33인 중 한 사람으로 옥고를 치르고, 계시록을 만 독하였다.

김익두 목사는 황해도 안악 출신으로 장사에 실패한 후에 성격이 포악하고 잔인하였다고 한다. 그러나 어느 장날 여선교사에게 전도지를 받은 후에 교회에 나가 설교를 듣고 회개를 하였다. 믿은 지 1년이 지난 후에 세례를 받았고, 매서인이 되어 성경을 팔고 다녔다. 29세 때 재령 교회 전도사가 되었으며 1910년 평양 신학교에 입학하였다. 전국 각지로 다니면서 부흥회를 인도하였다. 집회수가 776회, 설교회수가 2만 8천회, 교회 신축이 150처, 그이 감화로 목사된 이가 200명이며 치유 받은 자가 1만여 명이었다. 1950년 10월 14일 새벽 기도회를 인도한 후에 북한군에 의하여 이천실 여전도사, 임성근 장로 등 6명과 함께 순교를 하셨다.

제3부

인도와 한국의 선교 정책 고찰

제1장 인도와 한국 선교의 비교

　인도 선교와 한국 선교에는 상당한 유사점들이 있다. 무엇보다 역사적인 환경면에서 살펴 볼 수 있다. 그럼에도 두 가지 점에서 차별성을 가진다. 1) 기독교회의 자립 선교의 여부이며, 2) 그 영향력이 범국가적인 확산의 여부이다. 여기에는 두 나라와 민족의 상이점이 있을 것이다. 우선 스케일 면에서 인도는 광대한 국토와 다양한 민족의 배경이 있으며, 무엇보다 힌두교라는 거대하면서도 압도적인 뿌리 깊은 신앙의 암반이 버티고 있으나 한국의 경우는 단일 민족이며, 당시에 터줏 대감 노릇하는 종교 세력이 없었고, 오히려 암울한 시대정신이 서양 문화와 기독교에 대하여 갈급한 토양으로 형성되었다고 볼 수 있다. 한국의 국토는 인도의 1/50에 불과하고, 인구로도 1/20에 불과하다. 작기 때문에 유리하고 파급효과가 더 큰 것이다. 앞서 언급한 인도 지역의 기독교 복음화율은 현재에도 인도 전역에서 괄목할 정도로 높으며 심지어 인도 당국의 종교적인 사찰과 감시를 받고 있을 정도라고 한다.

무엇보다 인도와 한국의 기독교 선교의 자립도는 종교적인 환경과 경제적인 여건과 그리고 민족성으로 인한 차이가 있을 수 있다고 보며 선교 정책을 다룬 이후에 본격 거론하기로 한다. 공통적이면서도 미묘한 차이가 있는 것은 인도는 영국의 식민지 치하에 있었으며 한국은 일본의 식민지 치하에 있었다는 사실이다. 다음에 인도 선교의 기초를 놓은 윌리암 케리가 세운 선교정책들과 한국 교회 초창기에 선교사들이 세운 정책들을 비교하면서 본격적으로 선교의 토착화와 자립 선교를 논하려고 한다.

제2장 인도의 선교 정책

1. 윌리암 케리의 선교정책들

1) 그는 분산된 개신교회를 선교적으로 각성시켰다.
2) 그로부터 시작하여 개신교 선교운동의 주도권이 독일어권의 교회에서 영어권의 교회들로 옮겨졌다.
3) 케리로 인하여 많은 선교단체들이 형성되는 계기가 되었다.
4) 경건주의와 모라비안의 선교지역은 국한적이었으나 케리 이후에 선교지역이 전 세계로 확대되었다.
5) 원주민 지도자 양성, 선교기지 건설, 국제적 선교 협의체, 사회 선교

성서번역 사역 등을 포함한 근대 선교 운동의 원칙들을 발전시키는 데 결정적인 공헌을 하였다.

6) 그는 한 인간으로서 그리고 지도자로서 훌륭한 점을 많이 지녔다. 비록 가정안에서는, 인간적으로 힘들고 괴로운 과정들이 산적하였으나, 인내하며 균형 감각을 견지하며, 성경에 대한 지식과 겸손한 성품과 학구적자세로 일평생 연구하며 새로운 선교 사역을 위하여 헌신한 선교사가 일찍이 없었다고 평가되기 때문이다.316

2. 세람포의 선교 전략 5대 원리

케리는 죠수아 마쉬멘과 윌리암 워드와 함께 유명한 세람포의 삼총사(Serampore Trio)를 이루어 사역에 매진하였다. 그들의 선교전략은 다음의 5 가지 원리를 지켰다.

1) 가능하면 광범위하게 복음을 전파한다. 지역 제한 없이 길이 열리는 데로 나간다.
2) 원주민의 언어로 성경을 번역하고 성경을 읽도록 하여 선교 한다.
3) 가능하면 빨리 원주민이 교회를 세운다.
4) 지역 주민들의 의식 구조를 연구해야 한다.
5) 가능하면 빨리 현지 사역자를 양성해야 한다.317

3. 허드선 테일러의 내지 선교 전략(Inland Mission Plan) 참고

허드선 테일러가 처음 내지 선교를 주장했을 때에 사람들의 반응은 한

---

316 황순환, [선교와 문화], 242쪽
317 스티븐 니일, [기독교 선교사], 345쪽

결같이 부정적이었다. 힘들고 어려운 곳이며, 안전문제와 의료문제 등이 있기 때문이다. 해안 지역에도 아직 할 일이 많은데 왜 굳이 내륙으로 들어가려 하는가? 그러나 그는 이와 같은 엄청난 반대를 무릅쓰고 하나님으로부터 받은 선한 뜻을 실천에 옮기기 시작했다. 19세기 후반 선교 열이 식어지자 아직 선교는 상륙한 것에 불과한 것이고 아직도 내지 선교가 남았으며 이 일에 매진해야 한다는 철학으로 그는 '중국 내지 선교회'(China Inland Mission)를 만들었다. 또한 당시 모든 선교 기관들이 선교본부를 서구에 두는 것과 달리 그는 선교 본부를 중국 선교 현장에 두었다. 이렇게 함으로써 그는 선교를 원격으로 조정하는 것이 아니라, 가장 가까운 곳에서 신속하고 현실적인 지도를 할 수 있었다. 또한 이 선교회는 테일러의 지시로 중국식 멀 스타일인 변발을 하고 중국 전통 옷을 입음으로 현지인들과 하나가 되고자 노력하였다. 아울러 이 **선교회는 교회와 사람들에게 선교비를 요청하지 않는다는 원칙을 세우고** 오직 하나님에게만 요청하였다. 이러한 이유 때문에 "테일러가 중국에서 선교하는 동안 동쪽에 무릎을 꿇지 않은 채 태양이 떠오른 날이 없었다."는 말이 나올 정도로 테일러는 기도에 힘쓰는 사람이었다.

테일러가 세운 중국 내지 선교회의 주요한 특징은

1) 중국 내지 선교회는 초교파적인 선교를 전개했다. 신학적으로는 보수성이 강하였으나 선교사를 모집할 때에는 교파를 초월하여 선교사를 모집하였다.

2) 고학력자가 아닐지라도 선교에 열의가 있는 사람이면 누구든지 선교사로 허입(許入) 하였다.

3) 선교의 초점을 파송 교회보다는 선교지에 두었다. 실제로 선교본부도 영국이 아니라, 중국 현지에 두었다는 점이 특이하였다.

4) 선교사들은 가능한 한 현지인의 복장과 두발 등 문화와 관습을 현지인들과 동일화하려는 노력을 했다.

5) 마지막으로 테일러는 선교의 주된 목적은 실제적인 전도와 복음화에 두었다.[318]

테일러는 위대한 선교 전략가였다. 그는 그의 아내와 함께 [중국의 영적인 궁핍과 요구들](China's Spiritual Need and Claims)이라는 소책자를 썼는데 이것은 윌리암 케리의 [탐구]라는 책과 함께 19세기에 선교적 관심을 불러일으켰던 가장 중요한 쌍벽을 이루는 책으로 꼽히고 있다. 그는 또한 훌륭한 행정가였다. 수천 명의 선교 동역자들을 잘 관리하여 거대한 중국 땅 깊숙이 복음이 들어가게 하였다. 그러나 그의 최대의 관심은 항상 영혼 구원이었다. 학교와 병원들 큰 기관 사업이 확장되고 선교의 몸집이 대형화 되었으나 그의 주된 관심은 영혼 구원이며 전도이고 복음화에 우선순위를 두었다. 그에게 가장 안타까운 일은 수억의 중국 영혼들이 그리스도를 알지 못하고 죽어가는 것이었다.

4. 인도 기독교 자립과 일치를 구현한 아자리아의 선교 업적

근대 인도에서 진정한 의미의 '인도' 기독교가 탄생하게 된데에는 아자리아의 공헌은 지대한데, 그의 이상은 이미 YMCA 시절(1895~1909)에 얼개를 갖추었다. 사제로 안수 받기 이전에 벌써 그는 인도인이 주도하는 두 선교회를 설립했다. '인도 기독교는 인도인의 손으로!'라는 목표를 이루기 위한 첫 시도이자, 그의 이후 사역을 특징 지은 원칙이 시도된 출발점이었다. YMCA 사역자로 활동하던 1903년에 틴네벨리인도인선교

318 S. Neil, *A History of christian Missions* (Harmondsworth : Penguin Books, 1966), 333-334.

회(Indian Missionary Society of Tinnevelly)를 설립했고, 2년 후에는 전국선교회(National Missionary Society)를 세웠다. 두 번째 선교회 모토가 이들 선교회의 설립 정신을 잘 반영한다. '인도인의 돈, 인도 사람, 인도인의 운영.' 그가 설립한 이 선교회들이 영국이나 미국 등 서양 선교사들의 활동에 반대하고, 그들이 떠나야 한다는 '선교 모라토리엄'을 주장한 것은 아니다. 다만 미래의 인도 교회는 서양인이 아닌 인도인이 스스로 전하고 다스리고 운영하는 교회가 되어야 한다는, 말하자면, 이미 선배 서양 선교사들이 주창하고 일부 실천했던 지극히 성경적인 삼자 원리에 충실하려 했던 것뿐이다.319

1910년 에든버러 대회에서 그가 연설한 내용도 인도 교회와 교인을 대하는 선교사들의 왜곡된 우월감에 대한 비판이었고, 그 해결책이 진정한 친구 됨의 우정 회복이었다. 이는 작위적 결정이나 판단, 세속 사상의 영향에서 나온 것이 아니었다. 성경이 그렇게 가르치고, 참된 기독교란 원래 그런 것이기 때문이었다. 선교사들이 자신들의 권위와 지도권을 인도 현지인에게 이양하는 문제도 이 진정한 친구 됨과 밀접히 연관되어 있었다. 서양 선교사가 인도 토착 기독교인을 자신들과 동등한 형제와 친구로 인정하고 신뢰하며 사랑한다면, 기득권을 내려놓는 일이 훨씬 쉬울 수 있기 때문이었다.

도르나칼 주교가 되고 난 후 주교구에서 아자리아가 한 목회는 일견 전형적인 성공회 주교의 목회와 크게 다르지 않았다. 그러나 이런 전형적인 사역에도, 인도인인 그가 인도 문화 속에서 인도인, 특히 카스트 하층의 가난하고 무지한 인도인을 대상으로 목회한다는 점에서 '인도성'(being an Indian)이 곳곳에 묻어났다. 예컨대, 성례의 의미가 인도에서

319 아지리아, [그리스도인과 헌금], 20-22

는 다른 나라에서와는 다르게 받아들여졌다. 글을 읽을 줄 몰라 세례나 견진을 받기 위한 교리문답을 제대로 숙지할 수 없는 다수 신자들에게, 마치 종교개혁 시대의 마르틴 루터가 그랬듯, 그는 이 교리들을 노래로 가르쳤다. 사도신경과 십계명, 주기도문을 외우기 쉽고 단순한 가사로 바꾸고, 그 위에 음률을 입힌 것이다. 초기 선교지 한국에서 이름 없던 여성들이 교회에 출석하고 세례를 받으며 인생 처음으로 이름을 갖게 되었듯, 카스트 하층민으로 태어나서 자신을 비하하는 이름을 가졌던 이들이 세례 후 원이름 대신 성경 이름으로 새 이름을 받았다. 흐르는 냇물 속에서 세례를 받은 이들은 옛 카스트의 신분과 악습과 공포와 자기 비하가 세례의 물을 통해 완전히 씻겨 내려가고, 새롭게 된 자아로 거듭났다는 환희에 자주 휩싸였다. 성찬도 마찬가지 의미가 있었다. 서로 다른 카스트에 속한 이들과는 함께 식사하지 않는 인도 문화에서, 그리스도의 몸과 피를 같은 상 위에서 나누고, 이어서 함께 식사하는 성찬 의식은 카스트제도를 넘어서 새로운 가족을 만드는 하나님나라의 잔치였다.[320]

아자리아는 교회 연합 운동에도 적극적이었다. 주교가 된 지 7년째인 1919년에 그는 트란케바르에서 열린 인도인 교역자 대회에 참석했다. 그 대회는 남인도연합교회(South India United Church)의 베담 산티아고(Vedam Santiago) 목사가 남인도 내 모든 개신교 교파에 문건을 보내, "우리는 분열되어 있기 때문에 약하다. 전 인류의 1/5을 그리스도께 인도하는 사업에 착수하기 위해 단합하자"고 요청한 결과 열린 대회였다. 남인도연합교회는 이미 1908년에 장로교회와 회중교회가 연합하여 이룬 개혁파 연합교회였다. 이 교회의 인도인 지도자들과 성공회의 아자리아는 서양 선교사들이 인도에 전파해서 세워진 수많은 교파는 성경의 명령

---

320 아자리아, [그리스도인과 헌금], 151, 18.

과는 관계없는 그들의 분열 유산을 인도에 이식한 것이라 판단했다. 따라서 이미 편견으로 가득한 선교사들 없이 인도인만 따로 모여 교회 연합을 논의해 보자는 데 합의했다. 이 노력이 당장의 결실을 보지는 못했지만, 결국 1947년 9월, 즉 아자리아가 세상을 떠난 지 2년 후에 남인도 연합교회와 성공회, 감리회가 연합한 남인도교회(Church of South India)의 탄생으로 이어졌다.321

아자리아가 남인도 개신교회들간의 연합을 간절히 바란 것은 이것이 단지 성경적이라 믿어서만은 아니었다. 남인도의 특수 현실이 교회 연합의 필요를 더 갈구한다고 믿었기 때문이었다. 먼저, 남인도는 인구 대부분이 공통의 드라비다 혈통인데도, 크게는 네 개의 서로 다른 언어 지역으로 분화되어 있었다. 물론 종족과 언어를 더 세분화하면 그 수는 훨씬 늘어났다. 둘째, 남인도에는 사도 도마로부터 기원한 무려 2000년에 이르는 풍성한 기독교 전통이 있었다. 따라서 아자리아는 민족과 종족과 언어와 카스트별로 분열을 정당화하고 지속하는 인도 문화 배경 속에서, 한 분이신 그리스도와 사도의 교회에서 기원한 인도 교회는 그 창시자가 하나가 되라고 하신 유언, 죽음과 삶의 문제와도 같은 이 명령을 지켜야 한다고 확신했다.22)

[출처 : 뉴스앤조이] 인도 기독교의 자립과 일치를 구현한 20세기 전반 아시아 기독교의 얼굴

---

321 1947년에 탄생한 신생 남인도 교회의 초대주교 중 하나가 레슬리 뉴비긴이었다. 뉴비긴에 대해서는 본 시리즈 연재물로 기고된 http://www.newsnjoy.or.kr/news/articleView.

제3장 한국 교회 초기의 선교 정책들[322]

1. 선교사 공의회에서 채택한 선교 정책

1889년 미국 북 장로회와 호주 빅토리아 장로회 선교사 장로회 정치를 쓰는 선교사 공의회를 조직하고, 1893년에 제1회 선교사 공의회에서 선교정책의 방향을 제시하였다. 이때에 채택된 선교 정책은 다음과 같으며 [네비우스 정책]에 기초했다.

(1) 상류 계급보다 근로 계급을 상대로 하여 전도하는 것이 낫다.

(2) 부녀자에게 전도하고 크리스천 소녀들을 전도하는데 특별히 힘써야 한다. 왜냐하면 어머니들은 후손들에게 큰 영향을 주기 때문이다.

(3) 시골에서 초등학교를 세우고 기독교 교육을 실시하여 많은 효과를 거둘 수 있다. 그러므로 젊은이들을 훈련시켜 장차 교사로 내보내도록 한다.

(4) 앞으로 한국인 교역자도 이런 곳에서 배출되기에 이 점에 유의해야 한다.

(5) 사람의 힘이 미치지 못하는 곳에서도 하나님의 말씀은 회개시킨다. 그러므로 모든 노력을 다 하여 성경 번역을 하여 사람들 앞에 내놓는 것이 가장 중요한 일이다.

(6) 모든 종교서적은 순수히 한국어로 쓰도록 한다.

(7) 진취하는 교회는 자급하는 교회이어야 한다. 될수 있는대로 선교부의 보조를 받는 사람을 줄이고 자급으로 바치는 개인을 늘여야 한다.

(8) 한국의 대중은 동족의 전도에 의하여 그리스도를 믿게 되어야 한다. 그러므로 우리가 나가서 전도하기 보다는 소수의 전도자를 철저히

---

[322] 이영헌, [한국 기독교사], 서울 : 컨콜디아사, 1983. 93-95쪽.

훈련시켜야 한다.

(9) 의료 선교사들은 병실에서나 또는 환자의 집에서 오래 동안 친절히 치료하는 기회를 이용하여 가르치고 본을 보여 깊이 마음에 박히도록 할 수 있다. 시약소만으로는 별로 효과가 없다.

(10) 지방에서 와서 오랫동안 치료 받은 환자들은 그 고향까지 찾아가 주어야 한다. 왜냐하면 친절한 대접에 대한 그들의 경험은 전도자를 위하여 넓은 문을 열어주기 쉽기 때문이다.

2. 네비우스 선교 방법 :

1890년 6월 장로교 선교부는 중국 산동성 치푸에서 선교하던 존 네비우스(John Nevius)를 초청하여 서울에서 약 2주간 앞으로의 선교 정책에 대한 토의 연구를 하였다. 이 때의 주요 토의 대상이 네비우스가 쓴 책 [선교교회의 설립과 발전](The Planning and Development of Missionary Church)이다. 클라크(C.A. Clark, 곽안련)목사는 [한국 교회와 네비우스 방법]이라는 책에서 아래와 같이 말했다.

(1) 광범위한 순회를 통한 선교사 개인전도

(2) 자립 선교 : 모든 신자는 가르치는 자인 동시에 보다 더 나은 사람으로부터 배우는 자이다. 모든 개인이나 단체는 교회 발전과 확장을 위하여 힘써야 한다.

(3) 자립정치 : 각 교회는 그 택한 무보수의 전도사 밑에서 치리 받도록 하며 여러 교회를 돌아보는 조사(助事)는 각 교회에서 봉급을 분담하도록 한다. 조사는 후일 목사가 되도록 한다.

(4) 모든 교회는 신자들에 의하여 자급하되 설립 초로부터 순회 조사의 봉급을 담당하도록 한다.

(5) 신자들은 성경반 지도자와 순회 조사의 지도 아래 조직적인 성경 연구를 하도록 한다.

(6) 성경의 교훈을 따라 엄격한 훈련과 치리를 한다.

(7) 다른 교회와의 협조와 일치, 특히 같은 지역의 교회와의 일치 협조를 힘쓴다.

(8) 소송 사건이나 또 그와 비슷한 일에 있어서 타 교회에 간섭하지 않는다.

(9) 그 외에 있어서는 가능한 한 경제적으로나 일반적으로 돕도록 한다.

알렌 클라(Allen D. Clark)는 네비우스 방법에 대하여 아래와 같이 논평하였다. "이로 보건대 네비우스의 방법은 단순히 자급과 보조금 지급 거부의 제도만이 아니라는 것이 명백하다. 그 진정한 핵심은 모든 그리스도인으로 하여금 성경을 연구하고 거기서 터득한 것을 다른 사람에게 전달할 수 있도록 격려하는 성경 연구의 체제에 있었다."[323]

압도적인 강조가 그 기조였다. 그러나 또 한 가지 이 원칙의 핵심에는 차세적 생활과 의무에서의 둔퇴가 종교의 본분이 아니라 일상생활에서 평범한 통상의 생활을 하면서 교리를 구체적으로 실천하는 것이 기독교의 참 모습이라고 설파하는 정신도 깔려 있다."[324]

3. 네비우스 선교사에 관하여

1] 그의 생애 :

존 리빙스톤 네비우스 선교사는 1829. 3. 4 화란계의 후손으로 미국 뉴저지에서 출생하였다.

---

[323] Allen D. Clark, *A History of the Church in Korea*, 1971, p. 115.
[324] 민경배, [한국기독교회사], 1972, p. 157.

1845년 16세에 유니온 대학(Union College)에 입학하여 졸업 하였다.

1850년 21세에 프린스톤(Princeton) 신학교에서 공부하였다.

1853년 24세에 미국 북장로교 선교사로 지원하였고 같은 해에 뉴욕 출신의 헬렌 산포드 코안(Helen Sanfore Coan)양과 결혼한 후 곧 중국 선교사로 파송되었다. 그는 중국 남포지방에 배친 된 후, 양자강과 산동성을 중심으로 선교 사역을 하였다.

1873년 도보로 6,000마일(약9650km)에 달하는 선교여행을 감행하였다.

1877년과 1889년 북 중국에 대기근(Great North China Femine)이 있었고 네비우스는 자금을 모으고 음식 분배 센터를 세우고, 구호 곡물의 체계를 세우는데 중요한 역할을 하였다.

1890년 이 당시 한국에서 사역하던 선교사들은 대부분 20대의 젊은이들이었으므로 노련하고 경험이 풍부한 네비우스 박사를 한국 교회에 초청하였다. 61세에 선교 경력이 37년차인 네비우스 박사는 일생 단한번의 안식년으로 귀국하던 길에 제물포를 통하여 서울로 와서 장로교 선교사들과 2주간 머물며 자신의 전략인 Nevius Paln을 제시하고 토론하는 시간을 가졌다. 그러나 그의 영향력과 공헌은 선교역사에서 장족의 발전을 위한 영감을 불어넣은 것이었다. 1893년 10월 19일. 64세에 집에서 갑자기 소천하여 40년간의 중국 선교사로서의 생애를 마쳤다. 중국의 치푸(Chefoo) 공동묘지에 안장 되었다.

2] 네비우스 선교 전략(Nevius Plan)

1) 그는 삼자 교회(Three-Self Church) 원칙을 주장하였다.

(1) 자립(Self-Supporting) : 신자들이 스스로 마련한 예배당을 소유하고 개교회 목사에게 외국의 자금으로 사례를 지불하지 않는다.

(2) 자치(Self-Governing) : 문화권 내에서 실제적으로 변화를 일으키는 사람들은 현지인이어야 함을 강조하였다. 순회 집회시에는 교인들을 훈련시켜 훗날 구역, 지방, 전국의 지도자가 되게 한다. 스스로의 치리권을 사용한다.

(3) 자전(Self-Propagating) : 먼저 믿는 자들이 교회를 조직하고, 이들이 나아가 전도하여 지교회를 세웠다. 모든 신자들은 성경에 대하여 다른 사람들을 가르치는 자가 되며, 동시에 자기보다 나은 다른 사람으로부터 성경을 배우는 자가 된다.

2) 선교사가 개인적으로 널리 순회하며 전도한다.

게일(J. S. Gale)선교사는 1889-1897년까지 이러한 지침에 따라 8년 동안 계절을 불문하고, 매번 다른 길로 한반도를 12번이나 순회하였다.

3) 사역의 모든 분야에서 성경이 중심이 되었다.

4) 모든 신자는 그룹 영수와 순회 조사(Helper) 아래에서 조직적인 성경 공부를 한다.

5) 선교사 간의 협력과 다른 선교 단체와 협력하고 연합한다.

6) 성령님의 역사에 대한 믿음 : 주님은 성령의 특별한 은사를 주셔서 선지자들, 교사들, 능력자들, 돕는 자들, 다스리는 자들을 필요한 대로 주실 것이다.

7) 언어 훈련 : 현지인들에게 성경을 가르치기 위해서 현지어 정복과 훈련을 강조하였다.

8) 법적인 문제에 불간섭의 원칙을 지킨다. (정치적 중립 또는 정교분리 원칙)

9) 민중의 경제 문제에서 가능할 경우 일반적인 도움을 준다.325

존 네비우스 선교사의 선교 전략은, 자기 고향이나 40년 선교한 중국

---

325 blog.naver.com/postView.nhn : '존 리빙스톤 네비우스 선교사'

현지에서보다도 한국의 서울을 방문하여 젊은 선교사들에게 전해졌을 때, 가장 큰 파장을 일으켰다. 현대에 이르기까지 선교 정책에서 예언자적인 방향성을 제시한 것은 엄청난 사건이며 한국 교회와 세계 선교에 지대한 공헌을 하였다고 찬사를 보내지 않을 수 없다. 성격은 다르지만 지금도 중국 공산당 치하의 교회를 일컬어 '삼자 교회'라고 명명하는 것을 보면 알 수 있다.

3] 네비우스 정책과 선교 공의회의 정책의 차이점 :

네비우스의 원칙과 선교공의회가 채택한 선교정책을 자세히 비교해 보면 많은 상이점이 있음을 발견하게 된다. 장로교회 선교부가 네비우스 선교정책 방안을 채택할 때에 그들은 순전히 그 정책만 따른 것이 아니라 그들 나름의 특유한 방안에 따라 그 원칙을 받아들였던 것이다.326

물론 이러한 규칙의 변화는 어떤 의미에서는 교회 성장을 보다 증진시키기 위해서라고 할 지 모른다. 사실 1927년 방위량(Blair)박사는 다음과 같은 사실을 지적해 냈다.

"선교초기에 있어서 네비우스 박사의 뜻은 우리의 선교방법과 원칙을 결정함에 있어서 큰 영향력을 가졌었다. 내가 믿기로는 만약 선교사들이 기도하는 마음으로 신실하게 이런 방법을 잘 사용하면 그들의 사업은 성공의 면류관을 쓸 수 있게 될 것이다. 그러나 네비우스 방법에 대한 선교사들의 불신실성이 한국선교의 성공에 장애가 되었음을 부인할 수 없다. 이에 대해 방법적 영향과 몇 가지의 비판을 가함으로 과거 선교정책에 대한 과오를 살펴보고자 한다."

---

326 민경배, [한국 기독교회사] 12. '외국 선교사의 선교정책' 194-196쪽.

4. 네비우스 선교 정책의 긍·부정적인 평가

긍정적인 평가는 이미 다루었으며, 그 공덕이 얼마나 지대한 지를 잘 알 수가 있다. 비록 초창기부터 한국 선교가 네비우스의 정책을 따라서 행한 것이 아니어도, 성령의 인도하심과 초대 교회 성도들의 헌신으로 이 땅에 성서 한국이 뿌리내리고 한국인의 뜨거운 열정과 신앙심이 시대 정서와 정신으로 합류하여 큰 역사를 이루어 마침내 평양 대부흥 운동이라는 세기적인 역사를 이루게 되었으니 일천한 후학으로서 감히 부정 평가에 가세할 수는 없으나, 이제 21세기 선교의 보다 성숙하고 복음적이며, 선교 현장에 적합한 선교 모델을 조성하기 위해서 아래의 부정적인 평가를 반면 교사로 삼아야 할 것이다. 그러나 이 평가는 존 네비우스 선교사와 그의 공덕에 대한 것이라기보다는 시대와 방법론의 차이에서 오는 다름과 적용의 문제라고 생각한다.

"네비우스 선교 정책과 실시를 통하여

첫째로 한국교회는 하류층과 근로층에 뿌리를 박았다. 이 정책은 이제까지 없었던 근대적인 시민의식을 고취하는 것으로 일면으로는 한국의 근대시민 사회형성에 기여한바 있다 할 수 있으나 개개인의 주체적인 신앙의 결단이 있을만한 충분한 교육적 및 영적 훈련이 있어야만 되었음에도 불구하고 그렇지 못한 결과, 후에 여러 문제가 발생할 수 있는 요인도 되었다. 이렇게 하여 신자의 질과 수준은 저급하게 되고 따라서 피전도자보다 전도자의 교육이나 교양이 얕은 것이 되었으므로 개인 전도의 효과는 어느 한계를 넘어서지 못한 것이 되었다. 일반교양의 저하는 성서의 올바른 이해와 그 진리의 전달의 실패를 초래했다.

둘째로 교회의 제도와 기구 면에서 단순히 선진국을 모방할 것이 아니라 본토의 교인이 다스려 갈 수 있는 것인 동시에 본토민에게 맞은 체질

이어야 한다. 초대 선교사들은 자치 교회의 원칙을 환영하였으나 그들이 이식한 교파주의의 제도는 한국교회의 경제력이나 기타 입지 조건을 생각해 볼 때 한국에 알맞은 제도라고 볼 수 없다.

셋째로 본토민적 교인의 재력에 맞게 전도자와 교역자를 세워서 교회의 활동을 유지하자는 것이어서 교역자의 봉급, 교회 건축비와 유지비를 선교비에 의존하지 않으려는 것이다. 초기에는 이 자급원칙에 따라 국내의 전도 사업을 많이 하였다."

그러나 레이놀즈(W.D.Reynolds)의 정책 중의 하나가 암시하듯이, 선교비를 안쓰고 하자는 것이었으나 그렇지 않은 경우도 있었던 것이다. 이 원칙에 따른 적절한 대책이 서 있지 않은 예로서의 하나는 교회건물에 관한 것이다. 즉 노동자와 부녀들의 교회인지라 그들의 교회당은 시골부자의 사랑채보다도 적은 경우가 많고, 그들의 목사와 전도사의 봉급은 너무 적은데다 교파별의 교회 난립으로 그들의 경제력은 분산되어 기존 교회의 신세로 전락하기 때문이다.

넷째로 한국적인 교회 건축의 한 전통을 만들 수 있는 원칙이었으나 그 이상은 허물어졌다. 초기부터 한국식 건축술은 교회 전당의 건축 예술에 그 묘미를 살리지 못했을 뿐만 아니라 한편에선 서양식 교회 건물을 모방하여 재력과 지식과 경험이 부족한 모방밖에 되지못했다. 한국문화에 대한 충분한 인식이 부족하여 중국이나 일본에 예속된 문화로 본 것이 초기 선교사들의 특징이다.

다섯째로 한국인을 위한 한국 교역자라는 좋은 원칙을 세웠으나 역시 실현에 있어 실패한 감이 없지 않다.

레이놀즈는 교역자의 지적 수준에 대하여 언급하였는데 교역자들은 교인들의 일반 지식수준보다는 약간 높게 하여야 한다고 주장하였다. 물론 이로 보아 교역자들의 지식수준에 대하여 충분히 고려하였다는 것만은 사실이라 하겠으나 이 점을 상술한 선교정책과 결부시켜 생각해 본다면 곧 교역자가 주로 상대할 사람들이 선교의 대상인 하류층과 근로자들인 무식층의 사람들이었다면 분명히 선교부의 신학교육 원칙에 어떤 모순성을 발견하게 된다. 김양선 박사는 이에 대해 "곧 교역자의 지식수준에 있어 일반 교인들보다는 높고 선교사들보다는 낮은, 말하자면 중간 정도의 교육을 시킬 것을 결정하였다라고 말했다.

이러한 신학교육 원칙에 대한 반향으로서 백낙준 박사는 다음과 같이 서술하였다.[327]

"전체적으로 보아 그 정책은 우리들에게 원시안적인 기준에 근거한 것으로 보이지 않는다. 한국 교역자들의 지적, 문화적 격차를 좁히기 위하여 가능한 한 그들의 지식수준을 높이 올려야 될 줄로 안다. 그런데 선교사들이 한국 교역자들의 지식수준을 왜 낮추려고 하는지 그 의도는 참으로 이상한 일이다. 왜 선교사들은 대학을 나와 신학교육을 받아야만 되고 그의 후계자가 될 한국 교역자들은 기껏해야 일반 무지한 신자들보다 조금 높은 정도로만 교육을 받아야 한단 말인가?"

이러한 신학교육 때문에 교역자들은 질적으로 낮아졌고 기독교나 선교운동은 신뢰와 능력면에 있어서 약화되어 갔다. 또한 새로운 신학 사조가 밀려 왔을 때 당황하여 정죄와 배타로 호신책을 삼다가 분열과 혼란을 야기 시킨 한국교회의 단면을 보여 주기도 했다.

이상과 같이 한국 개신교 선교 정책에 영향을 끼친 네비우스 방법은 성서에 대한 극도의 강조와 자립정책에 있었던 만큼 크게 기여를 한 것은 사실이다. 그런데 본토민의 역사와 문화풍토를 무시한 선교사들의 불

---

327 theology.ac.kr/institute/선교 자료/네비우스.htm. 백낙준, [한국 개신교사], 서울 : 연세대 출판부, 1973.

성실함으로 야기된 문제점들도 발생했다.

한국 기독교회의 기반을 하류층과 근로 층에 두고 지도자들의 고등교육을 무시하였던 선교정책은 교역자나 평신도를 막론하고 신앙의 깊은 지성적인 이해가 없는 감정적인 교인들이 되게 했다. 그러므로 비록 회심자들의 수는 증가된다고 할지라도 그들의 종교적인 질과 확산도는 그 숫자적인 양과 병행하지를 못하였다. 그 결과 해방이 되자 한국교회는 혼란과 분열 속에서 여러 가지 문제를 불러일으키는 결과를 낳게 되었던 것이다.

5. 네비우스 선교정책을 현대에 적용할 때에 보완할 점들

부연하면 오늘날에도 성경 교육과 생활에 대한 강조는 필요하며, 자치, 자전, 자급의 3원칙도 주효하다. 자칫 자본주의적인 선교가 되기 쉬운 현대의 선교 현장에서 초창기에 선교사와 지도자들이 보여준 절제와 근검절약하며 교회를 자립시키려는 네비우스 선교전략은 필수적이다. 자립 선교 또는 토착화 선교가 가장 중요한 화두임을 감안하면, 이상의 장단점을 두루 섭렵하여 보완하는 것이 필수적이다.

그러나 자칫 부정 평가를 제기함에 앞서서 강조하고 싶은 것은 네비우스 정책이 잘 못되고 문제가 있었다기 보다는 오히려 한국 선교역사에 빛나는 네비우스 정책의 탈월성과 초역사적으로 관통하는 진실과 복음적인 가치가 있기에 이 시대에 다시금 재론하며, 재조명하기 위하여 시대와 문화적인 차임을 뛰어넘어 보완하려고 하는 것이다. 즉 네비우스 선교론은 선교의 총사령관이 되시는 예수 그리스도의 지성과 마음에 부합하는 놀라운 교회론이며 자립 선교의 요체이기에 21세기의 현재에 적용하기 위하여 거론하는 것이다.

네비우스 선교 정책에 이의를 제기하는 이들 중에, '하류층과 근로층, 또는 여자들을 대상으로 한 것에 대한 평가'는 주류 한국 교회의 구성원이 여성들과 서민층이 대세를 이루고, 전도하며 확장되고 있는 이제까지 한국 교회의 추세이기에 이것을 선교 정책의 오류로 지적할 수는 없을 것이다. 왜냐하면 예수님 당시에도 그의 제자들과 모인 무리들이 주로 변방 갈릴리와 가난하고 못 배운 사람들이 다수였으며, 엘리트층을 대상으로 전도한 천주교가 오히려 부진한 것을 보면 상기한 이들의 평가는 주관적이라고 할 수 있다.

　　그럼에도 계속적인 교회의 지도자와 교역자들의 연구와 교육, 그리고 중복 투자를 배제하고, 팀 목회와 선교를 해야 한다는 당위성의 지적은 정당하다. 네비우스 선교 정책이 개교회 주의 또는 교파주의로 치닫게 될 개연성이 충분하며 작금에 문제시되는 교회의 물량주의와 교인들의 기복신앙도 깊이 들어가면 개교회의 성장과 성공주의에 따른 폐단이 아닌가? 실제로 한국 교회의 분열과 지도자의 도덕성 시비와 연합 운동에 있어서 보수교단들의 미온적 참여와 정교 분리의 원칙을 준수하여 비정치화의 길을 걷는 것은 주지의 사실이다. 그러나 대 사회적이며 국가적인 하나님의 선교라는 거시적인 관점에서의 헌신과 기여가 미흡하여 실제로는 천주교와 불교에 비하여 훨씬 많은 인력과 시간, 물질과 사역을 함에도 불구하고 개 교회 주의로 그치고 회귀하기에 외부에서 볼 때에 모래알의 합창처럼 보이며 역량을 집중하지 못하고 사회적인 비중이나 영향력 면에서 떨어지는 경우가 허다하다. 이에 대한 보완과 실제적인 선교 현장은 후반부의 YMBB 보고서에서 다루기로 한다.

┃ 제4부 ┃

선교의 토착화

제1장 자립선교의 정의와 실제적인 접근

선교에 대한 일반적이며 학문적인 장황한 논설은 접어두고 실제로 선교란 무엇이며 어떻게 해야 할 것인가를 다루려고 한다. 특히 필자가 주력 선교지로 꼽는 인도와 접경 지역 또는 미전도 종족 선교에서의 자립선교를 위한 견지에서 고찰하려고 한다.

1. 자립 선교의 성경적 인용

딤후2 :2 "또 네가 많은 증인 앞에서 내게 들은 바를 충성된 사람들에게 부탁하라. 그들이 또 다른 사람들을 가르칠 수 있으리라." 선교의 지상명령은 대위임령이라고 부르는 마28 :19, 20을 대표로 꼽는다. 당연한 말씀이며 원칙이다. 그러나 마태가 전한 주님의 명령에서 한 가지 아쉬운 것은 재생산의 여부이다. 즉 가서 제자 삼는 것이 계속적으로 반복되면 아무 이의가 없을 것이나 가끔은 당대에 머물고 더 이상 확장되지 않고, 신앙과 선교의 대가 중단되는 경우를 목회 현장과 선교지에서 쉽게 발견할 수가 있다. 솔토우(T.S. Sotau) 박사는 마28 :19, 20을 효과 있게 하려면 다음과 같은 삽입 구절이 필요하다고 하였다. "기독교 선교의 목적은 토착 교회를 설립할 전망으로 그리스도의 명령대로 모든 지역의 비회심자들에게 복음을 전파하는 것이다."[328] 부연하여 말하기를, "우리가 지금까지 선교사를 보내고, 선교비를 보냈지만 나타난 결과는 지극히 적은 것이다. 이제는 그곳 사람들이 자기 비용을 써가면서 자기 사업을 수행해 나가야 되리라고 나는 생각한다."[329]

2. 토착 교회의 정의

토착이란 단어를 Webster의 사전에서 보면, [INDIGENOUS] : "한 나라 지방에서 발생하여 성장하거나, 자연스럽게 삶을 유지하는; 자기 나라 산출의 타고난"등의 의미가 있다. 그러므로 교회도 그것이 한 나라에서 시작되어 그 나라 백성의 한 부분처럼 자연스럽게 자라기 전에는 토착화되었다고 할 수 없다.[330]필자가 토착 선교를 'native mission'이라고 명명한 것은 토착민들(natives)을 중심으로 현지인 목회자가 선교하는 것이기 때문이다. 그리고 인도 사회는 워낙 다인종, 다문화의 복합적인 사회이기에 전도보다는 선교라는 용어가 적합할 것이다.

---

328 솔토우 저, 신홍식 역. [현대 선교전략], 제1장 서론,
329 Ibid, 26쪽.
330 Ibid., 29쪽.

3. 토착화의 3자 설명

1] 자치(自治)

교회의 조직에 관한 것으로 서구의 오래된 교회의 경우는 교회 조직이나 기구에 관하여 무시하기가 쉽다. 그러나 선교지에서는 민감하고 갈등의 원인이 되기도 한다. 해외 선교지에서의 경우에 두 가지 오류가 생길수 있다. 첫째는 어떤 특정한 조직 형태가 자기 곳에서 성공했다고 아프리카와 인도, 남미 등에서 똑 같이 성공하리라고 기대할 수는 없는 것이다. 과부하가 걸릴 수도 있다. 다른 하나는 가끔 '신앙 선교단체'로 알려진 단체들 중에 복음 전파에만 관심을 보이고 교회의 제도와 조직에 대해서는 과소평가함으로 결국 혼란과 낭패를 볼 수 있다. 본교회 성도들의 사기 진작과 결속을 유지하고 혹 이교도의 방해와 박해 등을 대처하는 리더십을 세우기 위하여 상호 협조하는 방안과 적절한 지도자 훈련계획과 교회 조직에서 통일된 정책을 채택하고 수행하는 것은 중요하다.

몇 가지 중요한 요소를 갖춘다면 다음과 같다.

(1) 입회 기준 (2) 그리스도의 생활 표준 (3) 회원의 교육과 훈련
(4) 교회 전도의 방법 (5) 조직과 정치의 형태와 행정 (6) 교리적 표준

2] 자급(自給)

가장 예민하고 어려운 분야로 교인들이 사회적 경제적 표준에 관계없이 시작할 때부터 외부의 도움 없이도 책임을 다할 수 있다는 것을 깨닫도록 크게 강조할 것이다.

현지 사역자의 봉급 및 지원 : 개척 교회라고 하여도 먼저 봉급에 대한액수 작정이 있어야 한다. 한 사람을 보조하는데 필요한 액수는 외국인선교사보다도 현지인들이 더 잘 알고 있을 것이다. 그리고 이러한 봉급

은 반드시 현금으로만 지불되어야 하는 것은 아니다. 어떤 나라에서는 현금이 귀하기 때문에 곡물과 다른 양식을 별도로 지급한다든지, 또는 경작할 토지를 일부 마련하기도 한다. 때로는 젊은 성도가 영적 사역자에 대한 지원을 자원하여 무보수로 행할 수도 있을 것이다. 가능하면 모든 재정을 투명하게 하고, 부동산의 등록도 교인들의 요구에 따라 공식적으로 정리해 두어야 할 것이다.

3] 자전(自傳)

한 사람을 기독교 신앙 가운데로 이끌어 교회의 회원이 되게 하는 일에는 국내외를 불문하고 전도에 대한 모든 형태의 노력이 전부 포함된다. 모든 교인들이 각기 한 부분씩 이 책임을 분담하여야 할 것이며, 각 교인들의 평범한 일상의 활동을 통하여 이루어지는 개인 전도의 중요성과 그 성과에 대하여 경시하지 말아야 할 것이다. 교회는 한 가지 확실한 방법 즉 교인들이 끊임없는 개인 전도를 통하여 세워진다는 것이 통계이며 외지 선교에서도 거듭 증명되는 사실이다. 비교적 오락과 책이 적은 지역에서는 회화가 인간 생활에서 차지하는 부분이 크다고 보며, 이런 경우에 대화와 소문, 그리고 간증들이 효과가 크다.

자치, 자급, 자전 이 세 가지는 토착 교회를 설립하는데 중요한 요소로서 언제나 상호병존 하고 있다. 즉 교인들이 헌금의 사용과 사용처에 대한 결정에 참여하기 전에는 교회 일에 헌신하기를 원치 아니하고, 교회 치리에 참여하기 전에라도 교회를 자기의 것이라고 생각하면 교회와 교역자를 선전하려는 강한 의욕을 나타낼 수가 있다.331

---

331 Ibid., 31-37쪽.

4. 토착화와 상황화의 비교와 용어 채택

선교학에서는 '상황화'라는 용어가 나타나기 전에 이미 '토착화'라는 용어가 있었다. '상황화'라는 용어가 공식적으로 나온 것은 1972년 신학교육기금(Theological Education Found)의 보고서에 "상황 속에서의 사역 : 신학교육기금의 세 번째 위임"이란 글이 출판되면서부터였다. 상황화는 "하나님의 선교"라는 개념을 배경으로 상당히 신학적인 용어이다. 반면에 토착화는 전통 문화 안에서 어떻게 효과적으로 복음을 전파할 것인가에 대하여 초점을 맞추어 하나의 문화권에 맞는 적절하고 의미 있는 언어와 전달 형태를 가지고 복음을 전달하는 과정에 깊은 관심을 가진다.

토착화는 주로 복음의 전달 방법에 관심을 두고 있다면, 상황화는 상황을 변혁할 수 있는 새로운 복음의 내용에 많은 관심을 가진다고 할 수 있다. 토착화는 자립 교회 설립을 가장 주된 목적으로 삼는 반면에 상황화는 주로 하나님의 선교 개념을 따라서 세상에 샬롬을 이루는 것을 주된 목적으로 삼고 있다. 토착화는 어떻게 하면 복음을 효과적으로 전할까 하는데 주된 관심이 있으므로 성서와 이를 해석하는 신학에 중점을 두고 있는 반면에 상황화에서는 현장의 문제를 어떻게 해결할까에 관심을 가지고 주로 현장의 문제가 무엇인지를 파악하는 사회 과학에 깊은 관심을 가진다. 토착화는 현지인의 마음에 말씀을 심고 현지인들로 하여금 그 말씀에 따른 변화된 삶을 살도록 하게하는 것이 주된 관심을 가진다.332 오늘날 대체로 에큐메니칼 교회들은 상황화에 방점을 두고, 에벤젤리칼 교회들은 '토착화'에 중점을 두고 있다. 그러므로 저자는 더 이상 상황화라는 다소 사회과학적인 용어 대신에 토착화라는 용어로 통일하고 그 저변에는 네비우스 정책에 따른 자치, 자급, 자전의 3자 원칙도 내

---

332 안승오, 박보경 저, [현대 선교학 개론] VII. 상황화, 1. '토착화 대 상황화', 199-201쪽.

포하는 것으로 용어와 개념을 정리하는 바이다.

5. 한국 선교 토착화의 한 거보 : 말콤 펜위크

선교사들이 한국 교회의 완전한 토착화와 그 독립된 교회와 신앙의 창
설을 적극적으로 뒷받침하지 않는 한, 교회 조직은 하나님의 선교 정책
의 면모에 재치 있게 반응하는 선교사의 슬기로써 밖에 운영될 길이 없
었다. 그런데 한국 교회의 한국다움을 찾고 그 길 밖에 교회의 성장과 확
립이 어렵다는 생각을 한 선교사가 한 분 있었다. 침례교의 말콤 펜위크
(M.C. Fenwick)이다.

그는 우선 한국의 문화적 독자성과 우수한 윤리 의식을 감명 깊이 받
아들였다. 실지로 한국 속에서 살면서 그는 확신하였다. "기독교 없이도
한국은 서양 문명보다 훨씬 많이 인류전체를 위한 평화와 행복에 공을
끼쳐 왔다. 내 생각에는 동양이 서양의 문화에 윤색되는 것은 덜 바람직
한 일이라고 생각한다."333이것은 확실히 백인 우월의 공통된 견해를 선
교사들이 공유한다는 것을 부정하는 안목이라고 할 수 있다.

"대한 기독교 일은 대한 인이 전담하여 일하는 것이 민족성으로 보거
나 자주성으로 보거나 장래 자립을 위하여 타당하다."334 민족성을 함양
해 주는 독특한 그의 사상은 1890년 한국에 도착할 때부터 변함 없이 그
의 선교 정책에 반영되어 왔다.

그의 책 서문에는 C.W.D.라는 사람이 다음과 같은 의미심장한 글을
남겼다. "이 책 안에 있는 사도들은 다 한국인이다. 백인이 실패한 곳에
토착 교회의 교역자가 무변한 성공을 거두어 들였다. 펜위크의 기록은

---

333 M.C. Fenwick, *The Church of Chirsit in Corea*, New York, Hodder &
    Stoughton, 1911, pp.49-51. 민경배, [한국 기독교회사], 재인용, 275-276쪽
334 [대한 기독교 침례교회사], 28쪽.

쟁쟁히 울리는 기독교적 열정에의 호소요, 서양 세계의 에파시(무관심, apathy)에 대한 도전인 것이다."335현지인들을 사랑하지 않고 진정으로 그 문화와 전통, 그리고 역사를 신뢰하고 존경하지 않으면 선교는 첫 단추부터 잘못 꿴 것이 된다.

---

335 M.C. Fenwick, *op.cit.*,pp.5-6.

제5부

인도 토착화 선교의 현장 YMBB를 찾아서

제1장 YMBB 선교 개관

　YMBB 선교를 '처음부터 목격자와 선교의 일꾼된 자들이 전하여 준 그대로 내력을 저술합니다.' YMBB : Youth Mission Band of Brothers의 약자로서 뜻을 풀이하면 '청소년 선교를 위한 형제들의 연대'이며, 그 명칭이 말해 주듯이, 애초부터 청소년 선교를 목적으로 현지인 선교사들이 주도적으로 하였습니다. 그리고 후원자들이 형제와 같은 우정과 연대를 가지고 인위적이라기 보다는 자연스럽게 감동을 공유하는 동역자들로 구성되었습니다. 필자가 시무한 대길 교회를 중심으로 서로 뜻을 같이하고 선교를 위하여 헌신하는 교회와 목사님들이 주축이었으며 이를 협조하는 평신도들까지 함께 하고 있습니다. 현재는 익명의 후원자들과 기도

하는 분들이 계시며, CTS방송을 내보낸 이후에는 직접 현지 선교사들을 후원하는 분들도 계십니다.

본래 선교는 오랜 세월 기도하며 후원자들이 모여서 형설의 공을 쌓듯이, 바느질하는 여인이 한 땀씩 뜨는 것이 상례입니다. 그러나 YMBB 선교는 하나님의 인도하심에 따라 감동과 섬김이 모여서 이루어 낸 선교 현장입니다. 시작은 미약하나 나중은 창대하리라는 말씀이 선교에서는 진실이며 사실입니다. 애초에 시작할 때에는 부스러기를 줍는 심정으로 하였으나, 20여년의 세월이 흘러 어느 덧 아이가 성년이 되고, 젊은이는 장년을 바라보는 나이가 되어 돌이켜 보니 어느 새 12광주리가 가득차게 되었습니다. 그러므로 보람 있고 가치 있는 일은 하나님의 일이며, 사람들을 구원하는 길이라 믿기에 담대하게 그 동안 애지중지하던 선교 현장의 이야기를 풀어내려고 합니다. 돌이켜 보면 이것은 하나님의 역사이며 은총이고, 현지 선교사들의 땀과 눈물이 베인 인도 선교의 '베넷 저고리' 부터, 성년이 되고 이제 지도자가 되어 미적도 종족을 향하여 높이 든 선교의 기치까지를 섭렵하려고 합니다. 당시의 자료와 고증을 가진 박물관이 아니라, 선교 현장의 살아 있는 소리와 포부를 공유하기를 바라는 마음으로 필을 들었습니다.

제2장 각 현지인 선교사의 보고와 현장들

1. YMBB의 시발이 된 캘커타의 할다 목사님 부부(Rev. Primal Halder & Mitali Halder)와 실로암 교회(Siloam Evangelical Church)

실로암 교회는 1982년 프리말 할더 전도사와 소수의 교인들이 작은 사택에 모여서 예배를 드리게 됨으로 시작되었습니다. 차츰 교인들이 모여들게 되자, 작은 오두막 같은 예배 처소를 지었습니다. 이 동네는 캘커타 공항 근처에 밀집하여 사는 달동네 같은 곳입니다. 협소하고 악취가 진동하지만 이러한 사실을 전혀 개의치 않고 하루하루를 살아가는 서민들의 애환이 담긴 동네입니다. 주민들에게는 두 가지의 소망이 있습니다. 하나는 가난과 무지 속에서나마 신의 도움을 바라는 신앙심과 다른 하나는 자녀들의 앞날을 위하여 품은 교육열이 전부입니다. 교회가 없던 동네에 예배를 드리며, 찬송소리가 나고, 주일학교 교육이 실시된다는 것이 신기하고 놀라워 모여들기 시작하였습니다. 무엇보다 인자하고 자상한 목사님 부부 주변에 모여들었습니다. 할다 목사님의 신분에 걸맞는 매너와 사모님의 유창한 영어 구사 능력이 저들을 이끌었습니다. 1991년 대길 교회 선교팀과 박현식 목사의 방문으로 활기를 띠게 되었으며, 자립 교회로서의 발돋움을 하게 되었다고 할다 목사 부부는 술회하고 있습니다.

그러나 실로암 교회가 자립하기까지는 많은 애로 사항들이 있었습니다. 당시 할다 전도사는 신학교 재학 중이었으며, 그를 지도하는 신학교 학장이자 선교사는 대길교회 파송 선교사인 수크리트 로이(Rev. Scrurit Roy)와 변상이 선교사님이었습니다. 파송 교회의 선교 위원장으로서 또한 대한예수교 장로회(합동) GMS 1호 평신도 선교사인 고 이기섭 선교사가 현지에서 동역하고 있었습니다. 유감스럽게도 이들의 불화로 인하여 할다 목사님과 실로암 교회는 그 와중에서 후원자가 없는 상태가 되었습니다. 당시에 외동딸 에스더는 갓난아기였고, 병약하여 약방과 병원을 찾아다녀야 할 형편이었습니다. 물론 당시로서는 본 교회의 후원 선교사가 아니었으나, 구제적인 차원에서 방문할 때마다 필요한 약들과 영양제, 그리고 약간의 현금으로 단기 선교 팀들이 간헐적으로 섬겼습니다.

선교지에서의 갈등과 불협이 그렇게 곤혹스러운지를 미처 몰랐습니다. 선교지는 생각보다 처신이 어렵고 협소하여 입장 차에 따라서 정반대의 결과를 직면할 수도 있는 곳입니다. 한 교회에서 파송하였으면 서로 협력해야 하지만 서로 반목하게 되고, 한 형제들과 동서 간에도 협력선교를 하지 못하는 낭패가 있는 것이 현실이기 때문입니다.

선교는 결코 화려한 주단을 깔아놓은 길이 아닙니다. 구차하고 궁색하고 변명의 여지가 없이 난처할 때가 있습니다. 이때에 할다 목사님 부부는 필자를 만날 때마다 부탁하는 말이 머리 위에 손을 얹고 '안수 기도'를 해 달라는 것입니다. 자신은 졸업도 못한 채 끈 떨어진 연처럼 의지할 데가 없으며 목사 안수도 못 받고 있기에 갑갑하였기 때문입니다. 반면에 필자는 만날 때마다 그에게 하는 말이, "Be patient and wait until the day. 참고 기다려라!" 더욱이 실로암 교회 곁에는 동서가 운영하는 초등학교가 반듯하게 자리 잡고 있었습니다. 노래처럼 말하기를, '우리도 학교를 시작할 수 있습니다. 도와주세요!' 처음에는 내심, "꿈도 야무지다. 무슨 학교를 한다고? (교회 하나 운영이나 제대로 해야지.)" 그러나 하나님은 일하십니다. 뜻 밖에도 본 교회의 모 성도님이 당시로서는 거금인 1,000만원을 선교비로 찬조하셨습니다. 이후에도 수차례 선교헌금을 일시불로 하신 천사들이 있었기에 실로암 교회 학교는 푹 꺼진 동네에 두 동의 교사를 세울 수 있었습니다.

1993년 8월 3일, 11명으로 시작한 초등학교가 현재 150명이 되었으며, 12명의 교사와 2명의 보조 교사까지 두게 되었습니다. 교회는 현재 출석 교인수가 100명을 상회하며, 인근에 세 곳의 개척 교회를 운영하고 있습니다. 참고로 인도에서는 교회에서 초등학교(1~4학년까지)를 개설하여 운영할 수 있으며 경제적으로 자립하기에 상당한 도움이 되어 대부분의 교회들이 하고 있는 교육 사업입니다. 인도 교회의 경우에 현실적으로 학교의 부지를 마련하고 건물을 구비하는 것은 지난한 일이기에 외부의 도움이 절실합니다. 당시에는 한국의 물가대비 화폐 단위를 1/10로 보면 될 정도였습니다. 반면에 사역비와 생활비는 처음부터 최소한의 범위 내에서 돕고 있습니다. 한국 토착화 선교의 경우에도 유사한 양상입니다.

2. YMBB 선교의 대표주자 부탄의 치미 도르지 선교사 (Dr. Chimi Dorji) 부부

치미 도르지 목사님을 처음 만난 것은 1994년 남인도 벵갈로르에 있는 코린 신학교 교실입니다. 생김새가 한국 사람과 흡사하여, 나도 모르게 "언제 왔느냐?"고 물었더니 고개를 갸우뚱하며 대답할 바를 알지 못하였습니다. 그때는 인도 접경 지역에 몽골리안 종족들이 나라를 이루고 살아가는 줄을 몰랐던 까닭입니다. 그는 유달리 유쾌하고 명랑하여 운동을 좋아하고, 작은 체구에도 축구나 씨름을 하면 인도 학생들을 넘어뜨리곤 하였습니다. 그는 1998년 코린 신학교의 제1회 졸업생으로서 신학사 과정(B.Th.)를 마치고 고향으로 돌아가 사역을 시작하였습니다. 그러나 18개월 후에 다시 선교사의 부름을 받아 코린 신학교에서 학업을 계속하면서 선교사의 업무를 보좌하며, 목회학 석사 과정(M. Div)을 마치게 되었습니다.

2002년 치미 도르지는 아세아 연합신학교(ACTS)에 진학하여 박사과정을 수학하게 되었습니다. 이 때에 대길 교회 사택의 옥탑방에 머물면서 선교의 꿈을 키우며 한국 교회와 유대 관계를 맺고, 불교 왕국 부탄의 복음화를 위한 준비에 박차를 가하였습니다. 당시에 미얀마 출신의 아름다운 엘리트 아가씨 논노(Nono)를 만나 결혼식을 올리고 장남 여호수아

(Joshuah)를 낳아 이름을 박여호수아라 하여 한국 교회의 감사함을 잊지 않았습니다. 학업을 마친 이후에 섬기던 구리 성광 교회의 파송을 받아서 부탄으로 가며, SIM의 선교정책과 협력하여 이중 멤버십(dual membership)을 가지게 되는 행운도 가지게 되었습니다.

그의 사역지는 국경 도시인 푼추링(Punchuring)을 거점으로 YMBB 멤버들과 교류하고 협력하고 있으며, 인도의 접경 도시 Jaigon에는 인도와 미얀마, 네팔과 부탄 등지의 미전도 종족과 피난민들이 모여 사는 곳으로 다민족 선교의 좋은 장소입니다. 이 부분에 대해서는 다음에 등장할 John Sathymoothy 편으로 미루겠습니다. 그는 내지에 있는 고향 근처에 선교 센타를 지어 부탄에 심어질 복음의 못자리를 준비하고 있는 한편 수도 팀푸에서 여행사를 운영하면서 교회 개척과 제자 훈련에 부부가 함께 헌신하고 있습니다. 부탄이라는 나라를 2020년 3월에 여행을 한 바, 평야는 없고, 산과 골짜기로 이어진 협곡의 나라이며 언덕 위에 좋은 땅에는 사찰과 왕궁이 차지하고 국가로 존재하기 위한 부존 자원과 산업이 척박한 땅으로 중국과 인도 양국 사이의 완충지대로 세워준 국가라는 인상을 받았습니다. 부탄의 역대 왕들은 인격과 학문에서 도야를 닦아서 민주제도를 도입하여 입헌 군주제로 전환을 하였으나 여전히 승려들의 영향력이 막강하여 실제로는 불교가 국가의 모든 정책과 질서를 좌지우지 하는 나라입니다.

수년 전 회원 교회 성도님이 구입해 준 대지(수도 팀푸에서 공항으로 가는 도로와 강을 낀 언덕위에 위치함) 위에 선교 센터를 짓기 위하여 모금을 하고 있는 중에 감사하게도 독지가들이 나타나 코로나19가 끝나면 입국하여 추진할 계획입니다. 참고로 부탄이나 네팔 등지는 모든 공사자재가 수입하기에 건축비가 갑절이나 높은 것이 사실입니다. 그러나 제3세계의 미전도 종족 선교는 대지와 건물만 마련하면 현지인들 사역자가 충분히 생존하고 가는 곳마다 교회를 개척하고 복음의 씨를 뿌리는 현장을 목격할 수가 있습니다. YMBB 선교총무(Field Director)인 치미 박사가 보낸 편지의 말미에 실은 선교회를 향한 감사 제목을 인용합니다.

Work YMBB has achieved or done so far :-

1. Travelled in different parts of the world (Bangkok, Korea two times, Myanmar, India, Israel the Holy Land, Nepal, Bhutan and USA)
2. Build School for Pastor Bhaben and Sister Mitaly Halder in Kolkata
3. Build Hostel or education center for Pastor Tuangno (Hagyu House in Myanmar)
4. Build house for sister Zangmo and bought car
5. Helped in Bible College and School in Jaigoan for Pastor Moorthy.
6. Building new school for Pastor Prabir
7. Helped and Supported KOR-IN College
8. Planning to build new center for Bhutan
9. Helped all the pastors and family with financial support
10. Prayed for the family and mission

By the grace of God and help from Rev. Park and YMBB group we are able to serve the Lord. I really thank Rev. Park for your great love for mission and heart to serve others. I will never forget your great help to me and YMBB. May God bless you and YMBB now and ever more! I personally would like to thank all the members for YMBB and Rev. Park for your great help. I also would like to thank Mrs. Esther Choi for your great help towards YMBB. Thank you all the pastors, elders, deacons and members of YMBB for your sincere prayer and financial support. God be with you all and bless you!

Chimi Dorji

3. YMBB 선교의 거장 무띠목사(John Sathyamoorthty &Jessy)

본 선교 보고서를 소개하고 증언하기를 주저하지 않는 것은 '무띠' 목사의 눈부신 활약이 있었기 때문입니다. 그를 통해 인도 선교 현장은 물론이고 제3세계 선교 보고를 지구촌 어디에 내놓아도 손색이 없는 전형적인 토착화 선교의 열매를 맺었기 때문입니다.

그는 본래 북인도 출신이 아니었습니다. 남인도 타밀나두 출신으로서 1999년 신학교를 졸업한 이후에 동족 목회가 아닌 이민족 선교를 향한 뜨거운 열정을 안고 그의 아내이자 동역자인 제시(Jessy, 코린 신학교 1회 졸업생)와 함께 자이곤 시로 이주하여 작은 집을 빌려서 예배를 드리고, 소그룹 모임을 사택에서 계속하였었습니다. 2002년 대길 교회 실업인 선교회가 방문하여 교회를 건립하였으며, 2003년 3월 3일 성경학교(Bible School)와 영어학교를 시작하였습니다. 하나님께 순종하고 성실하게 운영함으로 미처 알지 못하는 놀라운 축복을 허락하여 주신 것입니다.

대길 새생명 교회(DAEGIL NEW LIFE A.G. CHURCH)는 처음으로 개척하여 세운 교회입니다. 사람이 아니라 하나님이 아시고 성장하게 해주심으로 교회는 지속적으로 성장하고, 하나님의 은혜와 감동을 체험하고 현재는 매주일 예배에 100여명의 성도들이 모여 예배 드리고 있습니다. 뿐만 아니라 하나님이 공급하시는 힘과 지혜와 은혜로 현재 71개 교회를 부탄과 인도 접경 지역(대부분 미전도 종족 지역)에 개척하고 자립 운영을 도모하고 있습니다. 그 재원은 영어학교를 통한 수익금으로 교회를 개척하고, 신학교에서 배출하는 졸업생들을 파송하는 형식으로 재생산의 싸이클을 돌리고 있습니다.

신학교의 이름은 히말라야 리더십 트레닝(HIMALAYAN INSTITUTE OF LEADERSHIP TRAINING) 협회라는 이름으로 초창기부터 시작하여 계속 인도와 부탄과 미얀마, 네팔 등지의 청년들을 성경 말씀으로 무장하여 전도하며 목회 일념으로 가르쳐서 훈련시키고 있습니다. 현재 신학생 수는 40여명이 됩니다. 한국 교회에서의 경험을 바탕으로 새벽 기도회와 철야기도회, 그리고 매일의 경건회를 실시하며, 인도 교회의 특성상 오순절 신학의 영향을 받아서 더 뜨겁게 기도하고 체험적인 신앙을 강조하고 있습니다.

인도 전역이 비슷한 사정이듯이 부모들의 교육열은 대단하여 특히 힘들고 어렵게 사는 주민들의 경우에 인도 학교보다는 선교사 또는 영어를 상용하는 학교를 선호하기에 애초에는 2003년 18명의 학생을 모집하여 영어 학교(MISSION SCHOOL)를 시작하였었습니다. 그러나 현재는 10학년까지 학급을 증설하여 400명이 넘는 학생들이 20명의 교사와 직원들의 지도 아래에서 성장하고 있습니다. 무엇보다 다른 학교에 비하여 성경적인 원칙을 엄수하고 매일 필수과목으로 학생들에게 성경 말씀을 가르치고 있습니다. 뿐만 아니라 학업 성적과 성취도가 높아서 인근의 칭찬을 받고 입학 지원생들을 다 받아 줄 수가 없을 지경입니다.

그러나 무띠 목사부부는 항상 영혼 구원에 중점을 두고 전도와 세례, 그리고 양육에 전심전력으로 헌신하고 있으며 이들의 성장 가능성은 현재로서는 예측할 수가 없습니다. 지난 20여년간 세례를 받은 남녀가 4,000명이나 됩니다. 무엇보다 무띠 목사의 강력한 리더십과 카리스마가 크게 작용하고, 4남매를 모범적으로 양육한 사모 제시의 인자한 미소와 따스한 손길이 접경 지역의 피난민들에게는 기쁜 소식이 되고 있습니다.

그는 이 모든 영광을 하나님께 돌리며, 특별히 수년전에 소천하신 고 함성자 권사님(Elderess Sung Ja Ham)을 못 잊어하며, 대길 교회와 대길 실업인 선교회에 심심한 감사를 드리고 있습니다. 직접 그의 편지의 말미를 인용하는 것을 양해 바랍니다.

I would like to convey my sincere thanks and gratitude to the
Daegil Presbyterian Church and all the Church and Businessmen
Fellowship Members that, it's because of your sacrificial giving,
prayers and kind heart towards our fields we are able to press on
in a most motivated way in the realm of ministry. Thank you so
much for everything you have done in our Mission fields.

Rev.John C.Sathyamoorthy
Daegil Newlife A.G Church
Church Street, Daragaon, JAIGAON-736 182,
W.B., BHUTAN BORDER.

4. YMBB 선교의 맏형이며 원조인 바본목사(Bhaben Narzary)

바본 목사님은 사실 인도 북부 접경 지역의 교역자들에게는 멘토와 같
은 존재이며 오랫동안 저들에게 복음을 가르치고 도전을 주어 신학의 길
을 가게 한 임자였습니다. 그는 오래 전에 캘커타의 윌리암 케리 'Bible
College'를 졸업하여 1975-1990년 동안, 켈카타의 '인도 성서협회(the
Bible Society of India)에 근무하던 중에 이기섭 선교사를 만나 1990년
에 고향에 교회를 개척하게 되었습니다. 1996년에 대길 교회 박 목사를
만나서 기도제목을 말하던 중에 우선적으로 교회 건축과 사역을 위하여
1에이커의 땅이 필요한 것을 알고 도움을 주었었습니다. 박 목사를 만난
이후에 교회와 가정에 예기치 않은 변화가 있었습니다. YMBB의 도움으
로 마침내 꿈에 그리던 학교를 교회의 이층으로 증축한 이후에 학교사역
과 목회도 탄력을 받고 발전하게 되어 이전의 힘들고 어려운 과정을 벗
어나게 된 것입니다. 그의 영향으로 파라빌 나자레이(Prabir Narjary) 목
사가 코린 신학교 문을 두드리게 되었습니다. 이들은 웨스트 벵갈 주의

서북부 미전도 종족인 보도 족(몽골리안) 마을인 사묵달라 동네에 서로 인접하여 있습니다. 처음에는 바본 목사도 몸이 쇄약하였고 그의 사모는 폐결핵으로 거의 사경을 헤매었었습니다. 결핵약을 급히 구하여 보내기도 하여 그 이후에 차도가 있었으나 히말라야 산동네 그늘인지라, 관절염이 심하여 손가락이 기형으로 붓고 고생하는 것을 한국에서 관절염약을 보내어 장기 치료하기까지 하여 지금은 건강한 모습으로 내조를 하고 있습니다. 몇 년 전만 하여도 장거리 통학하는 아이들을 실어 나르는 스쿨버스가 없어 자전거가 끄는 손수레에 20명을 태우고, 기숙사의 흙바닥에 2층 철 침대를 줄지어 놓고 목사관의 방 곁에 가건물로 만들어 두었으나, 독지가의 도움으로 지금은 제법 반듯한 집 안에서 생활하고 있습니다.

그가 시무하는 교회는 임마누엘 교회(Jadodanga Emmanuel Church)이며 3개의 가정 교회를 개척하여 돌보고 있습니다.(West Satali Church, Ease Satali Church, and Madhu T.E. Church).

1) 본부 교회인 임마누엘 교회의 현재 가정수는 17가정이며, 세례교인 수는 55명이며, 아직 세례 받지 못한 교인들은 20명이며 주일학교 어린이들이 50명에 달합니다. 매주 주일 학교는 오전 07 :30에 모이며, 주일 정기예배는 10 :00 정각에 모입니다. 주간 사역으로는 화요일은 심방을 하고, 수요일은 기도회를 가지며, 금요일은 금식 기도를 하고, 토요일은 성경 공부 시간입니다. 교인들의 간절한 기도 제목은 사회적으로 경제적으로 직업을 가지고 일하는 것이며, 자녀들의 경우에는 장학금 마련을 위하여 간절히 원하고 있습니다. 이곳은 인도의 전형적인 농촌 마을인지라, 소득이 일천하고, 자녀들을 공부시킬 수 있는 기회는 교회와 목사님을 통해서가 유일합니다.

2) 임마누엘 교회 학교에는 영아부(NUR :30명)로부터 유치원 과정 (LKG :30, UKG :25) 1학년 20명, 2학년 11명, 3학년 8명, 4학년 9명, 5학년 7명으로 140명이 재학중입니다. 교사는 9명이고 그 외 직원이 2명이며 매월 수입은 49,000루피이다. 직원 월급은 46,500루피이며 그중 전기세가 4,000루피입니다(1루피는 한국돈으로 17원 정도이다.) 즉 운영이 빠듯하며 부족한 재정은 기숙사비(Hostel) 등으로 충당하고 있는 실정입니다. 바본 목사의 증언으로는 사업적인 목적이 아니라, 학교는 교회로 인도하는 중간 단계이며, 순수한 복음 전파와 건전한 교육과 도덕적이고 영적인 삶을 배워서 국가와 하나님 앞에 귀히 쓰임 받는 장래의 재목으로 키우고 있다고 합니다.

3) 자매 교회 현황 : 동부 사탈리 교회(East Satali Church)에는 한 사람의 전도사(Sachin Barman)와 12세대의 가족들이 있습니다. 세례 교인이 22명이고, 비세례 교인수가 9명이며 주일학교 어린이들이 25명입니다. 모든 교인들이 소수종족인 보도족(Bodo Tribe)과 아디바시(Adivasi)입니다. 이들은 대부분 노동자들이고 자기 농지가 없는 사람들입니다. 그러나 저들의 심령은 단순하고 신실하여 근래에 사친 바르반 전도사가 중심이 되어 집과 땅을 구입할 기금을 마련하기 위하여 50,000,00루피 예산을 세워 열심히 기도하고 노력하는 중입니다.

4) 서부 사탈리 교회(West Satali Church)는 바산타 카르지 부목사(Assistant Pastor Basanta Karjee)이며 전체 세대수는 18가정이며, 세례 교인은 60명이며 비세례 교인수는 12명이고 주일학교 어린이들은 45명이나 됩니다. 역시 대부분이 보도족이고 동부 교회와 마찬가지로 좀 더 사회적으로 성장하고 영적으로 발돋움하기를 갈망하고 있습니다.

5) 마두 T.E. 교회(Madhu T.E. Church)에는 아미트 카르지전도사(Amit Karjee)가 섬기며, 교인 가정 수는 15세대이며 세례 교인이 55명이고, 비세례교인이 9명이며 주일학교 어린이들이 30명이 됩니다. 2020년 3월 이후 코로나19 때문에 방문도 하지 못한 채 닫혀 있으며, 학교도 교회도 문을 닫은 상태여서 주민들은 생활비와 식량을 제때 구하지 못하여 애를 태우고 있다고 합니다. 외부의 도움이 절실한 인도의 가난한 시골 교회 형편입니다.

그럼에도 불구하고, 저들은 이 어려운 난관을 극복하고 생존하고 있으며 펜데믹 코로나사태가 지나면 다시 극복할 것이며 현지 목회자들을 중심으로 뭉치고 더욱 하나님의 교회와 가까워지며 자력갱생하며 자전하고 자영할 것입니다. 우리 선교회가 할 수 있는 작은 격려와 도움의 손길은 저들에게는 큰 복음이 될 것입니다.

Now finally, I want to say that we are passing through hard time dure to Corona Virus & lockdown . What ever source of income I had that school ministry also closed down last 3/4 months. And become like poor. Nothing with us except the Grace of God. Please continue to pray for me & for the church ministry that I can continue to work church ministry. Closing with much regards & praying.

Date : 11 July 2020

Yours in Christ.
Pr. Bhaben Narzary.
Emmanuel Church & School.
Jasodanga (West Bengal) India.

5. 지역사회와 YMBB의 기둥 같은 프라빌목사
   (Rev.Prabir Najaray)

역시 사묵탈라(Samuktala) 지역의 소수종족인 '보도'족으로서 크리스천 가정에서 태어났으나 하나님과 죄에 대하여 알지 못하였습니다. 그러나 바본 목사의 'Friendship Outreach' 팀을 만나 비로소 진정한 신앙에 눈을 뜨게 되어 예수 그리스도를 구주로 영접하고 1992년 10월 12일 헌신하기로 결단하였습니다. 1993년에 가정 예배를 시작하였으며, 바본 목사는 계속적인 격려와 말씀으로 양육하는 수고를 해 주셨습니다. 1994년 코린 신학교의 소문을 들었으며, 이 때에 친히 방문한 이기섭 선교사의 도전을 승낙하고 지도를 받게 되었습니다. 사실 그는 한 때 국민의회 당원으로서 지역 국회의원으로 출마하여 정치적인 야심을 가진 젊은이였습니다. 그러나 전적으로 복음 사역자로 헌신하면서 그의 인생은 달라졌습니다. 바본 목사님은 신학교 재학 중일때부터 졸업할 1997년까지 가정 교회를 돌보아 주셨습니다. 1997년에 대길 교회의 도움으로 집 근처의 1에이커의 땅을 구입하고, 세광 교회의 도움으로 교회 건축까지 하게 되었습니다. 2006년부터 2016까지 어린이 개발 프로그램을 지원하던 미국 선교단체인 Compassion India와 협력하여 방과 후 교실을 하였으나 새 정부의 정책으로 선교부가 철수하게 되자, 거의 모든 지원과 희망이 단절되는 충격을 받게되었습니다. 그러나 오직 하나님께 기도하고 구할 때에 새로운 길이 열렸으며, 이제는 직접 미션 스쿨-학교사역을 시작하게 되었습니다.

1) 교회 현황 : 1998년 애초에는 8명으로 시작하였으며 당시의 헌금은 37루피였습니다. 외부의 지원이 전무하여, 한 때 너무 힘들어 가족들의

생계를 위하여 막 노동판에서 일하기도 하였으며, 목회를 포기하고, CCC. 영상 사역의 간사로 채용신청을 하였으나 좌절되었었습니다. 그러나 그것도 하나님의 뜻이라 믿으며, 지금은 100명이 넘는 세례교인수가 있으며, 올해에만 14명의 새로운 회심자가 세례를 받은 것을 사진으로 보여주고 있습니다. 창26 :1-6 말씀을 상기하며 신실하신 하나님만을 바라보며 사역을 하고 있다고 합니다.

2) 매주일 예배를 드리고 주일학교와 성경 공부 반, 그리고 여전도회를 운영하고 있으며 전도를 쉬지 않고 가가호호를 방문하고 있습니다. 기도회를 인도하면서 다양한 여성과 아동, 그리고 불우한 이웃을 위한 사회 참여 프로그램을 운영하고 있습니다.

3) 교회 개척 사역은 현재 9개의 다른 지역에서 실시하고 있으며, 인근의 차 농장과 원주민 지역 사회 전도를 위하여 노력하고 있습니다.

4) 구제 사업 : COVID-19에도 불구하고 가난하고 의지할 데 없는 형제자매들을 찾아가서 도움의 손길을 쉬지 않고 베풀고 있습니다. 이러한 시도는 현지인이 아니면 할 수 없는 긍휼 사역이라고 여겨집니다.

5) 학교 프로젝트 : 2019년도에 중등 영어학교인 미션 스쿨(Covenant Mission School)을 개학하여 현재 21명의 학생들과 4명의 교사, 그리고 한 명의 직원으로 운영하고 있습니다. 2020년 2월에 새로운 교사를 신축하고 YMBB 팀과 축하 잔치를 하였습니다. 지금은 미약하나, 주변의 농촌 인구가 밀집된 마을이기에 앞으로 학교는 번창할 것입니다.

1에이커의 대지 위에 교회와 사택, 그리고 학교 건물까지 YMBB에서 마련하였으며 초창기에는 전기를 끌어들여서 동네를 밝게 한 은인이기에 마을 사람들도 교회에 대하여 감사해 하고 있습니다.

무엇보다 YMBB의 일원이 되어 사역은 물론이고, 가족들에게도 새로운 희망이 열리고, 해외 연수(super conference)를 통하여 국제적인 안목을 가지는 특권에 감사를 드리고 있습니다. 인도의 오지인 사묵탈라에서 미국, 한국, 이스라엘, 이집트, 타일랜드, 미얀마, 네팔과 부탄을 여행하다는 것은 꿈만 같은 일이었기 때문입니다. 1996년 남인도의 뱅갈로르에서 처음 박목사를 만난 이후를 술회하면서, '그와 그의 가족, 그리고 동네 부족들이 예수 그리스도 안에서 달라졌다.' 고 고백합니다.

아래에 보고서 말미의 인사말을 인용합니다.

In fact our church building, one acre land and recent past a school administrative building also sponsored through you. Picture attached.

Wishing you the best retirement and sound health.
You will be remembered as faithful workmanship of God for many of us. My prayer for you and your family is assured.
May God bless you.

With much blessings and prayers.
Yours in His vineyard.
Prabir & family from Samuktala.

6. 미스 부탄 출신의 주일학교의 산파 쑤링 장모
   (Tshering Zangmo)

1994년 벵갈로르에서 처음 만났을 때에 순수하고 해맑은 미소가 생각납니다. 그러나 왜, 인도에 와서 공부하느냐고 물었을 때에 불교 나라이기에 고등학교를 졸업할 때에 부처님에 대한 충성 표식을 받지 않으면 진학도 취업도 할 수 없어서 수 천리 떨어진 남인도에 신학을 공부하려고 왔다고 얘기할 때에 그 슬픈 눈빛을 보고 감동을 받았습니다. 단순한 인물이 아니라, 품위 있는 행동과 반듯한 영어를 구사하는 것을 볼 때에 좋은 재목이 되리라 생각했습니다. 신학교 공부를 하는 동안 대길 교회에서 장학금을 받았습니다.

졸업한 이후에는 인도 북단의 나갈랜드 출신의 선교사 께비(Keviyakho Khro)와 결혼을 하여 부탄에 방송 설교를 열심히 하였습니다. 2006년부터 부탄어로 라디오 방송을 1,000회 이상 송출하였다고 합니다. 이 때에 라디오 방송을 위하여 컴퓨터와 기자재를 구입할 수 있도록 도움을 주었습니다. 그러나 한계를 느끼고, 직접 부탄의 고향을 비롯하여 마을마다 다니며 복음을 전하기로 결심하였습니다. 'Good News Club'을 만들기 위하여 걸어서, 또는 오토바이로 방문을 하였으나, 마침내 중고 자동차를 구입하여 왕래하였습니다. 그러나 알다시피 부탄은 협곡 도로인지라, 위험하기 짝이 없습니다. 3년 전에 교통사고를 당하여 부부가 심하게 다치기도 하였습니다. 그녀의 증언에 의하면 YMBB와의 만남은 그의 인생과 사역, 그리고 가족까지 크게 선양하였다고 합니다.

1) Good News Club : 어린이 사역이 그녀의 핵심 사역이며 혼신의 힘을 쏟고 있습니다. 현재 25개 가정에 GNC로 모이며, 24개 부탄내의 교

회가 연결이 되어 있습니다. 이것은 대단한 실적이며 자세한 내용은 대외비에 해당합니다. 코로나19 때문에 지장이 있으나, 온 라인으로 어린아이들을 만나며 지속적인 양육과 확장을 꾀하고 있습니다. 바라기는 비디오 메시지를 보낼 프로그램과 아이들의 수신기를 위해 기도하고 있습니다.

2) 온라인 교사 훈련 : 코로나19로 인하여 오히려 부탄같은 복음 전파에 패쇄적인 사회에서는 새로운 기회가 될 수 있습니다. 집중적이고 더 효과적인 온 라인 교사 교육을 간절히 바라며, 이를 위하여 헌신하려는 준비된 강사가 12명이나 됩니다. 부디 이러한 때에 더욱 열심을 내고, 기도의 불을 지펴 행24 :5에서처럼 확산되기를 소망합니다. 문제는 부탄의 현지 사정이 온라인 수업을 하기에는 빈약한 전파사정과 값비싼 인터넷 기자재가 문제입니다.

3) 성경 연구반 : 평소와는 달리 코로나 사태 동안에 장모 선교사는 정규적인 성경 공부와 기도 모임을 매일 오전 9 :00-10 :30까지 팀 사역자와 자원 봉사자들과 가지고 있습니다. 현재 구약 성경의 소선지서를 열심히 독파하고 있다고 합니다. 성경 말씀을 통하여 하나님의 선하시고 자비로우신 사랑의 손길을 느끼며, 비록 우리가 죄인이며 악할지라도 주께로 돌아오면, 하나님은 사랑으로 받아주시고 용서하여주시는 메시지에 감사하고 있습니다.

4) 기도 제목 : 장모선교사의 가정에는 입양한 딸 '에스더(Esther)'가 있었는데 이번에 다시 아들을 입양하였습니다. 엘리아스(Elias Khro)는 고아였으나 지금은 부모의 사랑을 받으며 자라고 있습니다. 작년에 시골 어느 마을에 전도하러 갔을 때, 부모 없이 온 몸에 상처와 종기로 버려져

있던 아이를 만났습니다. 그러나 지금은 밝고 단정하게 잘 자라고 있습니다. 그리고 모시고 있는 세 분의 연로하신 시부모와 친정부모님을 위하여 기도를 부탁하고 있습니다.

5) 그녀가 감사하는 제목은 첫째는 처음 비행기를 타고 네팔을 여행한 것이며, 2008년의 방콕 수양회와 2015년의 성지 순례와 2018년의 서울을 방문한 것을 잊지 못해 합니다. (2019년도의 미국 방문에서는 인도에서 입국 비자를 받지 못하여 장모선교사는 불발하였으나 그의 남편 께비(Keviyakho)가 대신 다녀옴.) 둘째는 2017년 사택을 마련한 것입니다. 그 전에는 대나무 숲에 오두막처럼 지은 작은 집이었으나, 독지가의 도움으로 콘크리트 집을 지어서 부모님들과 함께 거주할 사택을 지어드린 것입니다. (당시 건축비는 한화 500만원) 그리고 부서진 차량 대신에 YMBB에서 스즈끼 미니 차를 마련해 드린 것을 감사해 하고 있습니다.

참 신기한 것은 YMBB 사역자들은 결코 서로 비교하거나 시기하지 않고 서로를 격려하며 감사해 마지않는다는 사실입니다. 혹 눈치 없이 달라고 하는 이가 있으면 오히려 자기들끼리 권면하고 달래어 갈등의 소지와 부담을 선교회에 주지 않는 것입니다. 사실 후원하는 선교비와 특히, 목돈으로 마련하는 대지와 건물이 다를 수가 있을 터이나 단 한 사람도 선교회의 멤버십을 소홀히 하거나 회피하는 경우가 없었습니다.

7. 미얀마 고아의 '하규의 집'과 뚜앙
   (Rev. Kann Tuang) 목사

원래 본 선교회는 인도의 접경 지역이 주 대상이며 회원 자격이었으나 미얀마의 경우는 너무 특별하여 소개하지 않을 수 없습니다. 간략하게 줄이면, 본 교회의 촉망 받는 청년 김 하규 군이 10여 년 전에 희귀성 소아간암으로 수술을 받은 후에 병세가 호전 되지 않아서 죽음을 앞두게 되었었습니다. 놀라운 것은 그 청년의 믿음이였습니다. 어른들도 참기 어려운 암투병과 항암 치료 중에 그는 원망하는 말없이 오직 부모님과 남은 동생을 위로하면서 신앙의 독려를 하여 유언처럼 지키게 한 것입니다. 필자도 안타까움에 몇 번이나 병문안을 하였으나, 오히려 감사하고 수술실에 들어갈 때에 꼿꼿하게 침대를 세운 채 손을 흔들며 들어가는 것이었습니다. 그의 모친에게 하는 말이, "어머니 내가 오늘 수술 받고 죽는다 하여도 하나님 원망하지 말고, 신앙생활 잘 하셔야 합니다. 맹세하세요!" 어느 부모가 그 말에 동의할 수 있겠습니까? 그 때에 모친은 새 신자 수준이었습니다. 고교를 졸업하고 동경대학 입학 허가를 받은 상태에서 그는 천국으로 갔습니다. 그 부모들이 당시 장례를 치르고 난 후에 1,000만원을 가져와서 좋은 일에 사용해 달라는 것을 아무리 생각해도 국내에서 사용하는 것보다는 선교지에 보내는 것이 좋을 것 같아서 마침 본 교회에 머물고 있는 미얀마 친족 출신의 뚜앙 전도사가 생각나 그의 사정을 물었습니다. 그랬더니 귀국하면 절실한 것이 고아들을 위한 기숙사를 열 계획이 있다고 대답하였습니다. 그래서 그 돈을 건네고 그 집의 이름을 '하규의 집(House of Hagyu)'이라 붙였습니다.

당시에는 양곤 외곽지역의 연립 아파트 하나로 충분하였으나 아이들이 점점 성장하여 화장실과 식당, 그리고 침실이 턱 없이 좁고 부족하였습니다. 그리하여 기도하는 중에 많은 분들의 기도와 성금이 모여서 더 좋은 택지에 4층 현대실 건물로 준공까지 하게 되었습니다. 이러한 내용은 수차례 CTS방송을 통하여 전국에 방영되어 많은 감동과 도움의 손길이 답지하기도 하였습니다. 1,000만원으로 시작하여 1억 원이 넘는 성금과 재정으로 완성 된 것입니다. 그러나 더욱 중요한 것은 '하규의 신앙과 인격'이 미얀마 청소년들에게 이식된 것입니다. 한 청년의 죽음은 슬픈 사실이나, 죽어서 이처럼 많은 고아들을 살리고 구원의 길로 인도하며 우리 모두에게 희망과 감동의 메시지가 된 것을 한 알의 밀알이 희생한 이적이라고 할 수 밖에 없을 것입니다. 그 부모님과 동생은 오직 신앙으로 살아가며, YMBB 선교회의 든든한 후원자가 되고 주님과 동행하는 일꾼이 된 것은 물론입니다.

현재의 소식들 : 43명이 기숙하고 있으며, 학생들이 건강하게 생활하고 있습니다. 무엇보다 공부방과 식당, 남녀 방들과 예배실이 분리되어 있는 편리함에 즐거워하고 있습니다. 뿐만 아니라 학업과 작업, 그리고 교회 활동에도 적극적이며 열심히 노력함으로 칭찬이 자자하며, 일반 사회의 젊은이들에 비하여 모범이 되는 학생들의 행동과 성품들을 보고서 현재 하규의 집에 입소하기를 희망하는 많은 사람들이 있다고 합니다.

현재 5명의 대학생들이 배출될 예정이며, 이들은 NGO에서 일을 할 예정입니다. 4명의 졸업생들은 성경학교에서 공부를 하며, 두 명은 학사 과정을 마쳤습니다. 작년에 작은 농장을 임대하여 채소 등 작물을 생산하여 신선한 음식을 공급하며 예산상 도움을 받기도 하였습니다. 그리고 돼지를 키워서 하규의 집 운영과 학생들의 학비에 큰 도움이 되고 있습니다. 재봉틀을 마련하여 줌으로 학생들 스스로 자기 옷을 수선할 수 있게 되었으며 그 기술은 후일에 유용할 것입니다. 뿐만 아니라 하규의 집에서 미용 이발 기술도 배워서 스스로 해결하고 있습니다. 미얀마의 양곤도 코로나19 사태로 대단히 힘든 과정입니다. 대부분 일용직 근로자들이기에 당장 먹고살 길이 막막하여, 하규의 집에서 쌀과 채소와 기름을 53 가정에 제공하였습니다.

저들의 꿈은 의사, 간호사, 기술자, 교사, 목사 등등 다양합니다. 비록 출신 지역은 9개의 다른 종족 마을에서 왔으며, 교단과 배경, 그리고 환경은 다르지만 한 가지 공통점은 빈곤입니다. 중학교와 고등학교가 없는 오지에서 복음과 하나님의 사랑이라고는 전혀 들어본 적이 없는 아이들이 대부분입니다. 매년 구원 초청을 하는 집회를 열어서 이번에도 8명이 예수님을 구주로 영접하여 세례를 주었습니다. 이러한 구원초청 잔치를 크리스마스와 새해 사이에 할 예정입니다. 바라기는 모든 기숙사생들과 우리가 여행하는 마을의 청소년들이 다 예수 그리스도를 영접하기를 바라며 이 사역을 쉬지 않고 진행할 것입니다.

뚜앙 목사님이 보내준 기도의 제목을 함께 나누기를 바랍니다.

Prayer requests :

1. We need a farming land 1 Acre for the purpose of mix farming (vegetables, livestock), so that we may be able run the ministry within ten years. At this time, we have some funds for the land 11,600,000 kyat in our hands. We may need more at least $6,000 to buy a farming land.

2. We want to increase the number of students up to 100 in the future. We need more regular sponsors.

3. We plan to have Mission Trips to three villages; and we plan to visit our children's parents to encourage and to evangelize them during the summer vacation every year. It will be in April. We need some funds for the mission trip.

4. This is our prayer to start Church planting in different parts of Myanmar.
Yours sincerely,
Rev. Tuang (House of Hagyu, Myanmar)

8. 네팔 개혁 신학교 학장 비렌드라 슈레스타
(Dr. Rev. Birendra Shrestha of Nepal Reformed and Presbyterian Seminary)

현재 그는 2007년 이래로 수도 카투만두에 있는 히말라얀 교회(the Himalayan Community Church)를 시무하고 있으며, 2015년에 개척한 포카라(Pokhara)의 사랑코트(Sarangkot) 교회를 시무하고 있습니다. 그에게는 아내와 딸 하나가 있으며 사모는 호주에서 유학한(Bachelor in Information Technology) 후에 현재 리빙스톤 학교(the Living Stone Academy)의 교감으로 재직 중이며, 비렌드라 목사님은 한국 ACTS에서 구약학 박사 학위를 받았으며 그 기간 중에 대길 교회의 영어 주일학교에서 봉사 한 바가 있습니다.

1) 교회 사역 : 포카라의 사랑코트 교회는 아름다운 설산의 풍광이 있는 곳으로 현재 어린이 80명, 20명의 어른들이 예배를 드리고 있으며, 비렌드라 목사는 카투만두에서 방문할 때마다 성례식과 성경을 가르치고 복음적인 양육으로 주민들을 초대하고 있습니다. 대부분 직장을 잃은 이웃 사람들에게 현재 코로나19로 어려운 여건 하이나, 교회에서 쌀과 계란을 공급하고 있으며, 예배는 비대면 온라인으로 드리고 있습니다.

2) 목회자 훈련 사역 : 네팔은 고산지대이며 원거리이기에 대부분의 목회자들이 지속적인 성경공부와 목회 훈련을 받지 못하고 있는 실정입니다. 걸어서 오기는 너무 힘들어서 비렌드라 목사가 버스를 타고 4-5시간 걸려서 찾아가 가르치곤 합니다.

3) 어린이 장학 사역 : 네팔의 척박한 환경과 경제적인 형편으로 공부

할 기회를 얻지 못하고, 고아들이 많으며 부모가 떠나버린 아이들이 작은 호텔이나 식당, 공사현장에서 생계를 위하여 일하고 있으며, 학교는 엄두도 내지 못하고 있습니다. 그러나 한국 교회와 독지가들의 도움으로 많은 어린이들이 재정적인 도움을 받아서 공부를 하고 있습니다.

4) 개혁 장로교 신학교 사역(Reformed and Presbyterian Seminary) : 2016년부터 비렌드라 박사는 학장으로 재직 중입니다. 현재 73명의 신학생들이 학사와 M.Div과정을 수학 중입니다. 이곳에서 3년 또는 4년을 공부한 후에 고향으로 돌아가 교회 사역을 할 것입니다. 저들은 하나님의 말씀을 배우고 말씀 사역을 하고 싶은 열망을 품고 있습니다.

코로나19로 정상적인 수업을 하지 못하나, 온 라인 수업을 통하여 신학교육을 진행하고 있습니다. 그러나 열악한 재정 형편인지라, 휴대폰과 노트북이 충분히 공급되지 못하며, 인터넷 자재와 통신 상태가 여의치 않아서 어려움이 있으나 희망을 품고 내일을 준비하고 있습니다. 학생들은 그럼에도 활동적이고 영리하여, 교육에서뿐만 아니라, 다른 과외 활동에서도 두각을 나타내고 있습니다.

5) 카투만두에서의 다른 계획들 :
개혁 장로교 신학교에서 성서 고고학 세미나를 열려고 합니다. 그 기구를 이름하여 '에덴 동산' 연구이며 이는 대단히 유익하고 멋진 과정이 될 것입니다. 이를 위하여 카투만두의 (Kathmandu Institute of Theology and RPS) 양대 신학교에서 교수하시는 김남철 박사께서 맡아서 추진하고 있습니다.

또한, 네팔의 비렌드라 목사의 사역과 성공의 배후에는 오늘날까지 수고하며 조언과 성원을 아끼지 않은 은인으로 김연정 선교사가 있었기 때

문이며 그를 본서의 말미에 자세하게 다루려고 합니다. 이는 모든 선교
사와 목회자들에게도 귀감이 되는 귀한 도전과 진정한 선교의 모범이 되
었기 때문입니다. 필리핀의 아이따 족 사역에서 두 팀을 보내시고 다시
네팔의 선교 현장에서 10여년을 헌신하던 중에 파송교회의 부름을 받아
지금은 서울 금천구 독산동의 '산돌교회'의 담임목사로 시무중이십니다.

9. 나환자촌의 목자이며 충성스러운 종,
다니엘 라주 선교사

그는 22년 동안 코린 신학교를 위하여 견마의 수고를 아끼지 않는 사
역자입니다. 그의 아내 Sunitha는 코린 신학교 병설 영어학교의 교사로
재직 중이며, 자녀로는 14세의 샬롬과 11세의 샤론이 있습니다. 근래에
코린 신학교와 이사회의 리더십의 과도기에서 많은 고충이 있었으나 불
평하지 않고 초심으로 끝까지 충성한 다니엘 목사는 지난날들을 회고하
며 이와 같이 간증하고 있습니다.

[저는 22년 동안 코린 신학교를 섬기고 있는 다니엘 라쥬 목사입니다.
아내는 수니타(Sunitha)dlau, 14세의 샬롬과 11세의 샤론이 있으며, 살
아오면서 하나님께서는 저로 하여금 하나님의 신실하심과 자비를 체험
하게 하셨으며, 모든 사역 중에서도 함께 하여 주셨습니다. 저의 사역을
소개하면

1) 하나님께서 저의 사역들을 나눌 수 있는 지면을 허락하여 주시고,
특히 타밀 나두(Tamil Na여)주의 크리스나지리(Krishnagiri)에서 24km
떨어진 바르구르(Bargur) 동네에서 섬기게 하심을 감사드립니다. 저의
주요 사역은 나환자들을 상대로 하는 목회사역입니다. 처음 시작한

1999년 이래로 927명의 환자들을 돌보았습니다. 우리는 이 사역이 저들에게 이렇게 도움이 될 줄은 몰랐습니다. 지금은 522명의 나환자들이 생활하고 있습니다. 바르구르의 나환자들의 가정 외에 다른 두 곳의 나환자 촌 Samathanager/ New Life Leprosy을 섬기고 있습니다. 저희들은 이들을 섬기면서 은혜와 복을 받아 누리고 있습니다. 그리고 일단의 헌신된 분들이 자신들의 삶을 희생하면서 사회적으로 소외되고 버림 받은 이들을 섬기고 있습니다. 인도에서는 아직도 나병환자라면 경계하고, 사회적인 낙인으로 받아들입니다. 그러기에 우리는 더욱 이들을 사회와 연결시키고, 이해를 돕는 교량적 역할을 하고 있습니다. 우리들의 노력으로 점차 이들은 새로운 희망을 갖고, 새로운 삶으로 도전을 받고 있습니다. 이들의 내면에 명예와 자신감, 그리고 인생의 가치관을 심어주고 있습니다.

2) 다음으로 우리는 나환자 부모 슬하의 자녀들을 주목하고 교육시키는 일에 헌신하고 있습니다. 재크 푸르트 교육사역(Jack Fruit Tuition Ministry :남인도 전역에서 생산되는 풍성한 과일로서 둘리앙보다 맛은 약하고, 크기는 자루처럼 생겼다.)이라 부르는데 현재 75명의 자녀들이 정기적으로 출석하고 교육을 받고 있습니다. 매일 오후 4 :30-6 :30까지 다른 가정을 순회하면서 교육을 실시하고 있습니다. 토요일에는 영어 회화 수업을 계속적으로 실시하고 있으며 매주 수요일에는 주간 성경 공부반을 통하여 영적 도전과 성숙을 기하고 있습니다.

여호와 이레의 하나님께서는 이 모든 어려움을 이겨내게 하시고, 이제 더 희망과 자신감을 가지고 나환자들의 필요를 채워주는 사역을 감당하게 하셨습니다. 인도의 경우는 나환자들은 불가촉천민같이 취급을 받으며, 사회복지와 정부차원의 보조는 기대하기 어려운 실정이며 스스로 자립할 수 있는 상황이 아닙니다. 외부의 후원이 없이는 아직 자립할 수 없기에 더욱 기도 부탁을 드리는 바입니다.

Kindly uphold our ministry and our family in your precious prayers.
May all glory be to GOD alone.

Pastor. Danial Raj
Pn.no - 9480396141
rajsunitharaj@gmail.com

10. 코린 신학교와 인도 선교의 '아부지!'
고 이기섭 선교사

고 이기섭 선교는 남인도의 코린 신학교의 대부이십니다. 훤칠하고 육중한 체격으로 젊은 시절에는 운동선수로 불릴 정도로 건강하셨으며, 대구 신학교에서도 수학을 하였으며, 사회복지사로서 고아원 사업을 하시던 중에 대길 교회 장로가 되시고, 선교위원장을 맡아서 현지 인도청년 로이 목사를 허입하고 후원하여 결혼까지 시켜서 켈커타로 선교사 가정을 파송하게 되었습니다. 그 후에 자주 왕래하고 연락하며, 섬기던 중에 당신께서 인도 선교를 위하여 헌신하기로 작정하고 장로 사역 20년을 채우지 않으시고 1990년 GMS. 제1호 평신도 선교사로 남문교회(현재의 늘푸른 교회)에서 파송을 받게 되었습니다.

평소의 왕성한 의욕과 추진력으로 전국의 남전도회와 장로회원들의 전폭적인 협조를 받아 코린 신학교를 세우고, 130여개의 교회를 개척 후원하는 대사를 행하셨습니다. 남인도 외에 북인도의 여러 주들과 부탄과 미얀마, 네팔까지 섭렵하며, 많은 전도와 선교의 도전을 던짐으로 앞서 거론한 YMBB. 선교사들을 배출하게 되었습니다. 그분의 수고와 공로는 아무리 강조해도 지나치지 않으며 어쩌면 장로 선교사로서는 전무후무

한 업적이라고 할 수 있습니다.

그러나 신학교를 운영하기에는 장로 선교사의 한계를 감지하고, 이후에 허 명호선교사님과 신 성종 박사님, 백 운형 목사님을 모셨으며, 그 기간 중에 ATA(아시아 신학 협의회)의 인준을 받았으며, 외부적으로는 거의 정비하게 되었습니다. 그 이후에 고 조 광채목사님, 이 태수 목사님들이 학장 또는 총장을 맡아서 수고하셨으나, 안정이 되지 못한 채 현재는 현지 인도출신으로 한국에서 박사 학위를 받고, 서울 혜림 교회 파송을 받은 슈레시(Suresh Prabhu) 선교사가 학장을 맡아서 수고하고 계십니다. 그 와중에 이선교사의 갑작스런 죽음으로 자녀들과 이사진, 그리고 현지인들과의 불협으로 인한 고충을 겪었으며, 지금도 문제가 불식되지 않은 채 법적 다툼 중에 있는 것은 유감이 아닐 수가 없습니다. 더욱이 코로나19사태로 인도는 직격탄을 맞은 채 모든 관공서와 집회가 문을 닫게 되었습니다. 그러나 인도 선교를 위하여 무명의 손길들이 답지 하여 신학교는 계속되고 있으며, 코로나 시대를 대비하는 인터넷 강의를 준비하고 있는 실정입니다.

11. 선교사의 선교사인 김연정 목사와 김금례 선교사

선교는 누구에게나 주어진 명령입니다. 그러나 모든 사람들이 다 좋은 선교사라고 할 수는 없을 것입니다. 나무는 그 열매를 보아서 안다고 하였습니다. 이제까지 여러 선교사님들을 만났으나, 잊지 못하고 꼭 소개하고 싶은 선교사의 귀감이 있으니 김 연정 선교사님이십니다.

선교사의 자질로서 손꼽히는 것이 두세 가지 있습니다. 첫째는 현지 언어의 습득과 구사 능력이며 두 번째는 선교보고와 실제의 열매일것입니다. 그리고 마지막으로 현지인들과의 관계 또는 팀 선교의 효과입니다. 대부분의 선교사들이 한 두가지에 걸리게 됩니다. 언어가 능통하지 못하여 현지인 통역자를 세워야하고, 선교보고와 재정의 투명성이 입증 되지 못하여 의구심을 받고, 팀선교를 하기에 인격과 역량이 부족하여 불협화음이 들리는 경우가 없지 않았기 때문입니다.

김연정 선교사는 필리핀에서는 따갈로어에 능통하였으며, 네팔에서도 현지인들도 외국인인 것을 구별 못할 정도의 언어를 구사하여 의사전달 은 물론이고 메시지 전달에도 손색이 없었으며 더욱이 영어의 구사 능력 도 뛰어나 국제적인 감각을 갖추었으며 재정의 투명성이 확보되어 익명 의 후원자들이 그를 돕고 있었습니다. 수도 카투만두에서 사모님과 동역 한 영어 학교 '리빙스톤 아카데미(Living Stone Academy)'는 이미 정평 이 나 있으며, 미국 선교부에서도 인준 한 학교로 자리를 잡았으며 외국 에서도 교류하고 네팔 수도에서 손꼽히는 명문 학교가 되었습니다. 고아 와 같은 아이들을 양육하여 지금은 어엿한 지도자로 성장시켜 동역하고 있습니다. 아울러 장로교 개혁 신학교(학장 : 비렌드라 선교사)도 이미 규 모와 수준에서는 괄목할 정도입니다. 제자를 키워서 박사 학위를 받아서 학장으로 취임하기까지 후원과 지도를 아끼지 않았으니 제3세계 토착화 선교의 산증인이라고 할 수 있다.

이제까지 선교사의 파송교회는 수평적 교류가 없었습니다. 그러나 김 연정 선교사의 경우는 남다릅니다. 파송하여 수십 년 기도하고 성원한 모 교회가 선교사를 담임 목사로 청빙하는 경사를 갖게 된 것입니다. 선 교를 잘 알고 경험한 목회자가 귀한 것은 목회 현장이 선교의 연장이며 열매와 파종을 함께 할 수 있기 때문입니다. 이제 그의 증언을 들어보려 합니다.

■ 네팔에 복음의 꽃을 피워가는 YMBB

김연정 목사

필자는 24년간을 선교지에서 사역을 감당하던 중, 고국교회의 부르심을 받아 지난 2016년 1월부터 담임목사로 한 지역교회를 섬기고 있다. 1991년에 타문화권 선교사로 파송을 받아 필리핀에서 8년의 사역과 이어 기독교 인구가 1% 미만인 미전도 종족 국가인 네팔로 사역지를 옮겨 16년의 사역을 감당하던 중에 YMBB와 박현식목사님을 만나게 되었다. 존경하는 박현식목사님과 함께 그리고 YMBB의 멤버로 선교사역을 함께 한 것은 영원히 잊을 수 없는 감사요, 기쁨이요, 보람이었다. 함께하므로 효과적인 사역의 꽃을 피울 수 있었다.

필리핀 사역을 할 때에는 박현식목사님이 담임으로 섬기고 계신 대길교회의 손길을 통해 기도와 물질적 지원을 받아 교회개척사역과 어린이 선교사역(유치원설립 및 운영)을 이루었다면, 네팔에서의 사역은 YMBB와 더불어 좀 더 효율적이고 구체적인 모습으로 사역을 이루게 되었다.

인도와 네팔, 부탄과 미얀마를 연결하는 선교 네트워킹을 통해 YMBB는 교회개척사역에 집중하였는데, 무엇보다 교회를 통한 그리고 학교를 통한 다음세대 양성에 주력하였다. 교회와 학교를 통한 어린이들과 청소년들에게 복음을 전하고, 그 교육과정을 통해 하나님의 비전을 갖도록 사역하였다. 또한 교회개척을 위하여 신학교의 청년들이 교육과 훈련을 잘 받을 수 있도록 필요한 기도와 물질로 지원하였다. 학교교육선교를 통해서 사회 각 영역에 선교사로 보낼 수 있는 그리스도의 정병을 세우는 사역을 하였다면 신학교 사역을 통해서는 미전도 종족 지역에 교회를 세울 수 있는 특공대원들을 양성한 것이다.

신학교를 통해서 배출되어지는 학생들은 교회가 없는 히말라야의 골짜기마다 주의 몸된 교회를 세우게 되었으니 네팔에는 개혁 장로교 신학교(Reformed & Presbyterian Seminary)를 통해 교회개척자들을 양성하였고, 사회에 파송할 그리스도의 일꾼을 위해서는 L.S.A.C. 유. 초. 중. 고등학교와 초급대학을 사역을 협력하며, 배출되어지는 학생들을 통해 네팔에 복음화를 추진하였다.

20여년이 지나는 가운데 YMBB의 네팔 선교사역은 매우 긍정적인 결과들을 만들기에 이르렀고 도시와 지역사회에 복음의 선한 영향력을 미치기에 이르렀다. 그중 네팔에서 행해진 YMBB의 사역들 중에 그 효율성이 있었던 프로그램들은 다음과 같은 것이다.

1) 현지 사역자 및 선교사 훈련 프로그램

인도와 부탄 네팔과 미얀마에서 사역 중에 있는 현지 사역자들과 선교사들의 사역점검과 전략 수립을 위하여 방콕과 네팔에서 모임을 가졌다. 교회개척과 교육선교에 주력하는 YMBB의 사역 비전에 따라 이미 진행되고 있는 교회개척과 방과 후 학교사역, 신학교 사역, 그리고 학교사역을 통해 어떻게 복음을 더 효과적으로 전할 수 있는 방법들을 나누고 적용 점을 모색하였다. 위의 네 나라는 미전도 종족 국가라는 것과 문화적으로 힌두교, 불교의 공통점을 가지고 있다는 점에서 동질감을 가질 수 있었다. 그러기에 복음의 접촉점을 만들어가는 부분에 좀 더 깊은 부분까지 경험과 결과들을 그리고 적용 가능한 부분들을 서로 배우는 기회가 되었다.

네팔에서도 네 나라의 YMBB 사역자들이 함께 모여 수련회를 갖게 되었으니, 이는 네팔에 이미 설립되어 수년간에 걸쳐 효율적으로 운영되고 결과를 만들어 내고 있는 신학교와 미션학교가 있었기 때문이었다. 신학교 운영진들과 교수들, 그리고 신학생들과의 대화와 기도회를 통해 사명감을 고취하고 각 나라에서 적용 가능한 부분들을 얻는 기회가 되었다. 또한 복음이 문이 닫힌 지역에서 어떻게 미션학교 운영이 가능한지 그 수립되고 실행되는 전략과 방법을 배울 수 있는 기회가 되었다.

2) 신학교 교수요원 양성

네팔에는 신학사 과정의 신학교들이 있으나 상위 과정인 목회학 석사과정과 신학석사과정 그리고 박사과정이 없었을 때에 필자는 필자가 대표운영자로 섬기고 있는 신학교의 교수요원을 한국에서 유학하도록 YMBB 박현식 목사님께 부탁드렸다. 감사하게도 도와주기로 허락하셨고, 그러기에 두 명의 교수요원이 박사과정까지 한국에서 공부할 수 있는 기회가 열리게 되었다.

그중에 한 형제는 Birendra Shrestha 교수였는데, 인도 북부에 있는 장로교신학교(PTS)에서 목회학 석사 과정을 마치고 모국인 네팔로 돌아와 네팔 개혁 장로교신학교에서 신학사 과정의 학생들을 가르치고 있었다. 신학교의 질적 성장을 위하여 계속해서 교수요원들의 유학을 독려했던 필자로써는 미국과 한국으로 유학의 길을 열어주는 일에 심혈을 기울이고 있었다. 그러던 중 Birendra 교수의 유학을 도운 대길교회와 YMBB의 도움은 정말 감사한 일이었다. 덕분에 횃불 트리니티 신학교에서 신학석사과정을 이후에는 아세아연합신학대학원에서 구약학 전공으로 신학박사과정을 잘 마치게 되었다. 더욱이 감사한 것은 긴 기간 동안 대길교회 교역자로 세워주시고 거처를 마련해 주어서 큰 어려움 없이 학업을 마쳤을 뿐만 아니라 한국교회의 영성을 이해하고 배우게 되었으니 그야

말로 일석이조의 축복을 누리게 되었다. 현재 공부를 마치고 네팔로 돌아가 개혁주의 장로교신학교에서 학장의 모습으로 섬기고 있으니 이는 정말 두고, 두고 감사할 일이며, 네팔 선교역사에 남을 일이다.

3) 현지 의료선교 사역

YMBB 사역팀은 네팔을 방문하고 이어 부탄으로 이동하여 인도 부탄 국경도시인 자이가운에서 부흥집회와 더불어 그 의료선교봉사를 하였다. 그와 같은 의료봉사선교가 지속적으로 이루어지고 있었다. 필자는 박현식 목사님의 현지 교회 부흥집회 통역을 위하여 함께 동참하였다. 그 지역사람들이 대부분 네팔 인들로써 네팔어를 사용하고 있었기 때문이었다. 몰려드는 이웃들에게 의료선교로 치료를 하고 이어 저들을 위해 교회에서는 부흥회를 하게 되니 예배당이 비좁을 정도로 많은 사람들이 참여하였고, 여러 차례에 증거 되는 하나님의 말씀을 통해 이웃주민들이 예수님을 영접하게 되었다. 이와 같은 사역은 Word & Deed(말씀과 봉사)를 선교의 모범으로 삼고 있는 개혁주의 선교사역의 실천의 모습이었다. 단순히 먹을 것으로 또는 의료봉사로 끝나는 것이 아니라 봉사와 더불어 생명의 말씀으로 전하게 되니 전하는 자도 봉사하는 자도 그리고 그 수혜를 받는 자도 육신적 필요와 영적 필요가 이루어지는 모델적인 선교사역의 모습이었다.

4) 현지 사역자를 위한 지속적 교육과 훈련 제공

아직 미전도종족 국가에서의 사역자들이 현지를 떠나 외국을 방문하고 경험하는 것은 매우 유익하다. 사명감 고취와 목회사역방향설정과 선교 전략수립에 큰 도움이 된다. 특별히 한국교회를 경험한다는 것은 매우 유익하니 한국교회를 통해 무엇보다 한국 교회 목회자의 뜨거운 사명감과 목양적 헌신을 배우게 된다. 현지인 사역자들에게 이러한 기회가 주어진다는 것은 정말 큰 기회요, 은혜다. YMBB는 현지 사역자들을 위해 사랑과 애정을 가지고 많은 물질적 소요에도 불구하고 헌신하므로 한국으로 초청하고 주변 국가 방문의 기회를 제공하여 현지 사역자들이 계속적으로 성장해 갈 수 있도록 최선을 다하고 있다.

YMBB에서는 이외에도 더 많은 사역들과 효과적인 프로그램들을 진행해 왔으나, 필자가 직접 참여하고 경험한 내용들만을 중심으로 적어 보았다. YMBB와 대길교회 그리고 박현식 목사님 개인의 선교를 향한 끊임없는 사랑, 사역을 위한 추진력과 일을 이루기 위한 헌신과 열정, 그리고 친화적인 성품까지 합력하여 아름다운 선교를 이루어가고 있으니 너무 너무 감사하다.

이 종과 아내를 위해, 필리핀 선교와 네팔 선교를 위해 오랜 세월동안 베풀어 주신 그 사랑에 감사하며, 늘 빚진 자의 마음으로 기도를 한다. 이 종도 먼저 행하신 선배 목사님의 그 모범적인 선교적 목회의 길을 따라가고자 한다.

김연정 목사의 이력 :
미국 Calvin 신학대학원 (Th.M.)
미국 Asbury 신학대학원 (D.Min.)
필리핀에서 산지족 선교와 네팔에서 신학교와 기독교학교 설립 및 운영으로 24년간 사역을 감당하고 2016년에 귀국하여 산돌 중앙 교회의 담임목사로 섬기고 있다.

12. 보석 같은 황경애, 순회 선교사

할렐루야 ~~~

성도들의 아름다운 헌신으로 교회와 학교 건축을 많이 하였다. 우물도 많이 파고했는데 관리가 잘 안되어서 갈등이 많았다. 이렇게 하는 것이 선교를 잘 하고 있는 것인가 하는 회의가 들 때도 있었다. 물론 성공적으로 잘 된곳도 있었지만 많은 곳에서 지속적인 관리의 어려움이 있었다. 실제로 내가 전 세계 선교지를 직접 돌아보면서 폐허가 된 건물과 폐허가 된 우물들이 많이 있었다. 그 중에는 헌신적인 선교사님들을 통하여 잘 운영되는 곳도 있었다.

그러던 중에 한국에 나오게 되었고 박현식목사님을 통해서 YMBB 선교회를 알게 되었고 인도 콜라, 코린 신학교 졸업식에 동행하게 되었다. 그 곳에서 코린 신학교 출신 훌륭한 현지 목사님들을 만나게 되었다. 인도의 콜라, 벵갈루, 자이가온, 켈커타, 사묵딸레, 실리구리 등 남인도와 북인도에서, 부탄에서, 네팔에서, 미얀마에서 고아원을 세우고 학교를 세우고 신학교를 운영하고 훌륭하게 사역을 성공적으로 하시고 계셨다. 인도 전역을 YMBB 선교팀과 함께 순회하면서 많은 도전과 은혜를 체험했다.

현지인들을 신학교에서 잘 훈련시켜서 땅을 구입해서 건물을 지어주고 학교나 교회를 운영하게 하니 효과적이고 지속적으로 잘 운영되고 있었다. 자신들의 나라이고 자기 민족이니까 열정적으로 사역하는 것을 볼 때 앞으로 한국교회의 선교 패러다임이 이렇게 바뀌어야 하지 않을까 생각된다.

YMBB 선교회에서는 훌륭한 현지 목사님들을 한국에서 신학석사, 신학 박사 학위를 하실 수 있도록 적극적으로 도운 것도 가치 있고 보람 있는 일이었다.

그리고 2년에 한번씩 현지목사님들을 한국과 미국에 초대해서 세미나도 열고 관광도 해드림으로 사역에 더 열정을 가지는 힘이 되도록 격려도 해 드렸다. 이런 일들은 아름다운 섬김이고 현지목사님들께 많은 도전의 기회가 되었다.

우리나라에도 초기 선교사들이 오셔서 복음을 전하고 교회와 학교, 병원, 고아원등 세워주시고 한국인들에게 이양하고 한국인들에 맞게 토착화 되도록 하셨다. 그래서 한국교회가 더 빨리 성장하고 부흥했는지도 모른다.

학교나 교회, 병원 등 재산문제로 갈등을 겪는 많은 선교사들을 직접 가서 보았다. 어차피 우리가 현지 땅이나 건물을 들고 올 수도 없기 때문에 처음부터 신뢰할 만한 현지인 목사님을 세워서 키워 나가는 것이 개인적으로 옳다고 생각한다.

선교지는 하나님께서 보내서 간 것이고 한국교회와 성도님들, 해외교회와 성도들의 헌금으로 건물이 세워진 것이니 하나님께 속한 것이고 현지 나라에 소속된 것이다.

이런 면에서 YMBB 선교회가 이러한 세계 선교의 선구적인 역할을 한 것에 감사하지 않을 수 없다. 박현식 이사장 목사님의 리더십이 좋은 열매를 맺었다고 생각된다.

이제는 인도, 네팔, 부탄, 미얀마, 인도네시아, 남아프리카 공화국에서 자립선교가 되고 있으니 하나님은혜에 감사드릴 뿐이다.

부족하지만 YMBB 순회선교사로써 이 귀한 사역에 동참하면서 현지인들 대상 교회와 학교에서 성경적인 자녀교육으로 섬기게 됨을 하나님께 감사드린다.

하나님의 은혜와 사랑이 선교지에 늘 넘치므로 예수 그리스도의 복음이 땅 끝까지 증거 되기를 간절히 기도드린다.

PS : 사람의 인연이란 신기하고도 놀랍습니다. 황 경애 선교사는 사실 45년 전 경주에서 봉직한 교사시절의 제자로서 당시에는 뚜렷한 존재감이 없었으나, 작금에는 청출어람! 하나님께서 그를 세계적인 선교와 기독교 교육의 특별한 강사로 세우셨습니다. (4,000회 이상 집회 인도)

일찍이 어린시절에 중동 사우디에 의료 선교사로 파송 받아서 헌신한 후에 미국에서 목회자의 사모로서 견마의 공을 아끼지 않았으나, 불시에 닥친 험한 세파 중에도 굴하지 않고 오직 믿음과 말씀으로 미국에서 3남매를 성공적으로 양육하여 크게 성장하여 활약을 하고 있습니다. '백만 불 장학생 엄마 되기.' '엄마, 울지 마.' '꿈꾸는 엄마가 기적을 만든다.' 시집 등 베스트셀러를 집필하였으며 현재 조이 파운데이션 대표, CTS 홍보 대사, 아틀란타 연합 장로교회 파송 선교사로 있으면서 세계 선교사역에 자비량 선교와 재능 기부와 기도와 물질로 크게 섬기고 있는 행동하는 선교사이십니다.

주 안에서 하는 수고가 헛되지 않고 하나님의 섭리에는 실패도 후회도 없으며 순전한 사랑과 신뢰가 뒷받침이 되어 YMBB의 사역에 시너지 효과를 나타내고 있습니다. 2019년 미국 슈퍼 컨프런스에서는 해외지부 후원자들의 활약이 지대하였습니다. 지금도 부탄 최초의 선교문화센터를 건축하기 위하여 모금을 하고 있습니다. 이미 내년에 YMBB 예정된 선교 부흥회를 준비하고 있는 중입니다. "하나님의 나라와 의를 위하는" 종들을 주님이 아시고 모든 것은 책임져 주시며 갚아 주시리라 믿어 의심치 않는 바입니다.

제3장 YMBB 선교를 돕는 기구와 후원자들

★ 잊지 못할 YMBB 후원 천사들

본 선교회를 위하여 물심양면으로 섬겨주신 분들이 있었기에 오늘처럼 아름다운 선교의 풍성한 결과를 얻게 되었습니다. 결코 한 두 사람에 의하여 되어 진 것이 아니며, 한 두 교회에 의하여 성취된 것이 아닙니다. 모든 것이 하나님의 은혜이며 역사 섭리이며, 지금도 일하시고 우리를 위하여 간구하시는 주님의 손길임을 목도합니다. "당신의 그 섬김이 천국에서 해같이 빛 날 것입니다." 주님이 아시면 족한 줄로 여기시고 성원해 주신 여러분들의 존귀한 이름들을 책의 말미에 기록합니다. 직분과 존칭은 생략하고 이제까지 한 번 이상 후원해 주신 분들과 중복된 분들도 한 번 소개합니다. 이 분들의 기도와 성원, 헌신은 중다하지만, 생략하고 이름 석 자로 대신하는 것을 양해해 주시기 바랍니다.

■ 대길 교회 내에서는 YMBB 간사로 수고하신 김 옥진, 김 영순 지역장, 권 영근(김 봉주), 김 형운(정 병귀), 차 영화, 강 은희, 변 상순, 신 순임, 정 옥희, 윤 정순, 이 순영, 박 순연, 김 해선, 전 진아, 정 필자, 김 경숙, 박 혜란, 엄 명숙, 민 경순, 임 병춘, 천 인옥, 한 말녀, 지 성숙, 정 영기, 김 기미, 오 승희, 이 정순, 문 정순, 이 연주, 장 신화, 이 덕선(장 숙희), 정 해숙, 실업인 선교회의 역대 회장단, 대길 세계 선교회, 샘과 나무 카페.

■ 교회 밖에서는 차 민선과 세 자녀들(양 준모, 예나. 예인), 이 철민(CTS.), 황 옥순, 이 춘희(최 태구), 권 혜숙, 김 소영, 최 성식, 이 창향, 김 봉애, 김 덕연, 홍 복녀, 이 강선, 박 아름(최 인재), 영파 선교회

(박재천, 박재형), 남서울 노회 여전도회, CTS(박 정석, 윤 영순, 원 영철, 김 시영, 정 복인), 남서울 노회 세계 선교회(LMTC), 현대 관리 시스템. 드림 에이스(부산), 남서울 노회 장로회, 남서울 노회 여전 도회 연합회.

■ 미국과 외국에서는 황 경애와 3남매(그레이스 최, 존, 조이)와 조이 선교회, 김 재학, 금 순자, 이 규섭, 박 희근, 박 영길, 김 진세(박 다움), 하 경숙, 최 정범(최 리나), 장 재옥, 독일의 에스더, 다니엘자매, 워싱톤 열린문 교회, 워싱톤 중앙 장로교회, 베다니 교회, 뉴욕 장로교회, 워싱턴 신학교(문 선희, 박 재옥).

■ 초창기에 크게 후원하신 분들 : 함 성자, 방 경혜, 양 대일, 김 영수 (박 생자), 박 상언(송 은미), 배 종례, 정 순자, 이 동수, 황보 윤.

■ YMBB. 이사진과 형제들 교회 : 산돌 중앙 교회(김 연정, 김 금례), 원당 교회(정 연한), 장성 교회(김 재철), 신언 교회(김 진용), 하나 사랑 교회 (조 칠수), 열두 광주리 교회(오 대희), 인동 교회(김 성길), 아둘람 교회(김 형민), 별내 오륜교회(설 삼열), 대구 서일 교회(김 동욱), 전호 교회(김 영현), 목포 충현 교회(최 원호), 삼락 교회(김 신웅), 천안 중부 교회(김 종천), 대성 교회(김 홍근, 전태균), 서울 서현 교회(김 경원, 이 상화), 예수인 교회(민 찬기), 쉴만한 교회(피 성민), 대구 드림 교회 (정 용성), 영성 교회(최 효식), 늘 사랑 교회(정 영기), 부천 서문교회 (이 성화).

■ 코린 신학교 이사진과 장학금 : 최 수용, 박 규용, 허 명호, 황보 덕, 장 훈길, 권 영근, 양 우식, 이 재원, 황 수덕, SURESH, DINESH, KYESONE, DORJI CHIMII, STEPHEN, 박 정희, 박 외희, 임 영순, 이 지환.

모든 영광을 주께 돌리며 상기한 모든 분들에게 깊이 감사드리며, 이제 나의 사랑하는 YMBB 형제들 곁으로 가기 위하여 차비를 챙깁니다. 비록 코로나19사태로 힘들고 어려워도 꾸준히 성원하며, 정기적으로 건강이 허락하는 한 순회 선교 여행을 하며 복음 선교 부흥회도 가지려고 합니다. 매년 2월 말에 코린 신학교 졸업식 행사에 사역자들이 모이게 되어 있습니다. 가능하면 이제 새로운 공동체의 멤버들과 선교의 자원봉사자들이 동행할 것을 기대합니다.

"하나님의 아들 예수 그리스도는 예하고 아니라 함이 되지 아니하셨으니 그에게는 예만 되었느니라."(고후1 :19하)

■ 나가는 말

YMBB선교의 특징과 장점들, 그리고 장래의 남은 과제들

선교에서 중요한 요소는 상호 관계의 소통이며, 투명하고 효과적인 재정 문제, 그리고 재생산의 사이클이 돌아가야 합니다.

혹자는 완전한 토착화 선교는 자기들의 힘으로 자수성가하고 전도하고 양육하며 자립하는 체계를 갖추어야 한다고 역설할지 모릅니다. 그러나 실제로 인도의 현실에서 그렇게 시작하고 성공한 경우는 지극히 드뭅니다. 혹 자신의 역량이나 부모의 유산으로 가능할지 모르나 실제로는 일반화 될 수가 없습니다. 그러므로 기본적인 출발을 본 선교회는 자립 선교를 위하여,

첫째는 인재의 선발과 준비입니다. 선교를 할 때에 하나님의 사람과의 만남이 중요합니다. 그리고 그것은 철저히 본토인이며 현지 사역자가 중심이 되어야 한다고 믿습니다. YMBB에는 한국인 선교사가 전무하며, 멘토와 지도적인 자문은 필요하였습니다. 오래 세월의 경험과 교제, 그리고 인재 양성이 필요한 부분입니다.

둘째는 청소년과 교육 선교를 권장 합니다. 교회 개척 하나만으로는 지역 사회에 장구한 뿌리를 내릴 수가 없다는 것이 과거 인도 선교의 경험입니다. 성인 전도와 선교는 우선은 쉽고 가시적 성과는 있으나, 장래를 기약하기가 어렵습니다. 그러나 청소년의 내일과 선교의 경제적 자립을 동시에 계획한다면 희망이 있습니다. 과거 영국 식민지 시절의 기독교

선교를 타산지석의 교훈으로 삼아야 할 것입니다.

셋째는 토지와 건물을 갖추어야 합니다. 인도와 제3세계의 경우 첫 단추부터 현지인들이 하라고 하면 불가능한 도전이기 때문입니다. 앞서 본 선교회 소속의 현지인들의 실상보고와 저들의 간증을 비추어 볼 때에 제3세계에서 스스로 천문학적인 경비를 자급하라는 것은 불가능한 일 입니다. 한국 교회와 후원자들이 절실한 이유입니다. 일단 대지와 건물이라는 하드웨어를 구축하면 그 이후의 소프트웨어와 인프라는 자립할 수가 있습니다. 어쩌면 한국보다 더 많은 경험과 노하우를 가지고 있으면서도 자립하지 못하고 성장하지 못하는 제3세계의 한계가 여기에 있습니다.

넷째는 팀 선교와 지속적인 교류를 권장합니다. 서로 격려하며 위로하고 충고하고 자극이 되기도 해야 발전할 수가 있기 때문입니다. 인도 교회와 한국 교회는 서로 장단점이 있으며 배울 점이 많이 있기에 가능성 또한 지대하다고 봅니다. 한국 교회의 강점은 무엇보다 성장의 역동성과 이를 가능하게 하는 동기유발입니다. 저들이 한국 교회에 와서 배우는 것이, 첫 마디가 '주여!'이며 새벽 기도회와 금요 기도회라고 합니다. 아직도 한국 교회는 제3세계에 보여줄 현장이 있으며, 체험이 있기 때문이다.

이를 위하여 본 선교회는 상기한 10명의 팀 사역자들을 구성하며 각기 자기 일을 돌아보면서 또한 각각의 은사에 따라서 다른 사람들의 일을 돌아 볼 여력과 우의가 필요한 것입니다. 주지하다시피 YMBB 선교회는 서로 엮여져서 한 가족처럼 친구처럼 우의가 두텁다는 사실이며, 수차례 국내외 여행을 통하여 우의를 다지고 친교를 하였으나 불협화음이나 상충이 없었습니다. 항상 필자는 여행할 때에 동행하고 장시간에 걸쳐서 식사와 티타임을 겸하여 저들의 애로사항과 기도제목에 귀를 기울이면 후제라도 하나님께서 생각나게 하시고 기억나게 하심으로 온전케 하셨습니다.

넷째는 재정과 사역에서 중복이나 사각지대가 없어야 합니다. 본 선교회는 재정 지원에 있어서는 상당히 탄력적이며 융통성과 개인차가 큽니다. 예를 들면, 후발주자인 모 선교사는 1억이 넘은 지원을 받아 단번에 건축을 하였으나 어떤 이는 불과 수백 만 원 정도에 그친 경우도 있습니다. 그러나 불평이나 비교나 시기하지 않고 최선을 다하며, 서로 감사하는 것이 신통할 따름입니다. 월별 지원도 어떤 지역과 사역에는 백만 원이 넘는 경우도 있으나 어떤 지역은 불과 100불에 그칠 때도 있습니다.

이러한 우정과 재정의 투명성, 그리고 헌신은 본부 사역자들부터가 실천하고 있기 때문입니다. 모든 후원자들은 자비량하고 있으며, 회비 외에 더 많은 것으로 섬기고 후원하고 있기에 현지 선교사들이 이를 알고 미연의 감정상 오해와 착오를 방지하고 있는 것이라 생각합니다. 'Band of Brothers'라는 이름이 의미하듯이 후원 이사들 간에 유무상통과 이해와 협조가 감동적이며, 대부분 오랜 세월 함께 동행 하였던 우의를 바탕으로 형성 되었으며, 필자도 본 선교회를 시작하기 전의 실화를 소개하자면, 금융위기 시절에 그 동안 부은 적금을 타서 평생 처음으로 주식투자라는 것을 하려고 하였으나 어느 새벽에 마14:16에 "예수께서 이르시되, 갈 것 없다. 너희가 먹을 것을 주라." 이 말씀 앞에 깨어져서 바쳤더니 그것이 본 선교회의 종자돈이 되었으며, 이후에 돈으로 환산할 수 없는 성취를 주셨고, 그 보다 큰 보람과 행복감을 안겨 주시고 일생의 과업으로 허락하신 것입니다. 이제 큰 일이 없다면 자체적으로 자립하고 자전하며, 자영할 수 있으리라고 믿습니다. 그럼에도 선교부가 꾸준히 지원하는 것은 저들의 사역 활동비와 노후대책을 도와주는데 필요할 것 입니다.

본 선교회는 격년으로 슈퍼 컨퍼런스(Super Conference)를 시행하였습니다. 이제까지 태국과 미얀마, 인도, 네팔과 부탄 현지의 사역현장을 직접 찾아갔으며, 저들이 제일가고 싶은 곳을 알아 본 결과 첫째는 한국이고 다음이 성지 순례이고, 마지막이 미국이었습니다. 감사한 것은 무탈하게 약속을 다 지킨 것입니다. 특히 2019년도의 미국 여행은 재정적으로나 비자 입국 면에서, 그리고 필자의 은퇴를 앞두고 예기치 못한 난관이 있었으나 무사히 다 마칠 수 있었던 것은 국내외 여러분들의 기도와 도움 덕택이며 특히 미국 교회의 협조가 없었다면 성사조차 어려웠을 것입니다.

감사한 것은 워싱톤 열린문 교회(김영훈 목사님)와 중앙장로 교회(류응렬 목사님), 베다니 장로교회(김영진 목사님), 그리고 뉴욕 장로교회(김학진 목사님)의 환대로 일생 잊을 수 없는 선교의 추억을 안겨 주셨습니다. 특히 현지 선교사들의 장래의 연수 교육을 위하여 워싱턴 신학교(문선희 이사장님)와 맺은 MOU 협약은 선교님들에게 또 다른 만남과 발전을 기약할 수 있을 것입니다. 여행을 통하여 우리는 하나가 되고 사역의 애환도 나누고, 서로를 격려하며 즐거운 시간을 많이 가졌습니다. 그것이 선교 연수이며 MT 였습니다. 어느 선교사의 말처럼 "우리는 다른 선교회처럼 강행군하지 않고, 느슨하고 편안하게 쉼을 통하여 서로를 알고 나누는 치유의 선교여행을 하였다." 반면에 "우리 선교사님들도 이렇게 해주지 못하였다."며 최상으로 해 주신 후원자들이었습니다.

인도를 여행하면 흔히 하는 말이 있습니다. "인도 사람 믿지 말라. 기대하지도 말라. 그러나 포기는 하지 말라." 어려운 말이며 처신입니다. 그러나 필자가 경험한 바로는 사람을 믿지 못하면 선교는 애초부터 불가능한 것이다. 비록 피부색이 다르고, 말과 의사소통이 쉽지 않고, 특유의 카레 냄새가 난다하여도 구수하게 생각하고 서로 포용할 수 있는 가슴이 없으면, 기다림과 기대감이 따르지 않으면 못할 것입니다. 윌리암 케리가 말한 위대한 꿈까지는 아니어도, 가슴 설레게 하는 만남과 기대치 않은 천사들의 도움과 섬김은 보석과 같이 우리의 가슴에 빛나고 있습니다. 주님이 우리에게 부탁하신 것은, "가서 제자 삼으라, 그리고 가르쳐 지키게 하라."입니다. 여기까지가 저와 국내외 동역자들이 한 일이며, 다음 단계는 이제 YMBB 9명의 사역자들의 책임입니다. 아득한 옛날, 저 멀리 인도에서 허황옥 공주가 가야국 해안에 나타나 문물을 전하고 자손을 맺어준 것처럼 이제 한국과 인도는 더 이상 남이 아니며, 복음의 형제 국이며, 자매 족이며, 복음의 빚진 자로서 더 이상 외국 종교가 아니며, 타문화 사역이 아니라, 우리 구주 예수 그리스도의 복음이며 생명이며 나라이며 운명이고, 천국인줄 알고 이 생명이 다하도록 복음 전하고 말씀대로 삶을 다하는 저와 여러분들이 되었으면 더 이상 여한이 없을 것입니다.

20여 년 전에 미국의 버지니아 린츠버그에서 DMin. 과정을 방학 중에 공부할 때에 어느 주일에 제임스 강변에 위치한 한 미국 장로교회에 출석을 하였습니다. 그 때에 만난 은퇴한 선교사님이 한국말을 너무 잘하셔서 알고 보니 전주 예수 병원에서 일생 선교하신 분이었습니다. 한국을 사랑하고 멀리서나마 기도하고 한국 사람이라면 마치 친척을 만난 듯이 기뻐하시던 맑고 밝은 그 분을 잊을 수 없습니다. "젊은 시절, 힘이 있을 때에 여한 없이 사랑하고 한국 선교를 위하여 헌신하였노라." 우리 모두 이 세상을 그렇게 오래 살지 못하고 머지않아서 떠날 기약이 가까이 왔으나 한 마디 남기고 싶은 것은 선교를 위하여 생을 마감하고 싶다는 것 입니다. 문득 미얀마 양곤의 하규의 집에 새겨둔 비문이 생각납니다. "예수의 사람, 김 하규 세계 선교의 꿈을 안고 여기에 잠들다!" 천국에서 하규를 만나기가 부끄럽지 않아야 할 터인데......

주님, 저희들이 한 것은 없습니다. 우리는 아무 것도 아닙니다. 영웅은 바로 저 건너편에 있는 형제와 자매들 입니다. 저들의 이름을 기억하시고 그 날에 불러주시옵소서. 모든 영광을 주께 돌립니다.

■ 주요 참고 도서

민경배, [한국기독교회사], 서울대한기독교출판사, 1982

솔토우 저, 신홍식 역. [현대 선교전략], 크리스천 헬럴드 사, 서울. 1972.

안승오, 박보경 저, [현대 선교학 개론], 서울, 대한 기독교서회, 2008.

이영헌, [한국 기독교사], 서울 : 컨콜디아사, 1983.

스티븐 니일, [기독교 선교사].

한국 선교학회 엮음, [선교학 개론], 대한 기독교서회, 2001.

황순환, [선교와 문화].

Allen A. Clark, A History of the Church in Korea. 1971.

J.E. Preston, *A Notable Meeting, The Missionary, Jan.*

J.Z.Moore, *The Great Revival Year*, K.M.F

M.C. Fenwick, *The Church of Chirsit in Corea*, New York, Hodder & Stoughton, 1911.

S. Neil, *A History of christian Missions* (Harmondsworth : Penguin Books, 1966).

W.W.Baird, *The Spirit Among Pyeung Yang Students.*

http ://ko.wikipredia. org/wiki/수로왕.

blog.daum.net/osowny.

http ://mooneun.tistory.com/etry/허황옥.

http ://peacefulbreak.tistory.com/73.

blog.naver.com/PostView. nhn?.

http ://cafe.daum.net/cgsbong, '기독 신앙 인물'.

1907revival.com/news/articleView. '다시 타오르고 있는 인도 부흥의 불길.'

blog.naver.com/postview.nhn. '인도의 부흥 운동과 존 하이드'.

theology.ac.kr/institute/선교 자료/네비우스.htm. 백낙준, [한국 개신교사], 서울 : 연세대 출판부, 1973.

❋ 상당 부분의 원고와 참고 도서는 앞선 교재의 해당 부분을 재인용 하였습니다.

저자 박 현식 목사 —————————————

학력: 대구 계성 고등학교 졸업 1970.
　　　경북 대학교 문리대 영문학과 졸업 1974.
　　　총신대 신대원 졸업 1986.
　　　Liberty Baptist Seminary D.Min 2000.

경력: 경주시 영어교사(1974-1983)
　　　대구 서문교회 부목사(1986-1989. 7)
　　　서울대길 교회 담임목사(1989.7-2020.11)

이력: 인도 코린 신학교 재단 이사장
　　　(KorIn Trust Chairman in India, 2014-)
　　　YMBB 대표(2009).
　　　사회법인 대길복지 재단 이사장(2002-),
　　　북한 선교를 위한 통일 소망 선교회 이사장(2017-),
　　　영아부 전도 협회 후원 이사장(2007-)
　　　남서울 노회 노회장(2000) 역임.
　　　세계 선교회(GMS.) 부이사장(2010-2011) 역임.

선교학개론
- 인도의 토착화 선교

INTRODUCTION TO MISSIOLOGY
& THE INDIAN NATIVE MISSION,
YMBB REPORTS

초판 1쇄 인쇄 | 2020년 10월 5일
초판 1쇄 발행 | 2020년 11월 4일

편저 | 박현식 목사
        D.Min Peter Hyun S. Park
펴낸이 | 양우식
펴낸곳 | 가리온
주소 | 서울 영등포구 여의대방로 43라길 9
전화 | 02)892-7246 / 팩스 0505-116-9977
등록 | 제17-152호 1993. 4. 9

저작권자ⓒ2020박현식
ISBN 978-89-8012-077-2 03230